Berufspraxis Rechtsanwälte
Himmelsbach: Das Mandat im Wettbewerbsrecht

Das Mandat im Wettbewerbsrecht

Ansprüche, Verfahren, Taktik, Muster

von

Dr. Gero Himmelsbach

Rechtsanwalt in München

VERLAG C.H. BECK MÜNCHEN 2002

Die Deutsche Bibliothek – CIP-Einheitsaufnahme

Himmelsbach, Gero:
Das Mandat im Wettbewerbsrecht : Ansprüche, Verfahren,
Taktik, Muster / von Gero Himmelsbach. -
München : Beck, 2002
   (Berufspraxis Rechtsanwälte)
   (Münchener Anwaltsseminare)
   ISBN 3-406-49363-7

ISBN 3 406 49363 7

© 2002 Verlag C.H. Beck oHG,
Wilhelmstraße 9, 80801 München
Druck: Nomos Verlagsgesellschaft,
In den Lissen 12, 76547 Sinzheim

Satz: Fotosatz H. Buck,
Zweikirchener Straße 7, 84036 Kumhausen

Gedruckt auf säurefreiem, alterungsbeständigem Papier
(hergestellt aus chlorfrei gebleichtem Zellstoff)

Meinen Eltern

Inhaltsübersicht

Literaturverzeichnis	XXI
Abkürzungen	XXV
Vorbemerkung	1
1. Teil. Materielles Wettbewerbsrecht	3
§ 1 Grundlagen des Wettbewerbsrechts	3
§ 2 Aufbau und Grundlagen des UWG	5
§ 3 Die „große Generalklausel" – § 1 UWG	11
§ 4 Vergleichende Werbung	43
§ 5 Irreführende Werbung gemäß § 3 UWG	54
§ 6 Weitere Tatbestände unerlaubter Werbung, §§ 4 bis 8 UWG	67
§ 7 Anschwärzung, Verleumdung, Geheimnisverrat und Vorlagenveruntreuung (§§ 14, 15, 17, 18 UWG)	79
§ 8 Wettbewerbsrechtliche Nebenregelungen	88
§ 9 Gemeinschaftsrecht, internationales Wettbewerbsrecht	105
2. Teil. Wettbewerbsrechtliche Ansprüche, Abmahnung und Einigungsverfahren	109
§ 10 Zivilrechtliche Ansprüche	111
§ 11 Abmahnung und Unterlassungs-/Verpflichtungserklärung	136
§ 12 Einigungsverfahren gemäß § 27 a UWG	157
3. Teil. Gerichtliches Verfahren	161
§ 13 Allgemeine Prozessvoraussetzungen, Antragsformulierung	161
§ 14 Besonderheiten des Verfügungsverfahrens	179
§ 15 Verfügungsverfahren gegen Störer im Ausland	209
§ 16 Schutzschrift und Abschlusserklärung	218
§ 17 Hauptsacheverfahren	225
§ 18 Unterlassungsansprüche – Anerkenntnis, Erledigung der Hauptsache und Prozessvergleich	228
§ 19 Zwangsvollstreckung	235
Anhang: Checkliste, Muster, Internet-Fundstellen	245

Inhaltsverzeichnis

1. Teil. Materielles Recht		3
§ 1	Grundlagen des Wettbewerbsrechts	3
§ 2	Aufbau und Grundlagen des UWG	5
	A. Gesetzesaufbau	5
	I. Verhältnis der Generalklausel zu den Spezialklauseln	5
	II. Beherrschender Rechtsgedanke der „Unlauterkeit"	5
	III. Bedeutung der Verkehrsauffassung	6
	B. Grundlagen des UWG	6
	I. Handel im geschäftlichen Verkehr	6
	II. Handel zu Zwecken des Wettbewerbs	7
	1. Objektives Tatbestandselement	8
	2. Subjektives Tatbestandselement	8
	3. Wettbewerbsverhältnis	9
§ 3	Die „große Generalklausel" – § 1 UWG	11
	A. Vorbemerkung, allgemeine Voraussetzungen für die Anwendbarkeit von § 1 UWG	11
	B. Sittenwidrigkeit	11
	C. Behinderung und Marktstörung	12
	I. Vorbemerkung	12
	II. Preiswettbewerb	12
	III. Boykott	13
	IV. Sittenwidrige Registrierung von Inter-Domains	14
	1. Generische Domains	14
	2. Domains mit Kennzeichnungen	15
	3. Sittenwidrige Behinderung	16
	V. Marktstörung	17
	1. Kartellrecht und UWG	17
	2. Massenverteilung von Originalware	18
	3. Gratis-Verteilung von Presseerzeugnissen	18
	4. Preiskampfmethoden	19
	D. Ausbeutung	19
	I. Rufausbeutung	20
	II. Nachahmung	21
	III. Leistungsübernahme	22
	IV. Ausspannen von Kunden und Beschäftigten	23
	E. Unlautere Kundenbeeinflussung	24
	I. Psychischer Zwang	25
	II. Unlautere Kundenbeeinflussung nach Wegfall von Rabattgesetz und Zugabeverordnung	27
	1. Bisherige Regelung	28

		2. Rabatt- und Zugabemöglichkeiten nach Wegfall von Rabatt- gesetz und Zugabeverordnung	29

      III. Schleichwerbung 33
           1. Hinweispflicht auf Auftragsverhältnis 33
           2. Product Placement 33
           3. Redaktionelle Werbung 33
      IV. Gefühlsbetonte Werbung, Werbung mit der Angst 35
  F. Unerlaubte Werbemethoden 36
      I. Telefonmarketing 36
      II. Telefax-Werbung 37
      III. Briefkasten-Werbung 37
      IV. E-Mail-Werbung 38
      V. SMS-Werbung 38
      VI. Neue Werbeformen im Internet 39
           1. Bannerwerbung 39
           2. Sponsoring 39
           3. Interstitials und Superstitials 39
           4. Pop-ups und Pop-under-Werbung 40
           5. Werbe-Cursor 40
           6. Werbung-on-Demand 40
           7. Kommerzielle Provisionslinks 41
           8. Suchmaschineneinträge und Counter 41
           9. „Cookies" und Datenschutz 41

§ 4 Vergleichende Werbung 43
  A. Vorbemerkung 43
  B. Alte Rechtslage 43
  C. Rechtslage nach Erlass der Richtlinie 44
  D. Vergleichende Werbung gemäß § 1 UWG 45
      I. Vergleichsarten 45
           1. Warenarten-, Leistungs- und Preisvergleich 45
           2. Systemvergleich 45
      II. Zulässigkeit 45
  E. Vergleichende Werbung gemäß § 2 UWG 46
      I. Definition 47
           1. Begriff des „Vergleichs" 47
           2. Erkennbarkeit des Mitbewerbers 48
      II. Unzulässigkeitskriterien des § 2 Abs. 2 UWG 48
           1. Kein Vergleich von Waren oder Dienstleistungen für den gleichen Bedarf oder dieselbe Zweckbestimmung (Nr. 1) 48
           2. Kein objektiver Vergleich (Nr. 2) 49
           3. Herbeiführen von Verwechslungen (Nr. 3) 50
           4. Ausnutzung eines Kennzeichens (Nr. 4) 50
           5. Herabsetzung und Verunglimpfung (Nr. 5) 51
           6. Imitation und Nachahmung (Nr. 6) 51
      III. Irreführender Vergleich 51
  F. Anforderungen an Warentests und Werbung mit Warentests 52
      I. Zulässigkeit von Testberichten 52

		II.	Zulässigkeit von Werbung mit Testberichten	53

§ 5 Irreführende Werbung gemäß § 3 UWG 54
- A. Vorbemerkung 54
- B. Voraussetzungen 54
  - I. Handeln im geschäftlichen Verkehr zu Wettbewerbszwecken .. 54
  - II. „Angaben" gemäß § 3 UWG 55
  - III. Verkehrsauffassung 55
    1. Objektiv falsche Angaben 56
    2. Objektiv richtige Angaben 56
    3. Wesentliches Kriterium: Durchschnittsmaßstab 56
  - IV. Relevanz der Irreführung 58
- C. Fallgruppen 59
  - I. Übertreibung und Alleinstellungswerbung 59
    1. Übertreibung 59
    2. Alleinstellungswerbung 60
  - II. Lockangebote/Vorspannwerbung 61
  - III. Werbung mit Herkunftsbezeichnungen 61
    1. Vorbemerkung 61
    2. Geographische Herkunftsangaben 61
  - IV. Preiswerbung, Preisgegenüberstellungen 63
  - V. Vorratshaltung 64
  - VI. Einzelne Werbeaussagen 64
    1. Wirkungsaussagen 64
    2. Qualitätsaussagen 64
    3. „Spezial" 65
    4. Schutzrechtsanmaßung 65
    5. „Bio" 65
    6. „Neu" 65
    7. Werbung mit Selbstverständlichkeiten 65

§ 6 Weitere Tatbestände unerlaubter Werbung, §§ 4 bis 8 UWG 67
- A. Strafbare Werbung gemäß § 4 UWG 67
  - I. Voraussetzungen 67
    1. Objektiver Tatbestand 67
    2. Subjektiver Tatbestand 67
  - II. Rechtliche Konsequenzen des Verstoßes gegen § 4 UWG 68
- B. Wettbewerbswidrige Werbe- und Vertriebsmethoden gemäß §§ 6 bis 6 c UWG 68
  - I. Insolvenzwarenverkauf, § 6 UWG 68
  - II. Hersteller- und Großhändlerwerbung, § 6 a UWG 69
  - III. Kaufscheinhandel, § 6 b UWG 69
  - IV. Progressive Kundenwerbung, § 6 c UWG 70
- C. Sonderveranstaltungen und Räumungsverkäufe gemäß §§ 7 und 8 UWG 70
  - I. Sonderveranstaltungen gemäß § 7 UWG 70
    1. Sonderveranstaltungen gemäß § 7 Abs. 1 UWG 71
    2. Zulässige Sonderangebote gemäß § 7 Abs. 2 UWG 74

		3. Zulässige Abschnittsschlussverkäufe und Jubiläumsverkäufe gemäß § 7 Abs. 3 UWG	74
	II.	Räumungsverkäufe gemäß § 8 UWG	76
		1. Vorbemerkung	77
		2. Räumungszwangslage, § 8 Abs. 1 UWG	77
		3. Aufgabe des Geschäftsbetriebs, § 8 Abs. 2 UWG	77
		4. Anzeigepflicht gemäß § 8 Abs. 3 und Abs. 4 UWG	78
		5. Rechtsfolgen im Falle eines Verstoßes, § 8 Abs. 5 und 6 UWG	78

§ 7 Anschwärzung, Verleumdung, Geheimnisverrat und Vorlagenveruntreuung (§ 14, 15, 17, 18 UWG) 79
   A. Anschwärzung und wettbewerbswidrige Verleumdung, §§ 14 und 15 UWG 79
      I. Anschwärzung gemäß § 14 UWG 79
         1. Voraussetzungen 79
         2. Rechtsfolgen und Verhältnis zu §§ 823 ff. BGB 81
         3. Vertrauliche Mitteilungen in berechtigtem Interesse 81
      II. Wettbewerbsrechtliche Verleumdung gemäß § 15 UWG 82
         1. Objektiver Tatbestand 83
         2. Subjektiver Tatbestand 83
         3. Haftung gemäß § 15 Abs. 2 UWG 83
         4. Öffentliche Bekanntmachung der Verurteilung gemäß § 23 Abs. 1 UWG 83
         5. Zivilrechtliche Ansprüche 84
   B. Geheimnisverrat und Vorlagenveruntreuung, §§ 17, 18 UWG 84
      I. Geheimnisverrat, § 17 UWG 84
         1. Geheimnisverrat durch Beschäftigte, § 17 Abs. 1 UWG 84
         2. Ausspähen von Geschäftsgeheimnissen, § 17 Abs. 2 Nr. 1 und Nr. 2 UWG 86
         3. Rechtsfolgen 86
      II. Vorlagenveruntreuung gemäß § 18 UWG 87

§ 8 Wettbewerbsrechtliche Nebenregelungen 88
   A. Heilmittelwerbegesetz 88
      I. Werbeverbote für verschreibungspflichtige Arzneimittel, Schlafmittel und beruhigende Arzneimittel, § 10 HWG 89
      II. Werbeverbote für *nicht* verschreibungspflichtige Arzneimittel, § 12 HWG 89
      III. Verbotene Werbeinhalte, § 11 HWG 90
      IV. Pflichtangaben gemäß § 4 HWG 91
      V. Rechtsfolgen bei Verstößen gegen das HWG 92
         1. Ordnungswidrigkeit, Strafbarkeit 92
         2. Zivilrechtliche Ansprüche 92
   B. Lebensmittel- und Bedarfsgegenständegesetz 92
      I. Verbot der gesundheitsbezogenen Werbung, § 18 LMBG 93
      II. Verbot der Tabakwerbung, § 220 LMBG 93
      III. Rechtsfolgen bei Verstößen 94
   C. Fernabsatzrecht 94
      I. Anwendungsbereich 94

	II.	Hinweispflichten des Unternehmers	95
	III.	Rechtsfolgen	96
D.	Preisangabenverordnung		96
	I.	Grundtatbestand der PAngV, § 1 PAngV	97
		1. Anwendungsbereich	97
		2. Preisangaben	98
	II.	Weitere Regelungen der PAngV	100
		1. Ausstellung von Waren in Schaufenstern u.a.	100
		2. Leistungen	100
		3. Kredite	100
	III.	Rechtsfolgen	100
E.	Richtlinien von Wirtschaftsgruppen		101
	I.	ZAW und Werbeberat	101
		1. Überblick über die Aufgaben	101
		2. Verhaltensregeln und Richtlinien	101
		3. Rechtsfolgen eines Verstoßes	103
	II.	Richtlinien der Verlegerorganisation und der Versicherungswirtschaft	103
		1. Richtlinien der Verlegerorganisation für redaktionelle Hinweise in Zeitungen und Zeitschriften	103
		2. Wettbewerbsrichtlinien der Versicherungswirtschaft	103
		3. Rechtsfolgen eines Verstoßes	103
F.	Persönlichkeitsrecht und Werbung		103
§ 9	Gemeinschaftsrecht, internationales Wettbewerbsrecht		105
A.	EG-Recht		105
	I.	Verordnungen und Richtlinien der Europäischen Gemeinschaft	105
		1. Irreführungs-Richtlinie	105
		2. Richtlinie über vergleichende Werbung	105
		3. Fernabsatz-Richtlinie	106
		4. E-Commerce-Richtlinie	106
	II.	EuGH-Rechtsprechung	106
B.	Sonstige internationale Regelungen		107

2. Teil. Wettbewerbsrechtliche Ansprüche, Abmahnungen und Einigungsverfahren ... 109

§ 10	Zivilrechtliche Ansprüche		111
A.	Vorbemerkung		111
B.	Anspruchsynopse der Hauptansprüche		111
C.	Anspruchsvoraussetzungen		112
	I.	Aktivlegitimation für die Unterhaltsansprüche, § 13 UWG	112
		1. Unmittelbare Betroffenheit	113
		2. Aktivlegitimation gemäß § 13 Abs. 2 Nr. 1 UWG	114
		3. Aktivlegitimation von Kammern und Verbänden, § 13 Abs. 2 Nr. 2 und Nr. 4 UWG	115
		4. Aktivlegitimation von eingetragenen Verbraucherverbänden gemäß § 13 Abs. 2 Nr. 3 UWG	117
	II.	Passivlegitimation	117

		1. Störerbegriff	117
		2. Pressehaftung	118
		3. Ausländischer Störer	119
	III.	Weitere Voraussetzungen für Unterlassungsansprüche	119
		1. Tatbestandsmäßigkeit	119
		2. Erstbegehungsgefahr und Wiederholungsgefahr	119
	IV.	Veröffentlichungsgebote	120
		1. Bekanntmachungsbefugnis gemäß § 23 Abs. 2 UWG	120
		2. Veröffentlichungsanspruch gemäß §§ 823, 1004 BGB	121
	V.	Beseitigungsanspruch	122
	VI.	Schadenersatzanspruch	122
		1. Verhältnis von §§ 1, 3 UWG zu §§ 823 ff. BGB	122
		2. Voraussetzungen des Schadenersatzanspruchs	123
		3. Feststellungsanspruch	123
		4. Schadensberechnung	124
	VII.	Auskunft	126
		1. Umfang des Auskunftsanspruchs	126
		2. Gerichtliche Geltendmachung des Auskunftsanspruchs	126
	VIII.	Verjährung der Ansprüche, § 21 UWG	127
		1. Anwendbarkeit von § 21 UWG	127
		2. Beginn der 6-monatigen Verjährung	129
		3. Verjährungsunterbrechung und -hemmung	130
		4. Rechtsfolgen der Verjährung	133
	IX.	Rechtsmissbrauch	133
		1. Rechtsmissbrauch bei Unterlassungsansprüchen, § 13 Abs. 5 UWG	133
		2. Allgemeine BGB-Grundsätze	134
		3. Verwirkung	134
		4. Mehrfach-Prozesse	135
§ 11	Abmahnung und Unterlassungs-/Verpflichtungserklärung		136
	A.	Vorüberlegungen	136
	B.	Grundlagen	136
	C.	Form, Inhalt und Kosten der Abmahnung	138
	I.	Form	138
		1. Schriftform	138
		2. Absendung und Zugang	138
		3. Vollmacht	138
	II.	Inhalt	139
		1. Konkrete Verletzungshandlung, gleichartige Verstöße	139
		2. Aufforderung zur Abgabe einer strafbewertenden Unterlassungserklärung	140
		3. Fristsetzung und Androhung eines gerichtlichen Verfahrens	141
		4. Besondere Anforderungen an die Abmahnung durch Verbände gemäß § 13 Abs. 2 Nr. 2 und Nr. 3 UWG	142
	III.	Kosten- und Gegenstandswert	142
		1. Kosten	142
		2. Gegenstandswert	143

D.	Reaktion des Anspruchsgegners auf die Abmahnung	144
	I. Abgabe der geforderten Erklärung	145
	II. Abgabe einer modifizierten Erklärung	146
	1. Neu-Formulierung der Unterlassungsverpflichtung	146
	2. Reduzierung der Vertragsstrafe	147
	3. Reduzierung des Gegenstandswertes, Verweigerung der Kostenerstattung	148
	III. Keine Abgabe der geforderten Erklärung	148
	1. Ungerechtfertigte Abmahnung	148
	2. Drittunterwerfung (Mehrfachabmahnung)	150
	3. Aufklärungspflichten des berechtigt Abgemahnten	151
E.	Verstoß gegen die Unterlassungserklärung, Vertragsstrafe	151
	I. Verschulden	152
	II. Höhe der Vertragsstrafe	152
	III. Gerichtliche Entscheidung über eine Vertragsstrafe nach „Hamburger Brauch"	154
	IV. Verjährung	154
F.	Beseitigung eines Unterwerfungsvertrages	154
	I. Anwendbarkeit allgemeiner BGB-Regeln	154
	II. Wegfall der Geschäftsgrundlage, Kündigung des Vertrages	154
	1. Wegfall der Geschäftsgrundlage	155
	2. Kündigung des Vertrages	155

§ 12 Einigungsverfahren gemäß § 27a UWG 157
  A. Bedeutung 157
  B. Zusammensetzung der Spruchkörper 157
  C. Örtliche und Sachliche Zuständigkeit 157
    I. Örtliche Zuständigkeit 157
    II. Sachliche Zuständigkeit 158
  D. Verfahren 158
    I. Antrag 158
    II. Beendigung des Verfahrens 158
    III. Rechtsmittel 158
  E. Wirkungen 159
  F. Kosten 159

3. Teil. Gerichtliches Verfahren

§ 13 Allgemeine Prozessvoraussetzungen, Antragsformulierung 161
  A. Vorüberlegung 161
  B. Rechtsweg 161
  C. Anwendbares Recht 162
  D. Örtliche, sachliche und funktionale Zuständigkeit 163
    I. Örtliche Zuständigkeit, § 24 UWG 163
       1. Sitz des Beklagten, § 24 Abs. 1 UWG 163
       2. Fliegender Gerichtsstand, § 24 Abs. 2 Satz 1 UWG, § 32 ZPO 163
       3. Internationale Zuständigkeit 164
    II. Sachliche und funktionale Zuständigkeit 165

	1. Streitwert-Zuständigkeit		165
	2. Zuständigkeit der Kammern für Handelssachen gemäß § 27 Abs. 1 UWG		167
	3. Zuständigkeitskonzentration durch Landesverordnungen, § 27 Abs. 2 UWG		167
	4. Gericht der Hauptsache gemäß §§ 937 Abs. 1, 943 ZPO		168
E.	Formulierung des Unterlassungsantrages		170
	I.	Enggefasster Antrag	170
		1. Konkrete Verletzungshandlung	170
		2. Kerntheorie	171
	II.	Verallgemeinerungen	171
		1. Einbeziehung gleichartiger Handlungen	171
		2. Ausklammerung zulässiger Handlungen	172
		3. Konkretisierung durch „insbesondere"-Zusatz	172
		4. Bundesweites Verbot trotz regional begrenzter Verletzungshandlung	172
		5. Gesetzeswiederholende Unterlassungsanträge	173
	III.	Geltendmachung mehrerer Unterlassungspflichten	175
	IV.	Formulierung des Antrags bei Unterlassungsansprüchen mit Auslandsbezug	175
		1. Antrag gegen Störer außerhalb der EG	175
		2. Antrag gegen Störer mit Sitz innerhalb der EG	176
	V.	Hinweispflicht des Gerichts	176
F.	Relevanter Zeitpunkt für die Begründetheit der Ansprüche		177
G.	Anträge des Anspruchsgegners		178
	I.	Aufbrauchfrist	178
	II.	Vollstreckungsschutz	178

§ 14 Besonderheiten des Verfügungsverfahrens 179

A.	Vorüberlegungen		179
B.	Zulässigkeit, durchsetzbare Ansprüche		180
	I.	Zulässigkeit	180
	II.	Im Verfügungsverfahren durchsetzbare Ansprüche	180
	III.	Gleichzeitige Durchführung von Verfügungs- und Hauptsacheverfahren	181
	IV.	Begründetheit	181
C.	Dringlichkeitsvermutung gemäß § 25 UWG		182
	I.	Anwendungsbereich von § 25 UWG	182
	II.	Dringlichkeitsvermutung entgegen § 935 ZPO	182
		1. Beginn der Frist	183
		2. Erstreckung der strengen Dringlichkeits-Fristen	183
		3. Aufrechterhaltung und Wiederaufleben der Dringlichkeitsvermutung	184
		4. Widerlegung der Dringlichkeitsvermutung	184
		5. „Flucht" in das Hauptsacheverfahren	185
D.	Glaubhaftmachung		185
	I.	Glaubhaftmachung des Verfügungsanspruchs	185

Inhaltsverzeichnis

	II.	Keine Schriftsatzfristen, kein Verspätungseinwand, keine Beweisangebote, keine Vertagung	186
E.	Erlass der einstweiligen Verfügung in erster Instanz		187
	I.	Erlass ohne mündliche Verhandlung (Beschlussverfügung), Widerspruchsverfahren	188
		1. Beschlussverfügung	188
		2. Widerspruchsverfahren	188
	II.	Erlass nach mündlicher Verhandlung, Rechtsmittel	189
F.	Zurückweisung des Verfügungsantrages in erster Instanz		190
	I.	Zurückweisung ohne mündliche Verhandlung (Beschlussverfügung)	190
		1. Beschwerde gegen zurückweisende Beschlussverfügung	190
		2. Beschwerdeentscheidung	191
	II.	Zurückweisung des Antrags nach mündlicher Verhandlung	192
G.	Schriftliches Verfahren		193
H.	Rücknahme des Antrags		193
I.	Kosten des Verfügungsverfahrens		194
	I.	Beschlussverfügung, Entscheidung durch Urteil	194
		1. Kosten des Gerichts	194
		2. Kosten des Anwalts	194
	II.	Beschwerdeverfahren	194
	III.	Rücknahme des Antrags	195
J.	Vollziehung		196
	I.	Erforderlichkeit der Vollziehung	196
	II.	Frist	197
		1. Beschlussverfügung	197
		2. Urteilsverfügung	197
	III.	Form der Zustellung	197
		1. Zustellung durch Gerichtsvollzieher	197
		2. Zustellung von Anwalt zu Anwalt	198
		3. Inhalt der Zustellung	198
	IV.	Keine Heilungsmöglichkeit, Rechtsfolgen bei Versäumnis der Vollziehungsfrist	199
		1. Ausnahme: Kenntniserlangung	199
		2. Ausnahme: Amtszustellung	199
	V.	Wirksame Vollziehung als Voraussetzung der Zwangsvollstreckung	200
K.	Wirkungen der einstweiligen Verfügung		200
	I.	Rechtskraft	200
	II.	Hemmung der Verjährung	200
	III.	Schadenersatzpflicht, § 945 ZPO	200
		1. Androhung von Ordnungsmitteln	200
		2. Schadenersatzpflicht	201
		3. Schadensumfang	201
		4. Verjährung	201
		5. Gegenansprüche des Antragstellers	201
		6. Ausschluss eines Schadenersatzanspruchs	202

L.	Hauptsacheerzwingung gemäß §§ 936, 926 ZPO	202
I.	Vorüberlegung	202
II.	Erzwingungsantrag	203
	1. Zeitpunkt der Antragstellung und Zuständigkeit	203
	2. Rechtsschutzbedürfnis	203
	3. Frist	203
III.	Folgen der Aufhebung	204
IV.	Rechtsmittel	204
V.	Kosten des Verfügungs- und des Aufhebungsverfahrens	204
M.	Aufhebung der einstweiligen Verfügung wegen veränderter Umstände gemäß §§ 936, 927 ZPO	205
I.	Veränderte Umstände gemäß § 927 Abs. 1 ZPO	205
II.	Zuständigkeit	206
III.	Rechtsschutzbedürfnis	206
IV.	Folgen der Aufhebung	206
V.	Rechtsmittel	207
VI.	Kosten des Verfügungs- und Aufhebungsverfahrens	207
N.	Aufhebung gegen Sicherheitsleistung, § 939 ZPO	208

§ 15 Verfügungsverfahren gegen Störer im Ausland 209

A.	Erfordernis der Verteidigungsmöglichkeit	209
I.	Rechtslage nach dem EuGVÜ/LuGÜ	209
II.	Rechtslage nach der EuGVVO	210
B.	Begründung der Entscheidung gemäß § 922 Abs. 1 Satz 2 ZPO	210
C.	Vollziehung durch förmliche Zustellung	211
I.	Wahrung der Monatsfrist gemäß §§ 936, 929 Abs. 2 ZPO	211
	1. Regelung bis 30.6.2002	211
	2. Regelung ab 1.7.2002	211
II.	Durchführung der förmlichen Zustellung	211
	1. Zustellung innerhalb der EG	212
	2. Zustellung außerhalb der EG	213
D.	Zwangsvollstreckung aus einer einstweiligen Verfügung	214
I.	Zwangsvollstreckung im Inland	214
II.	Zwangsvollstreckung im Ausland	214
	1. Zwangsvollstreckung innerhalb der EG	214
	2. Zwangsvollstreckung außerhalb der EG	216
E.	Konsequenzen für den in Deutschland ansässigen Antragsteller	216

§ 16 Schutzschrift und Abschlusserklärung 218

A.	Schutzschrift	218
I.	Zweck	218
II.	Kenntnisnahme des Gegners von der Schutzschrift	218
III.	Kosten	219
B.	Abschlusserklärung	220
I.	Bedeutung	220
	1. Inhalt der Erklärung	220
	2. Zeitpunkt der Absendung	221
	3. Fristsetzung	221

			4. Wiederholte Aufforderung zur Abgabe der Abschlusserklärung	221

        4. Wiederholte Aufforderung zur Abgabe der Abschluss-
erklärung 221
    II. Abgabe und Verweigerung der Abschlusserklärung 222
        1. Abgabe der Erklärung 222
        2. Verweigerung der Erklärung 222
        3. Abgabe einer Unterlassungserklärung 222
    III. Kosten 223

§ 17 Hauptsacheverfahren 225
  A. Hauptsacheklage und einstweilige Verfügung 225
    I. Klageerzwingung gemäß §§ 936, 926 ZPO 225
    II. Hauptsacheklage zur Unterbrechung der kurzen Verjährung ... 225
    III. Rechtskraft der einstweiligen Verfügung 225
    IV. Rechtskraft der Hauptsacheentscheidung 226
  B. Negative Feststellungsklage und positive Leistungsklage 226
    I. Negative Feststellungsklage zur Begründung des Gerichts der
Hauptsache 226
    II. Wegfall des Feststellungsinteresses 227
    III. Verfahrensfragen 227
  C. Sprungrevision 227

§ 18 Unterlassungsansprüche – Anerkenntnis, Erledigung der Hauptsache
und Prozessvergleich 228
  A. Verfahrensbeendigung durch Anerkenntnis 228
    I. Anerkenntnis in Verfahren mit mündlicher Verhandlung 228
    II. Anerkenntnis nach Beschlussverfügung 228
    III. Kosten 229
  B. Verfahrensbeendigung durch Abgabe der geforderten Unterlassungs-
erklärung 230
    I. Unterlassungserklärung in Verfahren mit mündlicher
Verhandlung 230
    II. Unterlassungserklärung im Widerspruchsverfahren 230
    III. Kosten
  C. Unterlassungserklärung oder Anerkenntnis? 231
    I. Haftung 231
    II. Beweislast 231
    III. Folgen eines Verstoßes 232
    IV. Verjährung 232
    V. Ergebnis 232
  D. Anforderungen an einen Prozessvergleich – Formulierung 233
    I. Ordnungsmittel gemäß § 890 ZPO 233
    II. Vereinbarungen einer Vertragsstrafe 233
    III. Inhalt eines Unterlassungsvergleichs 234
    IV. Vollziehung eines Prozessvergleichs 234

§ 19 Zwangsvollstreckung 235
  A. Vorbemerkung, Rechtsgrundlagen 235
  B. Sicherheitsleistung 235
    I. Art der Sicherheitsleistung 235
    II. Abwendungsbefugnis des Schuldners 236

	III.	Relevanter Zeitpunkt bei einem Verstoß gegen den Titel	236
C.	Verstoß gegen eine Unterlassungsverpflichtung		237
	I.	Wirksamkeit der Unterlassungsverpflichtung, Strafandrohung	237
	II.	Verbotene Handlung	237
D.	Verfahren		238
	I.	Allgemeine Vollstreckungsvoraussetzungen	238
		1. Titel, Klausel, Zustellung	238
		2. Heilung von Vorstreckungsmängeln	238
	II.	Fristen	238
	III.	Zuständigkeit	239
	IV.	Antrag	239
	V.	Stellungnahme des Schuldners	239
	VI.	Entscheidung des Gerichts, Rechtsmittel	239
	VII.	Realisierung der festgesetzten Ordnungsmittel	240
E.	Vorläufige Einstellung der Zwangsvollstreckung		240
F.	Höhe des Ordnungsgeldes		240
	I.	Gesetzliche Höchstgrenzen	240
	II.	Entscheidungen im Einzelfall	241
G.	Besonderheiten bei der Unterlassungs-Zwangsvollstreckung		242
	I.	Bestand der einstweiligen Verfügung	242
	II.	Beseitigung des Unterlassungstitels	242
		1. Fortfall des Verfügungstitels	242
		2. Beseitigung der Vollstreckbarkeit eines rechtskräftigen Hauptsache-Unterlassungstitels	243
H.	Kosten		243

Anhang 245

Checkliste des Anspruchstellers 246

Muster 248

Internet-Fundstellen 274

Sachregister 277

Literaturverzeichnis

Ahrens, Die fristgebundene Vollziehung einstweiliger Verfügungen, WRP 1999, 1.
Baronikians, Eilverfahren und Verjährung, WRP 2001, 121.
Baumbach/Hefermehl, Wettbewerbsrecht, 22. Aufl. München 2001.
Baumbach/Lauterbach/Albers/Hartmann, Zivilprozessordnung, 59. Aufl. München 2001 (zitiert: *Baumbach/Lauterbach*, ZPO).
Berlit, Auswirkungen der Aufhebung des Rabattgesetzes und der Zugabeverordnung auf die Auslegung von § 1 UWG und § 3 UWG, WRP 2001, 349.
Berneke, Die einstweilige Verfügung in Wettbewerbssachen, C.H. Beck, München 1995 (zitiert: *Berneke*, Einstweilige Verfügung).
Berneke, Zum Lauterkeitsrecht nach einer Aufhebung von Zugabeverordnung und Rabattgesetz, WRP 2001, 615.
Bodewig/Henning-Bodewig, Rabatte und Zugaben in den Mitgliedstaaten der Europäischen Union, WRP 2000, 1341.
Borck, Der Hilfsantrag im Unterlassungsprozess, WRP 1981, 248 (zitiert: *Borck*, Hilfsantrag).
Borck, Der Weg zum „richtigen" Unterlassungsantrag, WRP 2000, 824 (zitiert: *Borck*, Unterlassungsantrag).
Boehme-Neßler, Rechtsprobleme der Internet-Werbung, ZUM 2001, 547.
Brandner/Bergmann, Zur Zulässigkeit „gesetzeswiederholender" Unterlassungsanträge, WRP 2000, 842.
Bülow/Böckstiegel/Geimer/Schütze, Internationaler Rechtsverkehr in Zivil- und Handelssachen, C.H. Beck München, 2001.
Bülow/Ring, Heilmittelwerbegesetz – Gesetz über die Werbung auf dem Gebiet des Heilwesens (HWG) Kommentar, 2. Aufl. Köln 2001.
Cordes, Die Gewährung von Zugaben und Rabatten und deren wettbewerbsrechtlichen Grenzen nach Aufhebung von Zugabeverordnung und Rabattgesetz, WRP 2001, 867.
Doepner; Heilmittelwerbegesetz, Kommentar, 2. Aufl. München 2000.
Deutsch, Zur Markenverunglimpfung, GRUR 1995, 319.
Fezer, Markenrecht, 3. Aufl. München 2001.
Finger, EuGVVO – Eine erste Übersicht über die neue Regelung, MDR 2001, 1394.
Gärtner, Probleme der Auslandsvollstreckung von Nichtgeldleistungsentscheidungen im Bereich der Europäischen Gemeinschaft (Diss.), VVF Verlag, München 1991.
Geimer, Internationales Zivilprozessrecht, 4. Aufl. Köln 2001.
Gierschmann, Die E-Commerce-Richtlinie, DB 2000, 1315.
Gloy, Handbuch des Wettbewerbsrechts, 2. Aufl. München 1997 (zitiert: *Gloy/Bearbeiter*).
Gounalakis/Rhode, Unentegtlicher Zeitungsvertrieb – modernes Medienkonzept oder Marktstörung?, AfP 2000, 21.

Grabinski, Zur Bedeutung des Europäischen Gerichtsstands- und Vollstreckungsübereinkommens (Brüsseler Übereinkommens) und des Lugano-Übereinkommens in Rechtsstreitigkeiten über Patentverletzungen, GRUR Int. 2001, 199.

Groeben, von der, Zuwiderhandlungen gegen die einstweilige Verfügung zwischen Verkündung und Vollziehung des Unterlassungsurteils, GRUR 1999, 674.

Grunsky, Taktik im Zivilprozeß, 2. Aufl. Köln 1996.

Ingerl/Rohnke, Markengesetz – Gesetz über den Schutz von Marken und sonstigen Kennzeichen, 1. Aufl. München 1998.

Gummig, Rechtsfragen bei Werbung im Internet, ZUM 1996, 573.

Heermann, Rabattgesetz und Zugabeverordnung Ade! Was ist nun erlaubt? Was ist nun verboten?, WRP 2001, 855.

Jacobs/Lindacher/Teplitzky, UWG Großkommentar, Walter de Gruyter, Berlin/New York 1991–1995.

Klindt, Die Umweltzeichen „Blauer Engel" und „Europäische Blume" zwischen produktbezogenem Umweltschutz und Wettbewerbsrecht, BB 1998, 545.

Köhler, Das Einigungsverfahren nach § 27a UWG, WRP 1991, 617 (zitiert: *Köhler*, Einigungsstelle).

Köhler, Wettbewerbsrechtliche Grenzen des Mitgliederwettbewerbs der gesetzlichen Krankenkassen, WRP 1997, 373 (zitiert: *Köhler*, Mitgliederwettbewerb).

Köhler, Redaktionelle Werbung, WRP 1998, 349 (zitiert: *Köhler*, Redaktionelle Werbung).

Köhler, Wettbewerbs- und verfassungsrechtliche Fragen der Verteilung unentgeltlicher Zeitungen, WRP 1998, 455 (zitiert: *Köhler*, Unentgeltliche Zeitungen).

Köhler, Rabattgesetz und Zugabeverordnung: Ersatzlose Streichung oder Gewährleistung eines Mindestschutzes für Verbraucher und Wettbewerber?, BB 2001, 265 (zitiert: *Köhler*, Rabattgesetz).

Köhler/Piper, Gesetz gegen unlauteren Wettbewerb, 2. Aufl. München 2001.

Kotthoff, Die Anwendbarkeit des deutschen Wettbewerbsrechts auf Werbemaßnahmen im Internet, CR 1997, 676.

Kotthoff, Neue Maßstäbe für vergleichende Werbung, BB 1998, 2217.

Kropholler, Europäisches Zivilprozessrecht – Kommentar zu EuGVVO und Lugano-Übereinkommen, 7. Aufl. Heidelberg 2002.

Kur, Metatags – pauschale Verurteilung oder differenzierende Betrachtung?, CR 2000, 448.

Lange, Steht das Powershopping in Deutschland vor dem Aus?, WRP 2001, 888.

Lehmann, Juristisch-ökonomische Kriterien zur Berechnung des Verletzergewinns bzw. des entgangenen Gewinns, BB 1988, 1680.

Leible, Ausländersicherheit und einstweiliger Rechtsschutz, NJW 1995, 2817.

Mankowski, Internet und internationales Wettbewerbsrecht, GRUR Int. 1999, 909.

Mann, Kostenloser Vertrieb von Presse – eine Gefährdung der Pressefreiheit?, WRP 1999, 740.

Münchener Kommentar, Bürgerliches Gesetzbuch, 4. Aufl. München 2001 (zitiert: MüKo-BGB/*Bearbeiter* in).

Nagel/Gottwald, Internationales Zivilprozessrecht, 4. Aufl. Köln 1997.

Nelle, Anspruch, Titel und Vollstreckung im internationalen Rechtsverkehr, Tübingen 2000 = Beiträge zum ausländischen und internationalen Privatrecht, Band 71, Mohr Siebeck, Tübingen 2000.

Nieder, Die vertragsstrafenbewehrte Unterwerfung im Prozessvergleich, WRP 2001, 117.

Palandt, Bürgerliches Gesetzbuch, 60. Aufl. München 2001 (zitiert: *Palandt/Bearbeiter*, BGB).

Pastor/Ahrens, Der Wettbewerbsprozess, 4. Aufl. Berlin/Bonn/München 1999 (zitiert: *Pastor/Ahrens*, Wettbewerbsprozess).

Remien, Rechtsverwirklichung durch Zwangsgeld, Mohr, Tübingen 1992.

Rüssmann, Umstrittene Heilungsmethoden – ein Problem des Wettbewerbsrechts?, NJW 1997, 1620.

Sack, Die Bedeutung der EG-Richtlinien 84/450/EWG und 97/55/EG über irreführende und vergleichende Werbung für das deutsche Wettbewerbsrecht, GRUR 1998, 263.

Scherer, Divergenz und Kongruenz der Rechtsprechung des EuGH und des BGH zur Verbraucherwerbung, WRP 1999, 991.

Schmid, Geschäftsführung ohne Auftrag als Anspruchsgrundlage für Kostenerstattung von wettbewerbsrechtlichen Abmahnungen?, GRUR 1999, 312.

Schrader, Wettbewerbsrechtlicher Unterlassungs- und Beseitigungsanspruch gegen Vorstandsmitglieder oder gegen die Aktiengesellschaft, DB 1994, 2221.

Schricker, Urheberrecht, Kommentar, 2. Aufl. München 1999.

Selke, Erstattung von Rechtsanwaltskosten bei unberechtigter Abmahnung aus culpa in contrahendo, WRP 1999, 286.

Soehring, Presserecht – Recherche, Darstellung und Haftung im Recht der Presse, des Rundfunks und der Neuen Medien, 3. Aufl. Stuttgart 2000.

Stein/Jonas, Zivilprozeßordnung, 21. Aufl. Tübingen 1993/1999 (zitiert: *Stein/Jonas/Bearbeiter*, ZPO).

Teplitzky, Die (Unterwerfungs-) Vertragsstrafe in der neueren BGH-Rechtsprechung, WRP 1994, 709 (zitiert: *Teplitzky*, Vertragsstrafe).

Teplitzky, Die wettbewerbsrechtliche Unterwerfung heute, GRUR 1996, 696 (zitiert: *Teplitzky*, Unterwerfung).

Teplitzky, Wettbewerbsrechtliche Ansprüche, 7. Aufl. Berlin/Bonn/München 1997 (zitiert: *Teplitzky*, Wettbewerbsrecht).

Teplitzky, Klageantrag und konkrete Verletzungsform, WRP 1999, 75 (zitiert: *Teplitzky*, Klageantrag).

Teplitzky Die jüngste Rechtsprechung des Bundesgerichtshofs zum wettbewerbsrechtlichen Anspruchs- und Verfahrensrecht IX, GRUR 1999, 1050 (zitiert: *Teplitzky*, BGH-Rechtsprechung).

Thomas/Putzo, Zivilprozessordnung, 23. Aufl. München 2001 (zitiert: *Thomas/Putzo*).

Trube, Preisangaben nach dem Wegfall des Rabattgesetzes, WRP 2001, 878.

Ulrich, Die unterbliebene Vollziehung wettbewerbsrechtlicher Unterlassungsverfügungen und ihre Folgen, WRP 1996, 84.

Viefhues, Internet und Kennzeichenrecht: Meta-Tags, MMR 1999, 336.

Weidert, Internet und Wettbewerbsrecht, AnwBl 2000, 390.

Weißmann/Riedel/Wast, Handbuch der internationalen Zwangsvollstreckung, Verlag Recht und Praxis, Kissing (Grundwerk 1992, 22. Lieferung) 2001 (zitiert: *Bearbeiter* in *Weißmann/Riedel*).

Zöller, Zivilprozessordnung, 22. und 23. Aufl. München 2001/2002.

Abkürzungsverzeichnis

a.A.	andere Ansicht
a.E.	am Ende
AfP	Archiv für Presserecht (Jahr, Seite)
BGB	Bürgerliches Gesetzbuch vom 18.8.1896 (RGBl. 1896, S. 195) i.d.F. des Gesetzes zur Reform des Schuldrechts vom 26.11.2001 (BGBl. I 2001, S. 3138)
bestr.	bestritten
BGHSt	BGH-Entscheidungen in Strafsachen
BGHZ	BGH-Entscheidungen in Zivilsachen
CR	Computer und Recht (Jahr, Seite)
DB	Der Betrieb (Jahr, Seite)
DVO	Durchführungsverordnung
EuGVVO	EG-Verordnung über die gerichtliche Zuständigkeit und die Anerkennung und Vollstreckung von Entscheidungen in Zivil- und Handelssachen vom 22.12.2000
EuGVÜ	Brüsseler Übereinkommen über die gerichtliche Zuständigkeit und die Vollstreckung gerichtlicher Entscheidungen in Zivil- und Handelssachen
GKG	Gerichtskostengesetz
GRUR	Gewerblicher Rechtsschutz und Urheberrecht (Jahr, Seite)
GRUR Int.	Gewerblicher Rechtsschutz und Urheberrecht – Auslands- und internationaler Teil (Jahr, Seite)
h.M.	herrschende Meinung
HZPÜ	Haager Zivilprozessübereinkommen
HZÜ	Haager Übereinkommen über die Zustellung gerichtlicher und außergerichtlicher Schriftstücke im Ausland in Zivil- oder Handelssachen
IPrax	Praxis des Internationalen Privat- und Verfahrensrechts (Jahr, Seite)
KUG	Kunst-Urhebergesetz
LugÜ	Lugano Übereinkommen über die gerichtliche Zuständigkeit
MarkenG	Markengesetz
MDR	Monatsschrift für Deutsches Recht (Jahr, Seite)
MDStV	Mediendienste-Staatsvertrag
m.w.H.	mit weiteren Hinweisen
m.w.N.	mit weiteren Nachweisen
n.F.	neue Fassung
NJW	Neue Juristische Wochenschrift (Jahr, Seite)

Abkürzungsverzeichnis

NJW-CoR	NJW-Computer-Report (Jahr, Seite)
NJW-RR	NJW-Rechtsprechungs-Report Zivilrecht (Jahr, Seite)
n.v.	nicht veröffentlicht
NZS	Neue Zeitschrift für Sozialrecht (Jahr, Seite)
PAngV	Preisangaben-Verordnung
TDDSG	Teledienste-Datenschutzgesetz
WRP	Wettbewerbsrecht in Recht und Praxis (Jahr, Seite)
UKlaG	UnterlassungsKlagegesetz
UrhG	Urheberrechtsgesetz
VerbrKrG	Verbraucherkreditgesetz
ZPO	Zivilprozeßordnung vom 30.01.1877 (RGBl. 1877, S. 83) in der Fassung der Bekanntmachung vom 12.9.1950 (BGBl. 1950, S. 455), zuletzt geändert durch das Gesetz zur Reform des Schuldrechts vom 26.11.2001 (BGBl. I 2001, S. 3138) neue Fassung gemäß ZPO-Reformgesetz
ZPO n.F.	Zivilprozeßordnung in der aufgrund des Gesetzes zur Reform des Verfahrens bei Zustellungen im gerichtlichen Verfahren (Zustellungsreformgesetz) ab 1.7.2002 geltenden Fassung (BGBl. I 2001, S. 1206)
ZUM	Zeitschrift für Urheber- und Medienrecht (Jahr, Seite)
ZUM-RD	ZUM-Rechtsprechungsdienst (Jahr, Seite)

Vorbemerkung

Das deutsche Wettbewerbsrecht prägen die „große Generalklausel" des § 1 UWG **1**
und die so genannte „kleinen Wettbewerbsklausel" des § 3 UWG. Zu diesen Regelungen sowie zu den übrigen wettbewerbsrechtlichen Vorschriften hat sich in Deutschland eine umfangreiche Rechtsprechung entwickelt, die sich in zahlreiche Fallgruppen einteilen lässt. Gerade aufgrund der umfangreichen Kommentierungen zu §§ 1 und 3 UWG empfiehlt es sich, für die eigene wettbewerbsrechtliche Arbeit ein wettbewerbsrechtliches „Hauptwerk" auszuwählen. Das erleichtert das Auffinden der zu der Fragestellung passenden Kommentierung, zumal dieses Buch gar nicht darauf angelegt ist, alle Facetten des Wettbewerbsrechts zu behandeln. Es gibt eine Reihe guter und sehr guter wettbewerbsrechtlicher Literatur. Besondere Verbreitung haben die Kommentare von *Baumbach/Hefermehl* und *Köhler/Piper* gefunden. Auch *Teplitzkys* „Wettbewerbsrechtliche Ansprüche" und das „Handbuch des Wettbewerbsrechts" von *Gloy* werden vielfach zitiert. Nachfolgend wird in der Regel zumeist auf die Kommentierung bei *Baumbach/Hefermehl* verwiesen, da der Verfasser davon ausgeht, dass der nicht laufend mit der Materie Wettbewerbsrecht befasste Jurist die zur Fallbearbeitung benötigte Literatur nach Möglichkeit überschaubar halten möchte. Da in der Regel die Fallgruppen von der Rechtsprechung entwickelt wurden und die Terminologie deswegen weitgehend einheitlich ist, lassen sich diese auch in der übrigen wettbewerbsrechtlichen Literatur anhand des Stichwortverzeichnisses ohne Weiteres auffinden. Für die Recherche nach wettbewerbsrechtlichen Gesetzen und Entscheidungen helfen vielfach auch Angebote im Internet weiter.[1] Einen besonderen Vorteil bieten auch die Entscheidungen des 1. Senats am des BGH, der für Wettbewerbssachen zuständig ist: Er versieht seine Entscheidungen mit Schlagwörtern, wie zum Beispiel „Unbestimmter Unterlassungsantrag I" oder „Vielfachabmahner". Auch das erleichtert das Auffinden der einschlägigen BGH-Rechtsprechung, zumal in der Kommentarliteratur durchweg ein Fälle- bzw. Fundstellenverzeichnis enthalten ist. Der Verfasser verweist schließlich – soweit möglich – auf Veröffentlichungen in NJW oder NJW-RR.

Das Wettbewerbsrecht gehört zum Gebiet des „gewerblichen Rechtsschutzes" – **2**
ebenso wie das Patent- und Gebrauchsmusterrecht, das Geschmacksmusterrecht und das Kennzeichenrecht (vor allem Markenrechte). Das UWG hat sich seit 1909 nur in Einzelbereichen weiterentwickelt.[2] Veränderungen gab es insbesondere hinsichtlich der Klagebefugnis (§ 13 UWG), der Regelung zur vergleichenden Werbung (§ 2 UWG), der Neuregelung des Sonderveranstaltungsrechts in §§ 7 und 8 UWG oder zur Bestechung im geschäftlichen Verkehr, die seit 1997 nicht mehr in § 12 UWG, sondern in § 299 StGB geregelt ist.[3] Im Zuge der Markenrechtsreform wurde § 16 UWG aufge-

---

[1] Siehe hierzu im Anhang die Übersicht über nützliche Links. Ebenso bietet sich die Suche über Suchmaschinen an, zum Beispiel über www.google.de. Wer dort nach Stichworten sucht, wird auch häufig fündig.
[2] Vgl. *Baumbach/Hefermehl* Einl. UWG Rn. 19.
[3] Art. 4 Nr. 1 des Gesetzes zur Bekämpfung der Korruption, BGBl I 1997, S. 2028.

Vorbemerkung

hoben und als § 5 Abs. 3 (Schutz von Unternehmensbezeichnungen) in das Markengesetz integriert.[4] Wettbewerbsrechtlich von Bedeutung war schließlich zuletzt die Aufhebung von Rabattgesetz und Zugabeverordnung, wodurch jedoch keineswegs alle zugaberechtlichen Fragestellungen entfallen sind.[5]

3 Zum Wettbewerbsrecht gehören nicht nur das UWG und weitere wettbewerbsrechtliche Regelungen wie etwa das Heilmittelwerbegesetz, sondern auch das Gesetz gegen Wettbewerbsbeschränkungen (GWB). Gleichwohl ist dieses Buch weitgehend auf die wettbewerbsrechtlichen Regelungen außerhalb des Kartellrechts beschränkt.[6] Einen breiten Raum nimmt hingegen das Verfahrensrecht ein, da vor allem das Verfügungsverfahren reichlich Fallstricke bietet.

4 Um das Buch gerade für Praktiker verständlich und übersichtlich zu gestalten, enthält es nicht nur viele Praxistipps, deren Beachtung schon die gröbsten Fehler vermeiden helfen lässt. Jedem Kapitel ist auch, wenn es sich anbietet, ein Fall aus der Rechtsprechung vorangestellt, der am Ende des betreffenden Kapitels aufgelöst wird. Das ermöglicht dem Leser, bis zur Fall-Lösung die wichtigsten Fakten zu lesen, um sich eine eigene Meinung zum Fall bilden zu können – und ein gewisses Gespür für wettbewerbsrechtliche Fragestellungen zu bekommen. Eine Sammlung wichtiger Brief- und Schriftsatzmuster ist im Anhang beigefügt.

5 Das Zivilprozessreformgesetz, das Zustellungsreformgesetz und das Schuldrechtsmodernisierungsgesetz sind vollständig eingearbeitet.

6 Mein herzlicher Dank gilt Herrn Notar Professor Dr. Geimer und Herrn Rechtsanwalt Dr. Matthias Alessandro Strauss für ihre wertvollen Hinweise zu § 165, Herrn Richter am OLG Norman M. Doukoff für die umfangreiche Ergänzung zu den Internet-Fundstellen, Herrn Rechtsanwalt Stefan Brandmaier für die Durchsicht des Manuskripts und vor allem meiner lieben Frau Susanne – nicht nur für die Manuskriptkorrektur, sondern ganz besonders für ihre ganze Unterstützung während meiner Arbeit an diesem Buch.

München, im März 2002   Gero Himmelsbach

---

[4] Vgl. hierzu etwa *Fezer*, Markenrecht, oder *Ingerl/Rohnke*, Markengesetz.
[5] Vgl. Rn. 106 ff.
[6] Als kartellrechtliche Einstiegsliteratur bieten sich etwa an: *Emmerich*, Kartellrecht, München 2001 oder *Commichau/Schwartz*, Grundzüge des Kartellrechts, München 2001.

1. Teil. Materielles Wettbewerbsrecht

§ 1 Grundlagen des Wettbewerbsrechts

In Deutschland gilt das Prinzip der Wettbewerbsfreiheit. Es ist damit grundsätzlich jedem erlaubt, sich am wirtschaftlichen Wettbewerb zu beteiligen – sei es als neuer Wettbewerber, der in einen bestimmten Markt eintreten möchte oder als Marktteilnehmer, der seine Entschlüsse auf dem Markt frei fassen und durchführen kann.[7] Zur Wettbewerbsfreiheit gehört auch, sich *nicht* wirtschaftlich zu betätigen. 7

Die wirtschaftliche Betätigung der Marktteilnehmer ist allerdings nur frei, soweit sie durch gesetzliche Verbote nicht eingeschränkt ist. Nur rechtlich erlaubtes Verhalten ist damit frei und nicht jedwede wirtschaftliche Betätigung. So können vor allem der Staat und die Wirtschaft die Wettbewerbsfreiheit einschränken. Der Staat kann bestimmte Voraussetzungen an die Ausübung wirtschaftlicher Tätigkeit knüpfen, wie dies etwa die Handwerksordnung vorsieht. Die Wirtschaft kann den Wettbewerb zum Beispiel beeinflussen, indem Anbieter Vertriebssysteme geschlossen halten.[8] 8

Eine Einschränkung der Wettbewerbsfreiheit ist nur möglich, soweit sie mit der Verfassung der bestehenden Wirtschaftsordnung zu vereinbaren ist. Dies gilt insbesondere für die im Wettbewerbsrecht bestimmende Frage, ob das Handeln eines Wettbewerbers lauter – und damit erlaubt – oder unlauter und damit verboten ist. Auch wenn sich das Grundgesetz nicht für ein bestimmtes Wirtschaftssystem entschieden hat,[9] steckt es einen Gesamtrahmen für eine Wirtschaftsordnung ab, die einerseits Individualität und andererseits gemeinschaftliche, soziale Prinzipien (Sozialstaatsprinzip) beinhaltet. Von besonderer Bedeutung sind die im Grundgesetz festgeschriebenen Grundrechte, die es dem Einzelnen ermöglichen, sich wirtschaftlich zu betätigen – allerdings in den verfassungsrechtlich normierten Grenzen. So kann die freie Berufswahl und Berufsausübung (Art. 12 GG) ebenso beschränkt werden, wie auch die Garantie des Eigentums (Art. 14 GG). Auch wenn grundsätzlich jedermann seine Meinung frei äußern kann (Art. 5 Abs. 1 GG), kann dieses Grundrecht gleichwohl eingeschränkt sein (Art. 5 Abs. 2 GG). 9

Den rechtlichen Rahmen für die wirtschaftliche Betätigung gibt das Wettbewerbsrecht vor, das vor allem zwei Bereiche umfasst: nämlich einerseits das Recht gegen unlauteren Wettbewerb (UWG) und andererseits das Recht gegen Wettbewerbsbeschränkungen (GWB). Diese beiden, gesetzlich geregelten Bereiche zeigen zugleich die Doppelaufgabe des Wettbewerbsrechts. Das sind die Sicherung des freien Wettbewerbs (GWB) und die Bekämpfung unlauterer Wettbewerbshandlungen (UWG). Schutzzweck beider Gesetze ist der Wettbewerb nach unterschiedlichen Gesichts- 10

---

[7] Vgl. *Baumbach/Hefermehl* Allg. Rn. 27.
[8] Das ist vor allem beim Vertrieb von Markenartikeln häufig der Fall, so etwa im Bereich von Parfümerie-Markenartikeln.
[9] Vgl. BVerfGE 4, 7, 17 f.; 50, 299, 337 und *Baumbach/Hefermehl* Allg. Rn. 42.

punkten: Das GWB-Recht schützt den freien Wettbewerb vor allem durch marktpolitische Maßnahmen wie etwa das Verbot der Bildung eines Preiskartells. Das UWG ist vor allem ein Schutz der Mitbewerber vor einzelnen unlauteren Handlungen anderer Mitbewerber.[10]

11 Beide Rechtsgebiete – UWG und GWB – bestehen nebeneinander. Die Anwendbarkeit des UWG schließt damit die Anwendbarkeit des GWB nicht aus. Allerdings muss eine wettbewerbswidrige Handlung nicht zugleich auch eine kartellrechtswidrige Handlung sein und umgekehrt. GWB und UWG stehen allerdings auch in einer Wechselbeziehung zueinander. Dies bedeutet, dass auch Wertungen des GWB in die Lösung von UWG-Fragen mit einzustellen sind.[11] Ebenso können Wertungen des UWG Einfluss auf GWB-Regelungen haben – etwa bei der wettbewerbsrechtlichen Beurteilung von Preiskampfmaßnahmen.

12 Beeinflusst von der wettbewerbsrechtlichen Regelung ist auch der *gesamte Bereich des gewerblichen Rechtsschutzes*. So lautet etwa § 14 Abs. 2 Nr. 3 MarkenG:

§ 14 Abs. 2 MarkenG:

13 IIDritten ist es untersagt, ohne Zustimmung des Inhabers der Marke im geschäftlichen Verkehr
...

3. ein mit der Marke identisches Zeichen oder ein ähnliches Zeichen für Waren oder Dienstleistungen zu benutzen, die nicht denen ähnlich sind, für die die Marke Schutz genießt, wenn es sich bei der Marke um eine im Inland bekannte Marke handelt und die Benutzung des Zeichens die Unterscheidungskraft oder die Wertschätzung der bekannten Marke ohne rechtfertigenden Grund in unlauterer Weise ausnutzt oder beeinträchtigt.

14 Das Lauterkeitskriterium ist also nicht nur im UWG von Bedeutung, sondern auch in anderen gesetzlichen Regelungen.

---

[10] Das UWG soll allerdings auch den einzelnen Verbraucher und die Allgemeinheit schützen, vgl. *Baumbach/Hefermehl* Einl. UWG Rn. 55 und 76. Allerdings können Verbraucher selbst den ihnen vom UWG gewährten Schutz nicht durchsetzen, da sie nach den Regelungen des UWG nicht aktivlegitimiert sind. Dies kann in den Grenzen des § 13 UWG nur durch Wettbewerber, Verbraucherverbände und Wirtschaftsverbände geschehen.

[11] Damit hatte sich der BGH zum Beispiel bei der Frage der Wettbewerbswidrigkeit der Entfernung von so genannten Kontrollnummern zu beschäftigen. Hier handelt es sich um kundenspezifische Kontrollnummern, mit denen Hersteller ihre Markenware kennzeichnen, um die Einhaltung eines Vertriebsbindungssystems zu kontrollieren, das kein rechtlich zulässiges lückenloses Vertriebsbindungssystem gemäß der Regelung des GWB darstellt. Kann sich der Hersteller durch ein nicht schutzfähiges Vertriebsbindungssystem der Aufsicht der Kartellbehörde gemäß § 16 GWB entziehen, ist auch die Entfernung derartiger Kontrollnummern unter dem Gesichtspunkt der Behinderung (des Herstellers bei der Durchsetzung seines Vertriebsbindungssystems) nicht wettbewerbswidrig, BGHZ 104, 185 = GRUR 1988, 823 = NJW 1988, 3152 = WRP 1988, 722 – Kontrollnummern I und BGH GRUR 1988, 826 = NJW 1988, 3154 = WRP 1988, 725 – Kontrollnummern II.

§ 2 Aufbau und Grundlagen des UWG

A. Gesetzesaufbau

I. Verhältnis der Generalklausel zu den Spezialklauseln

Hauptnorm des UWG ist die „große Generalklausel" des § 1 UWG, den die „kleine **15** Wettbewerbsklausel" gemäß § 3 UWG vor allem für irreführende Werbemaßnahmen ergänzt. Diese Generalklauseln ergänzen Spezialregelungen – insbesondere §§ 6 a ff. UWG –, die zivil- oder strafrechtlichen Charakter haben. Durch eine Wettbewerbshandlung können damit mehrere Verbotsnormen des UWG verletzt sein. Wird etwa in einem Rundschreiben an Kunden eines Mitbewerbers mitgeteilt, der Mitbewerber sei zahlungsunfähig geworden, kann dies zugleich einen Verstoß gegen §§ 14 und 1 UWG darstellen.

II. Beherrschender Rechtsgedanke der „Unlauterkeit"

Kernfrage des UWG-Rechts ist, ob eine Handlung lauter oder unlauter ist. Diese **16** Frage ist eng mit dem in § 1 UWG enthaltenen Begriff der „guten Sitten" verknüpft. Was lauter oder unlauter ist oder den „guten Sitten" entspricht, lässt sich nur anhand des Schutzzweckes des UWG und der Funktion des Wettbewerbs bestimmen. Hierzu hat die Rechtsprechung Fallgruppen zu § 1 UWG gebildet.[12] Während demnach einerseits die Behinderung von Mitbewerbern oder die Ausbeutung deren Leistung wettbewerbswidrig sein kann, soll das Wettbewerbsrecht anderseits nicht die Entwicklung neuer wettbewerblicher Maßnahmen hemmen.[13] Das erfordert allerdings in der Praxis durchaus Überzeugungskraft und Durchhaltevermögen.[14] Das zeigt auch gerade die jüngste Entwicklung im Medienbereich: War es bislang sehr umstritten, ob die Verteilung kostenfreier Zeitungen (etwa Anzeigenblätter) andere Presseverlage in der Ausübung ihrer Markttätigkeit unlauter behindert,[15] soll die kostenfreie Verteilung so genannter Sonntagszeitungen zulässig sein.[16]

Unlauter sind jedenfalls alle Wettbewerbshandlungen, die gegen die **guten Sitten** **17** verstoßen (§ 1 UWG) oder Sondervorschriften des UWG verletzen. Verstoßen Wettbewerbshandlungen nicht gegen Vorschriften des UWG, sondern gegen Vorschriften anderer Gesetze, sind sie zwar rechtswidrig, jedoch nicht ohne Weiteres unlauter.[17]

---

[12] Siehe Rn. 45 ff.
[13] Vgl. *Baumbach/Hefermehl* Einl. UWG Rn. 129.
[14] Vgl. OLG München AfP 1996, 79 = NJW-RR 1996, 108 = WRP 1995, 875 (Petra-Movie). Hier ging es um die Frage, ob die Beifügung einer Videokassette zu einer Frauenzeitschrift wettbewerbswidrig ist – etwa aus dem Gesichtspunkt unlauterer Anlockung, § 1 UWG, einer verbotenen Zugabe gemäß § 1 ZugabeVO oder eines Verstoßes gegen die Preisbindung gemäß § 15 GWB. Das OLG München entschied, dass es nicht Aufgabe des UWG sei, neue Formen der Information – eben als Videokassette – zu unterbinden und ließ damit bereits aus diesem Grund die Beifügung einer Videokassette mit redaktionellen Inhalten zu. Vgl. hierzu auch OLG Hamburg AfP 1996, 81 = GRUR 1995, 830.
[15] Vgl. *Baumbach/Hefermehl* § 1 UWG Rn. 865.
[16] Vgl. Rn. 69 ff.
[17] Vgl. Rn. 352 f.

III. Bedeutung der Verkehrsauffassung

18 Maßgeblich für die Beurteilung der Frage, ob eine Handlung lauter oder unlauter ist, ist die Verkehrsauffassung. Hierbei geht es nicht in erster Linie um die Auffassung „aller gerecht und billig Denkenden",[18] sondern vor allem um die angesprochenen Verkehrskreise. So kann einerseits die Auffassung der Durchschnittsgewerbetreibenden von Bedeutung sein, wenn diese durch eine Maßnahme angesprochen sind.[19] Andererseits kann auch die Auffassung der Allgemeinheit relevant sein, wenn deren Belange betroffen sind.

19 Nach der Rechtsprechung des BGH zu § 3 UWG genügte bei einer Werbung für das breite Publikum bislang die Auffassung des flüchtigen und unkritischen Verbrauchers.[20] Der EuGH hingegen stellt auf den durchschnittlich informierten, aufmerksamen und verständigen Durchschnittsverbraucher ab, der aufgrund ausreichender Information in der Lage sein muss, seine Entscheidung auf dem Markt frei zu treffen.[21] An diesem gewandelten Verbraucherbild orientiert sich nunmehr auch der BGH.[22] Nach wie vor ist jedoch zu berücksichtigen, an welche Verbraucherkreise sich zum Beispiel eine Werbemaßnahme richtet. Sind es vor allem Kinder und Jugendliche, bedürfen diese sicherlich eines erweiterten weitergehenden Schutzes[23] als wenn sich eine Werbung an Fachkreise wendet.

B. Grundlagen des UWG

I. Handel im geschäftlichen Verkehr

Fall „Makler-Privatangebot":[24]

20 Ein Makler bietet in Zeitungsanzeigen ein Grundstück an, das sich in seinem Privatbesitz befindet. Ein Hinweis auf seine Tätigkeit als Makler ist der Zeitungsanzeige nicht zu entnehmen.

21 Erste Voraussetzung für die Anwendbarkeit wettbewerbsrechtlicher Vorschriften ist ein „Handeln im geschäftlichen Verkehr". Dieses Erfordernis enthalten ausdrücklich §§ 1, 3, 5, 6 a bis 6 c und 18 UWG. Damit wird deutlich, dass das UWG allein im geschäftlichen (wirtschaftlichen) Wettbewerb und nicht für Handlungen Einzelner ohne jeden Bezug zu einer geschäftlichen Tätigkeit anwendbar ist. Der Begriff „geschäftlicher Verkehr" ist weit zu fassen. Er setzt weder ein Unternehmen noch einen Betrieb voraus. Eine Handlung im „geschäftlichen Verkehr" ist jede Maßnahme, die einen eigenen oder fremden, beliebigen Geschäftszweck – in welcher Form auch im-

---

[18] Vgl. *Baumbach/Hefermehl* Einl. UWG Rn. 86.
[19] Vgl. *Baumbach/Hefermehl* Einl. UWG Rn. 86 und 89.
[20] Vgl. BGH GRUR 1970, 425 = WRP 1970, 306 – Melitta-Kaffee; *Baumbach/Hefermehl* Einl. UWG Rn. 647.
[21] Vgl. EuGH NJW 1998, 3183 = WRP 1998, 848 – Gut Springenheide.
[22] BGH GRUR 2000, 337 = NJW-RR 2000, 704 = WRP 2000, 386 – Preisknaller; *BGH* GRUR 2000, 619 = NJW-RR 2000, 1490 = WRP 2000, 517 – Orient-Teppichmuster („flüchtig" und „verständig" schließe sich nicht aus); BGH GRUR 2000, 820 = NJW-RR 2000, 1136 = WRP 2000, 724, 726 – Space Fidelity Peep Show. Siehe auch *Scherer* S. 991 ff.
[23] Vgl. auch BGH GRUR 1965, 363 – Fertigbrei; OLG Düsseldorf GRUR 1975, 267 – Milky Way; OLG Frankfurt a.M. GRUR 1994, 522 – Lego-Hotline.
[24] BGH GRUR 1993, 761 = NJW-RR 1993, 1063.

mer – fördern kann. Weder eine Gewinnerzielung noch eine Gewinnerzielungsabsicht sind erforderlich. Auch gemeinnützige Vereine können damit im „geschäftlichen Verkehr" handeln – etwa wenn sie Spenden akquirieren.

Nicht zum „geschäftlichen Verkehr" gehören rein private, betriebsinterne oder amtliche Handlungen. Wenn also ein Verbraucher Waren erwirbt, um seinen privaten Bedarf zu decken, handelt er nicht im „geschäftlichen Verkehr". 22

Bei **Gewerbetreibenden** wird in der Regel ein Handeln im geschäftlichen Verkehr vermutet, wenn es sich nicht um rein private Äußerungen oder Handlungen außerhalb jeder beruflichen Tätigkeit handelt.[25] Wird allerdings in einem Privatgespräch mit dem Kunden eines Mitbewerbers erwähnt, dass der Mitbewerber zahlungsunfähig sei, betrifft der Inhalt dieses Gesprächs wiederum den geschäftlichen Verkehr und unterfällt damit dem UWG. 23

Zum Fall „Makler-Privatangebot":

Beim Handeln im geschäftlichen Verkehr muss es sich um eine selbstständige, wirtschaftliche Zwecke verfolgende Tätigkeit handeln, in der eine Teilnahme am Erwerbsleben zum Ausdruck kommt und die sich auf Mitbewerber auswirken kann. Diese Voraussetzungen sah der BGH hier als nicht gegeben an: Der Beklagte habe das Grundstück durch eine private Schenkung schon mehrere Jahre vor der Anzeige erhalten und nicht seinem geschäftlichen Bereich zugeschlagen. Er betreibe mit der Anzeige keine Kundenwerbung, sondern suche einen Käufer für ein privates Objekt. Es handele sich um eine Anzeige „von Privat an Privat". 24

II. Handel zu Zwecken des Wettbewerbs

Weitere Voraussetzung für die Anwendbarkeit von §§ 1, 3, 6 b, 14, 17, 18 und 20 UWG ist ein „Handeln zu Zwecken des Wettbewerbs". 25

Fall „Emil-Grünbär-Klub":[26]

Ein Verlag stellt Kundenzeitschriften für Apotheken her, u.a. auch eine Kundenzeitschrift für Kinder mit dem Titel „Durch-Blick – Dein lustiges Kinderposter". Die Kundenzeitschrift wird kostenfrei verteilt und enthält keine Werbeanzeigen. Die im Streit befindliche Kinder-Kundenzeitschrift enthält ausschließlich eine Darstellung des Emil-Grünbär-Klubs. Dieser Klub wird von der „Aktionsgemeinschaft Umwelt, Gesundheit, Ernährung (A.U.G.E. e.V.)", einem gemeinnützigen Verein, betrieben. Der Titel der Kundenzeitschrift zeigt eine Zeichnung des bekannten Kinderbuchautors und -zeichners Janosch. Mit einer Postkarte, die auf dem zusammengeklappten Poster befestigt ist, können sich Kinder beim „Emil-Grünbär-Klub" anmelden. Ein Wettbewerber des Verlages beanstandet die Kundenzeitschrift als wettbewerbswidrig. Der Inhalt sei ausschließlich werblicher Art für den Verein A.U.G.E. e.V. Auch wenn für diese Werbung nichts gezahlt worden sei, habe der Verlag gleichwohl kostenfrei die Janosch-Zeichnungen veröffentlichen können, die üblicherweise nur gegen Entgelt veröffentlicht werden könnten. Da ein geldwerter Vorteil erzielt worden sei, sei die Veröffentlichung entgeltlich erfolgt und mangels Kennzeichnung als „Anzeige" wettbewerbswidrig. 26

Auch das Erfordernis des „Handelns zu Zwecken des Wettbewerbs" wird wie die Voraussetzung des „geschäftlichen Verkehrs" sehr weit ausgelegt. Ob eine Wettbewerbshandlung vorliegt, ist anhand objektiver und subjektiver Gesichtspunkte zu beurteilen. 27

---

[25] Vgl. *Baumbach/Hefermehl* Einl. UWG Rn. 209; vgl. auch § 344 Abs. 1 HGB.
[26] BGH GRUR 1997, 907 = NJW-RR 1997, 1401 = WRP 1997, 843.

1. Objektives Tatbestandselement

28 Ein „Handeln zu Zwecken des Wettbewerbs" liegt nach ständiger Rechtsprechung dann vor, wenn die Handlung geeignet ist, den Absatz oder Bezug einer Person zum Nachteil einer anderen Person zu fördern.[27] Mit „Absatz" ist die Anbieterseite, mit „Bezug" die Nachfragerseite gemeint. Es genügt, wenn durch die Wettbewerbshandlung die Stellung im Wettbewerb nur irgendwie gefördert wird.[28] Unbeachtlich ist, ob es sich um die Förderung **fremder** oder **eigener** wirtschaftlicher Betätigung handelt. In der Regel bejahen die Gerichte eine objektive Wettbewerbshandlung.[29] Es handelt sich hier übrigens um eine Rechtsfrage und nicht um eine Sachfrage, die bewiesen oder durch Beweis widerlegt werden könnte.[30]

2. Subjektives Tatbestandselement

Fall „Die Besten II":[31]

29 Die Beklagte verlegt das Nachrichtenmagazin *Focus*. Die klagende Rechtsanwaltskammer wendet sich gegen die Veröffentlichung der Artikelserie „Die 500 besten Anwälte". In den Artikeln werden – gegliedert nach Rechtsgebieten und Regionen – Rechtsanwälte mit Namen, Kanzleisitz und Telefonnummer genannt. Zugleich wird den Lesern mitgeteilt, dass die genannten Anwälte aufgrund ihrer „Reputation unter Kollegen" und ihrer „Präsenz in Fachkreisen" ermittelt wurden.

30 Weiter ist Voraussetzung, dass der Handelnde auch die **Absicht** hat, eigenen oder fremden Wettbewerb zum Nachteil eines anderen zu fördern.[32] Auch hier ist die Auslegung wieder ausgesprochen weit. Die Förderungsabsicht muss nicht der alleinige oder bestimmende Beweggrund der Handlung sein. Allerdings genügt nicht das bloße Bewusstsein, eigenen oder fremden Wettbewerb zu fördern. Bei Wettbewerbern wird eine Wettbewerbsabsicht grundsätzlich vermutet. Ausnahmen gelten etwa bei Rechtsanwälten,[33] bei Wissenschaftlern[34] und bei der Medienberichterstattung, die den Schutz von Art. 5 GG genießt. In diesen Fällen muss die Wettbewerbsabsicht **positiv** festgestellt werden. Hierfür sind Anhaltspunkte heranzuziehen, die eine Wettbewerbsabsicht begründen können.[35] Wenn etwa eine Fachzeitschrift, die zugleich Organ einer berufsständigen Vertretung eines bestimmten Heilberufs ist, unsachliche und einseitige Kritik an den Leistungen eines nicht zum Berufsstand gehörenden wettbewerblichen Außenseiters übt, kann dies ein Indiz für die Bejahung einer Wettbewerbsabsicht sein.[36]

---

[27] Vgl. *Baumbach/Hefermehl* Einl. UWG Rn. 215 und BGHZ 3, 270 = GRUR 1952, 410 = NJW 1952, 660 – Constanze I und BGHZ 14, 163 = GRUR 1955, 97 = NJW 1954, 1682 – Constanze II.

[28] So etwa auch dann, wenn ein Verleger dem Großhandel die Ausgabe einer Zeitschrift kostenlos überlässt, um die Mehraufwendungen beim Vertrieb überschwerer Hefte auszugleichen. Auf diese Weise wird die Zusammenarbeit mit dem Großhandel und damit der künftige Wettbewerb gefördert, BGH GRUR 1967, 256 – Stern.

[29] Vgl. hierzu etwa BGH GRUR 1983, 374 = NJW 1983, 1737 = WRP 1983, 387 – Spendenbitte.

[30] Vgl. *Baumbach/Hefermehl* Einl. UWG Rn. 215 mit Hinweis auf RG GRUR 1933, 504 – Opernhaus.

[31] BGH AfP 1997, 797 = GRUR 1997, 914 = NJW 1997, 2681 = WRP 1997, 1051.

[32] Vgl. *Baumbach/Hefermehl* Einl. UWG Rn. 232.

[33] Vgl. BGH GRUR 1967, 428 = NJW 1967, 873 – Anwaltsberatung I.

[34] Vgl. BGH GRUR 1962, 45, 49 = NJW 1961, 1916 = WRP 1961, 307 – Betonzusatzmittel.

[35] Vgl. etwa OLG Hamburg AfP 1998, 76 = NJWE-WettbR 1998, 34 = ZUM-RD 1997, 273 (Beitrag in medizinischer Fachzeitschrift) und LG München I AfP 1998, 95 (Fachartikel mit Hervorhebung des eigenen Verlages).

[36] Vgl. OLG Hamburg AfP 1998, 76.

Zum Fall „Die Besten II":

Die Darstellung der mit Namen, Adresse und Telefonnummer benannten Rechtsanwälte als „Die 500 Besten" oder als „Die besten Anwälte" sah der BGH als unzulässige Handlung zur Förderung von deren Wettbewerb an. Die Beklagte habe auch die Absicht gehabt, den Wettbewerb der genannten „besten Anwälte" zu fördern. Dies ergebe sich aus der übermäßig werbenden Darstellung der empfohlenen Rechtsanwälte als die besten der Bundesrepublik Deutschland. Die Darstellung sei auch wettbewerbswidrig, da es an sachlichen und überprüfbaren Kriterien fehle, die eine Beurteilung zuließen, es handele sich bei den benannten Rechtsanwälten um die besten in Deutschland.

3. Wettbewerbsverhältnis

Fall „Fach-Kritik/ACT":[37]

> Der Kläger ist Arzt, der eine – in Fachkreisen sehr umstrittene und nicht anerkannte – Methode zur Behandlung von Krebserkrankungen entwickelt hat („ACT-Therapie"). Der Beklagte hat sich als Gesundheitsreferent der Landeshauptstadt München in einer Fernsehsendung von „SPIEGEL TV" über den Kläger wie folgt geäußert: „Herr X verspricht Patienten einen Behandlungserfolg mit seiner Methode oder durch seine Methode, den er in keiner Weise belegen kann und den er auch nicht einhalten kann. Diese Vorspiegelung falscher Tatsachen weckt Hoffnungen bei todkranken Patienten, und dies halte ich für eine besonders unärztliche, für eine besonders infame Strategie." Der Beklagte ist kein niedergelassener Arzt und auch seit 1986 nicht mehr als Internist tätig. Der Kläger beanstandet die Äußerung des Beklagten als wettbewerbswidrig und macht Unterlassungsansprüche geltend.

Weiter muss zwischen den durch die Handlung betroffenen Wettbewerbern – also einerseits dem geförderten Unternehmen und andererseits dem benachteiligten Unternehmen – ein **konkretes Wettbewerbsverhältnis** bestehen. Es genügt hierfür, wenn durch die Förderung des eigenen oder fremden Wettbewerbs zugleich der fremde Wettbewerber beeinträchtigt werden kann. Dieses ungeschriebene zusätzliche Tatbestandsmerkmal geht auf die Rechtsprechung des RG zurück und ist ständige Rechtsprechung des BGH.[38] Ein mittelbares Wettbewerbsverhältnis genügt. So besteht etwa ein Wettbewerbsverhältnis zwischen dem Hersteller eines Autos und einem Einzelhändler, der für eine andere Automarke unlauter wirbt. Ein Wettbewerbsverhältnis kann auch bei unterschiedlichen Branchen bestehen.[39] Kein Wettbewerbsverhältnis besteht etwa zwischen dem Herausgeber eines Hotelführers und einem von ihm beschriebenen Hotel.[40]

---

[37] LG München I NJWE-WettbR 1998, 12.
[38] Vgl. etwa BGH GRUR 1990, 375 = NJW-RR 1990, 479 = WRP 1990, 624 – Steuersparmodell; vgl. auch *Baumbach/Hefermehl* Einl. UWG Rn. 216 ff. Inwieweit das Bestehen eines Wettbewerbsverhältnisses als *materielles* Tatbestandsmerkmal erforderlich ist, ist durchaus umstritten. So meint *Baumbach/Hefermehl* Einl. UWG Rn. 247: „Der *materielle* Tatbestand unlauteren Wettbewerbs verlangt kein konkretes Wettbewerbsverhältnis zwischen dem unlauter handelnden und einem durch dieses Verhalten unmittelbar verletzten oder bedrohten Mitbewerber". Nach Auffassung von *Baumbach/Hefermehl* beschränkt sich die Bedeutung eines *konkreten Wettbewerbsverhältnisses* in § 1 UWG auf die Begründung der Aktivlegitimation für den unmittelbar Verletzten, *Baumbach/Hefermehl* Rn. 248.
[39] Vgl. BGH GRUR 1972, 553 = WRP 1972, 195 – Statt Blumen Onko-Kaffee.
[40] OLG Frankfurt a.M. WRP 1974, 212 – VARTA; weitere Beispiele vgl. *Baumbach/Hefermehl* Einl. UWG Rn. 220 ff.

Zum Fall „Fach-Kritik/ACT":

34 Das LG München I hat ein Wettbewerbsverhältnis zwischen den Parteien verneint.[41] Für das Bestehen eines Wettbewerbsverhältnisses genüge es zwar, wenn damit zu rechnen ist, dass die Wettbewerber künftig in einen Wettbewerb miteinander treten.[42] Wäre etwa in dem ACT-Fall der Gesundheitsreferent zugleich Facharzt für Onkologie gewesen und hätte er diese Tätigkeit nach Ablauf seiner Amtszeit als Gesundheitsreferent wieder ausüben können, wäre das Bestehen eines künftigen Wettbewerbsverhältnisses durchaus plausibel gewesen.

Zum Fall „Emil-Grünbär-Klub":

35 Der BGH hat zunächst festgestellt, dass die Veröffentlichung keinen fremden Wettbewerb fördere, da bei gemeinnützigen Einrichtungen die Werbung von Mitgliedern nicht im geschäftlichen Verkehr und zu Zwecken des Wettbewerbs erfolge.[43] Weiter hat der BGH entschieden, dass selbst bei der Annahme der Förderung fremden Wettbewerbs kein Wettbewerbsverhältnis zwischen dem klägerischen Verlag und dem gemeinnützigen Verein bestand. Denn:[44] „Steht eine Förderung fremden Wettbewerbs in Rede, setzt das Merkmal eines Handelns zu Zwecken des Wettbewerbs voraus, dass das beanstandete Verhalten geeignet ist, den Wettbewerb des Dritten zum Nachteil eines Mitbewerbers dieses Dritten zu fördern. Dabei muss zwischen den Vorteilen, die der Inanspruchgenommene für das Unternehmen des Dritten zu erreichen sucht, und den Nachteilen, die der – als unmittelbar Betroffener Klagende – Mitbewerber durch dieses Verhalten erleidet, eine Wechselbeziehung und damit ein konkretes Wettbewerbsverhältnis zwischen dem geförderten Dritten und dem klagenden Mitbewerber bestehen." Ein Wettbewerbsverhältnis wegen der Förderung fremden Wettbewerbs hat der BGH also verneint, da der klagende Verlag alleine zu dem Beklagtenverlag und nicht auch zu dem gemeinnützigen Verein A.U.G.E. e.V. in einer Wettbewerbsbeziehung stand. Gerade dessen Interessen waren jedoch durch die Zeitschrift gefördert worden.

36 Allerdings hat der Verlag nach Auffassung des BGH durch die Herausgabe der Kundenzeitschrift mit den Janosch-Zeichnungen und der Berichterstattung über den „Emil-Grünbär-Klub" den eigenen Wettbewerb gefördert. Denn durch die Ausgabe des Kinderposters für die zahlenden Abnehmer – also für die Apotheker – wurde die Zeitschrift besonders attraktiv. Das habe den Absatz der Kundenzeitschrift gefördert. Eine Wettbewerbshandlung lag damit vor. Offen gelassen hat er BGH allerdings, ob auch das subjektive Tatbestandselement erfüllt war.[45]

---

[41] Auch sonstige äußerungsrechtliche Ansprüche hat das Gericht verneint. Die Entscheidung ist rechtskräftig geworden. In einem anderen Verfahren hatte der Kläger noch erreicht, dass das OLG München Äußerungen einer nichtpraktizierenden Ärztin in einem Leserbrief an das „Deutsche Ärzteblatt" als wettbewerbswidrig verboten hat, OLG München NJWE-WettbR 1996, 177. Diese Entscheidung wurde in der Literatur – zu Recht – überwiegend kritisiert, vgl. *Rüssmann* NJW 1997, 1620.
[42] Vgl. auch *Baumbach/Hefermehl* Einl. UWG Rn. 224.
[43] Vgl. BGH GRUR 1968, 205 – Teppichreinigung und BGH GRUR 1972, 427 – Mitgliederwerbung.
[44] BGH GRUR 1997, 907 = NJW-RR 1997, 1401 = WRP 1997, 843, 845 – Emil-Grünbär-Klub.
[45] Insoweit mangelte es dem BGH an Feststellungen. Er hat die Sache deshalb zurückverwiesen.

§ 3 Die „große Generalklausel" – § 1 UWG

§ 1 UWG:
Wer im geschäftlichen Verkehr zu Zwecken des Wettbewerbs Handlungen vornimmt, die gegen die guten Sitten verstoßen, kann auf Unterlassung und Schadensersatz in Anspruch genommen werden.

37

A. Vorbemerkung, allgemeine Voraussetzungen für die Anwendbarkeit von § 1 UWG

§ 1 UWG beherrscht als die „große Generalklausel" das gesamte UWG. Zielsetzung des Gesetzgebers war es, mit § 1 UWG einen Tatbestand zu schaffen, der als „Auffangtatbestand" immer dann eingreift, wenn Einzelvorschriften des UWG nicht anwendbar sind. Allerdings kann § 1 UWG durchaus auch neben anderen Vorschriften des UWG anwendbar sein.

38

Grundvoraussetzungen für die Anwendbarkeit von § 1 UWG sind zunächst die bereits oben in § 2 dargestellten Voraussetzungen – also

39

- Handeln im geschäftlichen Verkehr,
- Handeln zu Zwecken des Wettbewerbs (objektives und subjektives Tatbestandsmerkmal) und
- Bestehen eines Wettbewerbsverhältnisses.

Als Generalklausel ist § 1 UWG für die Auslegung weiterer wettbewerbsrechtlicher Vorschriften von Bedeutung. So ist die Frage, ob Handlungen wettbewerbswidrig sind, in erster Linie anhand der UWG-Wertungen zu lösen, nicht anhand von BGB-Vorschriften. Ein Eingriff etwa in das Recht am eingerichteten und ausgeübten Gewerbebetrieb muss damit noch nicht wettbewerbswidrig sein und kann nur dann die Wettbewerbswidrigkeit begründen, wenn dies zur Ausfüllung von Gesetzeslücken erforderlich ist.[46]

40

B. Sittenwidrigkeit

Beherrschendes Element von § 1 ist die Sittenwidrigkeit einer Handlung. „Sittenwidrig" ist nach ständiger Rechtsprechung ein Verhalten nicht nur

41

„wenn es dem Anstandsgefühl der beteiligten Verkehrskreise, d.h. des redlichen und verständigen Durchschnittsgewerbetreibenden des betreffenden Gewerbezweiges widerspricht, sondern auch dann, wenn die fragliche wettbewerbliche Maßnahme von der Allgemeinheit missbilligt und für untragbar angesehen wird".[47]

42

Der Begriff der Sittenwidrigkeit gemäß § 1 UWG stimmt nicht mit dem Rechtsbegriff der guten Sitten in §§ 138 Abs. 1, 826 BGB überein. Denn § 1 UWG schützt die guten Sitten des Wettbewerbs und knüpft an einen Verstoß – anders als § 138 BGB – gerade nicht die Rechtsfolge der Nichtigkeit, sondern die Verpflichtung zur Unterlas-

43

---

[46] Vgl. *Baumbach/Hefermehl* § 1 UWG Rn. 1.
[47] Vgl. etwa BGH GRUR 1970, 523 = NJW 1970, 1738 = WRP 1970, 305 – Fernsprechwerbung I oder BGHZ 59, 317 = GRUR 1973, 210 = NJW 1973, 42 = WRP 1973, 29 – Telexwerbung.

sung und – bei Verschulden – zum Schadenersatz.[48] Welche Wettbewerbshandlung sittenwidrig ist, ergibt sich aus den durch Richterrecht geschaffenen Fallgruppen, die jedoch nicht abschließend sind. Letztlich bedarf es der Würdigung des Gesamttatbestandes und einer einzelfallbezogenen Güter- und Interessenabwägung des Richters. Dadurch kann es durchaus auch zu Änderungen im Verständnis der Sittenwidrigkeit wettbewerbsbezogener Handlungen kommen.[49]

44 Die Rechtsprechung hat zahlreiche Fallgruppen mit Untergruppen entwickelt, die eine gewisse Klassifizierung wettbewerbswidriger Handlungen, die von § 1 UWG umfasst sind, erlauben. Die nachstehende Übersicht stellt die wesentlichen Fall- und Untergruppen dar.

C. Behinderung und Marktstörung

I. Vorbemerkung

45 Im Prinzip kann jede Wettbewerbshandlung geeignet sein, einen Mitbewerber in seiner Geschäftstätigkeit zu behindern. Bietet ein Wettbewerber etwa besonders günstige oder qualitativ besonders hochwertige Leistungen an, kann dadurch die Nachfrage bei Leistungen eines Mitbewerbers in demselben Marktsegment nachlassen. § 1 UWG will daher nicht jedwede Behinderung eines Wettbewerbers sanktionieren, sondern nur die sittenwidrige Behinderung – entweder eines einzelnen Mitbewerbers im Sinne einer Individualbehinderung oder durch die Gefährdung des Bestands des Wettbewerbs in Form einer allgemeinen Marktbehinderung. Neben den Bestimmungen des UWG finden hier auch die kartellrechtlichen Bestimmungen des GWB Anwendung, vor allem §§ 19 ff. GWB.[50]

II. Preiswettbewerb

Fall „TV Today":[51]

46 Die Parteien sind Wettbewerber auf dem Markt der TV-Zeitschriften. Die Antragstellerin ist ein Verlag mit einem Anteil am Markt der Fernsehzeitschriften von 3,41 Prozent. Der Marktanteil der Antragsgegnerin beträgt 3,53 Prozent. Die Antragsgegnerin kündigte im Zuge der Übernahme von Abonnenten einer eingestellten TV-Zeitschrift Maßnahmen an, um eine verkaufte Auflage von einer Million Exemplaren der Zeitschrift je Erscheinungstag zu erreichen. Mit der Ausgabe 5/96 kostete

---

[48] So z.B. BGH AfP 1998, 401 = GRUR 1998, 945 = NJW 1998, 2531 = WRP 1998, 854 – Co-Verlagsvereinbarung. Vgl. auch BGH GRUR 1995, 592 = NJW 1995, 2486 = WRP 1995, 688 – Busengrapscher.
[49] Vgl. etwa BGHZ 50, 1 = GRUR 1968, 645 = NJW 1968, 1419 = WRP 1968, 282 – Pelzversand. Hier hat der BGH erstmalig festgestellt, dass bei Bestehen eines ernsthaften Informationsinteresses der Allgemeinheit die Mitteilung von Informationen eines Wettbewerbers an die Presse nicht sittenwidrig gemäß § 1 UWG ist, wenn die Informationen wahr und sachlich gehalten sind. Dies gilt auch dann, wenn die Presseveröffentlichung geeignet sein kann, den eigenen Wettbewerb des Mitbewerbers zum Nachteil eines Dritten zu fördern oder fremden Wettbewerb zu beeinträchtigen. Vgl. auch hierzu *Baumbach/Hefermehl* Einl. UWG Rn. 66 ff.
[50] Vgl. *Baumbach/Hefermehl* § 1 UWG Rn. 211 a ff. und Rn. 838 ff.
[51] OLG München NJW-RR 1997, 935 = WRP 1996, 1216. Siehe auch die zum gleichen Sachverhalt parallel ergangenen Entscheidungen des OLG Hamburg WRP 1997, 212, und des OLG Naumburg WRP 1997, 222 sowie *Mann* S. 740.

daraufhin die Zeitschrift „TV Today" statt wie bisher 2 Mark 30 lediglich 1 Mark. Die Antragstellerin hält den Preiswettbewerb für wettbewerbswidrig, da sie die Zeitschrift unter Einstandspreis verkaufe. Es liege keine Neueinführung, die ggf. eine kurzfristige Preiswerbeaktion gestatte, vor. Die Zeitschrift „TV Today" gebe es bereits seit längerem auf dem Markt. Die Antragsgegnerin verfolge das Ziel, Mitbewerber vom Markt zu verdrängen oder zu vernichten.

Soweit keine staatlichen oder privaten Preisbindungen bestehen – wie etwa die Preisbindung für Verlagserzeugnisse gemäß § 15 GWB –, kann jeder Wettbewerber seinen Preis grundsätzlich selbst bestimmen. Unbenommen ist dem Wettbewerber damit grundsätzlich auch, seine Ware zu verschenken.[52] Unlauter ist jedoch ein Preiswettbewerb, wenn er zur Verdrängung oder Vernichtung von Wettbewerbern führen soll.[53] Um dies beurteilen zu können, ist auf die Marktstruktur und die Bedeutung der Maßnahme für den Markt abzustellen. Besteht der Markt etwa aus mehreren Anbietern und verschieben sich die Marktanteile durch eine Preiswerbeaktion nur geringfügig, stellt die Maßnahme keinen Verdrängungs- oder Vernichtungswettbewerb dar. Geschieht die Preisunterbietung nur zeitlich begrenzt, um etwa das Interesse neuer Kunden an dem Produkt zu fördern, ist dies grundsätzlich nicht wettbewerbswidrig.

Zum Fall „TV Today":
Ausschlaggebend bei der Entscheidung über die wettbewerbsrechtliche Beurteilung der Preisabsenkung auf eine Mark war – neben der geringen Auswirkungen auf den Markt der TV-Zeitschriften insgesamt –, dass die Aktion – wie im Verfügungsverfahren glaubhaft gemacht wurde – auf zwei Ausgaben zeitlich begrenzt war. Hätte die Antragsgegnerin allerdings die Preisaktion auf einen längeren Zeitraum ausgeweitet, wäre die Maßnahme womöglich aus dem Gesichtspunkt der Marktverstopfung wettbewerbswidrig gewesen.[54]

III. Boykott

Ein Boykott setzt das Bestehen eines Dreiecksverhältnisses voraus, nämlich denjenigen, der zum Boykott aufruft, einen Adressaten des Boykotts, der dem Aufruf Folge leisten soll und den, der boykottiert werden soll.

Wettbewerbswidrig ist ein Boykottaufruf etwa dann, wenn er nicht mehr von der Meinungsäußerungsfreiheit des Art. 5 Abs. 1 GG geschützt ist.[55] Wettbewerbswidrig kann auch der Aufruf sein, Dritte nicht mehr zu beliefern[56] oder den Ausschluss Dritter von der Lieferung, wenn kein zulässiges, geschlossenes Vertriebssystem besteht.[57] Geschlossene Vertriebssysteme bestehen zum Beispiel häufig bei hochpreisigen Markenartikeln.

---

[52] Vgl. *Baumbach/Hefermehl* § 1 UWG Rn. 221 ff. und 856 ff.
[53] Vgl. *Baumbach/Hefermehl* § 1 UWG Rn. 257.
[54] So OLG München WRP 1996, 1216, 1219 – TV Today. Vgl. zur Marktverstopfung auch *Baumbach/Hefermehl* § 1 UWG Rn. 832.
[55] Vgl. hierzu grundlegend BVerfGE 7, 198 – Lüth und BVerfGE 25, 256 – Blinkfüer.
[56] BGH NJW 1954, 147 – Innungsboykott.
[57] Vgl. hierzu auch *Baumbach/Hefermehl* § 1 UWG Rn. 280 ff.; Einzelfälle bei Rn. 287.

IV. Sittenwidrige Registrierung von Internet-Domains

51 In den vergangenen Jahren häufig geworden sind Streitigkeiten um Internet-Domains.[58] Das sind die Internet-„Anschriften", die zum Auffinden von Internet-Angeboten dienen und hinter denen sich eine Zahlenkombination verbirgt. Das Angebot des BGH ist etwa unter der Domain „bundesgerichtshof.de" abrufbar.[59] Nahezu jede Zeichenkombination ist als Domain möglich.[60] Die Gerichte mussten sich allerdings nicht mit Phantasiedomains, sondern mit allgemein verständlichen Begriffen beschäftigen. In wettbewerbsrechtlicher Hinsicht sind insbesondere drei Arten von Domains interessant:

- die generische Domain, die aus einem allgemein bekannten Begriff besteht (etwa mitwohnzentrale.de),
- die Domain, die den Namen oder die Kennzeichnung eines Dritten beinhaltet (etwa rolls-royce-boerse.de) oder
- die Domain, die Bezeichnungen eines Dritten beinhaltet, die keinen Sonderrechtsschutz – etwa aufgrund Markenrechts – genießt (etwa weideglueck.de).

1. Generische Domains

Fall „mitwohnzentrale.de":[61]

52 Die Beklagte ist ein Verband, in dem unter anderem 25 deutsche Mitwohnzentralen organisiert sind. Sie hat sich die Domain „mitwohnzentrale.de" registrieren lassen. Auf der Homepage sind die Mitglieder nach Städten geordnet mit Telefon- und Faxnummern sowie E-Mail-Adressen aufgeführt. Dagegen wandte sich ein konkurrierender Verband, in dem 40 Mitwohnzentralen organisiert sind.

53 Gattungsbegriffe oder Branchenbezeichnungen haben für den Anbieter den Vorteil, dass der Nutzer schon mit wenigen Versuchen das Angebot findet, ohne (möglicherweise umständlich) Suchmaschinen durchforsten und sich durch zahlreiche Angebote „klicken" zu müssen. Allerdings kann das zu einer Kanalisierung der Kundenströme führen: Wer den leichtesten Weg wählt, landet dann beim Anbieter mit der generischen Domain und nimmt möglicherweise Abstand davon, weitere Angebote aufzusuchen. Eine im Sinne von § 1 UWG sittenwidrige Kanalisierung von Kundenströmen wäre das Abfangen von Kunden vor dem Geschäftslokal eines Wettbewerbers. Wer jedoch – etwa weil der Laden in der Innenstadt ist – die bessere Geschäftslage hat, handelt damit noch nicht wettbewerbswidrig. Irreführend könnte die Nutzung der Domain aber sein, wenn der angebotene Inhalt nicht mit dem Domainnamen korrespondiert: Lautet die Domain etwa „freizeittipps.de" und würde sich dahinter ein Anbieter von Finanzdienstleistungen verbergen, wäre dies ein Verstoß gegen § 3 UWG.

---

[58] Zusammenfassend zum Thema etwa *Weidert* S. 390.
[59] In den Browser muss man allerdings noch „www" für *world wide web* voransetzen, um auf die Seite zu gelangen: www.bundesgerichtshof.de.
[60] Welche Anforderungen an eine Domain zu stellen sind, ergibt sich aus den Richtlinien der jeweiligen Domain-Name-Vergabestellen. In Deutschland ist das für „de"-Domains die DENIC eG, www.denic.de.
[61] BGH GRUR 2001, 1061 = NJW 2001, 3262 = WRP 2001, 1286.

Zum Fall „mitwohnzentrale.de":

Der BGH hat entschieden, dass nicht bereits die Registrierung und Nutzung einer Gattungsdomain wettbewerbswidrig ist. § 1 UWG sei nicht berührt, da es nicht zu einer sittenwidrigen Kanalisierung von Kundenströmen komme. Trotz der Registrierung der Domain durch die Beklagte bliebe es der Klägerin unbenommen, ebenfalls in ihrer Werbung oder ihrem Namen das Wort „Mitwohnzentrale" zu verwenden. Eine Irreführung wäre nur dann zu bejahen, wenn der Inhalt des Angebots den Eindruck einer unzutreffenden Alleinstellungsbehauptung erwecke. Werde jedoch auf der Homepage darauf hingewiesen, dass es auch andere Mitwohnzentralen gibt, scheide eine Irreführung aus.[62]

2. Domains mit Kennzeichnungen Dritter

Fall „rolls-royce.de":[63]

Die Klägerin stellt u.a. Fahrzeuge der Marke „Rolls Royce" her und ist Inhaberin der entsprechenden deutschen Wortmarke. Die Beklagte befasst sich u.a. mit EDV- und Online-Dienstleistungen aller Art und hat zahlreiche Domain-Namen für sich registrieren lassen. Hierzu gehören die Domains „rolls-royce.de", „rolls-royce-boerse.de" und „rollsroyceboerse.de".

Wenn ein Wettbewerber eine Domain registrieren lässt, die (auch) den Namen oder einen Namensbestandteil eines Dritten enthält, verletzt er damit zunächst dessen Namensrecht[64] aus § 12 BGB sowie dessen Rechte an der Bezeichnungen gemäß §§ 4, 5 MarkenG. Außerdem stellt die Registrierung einer solchen Domain eine sittenwidrige Behinderung des Namens- oder Markeninhabers dar, da jede Domain nur einmal vergeben wird und für den Berechtigten damit nicht mehr zugänglich ist. Schließlich kann auch durch die Benutzung einer solchen Domain der Eindruck entstehen, dass Inhalte des Namen- oder Markeninhabers angeboten werden, so dass auch eine Irreführung gemäß § 3 UWG in Betracht kommt.

Zum Fall „rolls-royce.de":

Das OLG München hat in der Registrierung der Domains eine Verletzung der Namens- und Markenrechte gesehen und auch einen Verstoß gegen § 1 UWG bejaht. Die Rechtsprechung wird auch dann anzuwenden sein, wenn nicht – wie hier – so genannte *second level domains* betroffen sind, sondern *third level domains (Subdomains)* wie etwa „rolls-royce.autohaus.de". Bei diesem Angebot handelt es sich dann um ein Unterangebot zu „autohaus.de". Registriert werden muss hierfür nur die Domain „autohaus.de". Die unteren Ebenen legt dann der Domaininhaber fest.

---

[62] Der BGH verwies den Rechtsstreit deshalb wieder an das OLG Hamburg zurück, da hierzu Feststellungen fehlten. Zuvor hatte u.a. das LG München I die Domain www.rechtsanwaelte.de untersagt. Das OLG Hamburg hatte die Domain www.lastminute.com wiederum als zulässig angesehen. Es gibt zu diesem Thema eine Reihe weiterer Entscheidungen, zum Beispiel www.kueche.de oder www.sauna.de, allesamt abrufbar u.a. bei www.netlaw.de.

[63] OLG München GRUR 2000, 519.

[64] Siehe hierzu die erste Entscheidung zum Domainrecht des LG Mannheim NJW 1996, 2736 = GRUR 1997, 377 zur Domain heidelberg.de.

3. Sittenwidrige Behinderung

Fall „weideglueck.de":[65]

58 Die Klägerin ist eine Molkerei und Inhaberin von Wort-/Bildmarken mit dem Wortbestandteil „Weideglück". Sie vertreibt unter dieser Bezeichnung Milchprodukte. Die Beklagte hat sich die Domain „weideglueck.de"[66] registrieren lassen.

59 Problematisch kann die Verteidigung von Rechten jedoch sein, wenn die registrierte Domain entweder kein Name im Sinne von § 12 BGB ist oder mangels eines „Handelns im geschäftlichen Verkehr" keine Ansprüche aus dem MarkenG eröffnet sind. Gleiches gilt dann aber auch für wettbewerbsrechtliche Ansprüche, da diese ebenfalls ein Handeln im geschäftlichen Verkehr voraussetzen. Bietet derjenige, der eine Domain registriert hat, darunter (noch) keine Inhalte an und ist das Kriterium „geschäftlicher Verkehr" nicht bereits dadurch erfüllt, dass der Inhaber die Domain zum Verkauf anbietet, hilft § 1 UWG nicht weiter.

Zum Fall „weideglueck.de":

60 Das OLG Frankfurt a.M. hat in der Registrierung allerdings eine vorsätzliche sittenwidrige Schädigung gemäß §§ 826, 226, 1004 BGB gesehen. Von einer sittenwidrigen und in Schädigungsabsicht vorgenommenen Behinderung sei dann auszugehen, wenn die Domain-Registrierung mit dem Ziel erfolge, dem Zeicheninhaber die Nutzung dieser Bezeichnung für eigene geschäftliche Zwecke unmöglich zu machen.

61 Künftig wird sich die Rechtsprechung noch vermehrt mit der Problematik auseinander zu setzen haben, inwieweit es rechtwidrige Kollisionen zwischen identischen Domain-Namen mit unterschiedlichen *top level domains* (etwa „de" für Deutschland oder „com" für in den USA registrierte kommerziell genutzte Domains) geben kann. Derzeit herrscht noch die Auffassung vor, dass eine prioritätsjüngere com-Domain, die mit einer prioritätsälteren de-Domain – oder mit einer de-Domain, die sonst Schutz genießt – identisch ist, aufzugeben ist.[67] Mit der Einführung neuer *top level domains* – zum Beispiel *info* oder *biz*[68] – wird stärker zu berücksichtigen sein, inwieweit die Rechte bereits bestehender Domains oder von schutzwürdigen Bezeichnungen tatsächlich nachhaltig beeinträchtigt werden. Nach der bisherigen Rechtsprechung wäre es mit einem erheblichen Risiko behaftet, neben einer bestehenden Domain wie „flugboerse.de" die Domain „flugboerse.com" zu registrieren. Eine Vorgabe für den Umgang mit dieser Problematik hat der BGH in seinem „Mitwohnzentrale"-Urteil gegeben: Demnach kann es missbräuchlich sein, wenn ein Verwender eine Gattungsbezeichnung nicht nur unter einer top level domain wie „de" nutzt, sondern gleichzeitig andere Schreibweisen (flug-boerse.de) oder eine Verwendung derselben Bezeichnung unter anderen *top level domains* blockiert.

---

[65] OLG Frankfurt a.M. NJWE-WettbR 2000, 160 = WRP 2000, 645.
[66] Deutsche Umlaute sind nicht registrierbar, so dass „weideglück" in einer Domain zu „weideglueck" werden muss.
[67] Vgl. etwa LG München I CR 1997, 545 = NJW-RR 1998, 978 – sat-shop.com.
[68] Vgl. www.icann.org.

V. Marktstörung

Unter Marktstörung versteht man die allgemeine Behinderung des Marktes, also 62
nicht die Individualbehinderung einzelner Wettbewerber.[69]

1. Kartellrecht und UWG

Störungen des Marktes sanktionieren – neben dem UWG – vor allem die kar- 63
tellrechtlichen Missbrauchs-, Verbots- und Untersagungstatbestände der §§ 19, 20
GWB.[70] § 19 Abs. 1 GWB verbietet die missbräuchliche Ausnutzung einer marktbeherrschenden Stellung. Beeinträchtigt ein Unternehmen gemäß § 19 Abs. 4 Nr. 1 GWB
die Wettbewerbsmöglichkeiten anderer Unternehmen

- in einer für den Wettbewerb
- auf dem relevanten Markt (zum Beispiel dem Markt der Energielieferanten)
- erheblichen Weise
- ohne sachlich gerechtfertigten Grund,

wird darin in der Regel auch eine wettbewerbswidrige Behinderung gemäß § 1 64
UWG liegen. Nicht jede unlautere Behinderung nach § 1 UWG muss allerdings zugleich kartellrechtswidrig sein.[71]

§ 20 Abs. 1 GWB verbietet marktbeherrschenden Unternehmen, Unternehmensver- 65
einigungen und preisbindenden Unternehmen (zum Beispiel Verlagen, § 15 GWB), andere Unternehmen in einem Geschäftsverkehr, der gleichartigen Unternehmen üblicherweise zugänglich ist, ohne sachlich gerechtfertigten Grund

- entweder unmittelbar oder mittelbar unbillig zu behindern
- oder gegenüber gleichartigen Unternehmen ohne sachlich gerechtfertigten Grund unmittelbar oder mittelbar unterschiedlich zu behandeln.[72]

So besitzt etwa ein Hersteller von Originalersatzteilen für Geräte der Feuerwehr- 66
technik eine marktbeherrschende Stellung, wenn die Ersatzteile nur über den Hersteller oder seine Vertriebsorganisation zu beziehen sind. Der Hersteller behindert einen an ihn nicht gebundenen Reparaturbetrieb unbillig, wenn er diesen nicht mit Originalersatzteilen beliefert.[73] § 1 UWG kann auch neben § 20 Abs. 1 GWB erfüllt sein – vor allem dann, wenn eine individuelle Behinderung eines Mitbewerbers vorliegt.[74] Wenn eine Wettbewerbshandlung eines marktmächtigen Unternehmens negative Auswirkungen auf den Markt haben kann, kann § 1 UWG ebenfalls neben § 20 Abs. 1 GWB erfüllt sein. Zudem ist eine nach § 1 UWG wettbewerbswidrige Behinderung grundsätzlich auch eine unbillige Behinderung gemäß § 20 Abs. 1 GWB.[75] § 20 Abs. 1 GWB und § 1 UWG sind damit eng verzahnt. Gleiches gilt auch für § 20 Abs. 4 GWB und § 1 UWG: § 20 Abs. 4 GWB verbietet die Behinderung kleinerer und mittlerer Unternehmen. Liegt außerhalb von § 20 Abs. 4 GWB auch eine unlautere Behinderung vor, ist auch § 1 UWG erfüllt.

---

[69] Vgl. hierzu *Baumbach/Hefermehl* § 1 UWG Rn. 832 ff.
[70] Vom Abdruck wurde wegen des Umfangs der Bestimmungen abgesehen. Sie sind jedoch ohne Weiteres im Internet zum Beispiel über www.rechtliches.de recherchierbar.
[71] Vgl. *Baumbach/Hefermehl* § 1 UWG Rn. 840.
[72] Vgl. *Baumbach/Hefermehl* § 1 UWG Rn. 841.
[73] BGH GRUR 2000, 95 = NJW-RR 2000, 773 = WRP 1999, 1175 – Feuerwehrgeräte.
[74] Vgl. *Baumbach/Hefermehl* § 1 UWG Rn. 844.
[75] Vgl. *Baumbach/Hefermehl* § 1 UWG Rn. 846 und 850.

67 Die Begriffe unbillig und unlauter sind damit nicht identisch: Die Schwelle zur unbilligen Behinderung ist niedriger als die Schwelle zur unlauteren Behinderung nach § 1 UWG. Fallgruppen der unlauteren Behinderung sind insbesondere
- die massenweise, kostenlose Verteilung von Originalware,[76]
- die Gratisverteilung von Presseerzeugnissen[77] und
- Preiskampfmethoden.[78]

2. Massenverteilung von Originalware

68 Grundsätzlich zulässig ist die kostenlose Abgabe von Warenproben. Das gilt selbst für die massenweise Verteilung von Warenproben.[79] Auch ist es durchaus gestattet, Originalware zu verschenken.[80] Zu einer unlauteren Marktstörung kann es allerdings kommen, wenn ein Unternehmen Originalware massenweise verschenkt, da es dadurch zu einer Aufhebung des Bestandes des Wettbewerbs kommen kann.[81] Das hat der *BGH* etwa bei der Gratisverteilung von 4,5 Millionen Gutscheinen für den kostenlosen Bezug von 1/4-Liter Weinflaschen bejaht.[82] Als zulässig hat der BGH hingegen die Verteilung von Gutscheinen für den kostenlosen Bezug einer 100 Stück-Packung *Kleenex*-Tücher an jeden vierten Haushalt Wiesbadens angesehen. Maßgeblich für die Zulässigkeit war nicht die räumliche Begrenzung der Aktion,[83] sondern dass diese Tücher (damals) noch wenig bei den Verbrauchern verbreitet waren und eine Marktverstopfung deshalb nicht zu befürchten war.[84]

3. Gratis-Verteilung von Presseerzeugnissen

69 Inwieweit die Gratis-Verteilung (Umsonstlieferung) von Presseprodukten wettbewerbsrechtlich zulässig ist, hatten die Gerichte seit 1998 mehrfach zu entscheiden. Es ging hier um die Zulässigkeit der Gratisverteilung der „*Zeitung zum Sonntag*"[85] und dann um den Vertrieb von Gratis-Tageszeitungen.[86] Die vor allem für die Verlegerverbände überraschenden obergerichtlichen Urteile haben – teilweise heftig umstritten[87] – allesamt die Gratisverteilung als rechtmäßig angesehen. Begründet haben dies die Gerichte vor allem damit, dass gratis verteilte Presseerzeugnisse gerade kein Substitut für die Kaufpresse seien. Die Gerichte mögen recht behalten haben: Im Juli 2001 hat der norwegische Schibsted-Verlag, der offensiv in den deutschen Markt gedrängt war, sein Gratisblatt „20 Minuten Köln" eingestellt.[88]

---

[76] Vgl. *Baumbach/Hefermehl* § 1 UWG Rn. 856 ff.
[77] Vgl. *Baumbach/Hefermehl* § 1 UWG Rn. 859 ff.
[78] Vgl. *Baumbach/Hefermehl* § 1 UWG Rn. 870 ff.
[79] Vgl. *Baumbach/Hefermehl* § 1 UWG Rn. 119 ff. und 856.
[80] Vgl. *Baumbach/Hefermehl* § 1 UWG Rn. 93.
[81] Vgl. *Baumbach/Hefermehl* § 1 UWG Rn. 856.
[82] BGH GRUR 1969, 295 = NJW 1969, 690 = WRP 1969, 154 – Goldener Oktober.
[83] Vgl. BGHZ 23, 365 = GRUR 1957, 365 = NJW 1957, 748 = WRP 1957, 134 – Suwa.
[84] BGHZ 43, 278 = GRUR 1965, 489 = NJW 1965, 1325 = WRP 1965, 223 – Kleenex.
[85] OLG Karlsruhe AfP 1998, 235 = NJW-RR 1998, 912 = WRP 1998, 525 (Zeitung zum Sonntag).
[86] OLG Köln WRP 2001, 328 (nicht rechtskräftig).
[87] Vgl. zum Thema *Köhler* S. 455; *Gounalakis/Rhode* S. 321; vgl. auch *Baumbach/Hefermehl* § 1 UWG Rn. 860 a.E.
[88] Bundesverband Deutscher Zeitungsverleger (BDZV) intern Nr. 19/2001 vom 13. Juli 2001, S. 3.

In früherer Zeit hatte sich der BGH vor allem mit der Gratisverteilung von Fach- 70
zeitschriften und Anzeigenblättern zu beschäftigen.[89] Ob eine ständige Gratislieferung
zulässig ist, richtet sich nach der jeweils konkreten Wettbewerbslage.[90] Demnach ist
zum Beispiel die Gratisverteilung eines Anzeigenblattes mit redaktionellem Teil zulässig, so lange nicht die ernstliche Gefahr besteht, dass die kostenpflichtige Tagespresse
als nach Art. 5 Abs. 1 GG verfassungsrechtlich geschützte Institution in ihrem Bestand
gefährdet ist.[91] Das kann auch dann der Fall sein, wenn ein Unternehmen an sich
kostenpflichtige Sonntagszeitungen in ungesicherten Verkaufshilfen anbietet und die
massenweise kostenlose Entnahme duldet.[92]

Von der dauerhaften Verteilung von Gratis-Printprodukten ist die (zeitweise) Gra- 71
tisverteilung von Kaufzeitungen oder -zeitschriften zu unterscheiden. Zulässig sind
demnach kostenfreie Probeabonnements, wenn sie der Verlag für eine angemessene
Dauer gewährt. Bei Tageszeitungen geht man in der Regel von zwei Wochen aus,[93] der
vierwöchige kostenlose Probebezug einer bereits eingeführten Wochenzeitschrift soll
allerdings schon nicht mehr zulässig sein.[94]

4. Preiskampfmethoden

Unter dem Aspekt der Marktstörung können schließlich auch Preiskampfmethoden 72
unlauter sein. Zwar ist Preiswettbewerb im Rahmen des Leistungswettbewerbs durchaus gestattet.[95] Wenn ein Unternehmen versucht, bestimmte Mitbewerber gezielt zu
verdrängen, ist der Preiswettbewerb wegen individueller Behinderung unlauter.[96] Allerdings muss hierfür eine Verdrängungsabsicht vorliegen, die nur schwer nachzuweisen sein dürfte. Durch eine Preisunterbietung kann jedoch auch die Gesamtheit der
Wettbewerber und der Allgemeinheit beeinträchtigt sein, so dass es zu einer Störung
des Marktes kommen kann. So ist es zwar sogar auf Dauer zulässig, seine Waren unter
dem Selbstkosten- oder Einstandspreis anzubieten,[97] so lange das nicht gezielt zur Verdrängung bestimmter Mitbewerber geschieht. Das gilt jedoch dann nicht mehr, wenn
hierdurch die Gefahr besteht,

- dass Mitbewerber von einem Markt verdrängt werden,
- der Wettbewerb auf dem Markt (nahezu) völlig aufgehoben wird oder
- zu befürchten ist, dass Mitbewerber den Preiswettbewerb nachahmen und es so zu einer gemeinschaftlichen Störung des Wettbewerbs kommen kann.[98]

D. Ausbeutung

Es gehört zum Wesen des Wettbewerbs, dass Wettbewerber auf dem Markt beson- 73
ders erfolgreiche Leistungen eines Mitbewerbers adaptieren. Die Leistungen anderer

---

[89] Vgl. *Baumbach/Hefermehl* § 1 UWG Rn. 862 ff.
[90] Vgl. *Baumbach/Hefermehl* § 1 UWG Rn. 863.
[91] Vgl. *Baumbach/Hefermehl* § 1 UWG Rn. 865.
[92] BGH GRUR 1996, 778 = NJW-RR 1996, 1188 = WRP 1996, 889 – Stumme Verkäufer.
[93] Vgl. *Baumbach/Hefermehl* § 1 UWG Rn. 860.
[94] Ebenda.
[95] Vgl. auch oben Rn. 46 ff.
[96] Ebenda; vgl. auch *Baumbach/Hefermehl* § 1 UWG Rn. 870.
[97] Vgl. *Baumbach/Hefermehl* § 1 UWG Rn. 872.
[98] Vgl. *Baumbach/Hefermehl* § 1 UWG Rn. 873.

Wettbewerber nachzuahmen, ist grundsätzlich erlaubt, sofern nicht andere Schutzrechte des Wettbewerbers (etwa Urheber- oder Patentrechte) berührt sind. Setzt sich zum Beispiel die Idee durch, kleine gelbe Klebezettel („Post-it"-Klebezettel) auf dem Markt erfolgreich zu etablieren, bleibt es anderen Wettbewerbern unbenommen, diese Idee zu übernehmen und eigene solche Klebezettel auf den Markt zu bringen. Es gibt allerdings Grenzen wettbewerbsrechtlich erlaubter Nachahmung.

I. Rufausbeutung

Fall „Pulloverbeschriftung":[99]

74 Die Beklagte vertreibt unter anderem Pullover mit den Aufschriften „Cartier" und „Piaget" jeweils in den typischen Schreibweisen und zum Teil in Verbindung mit den Firmensignets. Die Klägerinnen sind die Inhaber bzw. die Alleinimporteurin der Marken „Cartier" und „Piaget".

75 Wettbewerbliches „Schmarotzertum" ist nicht nur, wenn man von der Leistung eines Mitbewerbers profitiert. Auch die Anlehnung an den (guten) Ruf eines Wettbewerbers gehört zur Fallgruppe der Ausbeutung. Rufausbeutung geschieht insbesondere durch Täuschung und durch Anlehnung. Rufausbeutung durch Täuschung ist etwa die Verwendung verwechslungsfähiger Bezeichnungen oder die Nachahmung äußerer Gestaltung.[100] Häufig kommt es jedoch vor, dass der gute Ruf eines Dritten gerade zur Herausstellung der eigenen Leistung genutzt wird, ohne eine Herkunfts- oder Warenverwechslung herbeizuführen.[101] Auch das kann wettbewerbswidrig sein.

76 Zur Rufausbeutung gehört auch die Markenverunglimpfung.[102] Demnach handelt etwa wettbewerbswidrig, wer eine bekannte Süßwarenmarke („Mars") auf einem Scherzpäckchen mit Kondom nutzt und nicht unerhebliche Teile des Verkehrs hierin eine Werbung des Süßwarenherstellers sehen.[103] Denn hierdurch werde, so der BGH, der Werbewert der Marke beeinträchtigt.[104] Allerdings hat ein anderer Senat des BGH entschieden, dass eine parodisierende Verfremdung auch zulässig sein kann.[105]

Zum Fall „Pulloverbeschriftung":

77 Der BGH sah die Verwendung der Bezeichnungen „Cartier" und „Piaget" als Aufschrift für Pullover wegen Rufausbeutung als wettbewerbswidrig an. Denn die Beklagte habe sich, indem sie die bekannten Firmen- und Markennamen als schmücken-

---

[99] BGH GRUR 1994, 635 = NJW-RR 1994, 944 = WRP 1994, 516. Zu entscheiden hatte hier der *BGH* allerdings nur noch die Frage, inwieweit die Beklagte verpflichtet ist, Auskunft über die Lieferanten und Abnehmer der von ihr vertriebenen Ware zu erteilen. Die Ansprüche auf Unterlassung und Schadensersatz waren zum Zeitpunkt der BGH-Entscheidung bereits erledigt.
[100] Das kann ebenso auch eine wettbewerbswidrige Nachahmung sein; vgl. S. 29.
[101] Vgl. *Baumbach/Hefermehl* § 1 UWG Rn. 540.
[102] Vgl. *Baumbach/Hefermehl* § 1 UWG Rn. 567.
[103] BGHZ 125, 91 = GRUR 1994, 808 = NJW 1994, 1954 = WRP 1994, 495 – Markenverunglimpfung I. Das BVerfG NJW 1994, 3342 hat die hiergegen gerichtete Verfassungsbeschwerde nicht angenommen.
[104] Vgl. auch BGH GRUR 1995, 57 = NJW 1995, 871 = WRP 1995, 92 – Markenverunglimpfung II (Nivea-Kondome).
[105] Vgl. etwa BGHZ 98, 94 = GRUR 1986, 759 = NJW 1986, 2951 = WRP 1986, 669 – BMW (Bumms Mal Wieder). Siehe auch Anmerkungen von *Deutsch* S. 319 zu den Entscheidungen Markenverunglimpfung I und II.

des Element auf ihren Pullovern verwendet habe, an den guten Rufen der Inhaberinnen der Kennzeichnungsrechte in unlauterer Weise angehängt angehängt.[106]

II. Nachahmung

Fall „McLaren":[107]

> Die Klägerin (McLaren) betreibt einen Rennstall der „Formel 1". Die von ihr konstruierten Rennwagen nehmen seit 1967 an Grand-Prix-Rennen teil, und zwar seit 1985 in einer Form- und Farbgebung mit nur geringen Abweichungen. Die Beklagte stellt Spielzeugautos her. Sie verkauft unter der Marke „Carrera" eine Autobahn, auf der u.a. elektrisch angetriebene Modelle von Formel-1-Rennwagen fahren. In einem Katalog bot sie – zunächst unter der Bezeichnung „Mc-Laren Honda", später ohne diese Bezeichnung – eine detailgetreue Nachbildung des klägerischen Rennwagens an. Eine Namensbezeichnung befand sich auf dem Modell allerdings nicht. Die Klägerin fordert von der Beklagten u.a. die Zahlung einer Lizenz für den von der Klägerin nicht genehmigten Modellnachbau.

78

Die Rechtsprechung unterscheidet zwischen der Nachahmung im technischen und im nichttechnischen Bereich.[108] Jede Nachahmung einer Fremdleistung ist jedoch nur unter besonderen Umständen wettbewerbswidrig. So reicht es etwa nicht aus, dass der Nachahmer Entwicklungskosten erspart hat. Die Rechtsprechung beschäftigt hier insbesondere die „sklavische Nachahmung" im nichttechnischen Bereich und der „sklavische Nachbau" im technischen Bereich, da hierdurch die (nahezu vollständige) Identität zwischen nachgeahmter und nachahmender Leistung evident ist. Allerdings gilt auch hier, dass besondere Umstände vorliegen müssen, damit eine sklavische Nachahmung wettbewerbswidrig ist.[109]

79

Die Gefahr der Warenverwechslung reicht für eine Unlauterkeit der Nachahmung nicht aus.[110] Vermutet der Verkehr jedoch aufgrund der Ähnlichkeit der Waren, dass diese demselben Unternehmen entstammen, kommt es zu einer wettbewerbsrechtlich relevanten Irreführung des Verkehrs, die gleichwohl noch nicht unlauter sein muss.[111]

80

Etwas anderes gilt dann, wenn die Herkunftstäuschung vermeidbar ist. Dies setzt allerdings voraus, dass die nachgeahmte Leistung wettbewerblich eigenartig ist, zum Beispiel aufgrund einer besonders eigenwilligen Gestaltung. Ist der Grad der wettbewerblichen Eigenart besonders hoch, werden an die besonderen Umstände, die eine Wettbewerbswidrigkeit begründen, keine so hohen Anforderungen gestellt und umgekehrt. Es besteht insoweit eine Wechselwirkung.[112]

81

„Besondere Umstände" für eine wettbewerbswidrige Nachahmung können sein:

82

- Die Nachahmung ist mit der nachgeahmten Leistung verwechslungsfähig, jedoch qualitativ schlechter als das Original,[113]

---

[106] Einen Verstoß gegen das Warenzeichengesetz (heute: Markengesetz) sah der BGH ebenso wenig wie die Vorinstanzen, da die Beklagte die Bezeichnungen nicht kennzeichenmäßig benutzt habe; BGH GRUR 1994, 636.
[107] BGHZ 126, 208 = GRUR 1994, 732 = NJW-RR 1994, 1323 = WRP 1994, 599.
[108] Vgl. *Baumbach/Hefermehl* § 1 UWG Rn. 444 und 447.
[109] Nachfolgend wird insbesondere auf den nichttechnischen Bereich – also die sklavische Nachahmung – eingegangen. Für die sklavische Nachbildung gelten jedoch im Wesentlichen die zur sklavischen Nachahmung entwickelten Grundsätze entsprechend.
[110] Vgl. *Baumbach/Hefermehl* § 1 UWG Rn. 448.
[111] Ebenda.
[112] Vgl. *Baumbach/Hefermehl* § 1 UWG Rn. 455.
[113] Vgl. *Baumbach/Hefermehl* § 1 UWG Rn. 460.

- die Herkunftstäuschung ist vermeidbar,[114]
- die für die Nachbildung erforderliche Kenntnis hat der Nachahmer durch unredliches Erschleichen oder Vertrauensbruch – etwa durch die Ausnutzung von Betriebsgeheimnissen – erworben,
- das Nachahmen erfolgt systematisch.

Zum Fall „McLaren":

83 Wettbewerbswidrig kann eine Nachahmung dann sein, wenn sich der Nachahmer damit an den fremden Ruf anhängt und besondere, die Wettbewerbswidrigkeit begründende Umstände, hinzutreten. Das kann bei einer unlauteren Beeinträchtigung des Rufes oder in seiner anstößigen missbräuchlichen Ausnutzung für den eigenen Warenabsatz der Fall sein. Eine Behinderung des Klägers durch Beeinträchtigung seines Rufes sah der BGH in dem Modellnachbau jedoch nicht. Zwar komme der Ruf des Klägers dem Ansatz des Modellautos zugute. Es fehle dieser Ausnutzung jedoch – so der BGH – das zusätzliche Element der Anstößigkeit. Das ist nach ständiger Rechtsprechung des BGH darin zu sehen, dass eine Beziehung zwischen der eigenen und der fremden Ware oder Leistung (nur) hergestellt wird, um vom fremden Ruf zu profitieren. Dieses Erfordernis an eine wettbewerbswidrige Nachahmung war nach Auffassung des BGH aber bei den McLaren-Modellautos nicht erfüllt.

III. Leistungsübernahme

Fall „Kelly-Interviews":[115]

84 Die Jugendzeitschrift „BRAVO" berichtete über Jahre hinweg umfangreich über die Popgruppe „Kelly Family". Hierbei ist es der Zeitschrift „BRAVO" gelungen, zahlreiche Interviews mit den Mitgliedern der „Kelly Family" zu führen, die in der Zeitschrift „BRAVO" veröffentlicht wurden. Die Mitglieder der „Kelly Family" haben sich nahezu ausschließlich exklusiv gegenüber der „BRAVO" geäußert. Die in „BRAVO" enthaltenen Interviewäußerungen konnten Dritte deshalb durchweg nicht aus erster Hand erlangen. In dem beklagten Verlag erscheint ein Taschenbuch über die „Kelly Family", das zu einem ganz wesentlichen Teil die in „BRAVO" enthaltenen Interviews ausgewertet und übernommen hat. Ein Hinweis darauf, dass die Äußerungen der Zeitschrift „BRAVO" entnommen wurden, findet sich nur bei einzelnen, wenigen Zitaten.

85 Eng verwandt mit der Nachahmung ist die Leistungsübernahme. Auch hier gilt, dass eine Leistungsübernahme nur dann unlauter ist, wenn besondere Umstände hinzutreten. Unlauter ist die Leistungsübernahme daher bei vermeidbarer Herkunftstäuschung, Erschleichen oder Erlangen der übernommenen Leistung durch Vertrauensbruch. Auch hier kommt es auf die Wechselwirkung zwischen dem Grad der wettbewerblichen Eigenart und der Unlauterkeit an. Für die wettbewerbsrechtliche Beurteilung ist es unerheblich, ob die übernommene Leistung (zusätzlich) Sonderrechtsschutz – etwa nach dem Urheberrechtsgesetz – genießt.

---

[114] Vgl. hierzu OLG Frankfurt a.M. GRUR 1982, 175 – Rubik's Cube: Der verdrehbare Kunststoffwürfel kann zwar maßstabsgetreu nachgebaut werden. Auf der Verpackung muss jedoch ein deutlicher Hinweis angebracht werden, dass es sich eben nicht um den „original Rubik's Cube aus Ungarn" handelt und die Verpackung dadurch eine Verwechslungsgefahr vermeidet. Der wettbewerbsrechtliche Schutz des „Rubik's Cube" ist allerdings aufgrund des nachlassenden Interesses an einem „Modespiel" zeitlich begrenzt.

[115] OLG München 29 W 1510/96 (n.v.).

Zum Fall „Kelly-Interviews":

Das OLG München hat die Auffassung vertreten, dass eine wesentliche Leistung bei der Anfertigung der Interviews von der *Kelly Family* erbracht worden sei. Es sei deshalb fraglich, ob der beklagte Verlag eine Leistung der Klägerin übernommen habe. Zudem müssten besondere Umstände hinzutreten, die das Verhalten der Beklagten als Verstoß gegen die guten Sitten erscheinen lasse. Denkbar wäre demnach ein Sittenverstoß unter dem Gesichtspunkt der Behinderung. Eine Behinderung der Klägerin sei jedoch nicht ersichtlich. Eine neue Veröffentlichung der übernommenen Aussage beabsichtige die Klägerin – zum Beispiel ebenfalls in Buchform – nicht. Auch eine Rufausbeutung verneinte das Gericht: Das Buch erwecke nicht den Eindruck, als stamme es aus dem Hause der Klägerin. Auch läge keine sittenwidrige Rufübertragung vor. Alleine der Hinweis auf „BRAVO" als Quelle der Äußerungen sei keine wettbewerblich zu beanstandende Anknüpfung an den Ruf von „BRAVO". Denn das Buch sei wegen der (zwar aus „BRAVO" entnommenen) Äußerungen attraktiv, nicht aber wegen ihrer Herkunft aus „BRAVO". Dieser Fall zeigt, dass selbst die systematische Übernahme fremder Leistungen – also die Gestaltung eines Buches nahezu ausschließlich mit nicht selbst geführten, sondern vor allem bereits veröffentlichten – wettbewerbsrechtlich zulässig sein kann.[116]

IV. Ausspannen von Kunden und Beschäftigten

Fall „Headhunter":[117]

Die Klägerin begehrt u.a. Unterlassung von Telefonanrufen durch Headhunter am Arbeitsplatz ihrer Mitarbeiter, um diese für Auftraggeber der Headhunter abzuwerben.

Die Abwerbung von Kunden ist grundsätzlich nicht wettbewerbswidrig.[118] Wettbewerbswidrig ist jedoch das gezielte Ausspannen von Kunden, etwa indem ein Unternehmer Kunden eines Wettbewerbers vor dessen Geschäft abfängt, um sie für sein Geschäft zu interessieren. Das Ausspannen ist also dann unzulässig, wenn besondere Umstände hinzutreten, die den Wettbewerb verfälschen.[119]

Auch die Abwerbung von Beschäftigten ist grundsätzlich zulässig. Denn zur freien Wirtschaftsordnung gehört die Mobilität von Arbeitnehmern und das Bemühen, den Leistungsstand eines Unternehmens zu sichern oder zu erhöhen, indem neue Arbeitskräften gewonnen werden können. Liegen allerdings besondere Umstände vor, kann die Abwerbung von Mitarbeitern wettbewerbswidrig sein. Das ist vor allem dann der Fall, wenn der Abwerbende

- den Arbeitnehmer zum Vertragsbruch verleitet,
- einen Vertragsbruch oder ein Vertrauensverhältnis ausnutzt,
- mit verwerflichen Mitteln abwirbt oder dies versucht,
- planmäßig zur Behinderung des Wettbewerbers ausspannt oder
- einen Wettbewerber durch planmäßiges Ausspannen ausbeutet.[120]

---

[116] Das sagt allerdings noch nichts darüber aus, ob die Übernahme auch urheberrechtlich zulässig ist. Im vorliegenden Fall hat der *Senat* keinen Urheberrechtsverstoß gesehen, da er die jeweils übernommenen Textpassagen als nicht urheberrechtsfähig angesehen hat.
[117] OLG Stuttgart GRUR 2000, 1096 = WRP 2000, 318.
[118] Vgl. *Baumbach/Hefermehl* § 1 UWG Rn. 583.
[119] Vgl. *Baumbach/Hefermehl* § 1 UWG Rn. 598 ff.
[120] Vgl. *Baumbach/Hefermehl* § 1 UWG Rn. 583 ff.

90 Ein Vertragsbruch besteht etwa darin, dass der Arbeitnehmer seine Tätigkeit für den Mitbewerber einstellt. Nutzt ein Wettbewerber lediglich einen von ihm nicht veranlassten Vertragsbruch aus, handelt er nur dann wettbewerbswidrig, wenn besondere Umstände hinzutreten. Das kann der Fall sein, wenn der Wettbewerber
- den Arbeitnehmer anwirbt, um über ihn Geschäftsgeheimnisse seines Mitbewerbers zu erfahren,
- den Arbeitnehmer trotz eines Wettbewerbsverbots beschäftigt oder
- durch die Anwerbung bezweckt, dass der Arbeitnehmer Kunden oder weitere Beschäftigte des Mitbewerbers herüberzieht.

91 Die Verleitung zur Vertragsauflösung hingegen ist in der Regel zulässig. Ködert der Wettbewerber einen Arbeitnehmer allerdings mit falschen Informationen über den Mitbewerber oder mit falschen Versprechungen, handelt er wettbewerbswidrig. Geht es dem Wettbewerber vor allem darum, dem Mitbewerber qualifizierte Arbeitskräfte auszuspannen, um so den Mitbewerber zu behindern, ist das ebenfalls wettbewerbswidrig. Wer schließlich planmäßig gerade besonders qualifizierte Mitarbeiter eines Mitbewerbers anwirbt, um deren Know-How und Kontakte zu nutzen, verstößt ebenfalls gegen § 1 UWG.

Zum Fall „Headhunter":

92 Da die Abwerbung als solches nicht wettbewerbswidrig ist, müssen besondere Umstände hinzutreten, die die Tätigkeit von Headhuntern unzulässig machen. Als sittenwidrig sah es das OLG Stuttgart an, dass durch die Anrufe am Arbeitsplatz in die Betriebssphäre eingedrungen werde. Denn der Störer nutze das vom Unternehmer eingerichtete und vorgehaltene Betriebssystem (Telefonanlage). Der Störer missbrauche diesen vom betroffenen Unternehmer erst ermöglichten Zutritt und halte den Arbeitnehmer während des Gespräches von seiner Leistungserbringungspflicht ab. Noch schwerer wiege aber der angestrebte Inhalt des Gesprächs: „Mit ihm", so der Senat, „greift der Werbende in das Loyalitätsverhältnis zwischen Arbeitnehmer und Arbeitgeber ein und stört die Integrität der Funktionseinheit Unternehmen unter Inanspruchnahme von Betriebseinrichtungen und indem er in den betrieblichen Organismus bis an die für ihn wie für den Betrieb insoweit maßgebliche und wichtige Schaltstelle vorgedrungen ist".[121]

E. Unlautere Kundenbeeinflussung

93 Unternehmen möchten Kunden – etwa durch Werbung, durch preisgünstige Angebote, durch Versprechungen, Sonderaktionen und vieles mehr – beeinflussen, ihre Waren zu erwerben oder Leistungen in Anspruch zu nehmen. Wertreklame[122] gehört zum Wesen eines freien Wettbewerbs.

---

[121] Die Entscheidung des OLG Stuttgart ist rechtskräftig geworden, nachdem der BGH die Annahme der Revision durch Beschluss (I ZR 22/00 v. 2.11.2000) abgelehnt hat. Das LG Mannheim hat in erster Instanz hingegen nicht die strengen Maßstäbe des OLG Stuttgart angewandt und in dem dort zu entscheidenden Fall den Anruf des Headhunters in einem Dritt-Unternehmen nicht als unzulässig angesehen, WRP 2001, 974; bestätigt durch OLG Karlsruhe WRP 2001, 1092.
[122] Siehe hierzu auch *Baumbach/Hefermehl* § 1 UWG Rn. 86 ff.

Aus der wettbewerbsrechtlich zulässigen Kundenbeeinflussung kann allerdings wettbewerbswidriger Kundenfang werden.[123] Das ist vor allem bei einer Täuschung des Kunden durch irreführende Werbung der Fall.[124] Unlautere Kundenbeeinflussung ist auch eine Lockvogelwerbung.[125] Setzt etwa ein Händler für eine bekannte Markenware einen besonders günstigen Preis fest und erweckt er damit den Eindruck allgemein günstiger Angebote, ist das unlauter. Wettbewerbswidrig ist auch das übertriebene Anlocken des Kunden.[126] Hier wird der Kunde durch ein ausgesprochen günstiges Angebot oder durch ein Geschäft mit dem Ziel angelockt, dass der Kunde ein (weiteres) Geschäft tätigt oder – wie etwa bei der sogenannten „Laienwerbung" für Zeitschriftenabonnements – vermittelt.[127] Ebenso verbietet § 1 UWG auch die Belästigung des Kunden, zum Beispiel durch gezieltes Ansprechen auf der Strasse[128] oder – mit Ausnahmen – die Zusendung unbestellter Waren.[129] Das Verteilen von Werbezetteln hingegen ist aus wettbewerbsrechtlicher Sicht zulässig.[130] 94

Zur unlauteren Kundenbeeinflussung gehören insbesondere 95

- Ausüben physischen und psychischen Zwangs auf den Kunden,
- Schleichwerbung und
- gefühlsbetonte Werbung.

I. Psychischer Zwang

Es widerspricht dem Leistungswettbewerb, wenn der Kunde seinen Kaufentschluss nicht aufgrund seiner freien Entschließung, sondern wegen des vom Wettbewerber ausgeübten physischen oder psychischen Drucks trifft. 96

Fall „Rubbelaktion":[131]

Die Beklagte ist eine Mineralölgesellschaft, die Tankstellen betreibt. Sie veranstaltete zwischen Mai und Oktober 1994 ein Gewinnspiel, die große „Formel M Rubbelaktion", bei dem die Teilnehmer „Rubbellose" aus Boxen entnehmen konnten. Diese Boxen befanden sich bei den Tankstellen sowohl im Verkaufsraum als auch im Bereich der Fahrbahn. Monatlich kamen drei VW Golf, zwanzig Traumreisen und wöchentlich 111 Mountainbikes zur Verlosung. 97

Unlauterer psychischer Zwang[132] kann darin bestehen, dass dem Kunden unentgeltliche Zuwendungen gemacht oder Vergünstigungen gewährt werden, etwa durch Werbegeschenke oder durch Preiswettbewerbe und Gratisverlosungen. Es ist zwar durchaus zulässig, Werbegeschenke zu verteilen – jedoch nur dann, wenn es dadurch nicht zu einer unsachlichen Beeinflussung des Kunden kommt.[133] Muss der Kunde das Ge- 98

---

[123] Vgl. *Baumbach/Hefermehl* § 1 UWG Rn. 4.
[124] Ist die irreführende Werbung sittenwidrig, besteht ein Anspruch nach § 1 UWG. Mit § 3 UWG besteht dann Anspruchskonkurrenz, vgl. *Baumbach/Hefermehl* § 1 UWG Rn. 9.
[125] Vgl. *Baumbach/Hefermehl* § 1 UWG Rn. 13 und § 3 Rn. 279 ff.
[126] Vgl. *Baumbach/Hefermehl* § 1 UWG Rn. 90 a ff.
[127] Vgl. *Baumbach/Hefermehl* § 1 UWG Rn. 200 ff.
[128] Vgl. *Baumbach/Hefermehl* § 1 UWG Rn. 60.
[129] Vgl. *Baumbach/Hefermehl* § 1 UWG Rn. 72.
[130] Vgl. *Baumbach/Hefermehl* § 1 UWG Rn. 66.
[131] BGH GRUR 1998, 735 = NJW-RR 1998, 1199 = WRP 1998, 724.
[132] Vgl. *Baumbach/Hefermehl* § 1 UWG Rn. 50, 55, 89.
[133] Vgl. *Baumbach/Hefermehl* § 1 UWG Rn. 93. Die kostenlose Verteilung von Werbegeschenken kann auch aus dem Gesichtspunkt des übertriebenen Anlockens unlauter sein.

schäft betreten, um das Geschenk zu erhalten, kann das wettbewerbswidrig sein. Denn der Kunde wird sich dadurch möglicherweise verpflichtet fühlen, noch etwas zu erwerben. Ein nahezu klassischer Fall des psychologischen Kaufzwangs sind die Methoden von Veranstaltern so genannter Kaffeefahrten: Die Teilnehmer werden mit einer fast kostenlosen Fahrt und zahlreichen Geschenken gelockt. Bei der Verkaufsveranstaltung „motiviert" der Moderator die Teilnehmer dann nicht nur zum Kauf, sondern lobt die Käufer und tadelt die Nicht-Käufer[134] und übt dadurch auf die Anwesenden besonderen psychischen Druck aus.

99 Preiswettbewerbe wie Preisausschreiben, Preisrätsel und Gratisverlosungen sind wettbewerbsrechtlich grundsätzlich erlaubt.[135] Sie verstoßen nur dann gegen § 1 UWG, wenn besondere Umstände vorliegen, die den Vorwurf der Sittenwidrigkeit begründen. Sittenwidrig sind zum Beispiel Preiswettbewerbe, die das Publikum – zum Beispiel über die Gewinnerwartung – täuschen,[136] mit einem Warenabsatz gekoppelt sind,[137] das Publikum – etwa aufgrund der ausgelobten übermäßig wertvollen Preise – übertrieben anlocken[138] oder sonst in unlauterer Weise den Spieltrieb des Publikums ausnutzen.[139]

100 Einen unlauteren psychischen Kaufzwang kann eine Gewinnaktion ausüben, wenn für die Teilnahme am Gewinnspiel das Betreten des Geschäftslokals erforderlich ist – etwa, weil nur dort die Lose erhältlich sind. Bietet der Veranstalter des Gewinnspiels allerdings eine zum Betreten des Geschäfts gleichwertige Möglichkeit an – zum Beispiel die Teilnahme durch Einsendung einer Postkarte –, ist das Gewinnspiel zulässig.

Praxistipp: Preiswettbewerbe
101 Wenn die Veranstaltung eines Preiswettbewerbs unlauter ist, kann nicht nur die Ankündigung, sondern auch die Durchführung – also etwa die Ausreichung der Gewinne – als wettbewerbswidrig verboten werden.[140] Es empfiehlt sich deshalb besondere Sorgfalt bei der Prüfung, ob eine geplante Gewinnaktion zulässig ist.

Zum Fall „Rubbelaktion":
102 Bei der Rubbellose-Aktion konnte man die Lose auch Ständern entnehmen, die auf dem Außen-Gelände der Tankstelle standen. Damit kam es bei denjenigen Mitspielern, die ein Los aus einem solchen Ständer entnahmen, nicht zu einem Kontakt mit dem Verkaufspersonal der Tankstelle. Auch wenn das gesamte Tankstellengelände vom Verkaufsraum aus unmittelbar oder mit technischen Mitteln überblickt werden konnte, blieb doch die Anonymität des Tankstellenbesuchers gewahrt. Deshalb sei – so der BGH – ein Gefühl der persönlichen Verpflichtung gegenüber dem Verkaufspersonal, das zu einem Umsatzgeschäft des Teilnehmers führe, ausgeschlossen.

---

[134] Vgl. *Baumbach/Hefermehl* § 1 UWG Rn. 111 f.
[135] Beachte aber etwa § 284 StGB (Unerlaubte Veranstaltung eines Glücksspiels) sowie die jeweiligen Landesgesetze, *Baumbach/Hefermehl* § 1 UWG Rn. 143.
[136] Vgl. *Baumbach/Hefermehl* § 1 UWG Rn. 152 f.
[137] Vgl. *Baumbach/Hefermehl* § 1 UWG Rn. 155.
[138] Vgl. *Baumbach/Hefermehl* § 1 UWG Rn. 164 ff.
[139] Wie etwa eine „umgekehrte Versteigerung" im Internet, OLG Hamburg GRUR-RR 2001, 113 = ZUM 2001, 335 mit Hinweis auf BGH GRUR 1986, 622 – Umgekehrte Versteigerung.
[140] Sofern die Durchführung Teil des Verletzungstatbestandes (§ 1 UWG) ist; vgl. *Baumbach/Hefermehl* § 1 UWG Rn. 171. Allerdings ist nicht in allen Fällen die Abwicklung wettbewerbswidrig erlangter Vorteile – etwa ein Vertrag – selbst wettbewerbswidrig. Dies ist nur dann der Fall, wenn auch die Abwicklung sittenwidrig ist, vgl. BGH WRP 2001, 1073 – Gewinn-Zertifikat.

Denkbar ist jedoch, dass die Auslobung der zahlreichen und wertvollen Gewinne 103
ein gemäß § 1 UWG unlauteres **übertriebenes Anlocken** darstellte. Das wäre dann der
Fall gewesen, wenn der von dem Gewinnspiel ausgehende Anlockeffekt so stark war,
dass das Publikum von einer sachgerechten Prüfung des Angebots abgelenkt und seine
Entschließung maßgeblich von der Erwägung bestimmt wurde, den in Aussicht gestellten Gewinn zu erlangen. Die Anlockwirkung eines attraktiven Angebots ist jedoch nicht wettbewerbswidrig, sondern gewollte Folge des Leistungswettbewerbs.[141]

Deshalb konnte auch die Attraktivität der ausgelobten Preise für sich genommen 104
die Wettbewerbswidrigkeit des Tankstellen-Gewinnspiels nicht begründen. Denn, so
der BGH: Es kann – schon wegen der Häufigkeit derartiger Gewinnspiele und des damit einhergehenden Gewöhnungseffekts – nicht angenommen werden, dass sich die
Verbraucher aufgrund des aus ihrer Sicht attraktiven Gewinnspiels dazu verleiten
ließen, vom Angebot der Mineralölgesellschaft unkritisch Gebrauch zu machen.
Dafür spricht auch nach Auffassung des BGH nicht, dass viele Kunden gerade wegen
des Gewinnspiels ihren Bedarf bei der Beklagten decken würden, weil der Wettbewerb
im Mineralölbereich weder über die Qualität der normierten Kraftstoffe noch über
den regional kaum unterschiedlichen Preis geführt werde. Denn stimmt das Angebot
der Beklagten im Wesentlichen in Qualität und Preis mit dem Angebot ihrer Wettbewerber überein, besteht kein Anlass zur Annahme, die Verbraucher ließen sich im
Hinblick auf das attraktive Gewinnspiel unkritisch auf einen Kauf bei der Beklagten
ein. Auch wenn die Beklagte aufgrund des Gewinnspiels die Nachfrage nach den von
ihr angebotenen Waren und Leistungen deutlich hätte steigern können, könnte demnach nicht von einem übertriebenen Anlocken ausgegangen werden.

Kurz: Wer auf seine Produkte, die in Qualität und Preis den Produkten von Mitbe- 105
werbern entsprechen, durch ein Gewinnspiel aufmerksam macht, handelt nicht wettbewerbswidrig.[142]

II. Unlautere Kundenbeeinflussung nach Wegfall von Rabattgesetz und Zugabeverordnung

Die EG-Richtlinie über den elektronischen Geschäftsverkehr[143] war Anlass für den 106
Gesetzgeber, nach fast 70 Jahren das Rabattgesetz und die Zugabeverordnung abzuschaffen. Gemäß Art. 3 der Richtlinie gilt das Herkunftslandsprinzip. Das heißt, dass
ausländische Unternehmen, die in Deutschland ihre Waren oder Dienstleistungen anbieten, grundsätzlich nur den rechtlichen Anforderungen ihres Sitzlandes unterliegen.[144]
Ausländische Anbieter hätten damit ggf. großzügige Rabatte und Zugaben gewähren
dürfen, während inländische Anbieter in das enge Korsett des Rabattgesetzes und der
Zugabeverordnung gepresst gewesen wären. Zur Vermeidung einer Inländerdiskriminierung hob der Gesetzgeber deshalb die beiden wettbewerbsrechtlichen Nebengesetze

---

[141] BGH GRUR 1994, 743 = NJW 1994, 2152 = WRP 1994, 610 – Zinsgünstige Kfz-Finanzierung durch Herstellerbank; BGH GRUR 1998, 500 = NJW-RR 1998, 1201 = WRP 1998, 388 – Skibindungsmontage; BGHZ 139, 368 = GRUR 1999, 264 = NJW 1999, 214 = WRP 1999, 90 – Handy für 0,00 DM.
[142] Das KG hatte in diesem Fall noch die Wettbewerbswidrigkeit des Gewinnspiels bejaht, WRP 1994, 915.
[143] Richtlinie 2000/31/EG vom 8. Juni 2000, im Internet auffindbar zum Beispiel unter http://europa.eu.int/eur-lex/de/index.html.
[144] Neu ist diese Idee nicht: Im europäischen Rundfunkrecht gilt das Sendestaatsprinzip.

auf.[145] Der Gesetzgeber sah die Gesetze auch wegen des gestiegenen Bildungs- und Informationsniveaus und wegen der erhöhten Sensibilität der Verbraucher als entbehrlich an.[146] Außerdem seien die berechtigten Interessen der Verbraucher durch die lauterkeitsrechtlichen Vorschriften des UWG und durch die PAngV in ausreichendem Maß sichergestellt. In der Tat bieten die bestehenden wettbewerbsrechtlichen Regelungen eine durchaus tragfähige Grundlage, übermäßige Rabatte oder Zugaben (Beigaben) zu sanktionieren. Es wird sich zeigen, ob das aktuelle Instrumentarium ausreichend ist.[147] Womöglich werden sich neue Fallgruppen herausbilden – und die Rechtsprechung wird ausreichend Gelegenheit haben, die Grenzen zulässiger Wettbewerbshandlungen im Zusammenhang mit Beigaben und Nachlässen neu zu bestimmen.[148]

1. Bisherige Regelung

107   Die im Jahr 1932 in Kraft getretene Zugabeverordnung und das im Jahr 1933 in Kraft getretene Rabattgesetz sollten ein Verfälschen des Leistungswettbewerbs verhindern und den Käufer von Zugaben und Nachlässen unbeeinflusst seine Kaufentscheidung treffen lassen.

108   **a) Rabattgesetz.** Von wesentlicher Bedeutung war die Regelung in § 2 RabattG, wonach der Preisnachlass für Barzahlung höchstens drei Prozent des Preises betragen durfte. Verstöße gegen das Rabattgesetz waren wegen § 11 RabattG eine Ordnungswidrigkeit und gewährten Unterlassungsansprüche (§ 12 RabattG). Auch das RabattG erlaubte das Verschenken von Ware.[149] Die Vergabe von Waren-Gutscheinen war damit grundsätzlich – und im Übrigen im Rahmen des UWG – gestattet und stellte keinen Fall von § 2 RabattG dar.

109   **b) Zugabeverordnung.** Kernstück der Zugabeverordnung war § 1 ZugabeVO, der das Verbot von Zugaben und Ausnahmen hiervon regelte. Verboten war es demnach grundsätzlich, zu einer Hauptware kostenfrei oder nur gegen ein Scheinentgelt eine Nebenware anzubieten, anzukündigen oder zu gewähren. Die Nebenware musste sich von der Hauptware unterscheiden und deren Abgabe vom entgeltlichen Bezug der Hauptware abhängig sein.

110   Erlaubt waren die Beigabe von Reklamegegenständen von geringem Wert mit Werbeaufdruck oder die Beigabe geringwertiger Kleinigkeiten ohne Werbeaufdruck. „Geringwertig" bezog sich nicht auf den Herstellungs- oder Anschaffungswert, sondern auf den Verbrauchs- oder Verkehrswert nach der Auffassung der Verkehrskreise. Unzulässig war demnach schon die kostenlose Hingabe einer Stofftragetasche (Händlereinkaufspreis etwa DM 1,50) beim Einkauf in einer Apotheke.[150] Die ZugabeVO gestattete auch die teilweise oder vollständige Erstattung oder Übernahme von Fahrt-

---

[145] Allerdings gibt es auch im europäischen Ausland vergleichbare Regelungen, die teilweise sogar strenger sind; vgl. *Köhler* S. 269 und *Bodewig/Henning-Bodewig* S. 1341.
[146] BT-Drs. 14/5441, S. 7.
[147] Vgl. *Heermann* S. 858.
[148] Vgl. allerdings *Köhler* S. 268, der zurecht darauf hinweist, dass der Gesetzgeber aus dem Anwendungsbereich des RabattG hochpreisige Güter hätte ausnehmen können, um nicht das tägliche Feilschen zu ermöglichen. Vgl. auch *Heermann* S. 855 ff.
[149] Vgl. S. 21. Vgl. hierzu auch *Baumbach/Hefermehl* § 1 UWG Rn. 117 ff.
[150] BGH GRUR 1994, 656 = NJW-RR 1994, 942 = WRP 1994, 540; weitere Beispiele vgl. *Baumbach/Hefermehl* § 1 ZugabeVO Rn. 18 ff., 72 f.

kosten für Verkehrsmittel des öffentlichen Personennahverkehrs, die im Zusammenhang mit dem Besuch des Geschäftslokals oder des Orts der Erbringung der Leistung aufgewendet wurden.[151] Zulässig war auch die Zugabe von handelsüblichem Zubehör. Dazu gehörten die Einräumung kostenloser Parkmöglichkeiten oder ein Umtausch- und Rückgaberecht, sofern letzteres nicht überzogen war.[152] Als geringwertige Reklamegegenstände waren schließlich auch Kundenzeitschriften zugaberechtlich gestattet.

Verstöße gegen die Zugabeverordnung gewährten Unterlassungsansprüche (§ 2 Abs. 1 ZugabeVO) sowie – bei Vorsatz oder Fahrlässigkeit – auch Schadensersatz (§ 2 Abs. 2 ZugabeVO). Verstöße gegen die ZugabeVO konnten auch als Ordnungswidrigkeit geahndet werden (§ 3 ZugabeVO). Die Bestimmungen des UWG waren gemäß § 2 Abs. 3 ZugabeVO neben der ZugabeVO anwendbar. 111

2. Rabatt- und Zugabemöglichkeiten nach Wegfall von RabattG und ZugabeVO

Fall „Saustarke Angebote":[153]

Ein Einzelhändler für Elektrogeräte bietet eine Gefriertruhe zusammen mit einer Schweinehälfte zu einem „Gesamtpreis" an. 112

Nach dem Willen des Gesetzgebers sollen nach Abschaffung der ZugabeVO und des RabattG Missbrauchsfälle künftig vor allem über die Fallgruppen des „sittenwidrigen Kundenfangs" (§ 1 UWG) und über das „Verbot der irreführenden Preisverschleierung" (§ 3 UWG) geahndet werden.[154] Auch das GWB setzt dem missbräuchlichen Einsatz von Zugaben und Rabatten Grenzen. Denn gemäß §§ 19, 20 GWB[155] dürfen marktbeherrschende Unternehmen keine Rabatte und Zugaben einsetzen, die Wettbewerber und andere Marktteilnehmer behindern oder diskriminieren.[156] 113

a) **Wertreklame.** Auch wenn die rein formalen Grenzen der Zugabeverordnung und des Rabattgesetzes nicht mehr gelten, können Beigaben und Preisnachlässe wettbewerbswidrig sein, wenn sie **übertriebenes Anlocken** oder **psychologischen Kaufzwang** darstellen. Die Festlegung der Grenzen ist nun allerdings erschwert. Sie wird nur im Einzelfall möglich sein: Ist es ein übertriebenes Anlocken, wenn ein Einzelhändler damit wirbt, er gewähre auf den vom Hersteller empfohlenen Verkaufspreis[157] einen Nachlass von zehn Prozent? Oder könnte der Händler auch 15 Prozent gewähren?[158] Möglicherweise wird es dann darauf ankommen, welchen Nachlass Wett- 114

---

[151] So hat der BGH etwa festgestellt, dass die Erstattung von Fahrtkosten in Höhe von DM 1,00 bei einem Einkaufswert ab DM 35,00 ebenso angemessen ist wie die Erstattung von Fahrtkosten von DM 1,50 bei einem Einkaufswert ab DM 20,00; BGH GRUR 1995, 163 = NJW 1995, 462 = WRP 1995, 102 – Fahrtkostenerstattung I, BGH GRUR 1995, 616 = NJW 1995, 2561 = WRP 1995, 699 – Fahrtkostenerstattung II.
[152] Nicht handelsüblich ist etwa ein „Bonus-Meilen"-System eines Kreditkartenunternehmens, BGH GRUR 1999, 515 = NJW 1999, 1398 = WRP 1999, 424; vgl. auch *Baumbach/Hefermehl* § 1 ZugabeVO, Rn. 85.
[153] BGH GRUR 1996, 363 = NJW-RR 1996, 616 = WRP 1996, 286.
[154] Vgl. BT-Drs. 14/5441, S. 8.
[155] Siehe Rn. 63 ff.
[156] BT-Drs. 14/5441, S. 8.
[157] Vgl. hierzu § 23 GWB.
[158] *Heermann* S. 862 hält unter Bezugnahme auf die Entscheidung des BGH GRUR 1995, 363 = NJW 1995, 1755 = WRP 1995, 485, 486 – Super-Spar-Fahrkarten einen Nachlass von 25 bis 30 Prozent und mehr für noch zulässig.

bewerber üblicherweise gewähren, ob der empfohlene Verkaufspreis von einer relevanten Anzahl (welche wird das sein?) der Einzelhändler überhaupt gefordert wird und um welche Art von Wirtschaftsgut es sich handelt (Ware des täglichen Bedarfs, schnelllebiges Produkt oder langlebiges Produkt mit einem besonderen Wert, wie zum Beispiel ein Fertighaus).

115 **b) Koppelungsgeschäfte und Vorspannangebote.** Die Koppelung unterschiedlicher Waren zu einem „Gesamtpaket" sah die Rechtsprechung lange Zeit als wettbewerbswidrig an. Vor allem die ZugabeVO erlaubte ein restriktives Vorgehen gegen sachfremde Kopplungen – etwa die Beifügung von Schmuckartikeln bei Jugendzeitschriften. Wettbewerbswidrig können vor allem *verdeckte* Kopplungsangebote sein. Das sind Angebote zu einem Gesamtpreis, bei denen der Verbraucher nur schwer oder gar nicht in der Lage ist, die Einzelpreise zu bestimmen und so die Preiswürdigkeit des Angebots einzuschätzen.[159] Unzulässig gemäß § 1 UWG sind in aller Regel auch gekoppelte Vorspannangebote. Das sind in der Regel besonders günstige **Lockangebote**, die der Verbraucher jedoch nur erwerben kann, wenn er auch die Hauptware kauft.[160]

116 Nach dem Wegfall der Zugabeverordnung gibt es jedenfalls nicht mehr die – rein formale – Einschränkung, dass zu einer Hauptware (zum Beispiel einem Fahrrad) keine werthaltige Nebenware (zum Beispiel ein Radfahrerhelm) beigegeben werden darf. Wer Warenpakete schnürt,

- die nicht irreführend oder sonst als gekoppeltes Vorspannangebot unzulässig oder wettbewerbswidrige Wertreklame sind,
- und den Verbraucher über die Einzelpreise informiert,

handelt demnach in der Regel wettbewerbsgerecht.

117 Selbst Pakete, die „geschenkte" Waren enthalten – wenn etwa das Gesamtpaket „Fahrrad und Radfahrerhelm" zum gleichen Preis wie ein vergleichbares Fahrrad alleine angeboten wird – stellen eine zulässige Kopplung dar. Die Beigabe kann dann auch als „gratis", „kostenlos" oder „umsonst" angekündigt werden.[161] Überhaupt dürfte sich die Zulässigkeit der Kopplung sachfremder Waren rechtlich durchsetzen.[162] Weshalb sollte es unzulässig sein, zu einem Neuwagen auch einen Gutschein[163] für ein Abendessen auszugeben oder zu einem Fernseher eine Familienpackung Chips und Erdnüsse? Schließlich dürfte es gerade dem verständigen Verbraucher,[164] der nach Auffassung des Gesetzgebers heutzutage ohnedies gut informiert ist und eine erhöhte Sensibilität besitzt, zuzutrauen sein, die Preiswürdigkeit solcher Angebote zu beurteilen.[165]

118 **c) Laienwerbung.** Möglicherweise ganz entbehrlich ist künftig die Abwicklung von Verträgen über die so genannte „Laienwerbung". Laienwerbung ist zum Beispiel, wenn jemand für die Vermittlung eines Zeitschriftenabonnements eine (wertvolle) Prämie – einen Kaffeekocher, einen Tretroller etc. – erhält. Die Laienwerbung hatte den Vorteil, dass man für ein Abonnement ein Geschenk vergeben durfte, ohne gegen

---

[159] Vgl. *Baumbach/Hefermehl* § 1 UWG Rn. 128.
[160] Vgl. *Baumbach/Hefermehl* § 1 UWG Rn. 132, 138.
[161] So auch *Berneke* S. 621 und *Cordes* S. 871. Das war durch § 1 Abs. 3 ZugabeVO bislang verboten.
[162] Vgl. auch *Heermann* S. 864.
[163] Hier ist aber auch die Regelung in § 6 b UWG zu beachten, siehe Rn. 266 ff.
[164] Siehe Rn. 19.
[165] Vgl. hierzu auch *Berlit* S. 350 und *Heermann* S. 860.

die ZugabeVO zu verstoßen. Denn das Geschenk hat (zumindest rechtlich) nicht der Abonnent, sondern der Vermittler (Laienwerber) erhalten. Wenn die Prämie kein übertriebenes Anlocken, kein unzulässiges Vorspannangebot oder ein sonst wettbewerbswidriges Verhalten darstellt, kann sie künftig auch dem Abonnenten unmittelbar angeboten werden.[166]

d) Einführung von Bonus-, Gutschein- und Garantiesystemen. Eine Mischung aus übertriebenem Anlocken und Koppelungsgeschäft können Bonussysteme sein: Wer eine Ware erwirbt oder Dienstleistung in Anspruch nimmt, erhält geldwerte Bonuspunkte, die er dann später wieder einlösen oder sich auszahlen lassen kann. Die Gewährung eines Nachlasses ist nun auch – entgegen der bisherigen Regelung – unabhängig von einer Barzahlung zulässig und auch an – in den Grenzen des GWB – geschlossene Verbrauchergruppen möglich.[167] Die Einführung von Bonussystemen hat der Gesetzgeber ausdrücklich in seiner Begründung zur Abschaffung von ZugabeVO und RabattG erwähnt.[168] Demnach soll es vor allem auch zulässig sein, dass sich Beteiligte unterschiedlicher Branchen zusammenschließen und individuell festlegen, wie viele Bonuspunkte eine Kunde erhält.[169] Grundsätzlich möglich werden dann auch wieder „One for Two"-Angebote sein („Zwei essen, nur einer zahlt"), die der BGH als Verstoß gegen die ZugabeVO eingestuft hatte.[170] 119

War es bislang aufgrund des RabattG zwar erlaubt, mit **Gutscheinen** Waren zu verschenken, konnte ein Nachlass durch Gutscheine nur in Höhe von höchstens drei Prozent gewährt werden. Jetzt ist es auch möglich, Gutscheine – zum Beispiel als Beilagen in Zeitschriften oder als Wert-Coupon in einer Anzeige – mit einem höheren Nachlass auszugeben.[171] Zulässig sind nun auch – in den Grenzen der §§ 1 und 3 UWG – langjährige **Garantieversprechen** der Anbieter, die der BGH noch 1999 als Verstoß gegen die ZugabeVO angesehen hat.[172] Das gilt auch für „Geld-zurück-Garantien", wenn der Käufer ein günstigeres Angebot eines Wettbewerbers nachweist.[173] Auch ei- 120

---

[166] Vgl. auch *Berlit* S. 353.
[167] Vgl. *Heermann* S. 861. Zulässig war es aber schon, einen „Umweltbonus" von 1.000 Mark für die Umstellung einer Heizungsanlage von Heizöl auf Erdgas zu gewähren, BGH GRUR 1999, 256 = NJW-RR 1998, 1497 = WRP 1998, 857–1000,- DM Umweltbonus.
[168] BT-Drs. 14/5441, S. 8 f.
[169] Überholt ist damit die Entscheidung des BGH WRP 1999, 424 – Bonusmeilen (zulässig) (siehe auch Fn. 154) und LG Köln Az. 31 O 438/00 (n.v. – „Miles & More"-Programm ist teilweise rechtswidrig). Kritisch *Köhler* S. 267, der einen Nachteil bei den „Nichtorganisierten" sieht.
[170] BGH GRUR 1991, 933 = NJW-RR 1991, 1324 = WRP 1991, 648 – One for Two; vgl. auch *Baumbach/Hefermehl* § 1 ZugabeVO Rn. 4.
[171] Vgl. auch *Heermann* S. 861.
[172] Hier ging es darum, dass die Textilfirma *Lands' End* ihren Kunden eine zeitlich unbegrenzte Rückgabegarantie gewährt hat. Dies wurde vom OLG Saarbrücken GRUR 2000, 92 = WRP 1999, 224 verboten. Der BGH hat die Revision nicht zugelassen. Zulässig war dagegen ein dreimonatiges Umtauschrecht für unbenutzte und für den Kunden nicht individuell angefertigte Möbel, BGH GRUR 2000, 1106 = NJW 2001, 153 = WRP 2000, 1278 – Möbel-Umtauschrecht. Vgl. auch BGH GRUR 1999, 270 = NJW 1999, 217 = WRP 1999, 181 – Umtauschrecht II (fünftägiges Rückgaberecht eines Gebrauchtwagens unabhängig von der gefahrenen Kilometerzahl); BGH GRUR 2001, 358 = NJW-RR 2001, 624 = WRP 2001, 258 – Rückgaberecht (14-tägiges Rückgaberecht beim Kauf von Fotoartikeln, Geräten der Unterhaltungselektronik und elektrischer Haushaltsgeräte).
[173] Und sich die Werbung des Anbieters nicht auf *exklusiv* bei ihm erhältliche Waren bezieht, BGH GRUR 1994, 57 = NJW 1993, 3060 = WRP 1993, 749 – Geld-zurück-Garantie.

ne langfristige **Kaufpreisstundung** wird nun möglich. Eine Stundung über zwei bis drei Monate hinaus war nach Auffassung des BGH ein Verstoß gegen das RabattG.[174]

121 e) **Powershopping.** Das OLG Hamburg hat „Powershopping" als Verstoß gegen das RabattG gewertet. Denn: Wer im Internet im Rahmen eines zeitlich begrenzten Angebots mehrere Preisstufen nennt und dem Käufer abhängig von der Gesamtabnahme aller Käufer einen niedrigeren Preis als von ihm angegeben gewährt, verstößt gegen §§ 1 Abs. 1, 7 RabattG.[175] Mit Wegfall des RabattG ist ein solches Angebot nicht unbedingt zulässig geworden:[176] Folgt man der Auffassung des OLG Köln, kann „Powershopping" auch wegen übertriebenen Anlockens sittenwidrig sein. Das soll jedenfalls dann gelten, wenn der Verbraucher (mit anderen Verbrauchern zusammen) eine Kaufpreisreduzierung von bis zu 50 Prozent erreichen kann.[177]

122 f) **Preisgestaltung und Irreführungsverbot.** Der Wegfall des Rabattgesetzes wird sich vor allem auf die Preisgestaltung auswirken. Da mit dem Rabattgesetz auch das Verbot entfallen ist (§ 10 RabattG), mehr als zwei Nachlassarten zu gewähren, sind nunmehr Mehrfachrabatte – zum Beispiel ein Mengenrabatt und ein Treuerabatt[178] – möglich.[179] Die Preisgestaltung kann dann wettbewerbswidrig sein, wenn ein Wettbewerber „feste" Preise nur noch zum Schein verlangt, obwohl sie jederzeit und ohne Bemühen des Kunden zur Disposition stehen. Denn dann ist derjenige Kunde, der nicht um Nachlässe feilscht oder sich nur danach erkundigt, gegenüber denjenigen Kunden, die die Preisauszeichnung als unverbindlich erkennen, erheblich im Nachteil.[180] Das kann auch ein Verstoß gegen § 3 UWG sein. Problematisch werden auch **Preisvergleiche** sein.[181] Denn der angegebene Preis sagt womöglich nichts darüber aus, welcher Preis tatsächlich gewährt wird. Damit könnte der Preisvergleich wegen mangelnder Objektivität, die § 2 Abs. 2 Nr. 2 UWG fordert, insgesamt unzulässig sein.[182]

Zum Fall „Saustarke Angebote":

123 Einen Verstoß gegen die Zugabeverordnung sah der BGH nicht, da die Beklagte ein Gesamtpaket zu einem Gesamtpreis angeboten habe. Der Kunde vermute bei dem Angebot nicht, dass die Schweinehälfte ohne besondere Berechnung mitangeboten werde. Ebenso wenig nahm der BGH in der Kopplung von Gefriertruhe und Schweinehälfte ein unzulässiges Angebot nach § 1 UWG an. Denn die angesprochenen Verkehrskreise könnten die Einzelpreise ohne weiteres in Erfahrung bringen.

---

[174] BGH NJW-RR 1993, 423 = WRP 1993, 243 – Versandhandelspreis I; *BGH* GRUR 1994, 389 = NJW-RR 1994, 501 = WRP 1994, 311 – Versandhandelspreis II.
[175] OLG Hamburg GRUR 2000, 549 = NJW 2000, 2033.
[176] Kritisch dazu auch *Lange* S. 888.
[177] OLG Köln WRP 2001, 1095.
[178] Den bislang gemäß § 13 DVO RabattG nur Markenhersteller gewähren konnten.
[179] Vgl. auch *Berlit* S. 354.
[180] Im Übrigen kann das auch ein Verstoß gegen die PAngV sein, vgl. S. 106 ff. Vgl. auch *Köhler* S. 266 mit dem Vorschlag, das kartellrechtliche Diskriminierungsverbot auf den Schutz der Verbraucher auszudehnen.
[181] Siehe hierzu auch Rn. 188.
[182] Vgl. *Köhler* S. 267.

III. Schleichwerbung

Fall „Azubi '94":[183]

Die Parteien verlegen Anzeigenblätter, die kostenlos im Bereich S. verteilt werden. Einer Ausgabe des Anzeigenblattes „W." der Beklagten war die Beilage „Azubi '94" beigefügt. Im redaktionellen Teil werden einzelne Firmen aus dem Verteilungsgebiet der Beklagten in der Überschrift namentlich bezeichnet und die in den Betrieben gegebenen Ausbildungsmöglichkeiten (durch Zitat von Äußerungen der Repräsentanten der Unternehmen) näher beschrieben. Eine Anzahl der genannten Betriebe hatte in der Beilage Anzeigen geschaltet, in denen sie für die gebotenen Ausbildungsmöglichkeiten warben. Ein Teil der Anzeigen befindet sich auf derselben Seite oder Doppelseite der Beilage, auf der auch der redaktionelle Text zu dem jeweiligen Betrieb enthalten ist. 124

Der Verbraucher soll eine Werbemaßnahme auch als solche erkennen können. Das gelingt dem Verbraucher bei „Schleichwerbung" nicht.[184] Hierzu gehören 125

- Vortäuschung einer objektiven wissenschaftlicher oder gutachterlicher Aussage,
- Product Placement und
- redaktionelle Werbung.[185]

1. Hinweispflicht auf Auftragsverhältnis

Wettbewerbswidrig handelt, wer sich auf wissenschaftliche Aussagen, Gutachten und dergleichen – etwa Meinungsumfragen – beruft, die im Auftrag des Unternehmens erstellt sind – und auf das Auftragsverhältnis nicht hinweist.[186] 126

2. Product Placement

„Product Placement" bedeutet, dass – in der Regel gegen Entgelt – Waren in Fernsehsendungen oder Filme prominent eingebunden sind.[187] Unlauter kann dies etwa bei einem bezahlten Hinweis auf eine Buchveröffentlichung sein, wenn der Zuseher diesen Hinweis als objektive Empfehlung der TV-Redaktion ansieht. Zulässig ist hingegen ein publizistischer, vom öffentlich-rechtlichen Rundfunkauftrag gedeckter Programmhinweis auf ein Buch.[188] 127

3. Redaktionelle Werbung

a) **Kennzeichnungspflicht.** Es ist – neben den medienrechtlichen Regelungen[189] – wettbewerbswidrig, Werbung nicht als solche zu kennzeichnen, sofern sie nicht ohne Weiteres als Werbung erkennbar ist. Mag die Erkennbarkeit bei der üblichen Produkt- 128

---

[183] BGH GRUR 1998, 947 = NJW-RR 1998, 831 = WRP 1998, 595.
[184] Vgl. *Baumbach/Hefermehl* § 1 UWG Rn. 27 ff.
[185] Vgl. ausführlich hierzu *Köhler* WRP 1998, 349.
[186] Vgl. *Baumbach/Hefermehl* § 1 UWG Rn. 28 ff.
[187] Vgl. *Baumbach/Hefermehl* § 1 UWG Rn. 42 ff. und *BGHZ* 130, 205 = GRUR 1995, 744, = NJW 1995, 3177 = WRP 1995, 923 – Feuer, Eis & Dynamit I sowie *BGH* GRUR 1995, 750 = NJW 1995, 3182 = WRP 1995, 930 – Feuer, Eis und Dynamit II. Vgl. auch die medienrechtlichen Regelungen in §§ 7 und 8 Rundfunkstaatsvertrag oder die „Gemeinsamen Richtlinien der Landesmedienanstalten für die Werbung, zur Durchführung der Trennung von Werbung und Programm und für das Sponsoring" im Hörfunk und Fernsehen, www.alm.de.
[188] BGHZ 110, 278 = GRUR 1990, 611 = NJW 1990, 3199 = WRP 1990, 626 – Werbung im Programm.
[189] Vgl. etwa Art. 9 Bayerisches Pressegesetz. Entsprechende Regelungen zur presserechtlichen Kennzeichnungspflicht finden sich auch in den übrigen Pressegesetzen sowie in den Medien- bzw. Rundfunkgesetzen der Länder.

werbung noch gegeben sein, gilt dies häufig nicht für redaktionelle Werbung.[190] Das sind vor allem redaktionell gestaltete Anzeigen, die so in die optische Gestaltung des Mediums eingebunden sind, dass sie als Werbung nicht oder nur schwer erkennbar sind.

129 **b) Werbebeitrag.** Unlautere redaktionelle Werbung kann aber auch im redaktionellen Teil eines Mediums – etwa in Form eines journalistischen Beitrags – stattfinden. Nicht jeder positive Beitrag über ein Unternehmen ist jedoch – selbst wenn er für das Unternehmen eine werbliche Wirkung hat – wettbewerbswidrig.[191] Solange die Erwähnung von Unternehmen und deren Waren oder Dienstleistungen von der publizistischen Informationspflicht der Medien gedeckt ist, liegt auch kein Verstoß gegen § 1 UWG vor. Gibt es jedoch für die Berichterstattung als solches oder für deren Umfang keinen publizistischen Anlass, ist die Berichterstattung unsachlich – etwa weil sie ein Unternehmen übermäßig herausstellt – oder erfolgt die Berichterstattung sogar gegen Entgelt, handelt es sich um unlautere redaktionelle Werbung.

Zum Fall „Azubi '94":
130 Bei Medien-Veröffentlichungen besteht – anders als bei Werbemaßnahmen von Wettbewerbern – nicht die Vermutung für das Vorliegen einer Wettbewerbsförderungsabsicht.[192] Es bedarf daher der Feststellung konkreter Umstände, wonach neben der publizistischen Aufgabe die Absicht des Presseorgans, fremden Wettbewerb zu fördern, eine größere als nur eine notwendigerweise begleitende Rolle gespielt hat. Dafür spricht in der Regel, wenn in redaktionellen Beiträgen Produkte oder Dienstleitungen von Inserenten namentlich genannt und angepriesen werden. Die Aktion in der Beilage der Beklagten diente jedoch vorrangig dazu, über die Ausbildungskapazität der Wirtschaft der Region zu informieren und damit zu einer Minderung der Arbeitslosigkeit unter Jugendlichen ohne Ausbildung beizutragen. Die redaktionelle Berichterstattung befasste sich allein mit diesem Gegenstand. In Anbetracht des Informationsinteresses der Allgemeinheit an Ausbildungsstellen in der Region und unter Berücksichtigung der Art und des Inhalts der auf die Befriedigung dieses Informationsbedürfnisses gerichteten Berichterstattung hat der BGH eine wettbewerbsrechtliche Haftung der Beklagten verneint. Denn die mit dem Werbeeffekt für die besprochenen und zugleich inserierenden Unternehmen einhergehende Wettbewerbsförderungsabsicht des Beklagten ist lediglich eine notwendige Nebenfolge der nach Art. 5 Abs. 1 Satz 2 GG geschützten Presseberichterstattung.

131 Die Beurteilung des BGH kann jedoch auch anders ausfallen: So hatte der BGH über die Zulässigkeit der wörtlichen Übernahme von Hersteller-Pressinformationen in einer Tageszeitung zu befinden.[193] Dort stellte der BGH fest, dass zwar die wortgleiche Übernahme von Produktinformationen in den redaktionellen Teil ohne Hinweis auf den Urheber nicht ohne Weiteres wettbewerbswidrig ist. Eine irrige Vorstel-

---

[190] Vgl. *Baumbach/Hefermehl* § 1 UWG Rn. 30 ff.
[191] Vgl. *Baumbach/Hefermehl* § 1 UWG Rn. 34. Besondere Schwierigkeiten bietet hier vor allem auch die Formulierung des Unterlassungsantrags, vgl. *Köhler* S. 356; vgl. auch BGH GRUR 1997, 139 = NJW-RR 1997, 235 = WRP 1997, 24 – Orangenhaut und S. 179 ff.
[192] Siehe Rn. 30.
[193] BGH GRUR 1998, 481 = NJW-RR 1998, 833 = WRP 1998, 169 – Auto '94.

lung über den Verfasser der Information kann aber dann rechtlich relevant sein, wenn die Darstellung des Produkts sachlich unzutreffend oder – wie im Streitfall – der Beitrag eine übermäßig werbende Herausstellung enthält. Dann können auch das Medium und der Presseinformant als Mitstörer haften.[194]

Fazit: Die redaktionelle, für ein Unternehmen werbliche Erwähnung ist dann zulässig, wenn sie sachlich zutreffend, nicht übermäßig werbend ist und zudem das Informationsinteresse der Öffentlichkeit an den Informationen befriedigt – also auch ein sachlicher Anlass für die Berichterstattung gegeben ist. 132

IV. Gefühlsbetonte Werbung, Werbung mit der Angst

Zur unlauteren Kundenbeeinflussung kann schließlich noch emotionale Werbung gehören. Das können unter anderem 133

- Werbung mit der Angst und Schockwerbung sowie
- Werbung mit karitativen Inhalten

sein.

Fall „Sichere Fotoarbeiten":[195]

Die Parteien sind Wettbewerber auf dem Endverbrauchermarkt für Fotoartikel. Die Beklagte warb für die Durchführung von Fotoarbeiten unter der Überschrift: „Wir meinen: Ihre Fotoarbeiten sind bei photo d. in den besten und sichersten Händen". Unter „Verbraucher-Info" ist dann zu lesen: „Verlangen Sie persönliche Aushändigung Ihrer wertvollen Fotoarbeiten. Wir meinen, dass Fotoarbeiten mit Namen und Adresse nicht für jedermann zugänglich sein dürften. Gehen Sie kein Sicherheitsrisiko ein. Negative Vorfälle bei SB-Ausgaben häufen sich. Unser Fachpersonal garantiert Sicherheit und persönliche Bedienung". Daneben befindet sich – durch Abbildungen entsprechend illustriert – ein Textauszug aus der Zeitschrift „Funk Uhr": „Bildertheke im Billigmarkt: Fundgrube für Gauner. Hier können Sie ungestört Opfer aussuchen …, dann folgt der 2. Teil. Nachdem der Einbrecher Name, Adresse und Wertgegenstände über die Fototüte erfahren hat, bohrt er das Türschloss auf und zapft die ausgespähte Goldader an." 134

Besonderes Aufsehen hat in den 90er Jahren die sehr emotionale Werbung des Textilherstellers *Benetton* erregt. Der BGH hat drei Motive der Imagewerbung als wettbewerbswidrig verboten, nämlich die Werbung mit einer ölverschmutzten Ente,[196] die Werbung mit schwer arbeitenden Kleinkindern aus der Dritten Welt[197] und die Werbung mit der Abbildung eines menschlichen Gesäßes mit Stempelaufdruck „H.I.V. POSITIVE".[198] Die Entscheidungen des BGH sind ausgesprochen umstritten.[199] Begründet hat der BGH die Entscheidung „Ölverschmierte Ente" damit, dass die Werbung beim Verbraucher über dessen Gefühle des Mitleids und der Ohnmacht eine Solidarisierung mit dem werbenden Unternehmen bewirken solle, um dessen Bekanntheit, Ansehen und Geschäftstätigkeit zu steigern. Die „Kinderarbeit"-Entscheidung beruht auf der Erwägung des BGH, dass diese Werbung Gefühle des Mitleids ohne sachliche Veranlassung zur Steigerung des eigenen Ansehens kommerziell ausnutze. 135

---

[194] Vgl. u.a. BGHZ 81, 247 = GRUR 1981, 835 = NJW 1981, 2573 = WRP 1981, 642 – Getarnte Werbung I und BGH GRUR 1993, 561 = NJW-RR 1993, 686 = WRP 1993, 476 – Produktinformation.
[195] OLG Hamburg WRP 1999, 349.
[196] BGHZ 130, 196 = GRUR 1995, 598 = NJW 1995, 2488 = WRP 1995, 679 – Ölverschmutzte Ente.
[197] BGH GRUR 1995, 595 = NJW 1995, 2490 = WRP 1995, 682 – Kinderarbeit.
[198] BGH GRUR 1995, 600 = NJW 1995, 2492 = WRP 1995, 686- H.I.V.-POSITIVE.
[199] Vgl. *Baumbach/Hefermehl* § 1 UWG Rn. 187 a.

Schließlich verstoße die „H.I.V. POSITIVE"-Werbung gegen die Menschenwürde und nutze in grober Weise das Gefühl des Mitleids und Schreckens in starkem Maße zu kommerziellen Zwecken aus.

136 Das BVerfG vertritt allerdings nicht die Auffassung des BGH.[200] Es sieht in der Werbung „sprechende Bilder mit meinungsbildendem Inhalt". Die Auffassung des BGH, *Benetton* gehe es nicht um einen Beitrag zur Meinungsbildung, sei „nicht die einzig mögliche, ja nicht einmal besonders nahe liegend". Letztlich greife damit das Verbot in die verfassungsrechtlich in Art. 5 Abs. 1 Satz 1 GG geschützte Meinungsfreiheit ein.

Zum Fall „Sichere Fotoarbeiten":

137 Auch eine Werbung mit der Angst muss nicht ohne weiteres unzulässig sein. Sie ist es dann, wenn die sachliche Unterrichtung zurücktritt und die Suggestivkraft von Angstgefühlen die Sach- und Bedarfsprüfung in den Hintergrund treten lässt. Dabei sind Form und Inhalt der Aussage, die Situation, vor der gewarnt wird, und die Funktion der Ware (z.B. bei Sicherheitsvorkehrungen) einzubeziehen. Vorliegend ging es jedoch nicht um eine sachfremde Beeinflussung der Interessenten. Denn das von der Beklagten erwähnte Sicherheitsrisiko (Gauner spähen Anschrift und Wertsachen aus) hängt unmittelbar mit der Leistung der Beklagten einer persönlichen und gesicherten Fotoausgabe zusammen. Das Angebot hatte damit eine sicherheitsrelevante Kompetente, auf die die Beklagte hinweisen durfte.[201]

F. Unerlaubte Werbemethoden

138 Verboten sind nicht nur irreführende Werbemethoden (§ 3 UWG), sondern auch Werbemethoden, die aufgrund ihres Unwertgehaltes von § 1 UWG umfasst sind.

I. Telefonmarketing

139 Bei der wettbewerbsrechtlichen Zulässigkeit von Telefon-Marketingmaßnahmen unterscheidet man zwischen Telefonwerbung gegenüber Privatpersonen und Telefonwerbung gegenüber Gewerbetreibenden. Unstreitig wettbewerbswidrig ist die Werbung mit unerbetenen telefonischen Anrufen zur Anbahnung von Geschäftsabschlüssen bei Privatpersonen. Etwas anderes gilt nur, wenn der Angerufene zuvor ausdrücklich erklärt hat, mit entsprechenden Werbeanrufen einverstanden zu sein.[202] Die Wett-

---

[200] Verfassungsbeschwerde hatte der Gruner + Jahr Verlag, Herausgeber des *Stern*, erhoben, da er zur Unterlassung verurteilt worden war; BVerfG WRP 2001, 129. Da das BVerfG die Sache zurückverwiesen hatte, musste der BGH erneut entscheiden – allerdings nur über die „H.I.V.-POSITIVE"-Werbung. Die klagende Wettbewerbszentrale hatte im übrigen auf eine erneute Überprüfung verzichtet. Wiederum hat der BGH die „H.I.V.-POSITIVE"-Werbung untersagt (Urteil vom 6.12.2001, Az. I ZR 284/00; vgl. WRP 2002, 269).

[201] Daneben hat das OLG Hamburg auch entschieden, dass die Werbung keine unlautere vergleichende Werbung darstellt. Insbesondere sei die Werbung keine unlautere Herabsetzung des klagenden Mitbewerbers. Auch sei die Formulierung, die Fotoarbeiten seien bei der Beklagten „in den besten und sichersten Händen" keine unzulässige Alleinstellungswerbung. Der Superlativ werde hier lediglich als Bekräftigung verstanden.

[202] BGHZ 141, 124 = NJW 1999, 1864 = WRP 1999, 660 – Telefonwerbungsklausel in AGB; vgl. auch *Baumbach/Hefermehl* § 1 UWG Rn. 67.

bewerbswidrigkeit wird damit begründet, dass sie stark in das Persönlichkeitsrecht des Einzelnen eingreift. Denn der Angerufene kann sich einem Telefonanruf, den er entgegengenommen hat, nicht mehr ohne weiteres entziehen.

Im **geschäftlichen Bereich** sind telefonische Werbemaßnahmen dann zulässig, wenn sie im konkreten Interessenbereich des Angerufenen liegen. Hierfür genügt das ausdrückliche oder konkludente Einverständnis des Angerufenen oder auch, dass der Werbende ein sachliches Interesse des Angerufenen vermuten kann und der Anruf damit dem mutmaßlichen Willen des Angerufenen entspricht.[203] Bei bestehenden Geschäftsbeziehungen wird ein solches Interesse in der Regel vermutet. 140

II. Telefax-Werbung

Gleiches gilt auch für Telefax-Werbung. Diese ist im privaten Bereich grundsätzlich wettbewerbswidrig und im geschäftlichen Bereich nur dann nicht wettbewerbswidrig, wenn die Einwilligung des Beworbenen vermutet werden kann.[204] Für die Telex-Werbung galt dies noch nicht in diesen engen Grenzen – insbesondere deshalb, da diese nahezu ausschließlich den geschäftlichen Bereich betraf. Hier genügte es, wenn der Werbetreibende ein Interesse des Empfängers vermuten konnte.[205] 141

III. Briefkasten-Werbung

Briefkasten-Werbung – sei es in Form kostenloser Anzeigenblätter, Werbebroschüren oder auch Postbriefe – ist grundsätzlich zulässig. Allerdings gibt es Grenzen der zulässigen Werbung: 142

Fordert der Empfänger den Werbenden auf, künftig keine Briefwerbung mehr zuzusenden, stellt eine Missachtung dieses Wunsches einen Eingriff in das allgemeine Persönlichkeitsrecht des Umworbenen dar. Damit hat der Einzelne einen Anspruch gegen den Werbenden – allerdings nicht gemäß § 1 UWG, da es hierfür schon an dem Wettbewerbsverhältnis fehlt. Vielmehr richtet sich der (Unterlassungs-)Anspruch nach den allgemeinen Regelungen des BGB, §§ 1004, 823 Abs. 1 BGB i.V.m. Art. 1 Abs. 1, 2 Abs. 1 GG.[206] 143

Gleiches gilt, wenn der Empfänger auf seinem Briefkasten einen Aufkleber „Keine Werbung" o.ä. angebracht hat. Auch dies ist von den Werbenden zu berücksichtigen.[207] Allerdings ist nicht jede Beeinträchtigung des Einzelnen durch eine Werbemaßnahme zugleich wettbewerbswidrig, insbesondere dann, wenn der Aufwand, Einzelne von dem Werbebezug auszunehmen, unverhältnismäßig hoch ist. 144

---

[203] Vgl. *Baumbach/Hefermehl* § 1 UWG Rn. 68.
[204] BGH NJW 1996, 660 = GRUR 1996, 208 = WRP 1996, 100 – Telefax-Werbung; vgl. auch *Baumbach/Hefermehl* § 1 UWG Rn. 69 b.
[205] Vgl. *Baumbach/Hefermehl* § 1 UWG Rn. 69 a.
[206] Vgl. *Baumbach/Hefermehl* § 1 UWG Rn. 71 ff.
[207] Dies gilt nicht nur für Wirtschaftswerbung, sondern auch für das Werbematerial politischer Parteien; vgl. BVerfG NJW 1991, 910, *Baumbach/Hefermehl* § 1 UWG Rn. 71 BGB.

IV. E-Mail-Werbung

145 Durch die zunehmende Verbreitung des Internets ist auch die Frage aktuell geworden, ob so genanntes *Spamming* – also die Zusendung nicht verlangter Werbe-E-Mails – wettbewerbsrechtlich zulässig ist. Die erste Entscheidung hierzu stammt vom LG Traunstein.[208] Maßgeblich für die Entscheidung des LG Traunstein war, dass das Abrufen von E-Mails aufgrund der hierfür erforderlichen Telefonverbindung Kosten verursacht und damit die Kriterien für das Verbot von Telefax-Werbung entsprechend anzuwenden sind. Außerdem kann die Zusendung unerwünschter E-Mails dazu führen, dass der für elektronische Briefkästen zur Verfügung gestellte Speicherplatz nicht ausreicht und erwünschte E-Mails damit nicht mehr empfangen werden können. In der Literatur und Rechtsprechung besteht weitgehend Übereinstimmung darin, dass somit für E-Mail-Werbung die zur Telex- bzw. Telefax-Werbung entwickelten Grundsätze heranzuziehen sind.[209] Hieran ändert auch die E-Commerce-Richtlinie[210] nichts, die E-Mail-Werbung gestattet, wenn sie bereits in der Betreffzeile entsprechend gekennzeichnet ist (Art. 7). Denn nach dem Herkunftslandprinzip unterliegen die Absender ausschließlich ihrer Rechtsordnung.[211] Demnach bleibt die deutsche Rechtsprechung maßgeblich.[212]

V. SMS-Werbung

146 Mit der Werbung per SMS[213] auf Mobiltelefone hat sich – soweit ersichtlich – bislang noch kein Gericht auseinandergesetzt. Es wird aber auch hier zu Auseinandersetzungen kommen. Denn zunehmend nutzen Direktvermarkter das Handy als Marketinginstrument: Der Nutzer hat das Telefon in der Regel bei sich, die Speicherplätze sind begrenzt – und deshalb müssen die SMS-Nachrichten aufgerufen und gelöscht werden. Und schließlich rufen SMS-Nachrichten wegen ihrer Neuartigkeit die Neugier der Verbraucher hervor, die sogleich nachsehen, wer welche Nachricht gesandt hat. Auch SMS-Werbung kann damit zu einer Belästigung der Verbraucher führen und ist daher mit Telefax-Werbung durchaus vergleichbar. Demnach ist jedenfalls im privaten Bereich die unverlangte Zusendung von SMS-Nachrichten unzulässig. Gleiches gilt

---

[208] LG Traunstein DB 1998, 469 = MMR 1998, 909 = NJW-CoR 1997, 494.
[209] Vgl. *Baumbach/Hefermehl* § 1 UWG Rn. 70 a ff.; LG Berlin CR 1998, 499 = NJW 1998, 3208; *LG Berlin* CR 1998, 623 = NJW-CoR 1998, 431 und LG Berlin CR 1999, 187 = NJW-CoR 1999, 52 (Leitsatz); LG Ellwangen CR 2000, 188 = ZUM-RD 2000, 148. Meiner Auffassung nach sind die Werbeformen Telefax und E-Mail jedoch nicht vergleichbar, da hierdurch schon der Kostenaufwand eindeutig unterschiedlicher ist. Für zulässig halte ich deshalb Werbe-E-Mails, die im Header als Werbe-E-Mails erkennbar sind und es dem Umworbenen gestatten, mit einer standardisierten Rück-Mail die weitere Zusendung von Werbe-Informationen zu untersagen. So auch LG Braunschweig NJW-RR 2000, 924 = NJW-CoR 2000, 235 = ZUM-RD 2000, 15 unter Berufung auf die EU-Fernabsatzrichtlinie 97/7/EG, im Internet auffindbar zum Beispiel unter http://europa.eu.int/eur-lex/de/index.html.
[210] Richtlinie 2000/31/EG über den elektronischen Geschäftsverkehr, im Internet auffindbar zum Beispiel unter http://europa.eu.int/eur-lex/de/index.html.
[211] Direktmailing-Anbieter können jedoch in das europäische Ausland abwandern, um von dort aus rechtmäßig E-Mail-Werbung nach Deutschland zu betreiben. Das nämlich ist zulässig.
[212] Vgl. auch *Gierschmann* S. 1317.
[213] SMS heißt *Short Message Service*.

auch für den geschäftlichen Bereich: Der Absender kann wohl kaum vermuten, dass geschäftlich genutzte Mobiltelefone vorgehalten werden, um Werbebotschaften zu empfangen, die den ohnehin (noch) geringen Speicherplatz ungefragt belegen.

VI. Neue Werbeformen im Internet

Neuartige Werbeformen bietet auch das Internet, das keineswegs ein rechtsfreier Raum ist.[214] Das können Werbebanner sein, die einen nicht unerheblichen Umfang des Bildschirmes einnehmen, Fenster, die sich automatisch öffnen oder Cursor, die die Gestalt von Produktwerbung annehmen. Problematisch ist vor allem auch die Vermischung von Werbung und (redaktionellen) Inhalten,[215] obwohl § 9 Abs. 2 MDStV[216] bestimmt:

> „Werbung muss als solche klar erkennbar und vom übrigen Inhalt der Angebote eindeutig getrennt sein. In der Werbung dürfen keine unterschwelligen Techniken eingesetzt werden."

Der MDStV gilt gemäß § 2 Abs. 1

> „für das Angebot und die Nutzung von an die Allgemeinheit gerichteten Informations- und Kommunikationsdiensten (Mediendienste) in Text, Ton oder Bild, die unter Benutzung elektromagnetischer Schwingungen ohne Verbindungsleitung oder längs oder mittels eines Leiters verbreitet werden".

1. Bannerwerbung

Bannerwerbung ist im Internet die am meisten verbreitete und wichtigste Umsatzquelle. Sie entspricht den Anzeigen in Printobjekten. Banner sind auch „Move-Ads", also Werbebanner, die mitwandern, wenn der Nutzer die Seite nach unten scrollt. Transactive Banner ist eine weitere Variante der Banner-Werbung: Hier kann der Nutzer die Produktinformationen direkt im Banner abrufen. Er muss die aufgerufene Seite nicht verlassen, um die Werbeinhalte zu betrachten. Bannerwerbung ist aufgrund ihrer Gestaltung als Werbung erkennbar und damit auch zulässig.

2. Sponsoring

Internet-Sponsoring ist vergleichbar mit dem Sponsoring von Fernsehsendungen. Hier präsentiert ein Sponsor ein Internet-Angebot oder bestimmte Seiten eines Angebots. Solange für den Verbraucher durch einen Sponsorenhinweis erkennbar ist, dass das Angebot gesponsert ist und der Sponsor keinen Einfluss auf die Inhalte ausübt, ist diese Werbeform zulässig.

3. Interstitials und Superstitials

Interstitials sind Werbungen, die während des Surfens – ähnlich der Unterbrecherwerbung im Rundfunk – eingeblendet werden. Das Werbefenster kann auch den gesamten Bildschirm einnehmen. Superstitial ist eine Anzeige mit Bild- und Tonelementen. Sie füllt in der Regel den gesamten Bildschirm aus und wird abgespielt, wenn der Nutzer eine andere Seite des gleichen Internetangebots aufruft. Auch wenn diese Werbeformen für den Nutzer lästig und – ohne entsprechende Software – unvermeidbar

---

[214] Siehe auch *Weidert* S. 390.
[215] *Gummig* S. 581 ff. m.w.N.
[216] Abrufbar unter www.alm.de.

sind, verstoßen sie nicht gegen § 1 UWG. Der Internet-Nutzer weiß, dass auch Internet-Angebote – zumal sie meist kostenfrei sind – finanziert werden müssen und Werbeeinblendungen eine Möglichkeit der Finanzierung darstellen. Wenn jedoch ein Angebot laufend Werbeeinblendungen vornimmt, ist diese Form der Werbung aus dem Gesichtspunkt der Belästigung unlauter. Allerdings werden die Zugriffszahlen auf solche Inhalte abnehmen und den Anbieter veranlassen, Werbung nur in zumutbarem Umfang zu veranstalten.

4. Pop-ups und Pop-under-Werbung

153 Pop-ups sind Werbefenster, die sich beim Aufrufen einer Website öffnen. Hier gelten die Ausführungen zu Interstitials und Superstitials entsprechend. Pop-under-Anzeigen öffnen sich unbemerkt hinter allen anderen offenen Fenstern in einem eigenen Browser-Fenster. Erst wenn alle anderen Fenster geschlossen sind, landet der Nutzer unweigerlich auf den Pop-under-Seiten und muss auch diese erst schließen, bevor er seine Internet-Sitzung beenden kann kann.[217] Auch diese Anzeigenform ist nicht als solche unlauter und mit Interstitials, Superstitials und Pop-ups vergleichbar. Es kann zwar für den Nutzer zu einer erheblichen Belästigung führen, wenn er mehrere Internet-Angebote aufruft, die jeweils mit Pop-under-Anzeigen arbeiten. Dann muss er erst zahlreiche Fenster schließen, bevor er das Internet-Programm verlässt. Das ist jedoch mit einem geringen Zeitaufwand verbunden, wenn sich die Fenster mit einem „Klick" schließen lassen und kostet dann kein Geld, wenn man mit einem Internet-Provider arbeitet, der die Verbindung automatisch trennt, sobald keine Internet-Aktivitäten des Nutzers erfolgen.[218]

5. Werbe-Cursor

154 Ein Werbe-Cursor wandelt den Cursor-Pfeil in einen Schriftzug, ein Logo oder einen sonstigen werblichen Inhalt um. Hält die Umwandlung nur kurze Zeit – wenige Sekunden – an, wird der Nutzer diese Belästigung hinnehmen müssen. Das gilt auch dann, wenn der Nutzer die Normalfunktion des Cursors wieder herstellen kann. Ist dies jedoch nicht möglich und bleibt dem Nutzer gar nichts anderes übrig, als den „Werbeschwanz" hinter sich herzuziehen, stellt der Werbe-Cursor eine sittenwidrige Belästigung des Verbrauchers dar: Er kann sich der aufdringlichen Werbung nur entziehen, wenn er die Seite verlässt. Damit ist diese Form der Werbung mit der Telefax- oder Telefon-Werbung vergleichbar.[219]

6. Werbung-on-Demand

155 Werbung-on-Demand ist intelligente Werbung, die Aktionen des Nutzers umgehend verarbeitet. Bucht etwa ein Nutzer seine Reise in einem Online-Reisebüro, öffnet sich mit der Buchungsbestätigung ein Pop-up mit dem Angebot einer Auslands-Reiseversicherung. Sittenwidrig kann die Werbemaßnahme sein, wenn ihr eine perso-

---

[217] Diese Werbeform ist technisch effizient, weil ihr der Nutzer ohne den Einsatz spezieller Anti-Werbung-Software nicht entgehen kann, allerdings auch wenig beliebt, vgl. den Beitrag von *Laube* und *Liebert* in *Financial Times Deutschland* vom 14.8.2001: „Internetwerbung lauert im Untergrund".
[218] Es werden ohnehin immer häufiger sog. *Flatrates* angeboten, die unbegrenztes Surfen zu einem monatlichen Festpreis erlauben, so dass keine zusätzlichen Kosten entstehen.
[219] Siehe Rn. 139 ff.

nalisierte, systematische oder sonst datenschutzrechtlich unzulässige Datenauswertung zugrunde liegt.[220]

7. Kommerzielle Provisionslinks

Der Anbieter verweist hier auf ein E-Commerce-Angebot eines Partners. Erfolgen aufgrund des Verweises Bestellungen, erhält der Inhalte-Anbieter eine Provision. Ähnlich funktioniert E-Commerce-Integration: Hier werden die Produkte ohne vorgeschalteten Werbebanner abgebildet. Wer das Produkt anklickt, landet im Online-Shop des Partners. Ist für den Nutzer hinreichend deutlich, dass es sich bei dem Link um ein geschäftliches Angebot handelt,[221] bestehen wettbewerbsrechtlich keine Bedenken. Unerheblich dürfte sein, ob der Nutzer damit rechnet, dass der Inhalte-Anbieter im Falle eines Vertragsschlusses mit dem Partner eine Provision erhält. Selbst wenn man eine Irreführung des Nutzers annähme, wäre diese für den Vertragsschluss nicht relevant.[222]

8. Suchmaschineneinträge und Counter

Eine unlautere Beeinflussung des Nutzers kann darin liegen, dass ein Web-Anbieter durch inhaltliche oder technische Tricks versucht, die Häufigkeit der Nennungen seines Angebots oder dessen Platzierung zu beeinflussen. Das geschieht zum Beispiel durch

- Schlüsselwörter (*Key-Words*), die der Anbieter in seinen Text lesbar oder in „Blindschrift"[223] integriert oder durch
- Meta-Tags,[224] die in dem – für den Nutzer zunächst nicht erkennbaren – HTML-Text einer Seite versteckt werden.

Häufige Treffer an prominenter Stelle erwecken beim Nutzer den irrigen Eindruck, dass es sich um ein ganz besonders umfangreiches und inhaltlich ergiebiges Angebot handelt. Erzielt der Veranstalter der Internet-Seite somit eine hohe Trefferquote durch irreführende Schlüsselwörter oder Meta-Tags, liegt ein Verstoß gegen § 1 UWG und auch § 3 UWG vor. Das gleiche gilt, wenn der Anbieter auf seiner Homepage einen Counter installiert, der jedoch die Zugriffszahlen manipuliert und weitaus häufigere Zugriffe anzeigt, als tatsächlich stattfinden.

9. „Cookies" und Datenschutz

Wegen ihrer datenschutzrechtlichen Relevanz sind sogenannte *„Cookies"* heftig umstritten. Es handelt sich hierbei um Programme, die der Betreiber einer Website beim Nutzer installiert, um Daten über die Nutzung zu sammeln. So kann der Website-Anbieter etwa feststellen, wann und wie lange ein Nutzer ein Angebot aufgerufen

156

157

158

159

---

[220] Siehe Rn. 159 ff.
[221] Wobei der Internetnutzer wohl eine weitaus unschärfere Trennung von Werbung und redaktionellen Inhalten erwartet als der Leser von Zeitungen, vgl. auch *Boehme-Neßler* S. 554.
[222] Siehe Rn. 220 ff.
[223] Also in der Hintergrundfarbe der Seite, wodurch der Text nicht mehr lesbar ist (*Word-Stuffing*), vgl. auch *Viefhues* S. 341 sowie LG Mannheim CR 1998, 306 (Arwis).
[224] Das sind Inhaltsangaben zu HTML-Dokumenten (zum Beispiel Internetseiten), die am Anfang eines HTML-Dokuments in die Kopfzeile eingefügt werden. Vgl. hierzu auch *Viefhues* S. 339 f. und *Kur* S. 451 ff. m.w.N.

hat und welche Seiten es waren. Die Erhebung von Nutzerprofilen ist allerdings von § 4 Abs. 4 TDDSG und § 15 MDStV nur eingeschränkt gestattet, nämlich

- wenn die Benutzerdaten pseudonymisiert worden sind oder
- der Nutzer ausdrücklich zugestimmt hat.

160   Erfasst ein Anbieter – soweit dies technisch überhaupt möglich ist[225] – Daten personenbezogen und ohne Zustimmung des Nutzers, verletzt er das Persönlichkeitsrecht des Nutzers[226] und die datenschutzrechtlichen Bestimmungen. Da das Datenschutzrecht vor allem dem Schutz des Verbrauchers dient, stellt es eine *wertbezogene* Norm dar,[227] so dass ein Verstoß hiergegen gemäß § 1 UWG sittenwidrig ist.

---

[225] In der Regel erhält der Nutzer bei jeder Einwahl in das Internet eine neue so genannte *IP* (Internet-Protocol)-Nummer.

[226] Siehe zum Recht auf informationelle Selbstbestimmung nur die Entscheidung des BVerfG NJW 1984, 419 – Volkszählung.

[227] Siehe Rn. 452 f.

§ 4 Vergleichende Werbung

A. Vorbemerkung

Der Gesetzgeber hat zur Umsetzung der EG-Richtlinie zur vergleichenden Werbung[228] mit Gesetz vom 1.9.2000[229] in § 2 UWG die prinzipielle Zulässigkeit vergleichender Werbung geregelt. Die Einfügung in § 2 UWG bot sich an, da die dort bislang enthaltene Definition von „Waren"[230] ohnedies allgemein als überflüssig galt.[231] Der Standort zwischen der Generalklausel und dem Verbot der irreführenden Werbung passt auch zum Regelungsinhalt des § 2 UWG: Enthält er doch einerseits wesentliche Elemente der zu § 1 UWG entwickelten Fallgruppen – zum Beispiel das Verbot des Anlehnens in Form der unlauteren Vorspannwerbung (Ausbeutung) oder das Verbot der Behinderung – und soll er andererseits irreführende Werbung – zum Beispiel den Vergleich ganz unterschiedlicher Waren oder Dienstleistungen – verbieten. Daher erhielt auch § 3 Satz 2 UWG eine Ergänzung zur vergleichenden Werbung. 161

Vergleichende Werbung liegt dann vor, wenn ein Wettbewerber die Ware oder Leistung eines anderen Marktteilnehmers mit der eigenen Ware oder Leistung kritisch vergleicht.[232] Macht der Werbende den Mitbewerber oder dessen Waren erkennbar, liegt ein Fall des § 2 UWG vor und der Vergleich muss einer Überprüfung nach § 2 Abs. 2, Abs. 3 UWG standhalten. Die Werbemaßnahme als solches unterliegt der Wertung des § 1 UWG. Hat die vergleichende Werbung keinen erkennbaren Bezug auf einen Mitbewerber, ist die Zulässigkeit der Werbung an § 1 UWG zu messen. 162

B. Alte Rechtslage

Bis zur BGH-Entscheidung „Betonzusatzmittel"[233] im Jahr 1962 war der Warenvergleich durchweg unzulässig. Die Auffassung, dass vergleichende Werbung grundsätzlich unzulässig ist, beruhte auf der Überlegung, dass es im Widerspruch zum Leistungswettbewerb stehe, wenn sich der Werbende ein Urteil über fremde Waren oder Dienstleistungen anmaße. Selbst der bloße Preisvergleich galt als unzulässig. Nach der „Betonzusatzmittel"-Entscheidung war vergleichende Werbung zumindest dann (ausnahmsweise) gestattet, wenn für den Werbevergleich 163

- ein hinreichender Anlass zur Bezugnahme auf die Ware oder Leistung eines Mitbewerbers bestand und
- die Kritik die Grenzen des Erforderlichen nicht überschritt.

---

[228] Richtlinie 97/55/EG, im Internet auffindbar zum Beispiel unter http://europa.eu.int/eur-lex/de/index.html.
[229] BGBl. I 2000, S. 1374.
[230] „Unter Waren im Sinne dieses Gesetzes sind auch landwirtschaftliche Erzeugnisse, unter gewerblichen Leistungen und Interessen auch landwirtschaftliche zu verstehen."
[231] Vgl. *Köhler/Piper* § 2 UWG Rn. 1.
[232] Vgl. *Baumbach/Hefermehl* § 1 UWG Rn. 333.
[233] BGH GRUR 1962, 45 = NJW 1961, 1916 = WRP 1961, 307.

164 Ein „hinreichender Anlass" war unter anderem[234]
- ein berechtigtes Interesse des Werbenden,
- ein schutzwürdiges Aufklärungsinteresse der Allgemeinheit oder
- ein schutzwürdiges Informationsinteresse des Nachfragers (Verbrauchers).

165 Ein zulässiger, sich im Rahmen des Erforderlichen bewegender Vergleich, setzte eine wahrheitsgemäße, sachlich richtige Erörterung voraus, die insbesondere eine sachlich nicht gebotene Herabsetzung des Mitbewerbers verbot.[235]

C. Rechtslage nach Erlass der Richtlinie

Fall „Testpreisangebot":[236]

166 Der Beklagte ist Hersteller hochwertiger Tennisschläger und warb mit zwei Werbeaktionen. Er behauptete unter anderem, er mute seinen Kunden im Gegensatz zur Konkurrenz keine billigen Schläger zu."

167 Die Richtlinie über vergleichende Werbung erlangte vor allem wegen der „Testpreis"-Entscheidung des BGH besondere Bekanntheit: Denn obwohl die Frist zur Umsetzung der Richtlinie noch nicht abgelaufen und eine Umsetzung durch den deutschen Gesetzgeber auch unerlässlich war,[237] wartete der BGH nicht ab. Die Rechtsprechung – auf der Grundlage der EG-Richtlinie – führte dazu, dass das Kriterium eines hinreichenden Anlasses für vergleichende Werbung, entfiel. Nunmehr war Voraussetzung, dass

- der Vergleich sachbezogen und die Angaben wahrheitsgemäß sind und
- der Mitbewerber nicht herabgesetzt oder verunglimpft wird.

Zum Fall „Testpreisangebot":

168 Der BGH beurteilte die vergleichende Werbung durch richtlinienkonforme Auslegung des § 1 UWG unmittelbar am Maßstab der (damals) neuen EG-Richtlinie. Denn gemäß § 1 UWG sei die Fortbildung des Begriffs der guten Sitten dem Richterrecht überlassen worden und nun an die europäische Rechtsentwicklung anzupassen.[238] Im Ergebnis beanstandete der BGH die Anpreisung, man mute „seinem Kunden im Gegensatz zur Konkurrenz keine billigen Schläger zu", jedoch als wettbewerbswidrig, da sie den Wettbewerber herabsetze.

---

[234] *Köhler/Piper* § 2 UWG Rn. 2.
[235] Vgl. *Baumbach/Hefermehl* § 1 UWG Rn. 365 b.
[236] BGHZ 138, 55 = GRUR 1998, 824 = NJW 1998, 2208 = WRP 1998, 718.
[237] Erst dann müssen die Gerichte die Richtlinien als unmittelbar geltendes Recht beachten, BGH a.a.O., mit Hinweis auf BGH GRUR 1993, 825 = NJW 1993, 3139 – Dos.
[238] Vgl. hierzu auch BGHZ 139, 378 = GRUR 1999, 501 = NJW 1999, 948 = WRP 1999, 414 – Vergleichen Sie (mit zahlreichen Nachweisen).

D. Vergleichende Werbung gemäß § 1 UWG

Fall „Generika-Werbung":[239]

Die Parteien stellen Generika[240] her. Die Beklagte warb in der Ärzte-Zeitung unter der Überschrift „B.-Generika helfen forschen" neben der Abbildung von drei Arzneimittelpackungen mit dem Text: „... Jedes verordnete B.-Generikum unterstützt langfristig die innovative Arzneimittel-Forschung, weil zukünftig ein Teil des Gewinns in diesen Bereich zurückfließt. ..." 169

Für allgemein gehaltene Werbevergleiche, die sich nicht auf einen bestimmten Wettbewerber beziehen, ist nicht § 2 UWG, sondern § 1 UWG anwendbar.[241] Die Bewertungsmaßstäbe des § 2 Abs. 2 UWG sind allerdings zu berücksichtigen.[242] Demnach dürfen an die vergleichende Werbung im Sinne von § 1 UWG keine strengeren Maßstäbe angelegt werden als an die gemäß § 2 UWG zulässige Werbung.[243] 170

I. Vergleichsarten

1. Warenarten-, Leistungs- und Preisvergleich

Hier erfolgt kein Vergleich mit einem konkreten Wettbewerber, sondern zum Beispiel von zwei *unterschiedlichen* Produktgruppen. Wirbt etwa ein Zeitungsverlag mit dem Slogan „Lieber dreimal ‚BRAVO' statt einmal Kino", stellt dies keinen Vergleich der Zeitschrift „BRAVO" mit einem individuellen Mitbewerber (Kinoinhaber) dar, sondern soll lediglich zeigen, welche (unterschiedlichen) Leistungen der Verbraucher bei gleichem Geldeinsatz erlangen kann. Kein Warenartenvergleich im vorbeschriebenen Sinne ist der Vergleich eines Wettbewerbers mit *eigenen* Produkten.[244] In die Fallgruppe der vergleichenden Werbung gehört damit auch nicht die **Alleinstellungswerbung**. Denn wer zum Beispiel damit wirbt „das größte Einzelhandels-Unternehmen im Telekommunikationsmarkt" zu sein, preist seine eigene Ware oder Leistung an.[245] 171

2. Systemvergleich

Beim Systemvergleich geht es um die Gegenüberstellung allgemeiner Systeme – zum Beispiel Vertriebs-, Produktionssysteme oder Produkteigenschaften. 172

II. Zulässigkeit

Ist der allgemein gehaltene Vergleich sachlich und wahr und entsteht hierdurch beim Publikum insbesondere kein unrichtiger oder irreführender Gesamteindruck, ist die Werbung zulässig.[246] Ein wesentliches Kriterium der Sachlichkeit ist die Nachprüfbarkeit des Vergleichs. Aus den mitgeteilten Informationen muss dem Verbraucher ei- 173

---

[239] BGH GRUR 1999, 1100 = NJW-RR 2000, 631 = WRP 1999, 1141.
[240] Pharmazeutisches Präparat mit der gleichen Zusammensetzung wie ein Markenarzneimittel (Beispiel: ASS Ratiopharm ist ein Generikum zu Aspirin®)
[241] Vgl. hierzu BGH GRUR 1999, 1100, 1101 – Generika-Werbung.
[242] Vgl. *Köhler/Piper* § 2 UWG Rn. 10.
[243] Vgl. *Köhler/Piper* § 1 UWG Rn. 350.
[244] Vgl. *Baumbach/Hefermehl* § 1 UWG Rn. 353.
[245] Vgl. *Baumbach/Hefermehl* § 1 UWG Rn. 351.
[246] Vgl. *Köhler/Piper* § 1 UWG Rn. 354.

ne Gesamtabwägung der Vor- und Nachteile möglich sein. Verschweigt der Werbende wesentliche – für ihn nachteilige – Elemente, entstünde beim Verkehr ein unrichtiger Eindruck. Dabei kann es aus wettbewerbsrechtlichen Gründen möglicherweise sogar geboten sein, auf die jeweiligen Mitbewerber hinzuweisen, wobei es sich dann um einen Vergleich nach § 2 UWG handelt.

174 Unzulässig ist eine pauschale Abwertung, die den Vergleich in unangemessener Weise abfällig, abwertend oder unsachlich erscheinen lässt. Eine pauschale Abwertung liegt zum Beispiel vor, wenn Konkurrenzprodukte allgemein als minderwertig[247] oder überteuert[248] dargestellt werden. Unzulässig abwertend kann auch humoristisch gestaltete Werbung sein,[249] sofern sie der Verkehr ernst nimmt.[250] Eine allgemein vergleichende Werbung kann schließlich auch irreführend sein. Sie verstößt dann zugleich gegen § 3 UWG.

Zum Fall „Generika-Werbung":
175 Der BGH hat festgestellt, dass es sich hier nicht um eine vergleichende Werbung im Sinne der EG-Richtlinie handele, da die Werbung keinen Mitbewerber – auch nicht durch eine nur mittelbare Bezugnahme – erkennbar mache. Es sei verfehlt, aus einer Werbung für das eigene Angebot künstlich einen Vergleich mit Waren oder Leistungen der Mitbewerber herauszulesen. Die Werbung müsse so deutlich auf einen oder mehrere bestimmte Mitbewerber gerichtet sein, dass ein nicht ganz unerheblicher Teil der angesprochenen Verkehrskreise sie als vom Vergleich Betroffene ansieht. Die streitgegenständliche Werbung sei allgemein gefasst und sachlich gehalten. Der Bezug zu den Generikaherstellern, die die Arzneimittelforschung nicht in der von der Beklagten angekündigten Art fördern, werde unausgesprochen zum Ausdruck gebracht und sei – wie bei jeder Werbeaussage, die eigene Vorzüge herausstelle – ein reflexartiger Effekt. Der BGH sah in der Werbung auch keine sittenwidrige Werbung gemäß § 1 UWG. Denn sie setze den (ungenannten) Mitbewerber nicht pauschal herab.

E. Vergleichende Werbung gemäß § 2 UWG

§ 2 UWG:
176 ¹Vergleichende Werbung ist jede Werbung, die unmittelbar oder mittelbar einen Mitbewerber oder die von einem Mitbewerber angebotenen Waren oder Dienstleistungen erkennbar macht.
²Vergleichende Werbung verstößt gegen die guten Sitten im Sinne von § 1, wenn der Vergleich
1. sich nicht auf Waren oder Dienstleistungen für den gleichen Bedarf oder dieselbe Zweckbestimmung bezieht;
2. nicht objektiv auf eine oder mehrere wesentliche, relevante, nachprüfbare und typische Eigenschaften oder den Preis dieser Waren oder Dienstleistungen bezogen ist;
3. im geschäftlichen Verkehr zu Verwechslungen zwischen dem Werbenden und einem Mitbewerber oder zwischen den von diesen angebotenen Waren oder Dienstleistungen oder den von ihnen verwendeten Kennzeichen führt;

---

[247] BGH GRUR 1973, 270, 271 – Der sanfte Bitter.
[248] BGH GRUR 1985, 982 = NJW 1986, 319 = WRP 1985, 704 – Großer Werbeaufwand.
[249] BGH GRUR 1997, 227 = NJW-RR 1997, 423 = WRP 1997, 182 – Aussehen mit Brille.
[250] Vgl. *Köhler/Piper* § 1 UWG Rn. 355.

4. die Wertschätzung des von einem Mitbewerber verwendeten Kennzeichens in unlauterer Weise ausnutzt oder beeinträchtigt;
5. die Waren, Dienstleistungen, Tätigkeiten oder persönlichen oder geschäftlichen Verhältnisse eines Mitbewerbers herabsetzt oder verunglimpft oder
6. eine Ware oder Dienstleistung als Imitation oder Nachahmung einer unter einem geschützten Kennzeichen vertriebenen Ware oder Dienstleistung darstellt.
III Bezieht sich der Vergleich auf ein Angebot mit einem besonderen Preis oder anderen besonderen Bedingungen, so sind der Zeitpunkt des Endes des Angebots und, wenn dieses noch nicht gilt, der Zeitpunkt des Beginns des Angebots eindeutig anzugeben. Gilt das Angebot nur so lange, wie die Waren oder Dienstleistungen verfügbar sind, so ist darauf hinzuweisen.

Fall „ISDN-Vergleich":[251]

> Ein Anbieter von Internet-Standleitungen vergleicht seine Leitungen mit den ISDN-Leitungen der Deutschen Telekom. Die Werbung lautet: „… Speedway beschleunigt Ihren Datenverkehr um ein Vielfaches – genau dort, wo ISDN an Geschwindigkeit verliert. …"

177

Nach der „Testpreis"-Entscheidung stand fest, dass das bis dorthin geltende grundsätzliche Verbot identifizierender – also den Wettbewerber benennender – Werbevergleiche keinen Bestand haben konnte.[252] Im Jahr 2000 schließlich wurde die Richtlinie in nationales Recht umgesetzt[253] und die heute geltende Fassung von § 2 UWG in das Gesetz eingefügt. Schon der Wortlaut von § 2 UWG zeigt, dass damit keineswegs nun jede vergleichende Werbung zulässig ist.[254] § 2 UWG sagt im Gegensatz zur früheren Rechtsprechung nur, dass vergleichende Werbung grundsätzlich zulässig ist, sofern sie nicht gegen die guten Sitten verstößt (§ 2 Abs. 2 UWG) oder sonst verboten ist.[255]

178

I. Definition

Gemäß der Legaldefinition in § 2 Abs. 1 UWG ist vergleichende Werbung „jede Werbung, die unmittelbar oder mittelbar einen Mitbewerber oder die von einem Mitbewerber angebotenen Waren oder Dienstleistungen erkennbar macht".

179

1. Begriff des „Vergleichs"

Voraussetzung ist zunächst, dass überhaupt ein Vergleich erfolgt. Der Werbende muss also mindestens zwei konkurrierende Unternehmen bzw. deren Produkte oder Dienstleistungen gegenüberstellen.[256] Demnach liegt ein Vergleich im Sinne von § 2 UWG jedenfalls dann *nicht* vor, wenn

180

- ein Wettbewerber lediglich Kritik an einem Mitbewerber äußert[257] oder einen Mitbewerber ohne Vergleich mit dessen Waren oder Dienstleistungen nennt,

---

[251] OLG Hamburg, Az.: 3 U 203/00 (bislang n. v.).
[252] Vgl. hierzu auch *Sack* S. 263 und *Kotthoff* S. 2217.
[253] BGBl. I 2000, S. 1374.
[254] Vgl. KG WRP 1999, 339.
[255] Wie zum Beispiel gemäß § 11 Abs. 2 HWG, wonach außerhalb der Fachkreise für Arzneimittel zur Anwendung bei Menschen nicht mit Angaben geworben werden darf, die nahe legen, dass die Wirkung des Arzneimittels einem anderen Arzneimittel oder einer anderen Behandlung entspricht oder überlegen ist.
[256] Vgl. auch OLG Stuttgart NJW-RR 1999, 266, 267.
[257] Das kann aber eine Rufschädigung (§ 1 UWG), Anschwärzung (§ 14 UWG) oder Verleumdung (§ 15 UWG) sein.

- sich ein Wettbewerber an den fremden Ruf eines Mitbewerbers anlehnt,[258]
- ein Wettbewerber ausschließlich die positiven Eigenschaften seines Produktes hervorhebt oder eigene Produkte vergleicht,
- ein Wettbewerber die Verbraucher auffordert, selbst einen Vergleich anzustellen.[259]

2. Erkennbarkeit des Mitbewerbers

181   Die Werbung muss auf einen oder mehrere Mitbewerber so gerichtet sein, dass sie ein nicht ganz unerheblicher Teil der angesprochenen Verkehrskreise als vom Vergleich Betroffene ansieht.[260] Vergleichende Werbung liegt allerdings auch dann vor, wenn alle Mitbewerber mittelbar oder unmittelbar betroffen sind,[261] sofern es sich um einen überschaubaren Kreis handelt. Andernfalls findet § 1 UWG Anwendung.[262]

II. Unzulässigkeitskriterien des § 2 Abs. 2 UWG

182   Die EG-Richtlinie über vergleichende Werbung legt fest, wann vergleichende Werbung *zulässig* ist (Art. 3 a). Der deutsche Gesetzgeber ist den umgekehrten Weg gegangen und hat in § 2 Abs. 2 UWG festgelegt, wann eine vergleichende Werbung im Sinne des § 1 UWG sittenwidrig ist. Die irreführende Werbung ist – der Systematik des UWG folgend – in § 3 Satz 2 UWG geregelt. § 2 Abs. 2 UWG bezieht sich auf den Vergleich als solches, nicht etwa auch auf die Werbemaßnahme im Übrigen. Ob ein Vergleich zulässig sein kann, obwohl er nach der gesetzlichen Regelung in § 2 Abs. 2 UWG (eigentlich) sittenwidrig ist, ist noch nicht geklärt. Der BGH hat dies in seiner „Testpreis"-Entscheidung offen gelassen.[263] *Baumbach/Hefermehl* sprechen sich im Hinblick auf die von der EG gewünschte liberalere Regelung dafür aus, dass ein Vergleich unter besonderen Umständen zulässig sein kann, auch wenn er nicht die Voraussetzungen aus § 2 Abs. 2 UWG erfüllt.[264] Zugleich wird man aber auch davon ausgehen müssen, dass ein Werbevergleich selbst dann unter besonderen Umständen sittenwidrig sein kann, wenn er alle Kriterien des § 2 Abs. 2 UWG erfüllt.[265]

1. Kein Vergleich von Waren oder Dienstleistungen für den gleichen Bedarf oder dieselbe Zweckbestimmung (Nr. 1)

183   Ein Waren- oder Dienstleistungsvergleich liegt auch vor, wenn Waren (zum Beispiel Autos) mit Dienstleistungen (zum Beispiel Personenbeförderung im öffentlichen Nahverkehr) verglichen werden. Betrifft der Vergleich hingegen die persönlichen oder

---

[258] Das kann allerdings wettbewerbswidrige Rufausbeutung sein, siehe Rn. 74 ff.
[259] Vgl. BGH GRUR 1987, 49 = NJW 1987, 437 = WRP 1987, 166 – Cola-Test und *BGH* GRUR 1999, 501 – Vergleichen Sie (siehe auch Fn. 240).
[260] BGH GRUR 1999, 1100, 1101 – Generika-Werbung.
[261] KG WRP 1999, 339, 340.
[262] Vgl. *Köhler/Piper* § 2 UWG Rn. 25.
[263] BGHZ 138, 55 = GRUR 1998, 824 = NJW 1998, 2208 = WRP 1998, 718, 722 -Testpreis-Angebot.
[264] Zum Beispiel bei einem schutzwürdigen Aufklärungsinteresse des Kunden, vgl. *Baumbach/Hefermehl* § 2 UWG Rn. 17.
[265] Dann sind ggf. – obwohl § 2 Abs. 2 UWG nicht davon spricht, dass eine Werbung *insbesondere* dann sittenwidrig ist, wenn die nachfolgenden Regelungen betroffen sind –, im Wege der teleologischen Auslegung weitere Unsittlichkeits-Merkmale zu entwickeln.

geschäftlichen Verhältnisse eines Mitbewerbers (zum Beispiel: „Unser Kaufhaus ist moderner"), gelten die zu § 1 UWG entwickelten Grundsätze.

Der Vergleich muss Waren oder Dienstleistungen für den gleichen Bedarf (zum Beispiel Vergleich von Automarken) oder dieselbe Zweckbestimmung (Vergleich von Kosten für Ölheizung oder für Gasheizung) betreffen. Der konkrete Vergleich einzelner Waren oder Dienstleistungen ist nicht Voraussetzung. Auch Warengruppen (zum Beispiel Modeschmuck und „echter" Schmuck) können verglichen werden. Die Begriffe „gleich" und „dieselbe" sind weit zu fassen, um den Anwendungsbereich der vergleichenden Werbung nicht allzu sehr einzuschränken.[266] Die Waren oder Dienstleistungen müssen zumindest austauschbar sein. 184

2. Kein objektiver Vergleich (Nr. 2)

Der Vergleiches muss objektiv sein und darf nur bestimmte – vor allem keine unwesentlichen – Eigenschaften einer Ware oder Dienstleistung sowie deren Preis vergleichen. Dem Werbenden bleibt es jedoch unbenommen, außerhalb eines Vergleichs unwesentliche Eigenschaften *seines Produktes* (in den von §§ 1 und 3 UWG gezogenen Grenzen) herauszustellen. Der Begriff der „Eigenschaft" ist weit auszulegen und umfasst nicht nur die 185

- physischen Beschaffenheitsmerkmale einer Ware oder Dienstleistung, sondern auch deren
- tatsächlichen (etwa rasche Verfügbarkeit der Ware oder von Ersatzteilen),
- wirtschaftlichen (etwa Energieeinsparung durch bestimmte Dämmstoffe),
- sozialen (etwa Auswirkungen auf Gesundheit oder Umwelt) oder
- rechtlichen (etwa besondere Garantieversprechen)

Beziehungen zur Umwelt, soweit sie nach der Verkehrsauffassung für ihre Brauchbarkeit und ihren Wert von Bedeutung sind.[267] 186

Auf imagebezogene und geschmacksabhängige Produktmerkmale bezieht sich diese Regelung allerdings wohl nicht. Denn nach § 2 Abs. 2 Nr. 2 UWG müssen die Vergleichseigenschaften nachprüfbar sein. Deshalb sind reine **Geschmacksvergleiche** hiervon nicht umfasst und nach § 1 UWG zu bewerten. Entsprechend verbot das OLG München gemäß § 1 UWG die Werbung mit einem Diagramm, wonach 62 Prozent der Testpersonen einer Infratest-Umfrage den „Whopper" des Werbenden besser als den „Big Mac" des Konkurrenten fanden.[268] 187

Erlaubt ist hingegen der **Preisvergleich** einschließlich der einzelnen Preisbestandteile wie zum Beispiel Nachlässe. Dazu können auch Liefer- und Zahlungsbedingungen gehören.[269] Der Preisvergleich muss sich nicht auf identische, aber zumindest auf vergleichbare Waren oder Dienstleistungen im Sinne von § 2 Abs. 2 Nr. 1 UWG beziehen. 188

Außerdem muss der Vergleich objektiv – also sachlich und nachprüfbar[270] – sein. Es genügt das Bemühen um Sachlichkeit und Richtigkeit. Hierfür genügt es auch, wenn 189

---

[266] Vgl. *Köhler/Piper* § 2 UWG Rn. 33.
[267] *Köhler/Piper* § 2 UWG Rn. 36.
[268] OLG München NJW-RR 1999, 1423 = WRP 1999, 692.
[269] Vgl. *Köhler/Piper* § 2 UWG Rn. 37.
[270] Ebenda, Rn. 38.

der Werbende einige Eigenschaften auswählt, die er zum Gegenstand des Vergleichs macht. Beim Preisvergleich müssen die Angaben wahr und durch den Verbraucher ohne größeren Aufwand nachprüfbar sein.[271] Unwahre Preisvergleiche sind irreführend und damit gemäß § 3 Abs. 2 UWG unzulässig.

190 Schließlich müssen die verglichenen Eigenschaften „wesentlich", „relevant" und „typisch" sein. Es müssen alle diese Voraussetzungen vorliegen.[272] Ob diese Kriterien erfüllt sind, entscheidet die Sicht der Verbraucher. Wesentlich ist eine Eigenschaft, wenn sie für den Verbraucher im Hinblick auf die Verwendung des Produkts oder den Nutzen der Dienstleistung nicht völlig unerheblich ist.[273] Das sind bei einem Auto etwa dessen Grundausstattung, Benzinverbrauch, Reparaturanfälligkeit, Inspektionsintervalle – nicht aber das Durchschnitts-Einkommen der Käufer. Relevant ist eine Eigenschaft, wenn ihr Vorliegen für den Kaufentschluss nicht völlig unerheblich ist. Einen bedeutsamen Unterschied zum Merkmal der Wesentlichkeit erkennt auch bislang die Kommentar-Literatur nicht.[274] Nachprüfbar heißt die Möglichkeit für den Verbraucher, mit zumutbarem Aufwand (zum Beispiel Durchsicht eines Kataloges, Lesen von Testberichten) die Richtigkeit der Behauptung feststellen zu können.[275] Das letzte Kriterium ist, dass die Eigenschaft typisch sein muss. Sie muss also die Ware oder Dienstleistung im Hinblick auf ihre Zweckbestimmung prägen. Es handelt sich hier nicht um ein zwingend objektives Kriterium. Typisch für ein Produkt könnte die Verpackung sein („quadratisch, praktisch, gut").

3. Herbeiführen von Verwechslungen (Nr. 3)

191 Der Vergleich darf nicht zu Verwechslungen zwischen den Wettbewerbern, ihren Waren oder Dienstleistungen oder auch ihrer Kennzeichen führen. Soweit Kennzeichen (Marken) der Wettbewerber betroffen sind, sind auch §§ 14, 15 MarkenG anwendbar. Allerdings kann für §§ 14, 15 MarkenG auch bereits eine abstrakte Gefahr der Verwechslung ausreichend sein, während ein Vergleich nach § 2 UWG zu einer Verwechslung führen *muss*.

4. Ausnutzung eines Kennzeichens (Nr. 4)

192 Auch hier handelt es sich im Kern um eine markenrechtliche Frage (vgl. §§ 9 Abs. 1 Nr. 3 Fall 2, 14 Abs. 2 Nr. 3 Fall 2, 15 Abs. 3 MarkenG). Auf die Bekanntheit des Kennzeichens kommt es nicht an. Eine unlautere Ausnutzung eines Kennzeichens liegt beispielsweise nicht vor, wenn ein Wettbewerber ein Kennzeichen eines anderen Wettbewerbers verwendet. Anders wird ein Vergleich häufig nicht möglich sein. Es müssen demnach besondere Umstände hinzukommen.[276] Für die Beurteilung der Lauterkeit des Vergleichs bedarf es einer Interessenabwägung, wobei die grundsätzliche Zulässigkeit vergleichender Werbung und der Grundsatz der Verhältnismäßigkeit der Mittel zu berücksichtigen sind.[277]

---

[271] BGH GRUR 1996, 983 = WRP 1997, 549 – Dauertiefpreise.
[272] Vgl. *Köhler/Piper* § 2 UWG Rn. 39.
[273] *Köhler/Piper* § 2 UWG Rn. 40.
[274] Vgl. *Köhler/Piper* § 2 UWG Rn. 41 und *Baumbach/Hefermehl* § 2 UWG Rn. 8.
[275] Vgl. *Köhler/Piper* § 2 UWG Rn. 42.
[276] Siehe auch zur Rufausbeutung Rn. 74 ff.
[277] *Köhler/Piper* § 2 UWG Rn. 49.

§ 4 Vergleichende Werbung

5. Herabsetzung und Verunglimpfung (Nr. 5)

Enthält der Vergleich eine Herabsetzung oder Verunglimpfung, ist er ebenfalls unzulässig. Diese Regelung ergänzt § 14 UWG (Anschwärzung) und § 15 UWG (Verleumdung) und ersetzt die zu § 1 UWG entwickelte Fallgruppe der „persönlich vergleichenden Werbung".[278] „Herabsetzung" liegt erst vor, wenn der Werbende seine Geringschätzung des Mitwerbers, dessen Waren oder Dienstleistungen, zum Ausdruck bringt, also der Vergleich in unangemessener Weise abfällig, abwertend oder unsachlich ist („Billige Composite Rackets (Graphitefiberglas) muten wir Ihnen nicht zu").[279] Verunglimpfung ist eine gesteigerte Form der Herabsetzung. Sie besteht in der Verächtlichmachung in Form eines abträglichen Werturteils ohne sachliche Grundlage.[280]

193

„Persönliche oder geschäftliche Verhältnisse" betreffen entweder persönliche Eigenschaften des Mitbewerbers (Rasse, Konfession, Ehe, Kinderlosigkeit, Krankheit, Unzuverlässigkeit, Vorstrafen etc.)[281] oder geschäftliche Angelegenheiten (etwa bevorstehende Insolvenz, schwebende Verfahren). Derartige Vergleiche sind unzulässig. Eine Information des Verbrauchers über solche Verhältnisse kann – ohne, dass ein Vergleich vorliegt – bei Hinzutreten besonderer Umstände gerechtfertigt sein, etwa aufgrund eines besonderen Aufklärungsinteresses der Öffentlichkeit.[282]

194

6. Imitation und Nachahmung (Nr. 6)

§ 2 Abs. 2 Nr. 6 UWG ist gegeben, wenn ein Wettbewerber sein eigenes Produkt als Imitation oder Nachahmung eines fremden Produkts bezeichnet.[283] Das könnte auch ein Fall des § 2 Abs. 2 Nr. 4 UWG sein. Allerdings setzt die Nr. 6 voraus, dass die Ware oder Dienstleistung unter einem geschützten Kennzeichen vertrieben wird, was sich wiederum nach den Regeln des MarkenG richtet. Stellt ein Wettbewerber das Produkt eines Mitbewerbers als Imitation oder Nachahmung des eigenen Produkts dar, wäre diese Werbung anhand von § 2 Abs. 2 Nr. 5 UWG zu beurteilen.

195

III. Irreführender Vergleich

Ein irreführender Vergleich ist gemäß § 3 Satz 2 UWG unzulässig. Es gelten deshalb für die Beurteilung der Irreführung zunächst auch die zu § 3 UWG entwickelten Maßstäbe.[284] Der Irreführungsmaßstab der Richtlinie setzt hingegen gemäß Art. 7 Abs. 1 nur einen Mindeststandard.[285] Inwieweit deshalb bei der irreführenden vergleichenden Werbung – und bei der Beurteilung einer Irreführung im Rahmen des § 3 UWG – der

196

---

[278] Vgl. *Baumbach/Hefermehl* § 1 UWG Rn. 430 ff.
[279] BGH WRP 1998, 718, 723 – Testpreis-Angebot (siehe auch Fn. 265).
[280] *Köhler/Piper* § 2 UWG Rn. 52.
[281] Vgl. *Baumbach/Hefermehl* § 1 UWG Rn. 432.
[282] Vgl. *Baumbach/Hefermehl* § 1 UWG Rn. 436.
[283] *Köhler/Piper* § 2 UWG Rn. 60.
[284] Siehe Rn. 212.
[285] Der Text lautet: „Diese Richtlinie hindert die Mitgliedstaaten nicht daran, Bestimmungen aufrechtzuerhalten oder zu erlassen, die bei irreführender Werbung einen weiterreichenden Schutz der Verbraucher, der einen Handel, ein Gewerbe, ein Handwerk oder einen freien Beruf ausübenden Personen sowie der Allgemeinheit vorsehen."

gemeinschaftsrechtliche Irreführungsmaßstab Anwendung findet, ist noch nicht entschieden.[286]

Zum Fall „ISDN-Vergleich":

197 Das OLG Hamburg sah die vergleichende Werbung „… Speedway beschleunigt Ihren Datenverkehr um ein Vielfaches – genau dort, wo ISDN an Geschwindigkeit verliert. …" als unzulässig und irreführend an. Denn der Werbende hatte verschwiegen, dass die Deutsche Telekom mit „TDSL" über einen gleich schnellen Internetzugang verfügt. Zudem waren beide Technologien auch nicht ohne Weiteres vergleichbar: ISDN ist kein reiner Internetzugang wie die beworbene SDSL-Technologie. Darauf hätte der Werbende nach Auffassung des OLG Hamburg jedoch hinweisen müssen.

F. Anforderungen an Warentests und Werbung mit Warentests

198 Warentests können dann an den Voraussetzungen für zulässige vergleichende Werbung zu messen sein, wenn es sich um Verbraucher-Tests handelt, die der Testveranstalter oder ein Wettbewerber öffentlich bekannt macht. Warentests, die lediglich der unternehmensinternen Qualitätskontrolle dienen, sind damit nicht gemeint. Die häufigste Form von Warentests sind eigene Testreihen von Zeitschriften – Autotest, Computertest, Spieletest etc. – und hier insbesondere die Tests der unabhängigen Stiftung Warentest,[287] die monatlich in deren Zeitschrift „test" veröffentlicht werden.

I. Zulässigkeit von Testberichten

199 Der Veranstalter von Waren- oder Leistungstests steht in der Regel mit den bewerteten Unternehmen in keinem Wettbewerbsverhältnis – vorausgesetzt, die wettbewerbsrechtlichen Anforderungen an einen Test sind erfüllt.

200 Die Veranstaltung und öffentliche Information über Warentests ist dann zulässig, wenn folgende Kriterien erfüllt sind:
- Neutralität: Die Veranstaltung des Tests muss unabhängig von Produktion und Handel erfolgen. Selbst die Möglichkeit testfremder Einflussnahme kann die Neutralität beseitigen.[288] Das könnte etwa der Fall sein, wenn die Leistungsfähigkeit von Automotoren getestet wird und eine Automarke besonders gut abschneidet, wobei die Tests in einem Testlabor gerade dieses Autoherstellers durchgeführt werden. Wenn der Veranstalter den Test im (bezahlten) Auftrag eines Herstellers oder Händlers durchführt, muss er darauf hinweisen.[289]

---

[286] Vgl. zum Meinungsstand *Köhler/Piper* § 2 UWG Rn. 14.
[287] Sie ist eine von der Bundesrepublik 1964 errichtete Stiftung privaten Rechts mit dem Ziel der objektiven Verbraucherinformation insbesondere durch Waren- und Leistungstest. Wegen des großen Vertrauens, das die Öffentlichkeit den Tests entgegenbringt, sind an die Sorgfaltspflichten bei der Erstellung der Tests besonders hohe Anforderungen zu stellen; vgl. BGHZ 65, 325 = GRUR 1976, 268 = NJW 1976, 620 = WRP 1976, 166 – Warentest II und BGH GRUR 1986, 330 = NJW 1986, 981 – Warentest III.
[288] *Baumbach/Hefermehl* § 1 UWG Rn. 409.
[289] Ebenda. Vgl. auch BGH GRUR 1961, 189 = NJW 1961, 508 = WRP 1961, 79 – Rippenstreckmetall I.

§ 4 Vergleichende Werbung

- *Objektivität:* Die Untersuchung muss von dem Bemühen um Richtigkeit getragen und sachkundig durchgeführt werden.[290] Hierzu gehört die Auswahl vergleichbarer Waren. Das Testergebnis muss also nicht objektiv richtig sein. Der Testveranstalter muss aber die erforderliche Eignung und Zuverlässigkeit besitzen.
- Sachkunde ist daher das dritte wesentliche Element eines zulässigen Warentests. Demnach müssen zum Beispiel die Prüfungsmethoden von den Verwendungsbedingungen des Herstellers ausgehen, da sich daran der Verbraucher orientiert. Die Prüfung muss auch im Hinblick auf die wesentlichen Faktoren, die für den Kaufentschluss maßgeblich sind, vollständig sein.
- Zutreffende Darstellung der Testergebnisse: Schließlich bedarf es noch der richtigen Darstellung des Tests, wobei auf das Verständnis des Durchschnittsverbrauchers abzustellen ist.

II. Zulässigkeit von Werbung mit Testberichten

Eine Werbung mit Testberichten ist nur dann vergleichende Werbung, wenn der Wettbewerber den Waren- oder Leistungsvergleich in die eigene Werbung einbezieht und sich dadurch die Angaben und Wertungen zueigen macht.[291] Ob es sich um einen Werbevergleich im Sinne von § 1 UWG oder § 2 UWG handelt, hängt von der Formulierung der Werbung ab: Stellt der Wettbewerber ausschließlich den Erfolg *seiner* Ware heraus und gibt es nicht nur einen engen Kreis von Mitbewerbern, ist die Werbung an § 1 UWG zu messen. Stellt er sein Ergebnis dem Abschneiden von Wettbewerbern gegenüber, ist § 2 UWG anzuwenden. 201

Grundsätzlich zulässig ist eine Testwerbung, wenn sie den Verbraucher aufklären soll. Das ist nur mit Angaben möglich, die sachlich und wahr sind und sich im Rahmen des Erforderlichen halten. Hierzu gehört allerdings auch, dass der Werbende den Verbraucher umfassend über den Test informiert und sich nicht lediglich die Teilaspekte herausgreift, die seine Ware oder Dienstleistung in einem günstigen Licht erscheinen lassen.[292] Zulässig ist jedoch auch die Werbung alleine mit dem Testergebnis unter Angabe von Jahr und Monat der Veröffentlichung.[293] Das alles setzt jedoch voraus, dass auch die Veranstaltung des Tests – wie vorbeschrieben – den Anforderungen von § 1 UWG genügt. 202

Eine Werbung mit Testergebnissen kann auch gemäß § 3 UWG irreführend sein. Verschweigt der Werbende etwa, dass es aktuellere Tests gibt, in denen er weniger günstig abschneidet, oder dass der Test eine andere Produktserie betraf, liegt eine Irreführung vor.[294] 203

---

[290] BGH GRUR 1976, 268, 271 – Warentest II (siehe Fn. 289).
[291] *Baumbach/Hefermehl* § 1 UWG Rn. 420.
[292] Vgl. *Baumbach/Hefermehl* § 1 UWG Rn. 421.
[293] Vgl. *Baumbach/Hefermehl* § 1 UWG Rn. 423.
[294] Vgl. *Baumbach/Hefermehl* § 1 UWG Rn. 422, 424.

§ 5 Irreführende Werbung gemäß § 3 UWG

§ 3 UWG:

204 Wer im geschäftlichen Verkehr zu Zwecken des Wettbewerbs über geschäftliche Verhältnisse, insbesondere über die Beschaffenheit, den Ursprung, die Herstellungsart oder die Preisbemessung einzelner Waren oder gewerblicher Leistungen oder des gesamten Angebots, über Preislisten, über die Art des Bezugs oder die Bezugsquelle von Waren, über den Besitz von Auszeichnungen, über den Anlass oder den Zweck des Verkaufes oder über die Menge der Vorräte irreführende Angaben macht, kann auf Unterlassung der Angaben in Anspruch genommen werden. Angaben über geschäftliche Verhältnisse im Sinne des Satzes 1 sind auch Angaben im Rahmen vergleichender Werbung.

A. Vorbemerkung

205 § 3 UWG ist die so genannte „kleine Generalklausel" des Wettbewerbsrechts. Sie betrifft Angaben über geschäftliche Verhältnisse. „Angaben" sind gemäß § 5 UWG auch bildliche Darstellungen und „sonstige Veranstaltungen" – zum Beispiel die grafische Hervorhebung einzelner Wörter oder Sätze. „Geschäftliche Verhältnisse" sind gemäß § 3 UWG insbesondere diejenigen Angaben, die § 3 Satz 1 UWG ausdrücklich nennt. § 3 UWG verbietet solche Angaben jedoch nur dann, wenn sie geeignet sind, die angesprochenen Verkehrskreise über das Angebot irrezuführen. Neben § 3 UWG kann auch § 1 UWG anwendbar sein, da § 3 UWG keine Spezialvorschrift zu § 1 UWG ist. Allerdings ist nicht jede Angabe, die gemäß § 3 UWG irreführend ist, auch zugleich eine unlautere Wettbewerbshandlung gemäß § 1 UWG. Andererseits kann es irreführende Angaben geben, die von § 3 UWG nicht umfasst sind, jedoch – da sie unlauter sind – gegen § 1 UWG verstoßen. Dies kann in etwa der Fall sein, wenn durch das Weglassen von Angaben eine Irreführung des Verkehrs erfolgt.[295] Die Frage der Anwendbarkeit von § 1 UWG neben § 3 UWG ist in der Praxis nur bei der Geltendmachung von Schadensersatzansprüchen von Bedeutung. Denn Unterlassungsansprüche können gemäß § 1 UWG und gemäß § 3 UWG geltend gemacht werden – Schadensersatzansprüche sind jedoch nur über § 1 UWG durchsetzbar.[296]

B. Voraussetzungen

I. Handeln im geschäftlichen Verkehr zu Wettbewerbszwecken

206 § 3 UWG setzt ebenso wie § 1 UWG voraus, dass die Angaben „im geschäftlichen Verkehr zu Zwecken des Wettbewerbs" gemacht werden. Damit müssen zunächst die bereits zu § 1 UWG angesprochenen Voraussetzungen vorliegen,[297] nämlich

- Handel im geschäftlichen Verkehr,
- Handeln zu Zwecken des Wettbewerbs (objektiver und subjektiver Tatbestand) sowie
- Wettbewerbsverhältnis.

---

[295] Vgl. *Baumbach/Hefermehl* § 3 UWG Rn. 4.
[296] Vgl. hierzu *Baumbach/Hefermehl* § 3 UWG Rn. 4.
[297] Siehe Rn. 21 ff.

II. „Angaben" gemäß § 3 UWG

„Angaben" gemäß § 3 UWG können Angaben sein, die sich an eine nicht bestimmte Öffentlichkeit richten, an einen geschlossenen Personenkreis (etwa Vereinsmitglieder) oder an Einzelpersonen (z.B. im Rahmen eines Verkaufsgesprächs).[298] „Angaben" sind alle Aussagen des Werbenden. Dabei muss es sich nicht um reine Tatsachenbehauptungen handeln. Auch Meinungsäußerungen (Werturteile) können irreführende Angaben gemäß § 3 UWG sein, wenn sie Tatsachenbehauptungen enthalten. Geht im Medien-Äußerungsrecht das BVerfG davon aus, dass gerade bei Mischformen im Zweifel von einem – in der Regel äußerungsrechtlichen Ansprüchen[299] nicht zugänglichen – Werturteil auszugehen ist, ist dies im Wettbewerbsrecht gerade nicht der Fall: Hier ist herrschende Auffassung, dass nur eine weite Auslegung von § 3 UWG dessen Schutzzweck gerecht wird. So wurde etwa die Äußerung in einem Fernsehspot „Für mich ist er Deutschlands frischester Kaffee" als Tatsachenbehauptung des Werbenden gewertet.[300]

207

„Angaben" sind auch **Unternehmensbezeichnungen**. Diese können ebenfalls irreführend sein. So weist der Namensbestandteil „Euro" in der Regel darauf hin, dass das Unternehmen nicht lediglich regional tätig ist. Die Bezeichnung als „Institut" erweckt den Eindruck, dass es sich um eine öffentliche oder unter öffentlicher Aufsicht stehende Einrichtung handelt. Führt ein Unternehmen den Zusatz „deutsch" oder „Deutschland" in seiner Firma, erwartet der Markt auch eine deutschlandweite Tätigkeit.[301]

208

Auch unvollständige Angaben können von § 3 UWG erfasst sein: Das **Verschweigen** von Angaben kann gegen § 3 UWG verstoßen – nämlich dann, wenn der Werbende eine Aufklärungspflicht hat.[302] Gerade wenn die verschwiegene Angabe maßgeblich für den Kaufentschluss des Verkehrs sein kann, besteht eine solche Aufklärungspflicht. Wer etwa für in Deutschland verbotene Peilgeräte wirbt (zum Beispiel für Peilgeräte für polizeiliche Blitzanlagen), muss darauf hinweisen, dass die Verwendung in Deutschland verboten ist.

209

Nichtssagende Anpreisungen fallen hingegen nicht unter § 3 UWG. Das sind häufig bloße Kaufappelle, die sich nicht auf geschäftliche Verhältnisse des Werbenden beziehen, wie etwa der Werbespruch „R.-Uhren kaufen Sie am besten bei W. - oder kennen Sie eine bessere Adresse?".[303]

210

III. Verkehrsauffassung

Fall „Computerwerbung":[304]

Die Beklagte bietet in einer Anzeige – herausgestellt – einen PC zum Preis von 2.290 Mark an. Ferner bewirbt die Beklagte in einem mehrseitigen Prospekt auf der ersten Seite – ebenfalls herausgestellt – einen PC zum Preis von 2.190 DM. Am unteren Ende beider Anzeigen befindet sich im

211

---

[298] Vgl. *Baumbach/Hefermehl* § 3 UWG Rn. 7 ff.
[299] Etwa auf Gegendarstellung, Widerruf, Unterlassung oder Schadensersatz.
[300] OLG Hamburg WRP 1973, 648 – Mr. Tchibo.
[301] Vgl. *Baumbach/Hefermehl* § 3 UWG Rn. 19, 367 ff., 408 ff. und 418.
[302] Vgl. *Baumbach/Hefermehl* § 3 UWG Rn. 48 ff.
[303] KG WRP 1982, 220; vgl. auch *Baumbach/Hefermehl* § 3 UWG Rn. 14.
[304] BGH GRUR 2000, 911 = NJW 2000, 3001 = WRP 2000, 1248.

Kleindruck der Hinweis: „Auf Grund der Vielzahl der Waren ist nicht immer alles sofort verfügbar, wir bestellen sofort für Sie. Keine Mitnahme-Garantie." Die beworbenen Computer stehen am Tag des Erscheinens der Werbung im Geschäftslokal nicht zur sofortigen Mitnahme zur Verfügung.

212 Die Frage, ob Angaben gemäß § 3 UWG irreführend sind, richtet sich nach der Verkehrsauffassung.[305] Es kommt nicht darauf an, was der Werbende zum Ausdruck bringen wollte. Maßgeblich ist allein, wie die Werbeaussage vom Verkehr verstanden wird. Hierbei geht es nicht darum, die Auffassung der gesamten am Wirtschaftsleben beteiligten Personen festzustellen. Vielmehr kommt es auf die Verkehrsauffassung der *beteiligten Verkehrskreise* an. Es kann daher einen Unterschied machen, ob sich die Werbung an Fachkreise oder an das breite Publikum wendet.[306]

1. Objektiv falsche Angaben

213 Die Ermittlung der Verkehrsauffassung ist in der Regel ohne weiteres möglich, wenn die Angabe objektiv falsch ist. Wird in einer Werbung ein Produkt samt Verkaufspreis abgebildet, während sich der Verkaufspreis jedoch auf ein anderes – minderwertigeres – Produkt bezieht, ist diese Form der Werbung irreführend.

2. Objektiv richtige Angaben

214 Irreführend kann eine Angabe allerdings auch sein, wenn sie objektiv richtig ist. Eine Irreführung entsteht dann, wenn die beteiligten Verkehrskreise die richtige Angabe mit unrichtigen Vorstellungen verbinden. Wird etwa für einen Kindertee damit geworben, dieser enthalte keinen Zucker in Form von Saccharose, kann diese Angabe irreführend sein: Erweckt der Hinweis den Eindruck, der Tee enthalte keinerlei süße, die Zähne schädigenden Bestandteile, ist er irreführend, wenn der Tee andere Bestandteile enthält, die gesundheitsschädlich sein können.[307]

3. Wesentliches Kriterium: Durchschnittsmaßstab

215 Bei der Ermittlung des Verkehrsverständnisses kommt es auf den Durchschnittsmaßstab an. Das bedeutet, dass besonders erfahrene Personen ebenso außer Betracht bleiben wie besonders unerfahrene Personen. Es kommt nur bei Werbemaßnahmen, die sich an die breite Masse richten, auf den flüchtigen Betrachter an, anderenfalls auf den verständigen Betrachter. Das ist derjenige, der den Inhalt einer Angabe erfasst. Selbst bei Angaben, die sich nur an Einzelpersonen richten, ist die Verkehrsauffassung von Bedeutung. Es kommt also selbst hier nicht darauf an, wie die von einer Werbemaßnahme konkret angesprochene Einzelperson die Angabe versteht.[308]

216 Die Irreführung muss nicht bei der Gesamtheit der Verkehrskreise oder auch nur bei einem überwiegenden Teil erfolgen. Es kommt vielmehr darauf an, dass ein *beachtlicher* Teil der angesprochenen Verkehrkreise irregeführt wird.[309] Eine absolute Zahl, wann es bei einem beachtlichen Teil zu einer Irreführung kommt, gibt es nicht. Deshalb kommt es darauf an, welcher Anteil der Verbraucher irregeführt wird. Wie so häufig im Wettbewerbsrecht, kommt es auf den Einzelfall an und insbesondere auf[310]

---

[305] Vgl. *Baumbach/Hefermehl* § 3 UWG Rn. 23 ff.
[306] Vgl. BGH GRUR 1990, 377 – Ring Deutscher Makler.
[307] Vgl. KG GRUR 1986, 258 – Ohne Zuckerzusatz.
[308] Vgl. *Baumbach/Hefermehl* § 3 UWG Rn. 29.
[309] Vgl. *Baumbach/Hefermehl* § 3 UWG Rn. 27.
[310] Ebenda.

- die Art und Bedeutung der angepriesenen Ware oder Leistung für die angesprochenen Verkehrskreise,
- die Art der Werbeangabe,
- die berührten Interessen der Mitbewerber, der Verbraucher und der Allgemeinheit,
- das Ausmaß der Beeinträchtigung dieser Interessen,
- eine Abwägung der widerstreitenden Interessen (zum Beispiel auch der Auswirkungen eines Verbots).

Die Rechtsprechung sieht teilweise bereits eine Quote von zehn Prozent als ausreichend an.[311] Gerade im Hinblick auf das Irreführungsverbot nach der „Irreführungs-Richtlinie" der EG[312] und der darauf beruhenden Rechtsprechung des EuGH wird man heute allgemein eine höhere Quote annehmen müssen. Denn der EuGH verlangt eine erhebliche Zahl von Verbrauchern.[313] Das kann möglicherweise eine Irreführungs-Quote von 30 Prozent bedeuten.[314] Auch *Baumbach/Hefermehl* fordern eine Angleichung an das (großzügigere) europäische Recht und sehen in einer Quote von 10 bis 15 Prozent eine Einschränkung des freien Wettbewerbs.[315] 217

Im **Prozess** entscheidet das Gericht unter Berücksichtigung der gemäß § 286 ZPO statuierten freien Beweiswürdigung, ob eine Irreführung gemäß § 3 UWG besteht. Gehört das Gericht zu den betroffenen Verkehrskreisen, kann es die Frage der Irreführung i.d.R. aus eigener Kenntnis beantworten. Andernfalls wird es erforderlich sein, ggf. Sachverständigengutachten oder Umfrageergebnisse einzuholen.[316] Meinungsumfragen sind allerdings sehr teuer: Sie kosten durchweg zwischen 15.000 und 30.000 Euro. 218

Zum Fall „Computerwerbung":
Der BGH hat hier eine Irreführung bejaht, da das Publikum der Werbung für Waren zum persönlichen Gebrauch – wie PCs – entnimmt, dass diese Waren zum angekündigten Zeitpunkt in genügender Menge im Verkaufslokal vorrätig sind und zur sofortigen Mitnahme bereit stehen.[317] Wenn man bedenkt, dass man häufig auch PCs in Supermärkten „mitnehmen" kann, bestätigt das nur die Auffassung des BGH. Eine herausgehobene Bewerbung unterstützt noch den Eindruck der sofortigen Lieferbarkeit. Ein „Sternchenhinweis" reicht schließlich nur dann aus, wenn er hinreichend deutlich ist – also geeignet ist, die Verbrauchererwartung einer sofortigen Mitnahmemöglichkeit zu korrigieren. 219

---

[311] BGH GRUR 1979, 716 = WRP 1979, 639 – Kontinent-Möbel.
[312] Richtlinie 84/450/EWG; im Internet auffindbar zum Beispiel unter http://europa.eu.int/eur-lex/de/index.html. Siehe auch Rn. 422.
[313] Vgl. hierzu auch *Sack* S. 264.
[314] Ebenda; vgl. auch *Baumbach/Hefermehl* § 3 UWG Rn. 118 c.
[315] Auch für das (neue) Markenrecht schlägt *Fezer* § 8 MarkenG Rn. 303, vor bei der Beurteilung täuschender Marken auf den verständigen Verbraucher abzustellen.
[316] Vgl. *Baumbach/Hefermehl* § 3 UWG Rn. 110 ff.
[317] BGH GRUR 2000, 911 – Computerwerbung (siehe Fn. 306) – womit aber keinesfalls gesagt ist, dass *alle* beworbenen Computer jederzeit verfügbar sein müssen, BGH, a.a.O. In einem anderen Fall hat der BGH zudem entschieden, dass „grundsätzlich" in einer Beilage beworbene EDV-Geräte zumindest eine Woche nach Veröffentlichung der Beilage zur sofortigen Mitnahme zur Verfügung stehen müssen, BGH GRUR 1999, 1011 = NJW-RR 2000, 340 = WRP 1999, 924 – Werbebeilage.

IV. Relevanz der Irreführung

Fall „Aquavit":[318]

220 Die Beklagte vertreibt einen Aquavit unter der Bezeichnung „Linie-Aquavit". Sie wirbt damit, dass ihr Produkt eine „Äquator-Reife" erfahren habe, da es in Sherry-Fässern in monatelanger Schiffsfahrt zweimal den Äquator passiert habe. Während des Transportes weist der Aquavit eine Alkoholkonzentration von 60 bis 70 Prozent auf. Er wird dann nach der Reise durch die Beigabe von destilliertem Wasser auf 41,5 Prozent reduziert. Die Klägerin meint, die Werbeaussage sei irreführend, da ihr der Verkehr entnehme, der Inhalt der Flasche und nicht das Destillat habe den Äquator zweimal passiert.

221 Die Irreführung muss schließlich wettbewerbsrechtlich relevant sein.[319] Die Angaben über geschäftliche Verhältnisse müssen demnach objektiv geeignet sein, Nachfrager oder Anbieter irgendwie zu beeinflussen. Ob es tatsächlich zu einem Kaufentschluss kommt, ist unbeachtlich. Es genügt bereits, wenn die Verkehrskreise durch irreführende Angaben angelockt werden.[320] Eine Irreführung hat der BGH etwa bei der Bewerbung eines „D-Netz-Handys" verneint, wenn die vorrätig gehaltenen Artikel zwar den beworbenen Artikeln entsprachen, jedoch auf den Geräten die Marken- und Typenbezeichnung der Telekom angebracht war.[321]

Zum Fall „Aquavit":

222 Der BGH hat die Werbung nicht als irreführend beanstandet: „Aquavit" bezeichne das Destillat und die trinkfertige Spirituose. Eine höhere Qualität sei (aufgrund Sachverständigengutachtens) auch alleine bei der Lagerung des hochprozentigen Destillats und nicht bei einer Lagerung des Endprodukts gewährleistet. Demnach führe eine mögliche Fehlvorstellung des Verbrauchers, nicht das Destillat, sondern das Endprodukt habe während der langen Seereise in den Fässern gelagert, nicht zu einem falschen Bild über die durch Reifung gewonnene Qualität des Erzeugnisses. Allerdings darf mit irreführenden Angaben auch dann nicht geworben werden, wenn die beworbene Ware den vom Verbraucher wegen der Werbung erwarteten Vorteil tatsächlich aufweist. Vorliegend fehle es jedoch an der rechtlichen Relevanz der (durch Meinungsumfrage) festgestellten Fehlvorstellung der Verbraucher, da hierdurch keine schützenswerten Interessen der Mitbewerber und Verbraucher verletzt werden. Da Endprodukt und Destillat gleichermaßen als „Aquavit" bezeichnet würden, müsse die Beklagte keine Unterscheidung treffen. Sie halte sich damit an die Bezeichnungsgewohnheiten ihrer Mitbewerber. Schutzwürdige Interessen der Verbraucher seien nicht verletzt, da der Verbraucher mit seiner Fehlvorstellung (das Endprodukt und nicht das Destillat habe zwei Mal den Äquator überquert) lediglich eine unrichtige Vorstellung über den tatsächlichen Geschehensablauf und nicht über die Qualität des Endprodukts verbinde. Hierdurch werde der Kaufentschluss des Verbrauchers nicht beeinflusst. Denn letztlich führt die „Äquator-Reife" (wenn auch des Destillats) zu einer besseren Qualität.

---

[318] BGH GRUR 1991, 852.
[319] Vgl. *Baumbach/Hefermehl* § 3 UWG Rn. 87 ff.
[320] Vgl. *Baumbach/Hefermehl* § 3 UWG Rn. 89 a. Die EG-Irreführungs-Richtlinie 84/450 lässt allerdings das bloße Anlocken nicht genügen. Dort muss vielmehr auch noch eine Beeinflussung der Kaufentscheidung hinzutreten.
[321] BGH GRUR 1998, 949 = NJW 1998, 1953 = WRP 1998, 598 – D-Netz-Handtelefon.

Praxistipp: Prüfungsreihenfolge „Irreführung"
Bei der Prüfung, ob eine Angabe irreführend ist, sind folgende vier Fragen zu klären: 223
- An welche Verkehrskreise richtet sich die Angabe?
- Wie verstehen die angesprochenen Verkehrskreise die Angabe?
- Kommt es zu einer Irreführung eines nicht unerheblichen Teils der angesprochenen Verkehrskreise?
- Hat die irreführende Angabe eine wettbewerbsrechtliche Relevanz?

C. Fallgruppen

I. Übertreibung und Alleinstellungswerbung

Fall „Meistverkaufter Mini-Van":[322]

Die Beklagte vertreibt Autos der Marke , „Chrysler Voyager", die in Europa hergestellt wird und 224 sich von den in Übersee von Chrysler vertriebenen Mini-Vans „Dodge Caravan", „Playmo Voyager" und, „Chrysler Town & Country" optisch und in technischen Details unterscheiden. Die Beklagte wirbt für das europäische Model „Chrysler Voyager" u.a. mit dem Text:, „Meistverkaufter Mini-Van: Weltweit über 6 Millionen Fahrzeuge."
Die Klägerin – eine KFZ-Importeurin u.a. von, „Chrysler"-Fahrzeugen aus den USA und Kanada – wendet sich gegen die Werbung, da diese den Verkehr über die angeblich „weltweite" Verbreitung des lediglich in Europa vertriebenen, „Chrysler Voyagers" täusche und mit verkauften Stückzahlen werbe, die die tatsächlichen Stückzahlen des, „Chrysler Voyagers" über das Zehnfache überträfen. Die Beklagte verteidigt sich damit, dass mit der beanstandeten Aussage sämtliche, „Chrysler"-Mini-Van-Modelle gemeint seien, die dem, „Chrysler-Voyager" entsprächen.

Übertreibungen und Alleinstellungswerbung sind nicht von vornherein verboten. 225
Ob solche Werbemaßnahmen zulässig sind, hängt insbesondere davon ab, welchen Sinngehalt die Werbung für den Verkehr hat. Erst dann lässt sich beurteilen, ob die Angaben irreführend gemäß § 3 UWG sind. Hierbei kommt es bei Werbemaßnahmen, die sich an die breite Masse wenden, darauf an, wie der flüchtige Durchschnittsleser oder -hörer die Angabe versteht.[323]

1. Übertreibung

Die Übertreibung ist ein in der Werbung häufig benutztes Stilmittel, um seine eige- 226
ne Leistung herauszustellen.[324] Ob eine Übertreibung unzulässig ist, hängt zunächst vom Sinngehalt ab, den die Werbung im Verkehr hat. Den Sinngehalt der Angabe „Königl.-Bayerische Weisse" fasse der Verkehr laut BGH so auf, dass eine engere Beziehung zwischen der Brauerei und dem früheren bayerischen Königshaus bestehe. Tatsächlich wurde die Brauerei erst nach dem 2. Weltkrieg von einem Mitglied der Familie Wittelsbacher übernommen und wies abgesehen davon keinerlei Beziehung zum früheren bayerischen Königshaus auf.[325] Erst wenn der Sinngehalt ermittelt ist, lässt sich feststellen, ob die Werbung irreführt.[326]

---
[322] OLG Köln GRUR 1999, 360.
[323] Und zwar *trotz* der EuGH-Rechtsprechung (siehe Rn. 19), *Baumbach/Hefermehl* § 3 UWG Rn. 33 und 57.
[324] Vgl. *Baumbach/Hefermehl* § 3 UWG Rn. 57 ff.
[325] *BGH* GRUR 1991, 66 = WRP 1991, 473 – Königl.-Bayerische Weisse.
[326] Vgl. auch *Baumbach/Hefermehl* § 3 UWG Rn. 57.

227 Besitzt eine Werbeangabe keinen objektiv nachprüfbaren, tatsächlichen Inhalt – wie etwa die Anpreisung „die schönsten Blumen der Welt" –, liegt schon keine Angabe gemäß § 3 UWG und damit auch keine wettbewerbsrechtlich relevante Übertreibung vor. Erkennt der Verkehr eine Übertreibung als reklamehafte Übertreibung, die eben nicht bestimmte Tatsachen behauptet, fehlt es an einer Irreführung und § 3 UWG ist nicht anwendbar. Allerdings gilt dies nur bei Angaben, die eindeutig nicht ernst gemeint oder wörtlich zu nehmen sind.[327] Das ist etwa der Fall, wenn etwas als „unschlagbar günstig" angepriesen wird. Gerade Werbeanpreisungen, die sich tagtäglich in den Medien finden – wie „Riesenlager" oder „Riesenauswahl" – sind nicht irreführend gemäß § 3 UWG.[328]

2. Alleinstellungswerbung

228 Alleinstellungswerbung liegt vor, wenn nicht unerhebliche Teile der angesprochenen Verkehrskreise davon ausgehen, dass der Werbende eine Spitzenstellung auf dem Markt einnimmt – also etwa das „größte", „älteste" oder „beliebteste" Unternehmen ist. Wird dieser Sinngehalt einer Angabe zugesprochen, ist diese jedenfalls schon dann irreführend, wenn die behauptete Alleinstellung objektiv unwahr ist. Das wiederum setzt allerdings voraus, dass der Verkehr die Alleinstellungswerbung – die oft mit Superlativen ausgedrückt wird – auch als faktische Alleinstellung versteht. So bedeutet der Slogan „Das beste Persil, das es je gab" einen Vergleich mit eigenen Erzeugnissen und nicht die Herausstellung einer Alleinstellung gegenüber Mitbewerbern.[329]

229 Selbst wenn die behauptete Alleinstellung wahr ist, genügt kein lediglich geringfügiger Vorsprung vor den Mitbewerbern. Vielmehr bedarf es einer nach Umfang und Dauer gefestigten Sonderstellung.[330] Wirbt etwa eine Zeitschrift damit, sie besitze die höchste Auflage, genügt es hierfür nicht, lediglich die höchste Auflage gegenüber Wettbewerbern beim Verkauf der aktuellen Ausgabe erzielt zu haben. Vielmehr bedarf es hier eines deutlichen Abstands über mehrere Ausgaben.

Zum Fall „Meistverkaufter Mini-Van":

230 Das OLG Köln hat die Werbeaussage „Meistverkaufter Mini-Van: Weltweit über 6 Millionen Fahrzeuge" für den „Voyager" als irreführend untersagt. Denn: Der „Chrysler Voyager" werde nicht weltweit, sondern nur in Europa vertrieben. Deshalb sei schon der Hinweis auf „weltweite" Verkaufszahlen nicht zulässig. Zudem seien die Verkaufszahlen für Europa wesentlich geringer. Es sei auch von einer Relevanz der Irreführung des Verkehrs auszugehen. Denn der Verbraucher folgere aus der Anzeige, dass der „Chrysler Voyager" weltweit große Wertschätzung genieße. Dies könne ihn veranlassen, sich näher mit dem Kauf eines derart geschätzten und offensichtlich bewährten Fahrzeugs zu befassen.

---

[327] Vgl. *Baumbach/Hefermehl* § 3 UWG Rn. 60.
[328] Vgl. *Baumbach/Hefermehl* § 3 UWG Rn. 64.
[329] Vgl. *Baumbach/Hefermehl* § 3 UWG Rn. 69 und § 1 UWG Rn. 353.
[330] Vgl. *Baumbach/Hefermehl* § 3 UWG Rn. 75.

II. Lockangebote/Vorspannwerbung

§ 3 UWG untersagt auch Angaben, die den Umworbenen anlocken sollen, auch 231
wenn dieser letztlich keinen Kaufentschluss fasst. Irreführend gemäß § 3 UWG ist es
danach etwa, wenn ein Wettbewerber besonders attraktive branchen- oder betriebsfremde Waren anbietet, die der Verbraucher jedoch nur mit einer regulären Hauptware erwerben kann. Enthält ein Werbeschreiben die Mitteilung, der Umworbene habe einen „wertvollen Preis" gewonnen und lässt sich erst bei genauem Nachlesen erkennen, dass die Zusendung des Preises an die Bezahlung eines Betrages von 25 Euro gebunden ist, liegt eine wettbewerbswidrige Maßnahme gemäß § 3 UWG vor.[331]

III. Werbung mit Herkunftsbezeichnungen

Fall „Steinhäger":[332]

> Die Parteien stellen „Steinhäger"-Trinkbranntwein her. Die Klägerin ist im westfälischen Dorf 232
> Steinhagen ansässig, von dem die Bezeichnung „Steinhäger" abgeleitet wird. Die Beklagte ist in der
> westfälischen Stadt Herford ansässig. Die Beklagte verwendet Flaschenetiketten u.a. mit den Angaben „Echter westfälischer Steinhäger".

1. Vorbemerkung

Herkunftsangaben können ein geografischer Begriff sein oder sich auf einen bestimmten Betrieb beziehen. Daneben gibt es auch die Irreführung über die Herstellungsart. Irreführend ist demnach eine Werbung mit handwerklichen Bezeichnungen, wenn es sich tatsächlich um fabrikmäßig hergestellte Waren handelt. Selbst wenn sich die Unwahrheit aus dem Preis schließen lässt, kann eine Irreführung gegeben sein.[333] 233
Unzulässig ist etwa auch die Behauptung „aus eigener Fabrikation", wenn 15 bis 20
Prozent des Gesamtabsatzes dazugekauft sind.[334] Die Daten der zu dieser Fallgruppe
in der Kommentarliteratur erwähnten Entscheidungen zeigen allerdings, dass sie
kaum (mehr) rechtliche Relevanz besitzt oder eine entsprechende Werbung schon aus
anderen Gesichtspunkten – zum Beispiel wegen § 1 UWG[335] – unzulässig ist.

2. Geografische Herkunftsangaben

Da mit geografischen Herkunftsangaben oftmals besondere Qualitätsvorstellungen 234
verbunden werden, haben sie eine besondere werbliche Wirkung und beschäftigen
demnach auch häufig die Gerichte. Das betrifft vor allem den Lebensmittelbereich[336].

---

[331] Vgl. allgemein zum wettbewerbswidrigen Anlocken durch sogenannte Koppelungsangebote *Baumbach/Hefermehl* § 1 UWG Rn. 132.
[332] BGH GRUR 1957, 128 = NJW 1957, 182 = WRP 1957, 74.
[333] Vgl. *Baumbach/Hefermehl* § 3 UWG Rn. 271.
[334] RG GRUR 1940, 586.
[335] Vgl. OLG Stuttgart WRP 1977, 433, 435 – Dr. Oetker Eiskonditor (unzulässig als Bezeichnung für industriell hergestellte Eiscreme wegen unlauterer Anlehnung an die Gütevorstellung, die das Publikum mit Konditorenerzeugnissen verbindet; es dürfte zweifelhaft sein, ob diese Frage auch heute noch so entschieden würde).
[336] Vgl. hierzu etwa die Entscheidung „Dresdner Stollen", BGHZ 106, 101 = GRUR 1989, 440 = NJW 1989, 1804 = WRP 1989, 377, und die sich durch die Wiedervereinigung ergebende Neuorientierung der Rechtsprechung, vgl. hierzu *Baumbach/Hefermehl* § 3 UWG Rn. 219.

235 a) Wahre Angaben. Geografische Herkunftsangaben zu einer Ware sind dann nicht zu beanstanden, wenn die Ware aus dem Ort stammt, der nach Auffassung der beteiligten Verkehrskreise für die Wertschätzung der Ware maßgeblich ist.

236 b) Unbeachtliche geografische Angaben. Keine Herkunftsangaben sind reine Gattungsbezeichnungen, die auch etwas über die Beschaffenheit aussagen können („Ungarische Salami"). Das gleiche gilt für Sortenbezeichnungen wie „Wiener Mischung" oder „Wiener Art". So gehen die angesprochenen Verkehrskreise etwa bei Wurstartikeln mit der Bezeichnung „Wiener Würstchen" nicht davon aus, dass diese Wurstwaren allesamt in Wien hergestellt sind.[337] Wird allerdings eine Ware mit der Bezeichnung „Made in Germany" versehen, obwohl diese im Ausland hergestellt ist, ist die Angabe irreführend gemäß § 3 UWG.

237 c) Bestimmung des Herstellungsorts. Schwierigkeiten können sich bei der Bestimmung des Herstellungsorts ergeben – vor allem dann, wenn das Produkt nicht an einem Ort gefertigt wird oder die für die Herkunftsbezeichnung relevanten Rohstoffe aus unterschiedlichen Orten stammen. Demnach weisen Bierbezeichnungen in der Regel auf den Brauort und nicht auf den Abfüllungsort hin („Dortmunder Actien Brauerei", „Bitburger Pils", „Münchner Hell").[338]

238 d) Relevante Irreführung. § 3 UWG setzt allerdings auch voraus, dass der Verkehr in wettbewerbsrechtlich relevanter Weise irregeführt wird. Hierfür ist wiederum Voraussetzung, dass eine irreführende Herkunftsbezeichnung für den Kaufentschluss des Publikums von Bedeutung ist – etwa weil mit der geografischen Herkunftsbezeichnung eine besondere Güte („Champagner") oder Tradition („Meißener Porzellan") verbunden wird. Eine relevante Irreführung kann dann ausgeschlossen sein, wenn die Bezeichnung der Ware einen „entlokalisierenden Zusatz" enthält, etwa „nach italienischer Art".[339] Andererseits können Zusätze erst recht eine Irreführung hervorrufen, zum Beispiel „Das echte Eau de Cologne", wenn es nicht in Köln hergestellt ist.[340]

Zum Fall „Steinhäger":

239 Der BGH vertrat die Auffassung, dass die Bezeichnung „Steinhäger" eine Beschaffenheitsangabe sei und keine Herkunftsangabe. Denn zahlreiche Brennereien in Westfalen würden einen solchen Branntwein herstellen und vertreiben, obwohl sie nicht in Steinhagen ansässig seien. Durch den Zusatz „echter" westfälischer Steinhäger erhalte die Bezeichnung aber wieder die Bedeutung einer Herkunftsangabe, die der Beklagten – die ihren Sitz in Herford habe – nicht zustehe. Die Bezeichnung alleine als „westfälischer Steinhäger" sei hingegen zulässig, da „Steinhäger" eine Beschaffenheitsangabe, „westfälisch" eine rein geografische Kennzeichnung und die Beklagte in Westfalen ansässig sei.

---

[337] Vgl. *Baumbach/Hefermehl* § 3 UWG Rn. 205.
[338] Vgl. *Baumbach/Hefermehl* § 3 UWG Rn. 212.
[339] Vgl. *Baumbach/Hefermehl* § 3 UWG Rn. 224 ff.
[340] Vgl. *Baumbach/Hefermehl* § 3 UWG Rn. 234.

Praxistipp: Prüfungsreihenfolge „geografische Herkunftsangaben"
- Weist die Angabe nach Auffassung des Verkehrs auf die geografische Herkunft der Ware hin?
- Entsteht durch die Angabe beim Verkehr die unrichtige Vorstellung über die geografische Herkunft?
- Sind die Angaben geeignet, den Verkehr in wettbewerbsrechtlich relevanter Weise irrezuführen?

240

Einen weiteren Schutz geografischer Herkunftsbezeichnungen bieten auch das MarkenG und das TRIPS-Abkommen über handelsbezogene Aspekte der Rechte des geistigen Eigentums.[341/342] Auch spielt das **EG-Recht** im internationalen Warenverkehr eine besondere Rolle. Hier gibt es zum Beispiel eine Verordnung des Rates vom 14.7.1992 zum Schutz von geografischen Angaben und Ursprungsbezeichnungen für Agrarerzeugnisse und Lebensmittel.[343]

241

IV. Preiswerbung, Preisgegenüberstellungen

Der aktuelle Verkaufspreis kann dem bisher geltenden Verkaufspreis gegenübergestellt werden.[344] Es handelt sich hier nicht um vergleichende Werbung gemäß § 2 UWG, da der Werbende eigene Preise gegenüberstellt. Die Preisgegenüberstellung ist zulässig, wenn der ursprüngliche Preis einige Zeit ernsthaft verlangt und die Ware nicht etwa nur kurze Zeit zu einem höheren Preis angeboten wurde, um dann mit einem nunmehr niedrigeren Preis werben zu können. Zulässig ist es auch, einen wesentlich günstigeren Gesamtpreis bezogen auf ebenfalls mitgeteilte Einzelpreise anzukündigen, wenn diese Einzelpreise regelmäßig gefordert und auch bezahlt werden.

242

Die Werbung mit einem **unverbindlich empfohlenen Preis** ist nur gestattet, wenn eine Preisempfehlung gemäß § 23 GWB zulässig ist. Denn Preisempfehlungen sind grundsätzlich verboten. § 23 GWB lässt Preisempfehlungen nur für Markenware zu.

243

Einzelhändler können auch damit werben, dass sie den unverbindlich empfohlenen Preis unterschreiten. Allerdings müssen sie den Verbraucher in Zeitungsanzeigen genau darüber aufklären, welche Markenware beworben wird, damit der Verbraucher ggf. Vergleiche anstellen kann. Die pauschale Bezugnahme, dass Markenware grundsätzlich unterhalb des empfohlenen Verkaufspreises angeboten wird, ist nach Auffassung von *Baumbach/Hefermehl* wettbewerbswidrig.[345] Zulässig ist es aber, mit einem **Einführungspreis** zu werben, wenn sich dieser von einem späteren Preis tatsächlich abhebt.[346] Handelt es sich bei einem Preis nicht um einen unverbindlich

244

---

[341] BGBl. II 1994, S. 1730.
[342] Vgl. *Baumbach/Hefermehl* § 3 UWG, Rn. 188 a ff. sowie die einschlägigen MarkenG-Kommentare wie zum Beispiel *Fezer*, Markenrecht, und *Ingerl/Rohnke*, Markengesetz.
[343] Vgl. GRUR Int. 1992, 750 und *Baumbach/Hefermehl* § 3 UWG Rn. 188 a ff. und Rn. 260. Siehe auch § 130 MarkenG.
[344] Vgl. hierzu *Baumbach/Hefermehl* § 3 UWG Rn. 294 ff.
[345] Vgl. *Baumbach/Hefermehl* § 3 UWG Rn. 316. Ob sich diese Auffassung mit dem Wegfall des Rabattgesetzes noch verträgt, solange keine Sonderveranstaltung nach § 7 UWG vorliegt, halte ich allerdings für fraglich.
[346] Vgl. *Baumbach/Hefermehl* § 3 UWG Rn. 333 a.

empfohlenen Verkaufspreis, sondern um einen gebundenen Preis gemäß § 15 GWB (bei Verlagserzeugnissen), ist die Ankündigung, man verkaufe die Ware unterhalb des gebundenen Preises, wettbewerbswidrig. Denn der Verkauf einer Ware unterhalb des gebundenen Preises ist grundsätzlich vertrags- oder gesetzwidrig.[347]

V. Vorratshaltung

245 Verboten ist gemäß § 3 UWG die Irreführung über Vorratsmenge oder Lieferbarkeit einer Ware.[348] Selbstverständlich ist, dass die umworbene Ware überhaupt erhältlich sein muss. Ist die Ware unverschuldet dem Werbenden nicht geliefert worden, ist seine Ankündigung auch nicht wettbewerbswidrig. Welche Anzahl und für welche Dauer eine Ware vorrätig sein muss, richtet sich nach Art und Preis der angebotenen Ware und Intensität der Werbung. Wird durch besonders günstige Angebote eine besondere Anlockwirkung erzielt, sind die Anforderungen an die Verfügbarkeit der Ware entsprechend hoch.[349] Ein optisch vollkommen in den Hintergrund tretender Hinweis, dass eine Verfügbarkeit der Ware nicht garantiert sei, führt nicht zu einer Freizeichnung des Werbenden.[350] Werden in einer Werbung die tatsächlich verfügbaren Stückzahlen der beworbenen Waren angegeben, so ist eine Irreführung der angesprochenen Verkehrskreise ausgeschlossen.[351]

VI. Einzelne Werbeaussagen

246 Vielfach ergibt sich die Wettbewerbswidrigkeit einer Werbemaßnahme bereits aus deren konkreter Formulierung.

1. Wirkungsaussagen

247 Werden einer Ware oder einer Leistung besondere Wirkungsweisen zugesprochen, müssen diese auch tatsächlich vorhanden sein. Bei einer „Antifalten-Creme" erwartet der Verkehr etwa, dass die Creme zwar nicht Falten vollständig verhindern oder beseitigen kann, jedoch vorhandene Falten deutlich zurückbildet.[352]

2. Qualitätsaussagen

248 Wird eine bestimmte Güte der Ware oder Leistung versprochen, sind solche Angaben dann irreführend, wenn die Ware oder Leistung besondere Qualitätsmerkmale nicht erfüllt.[353] So setzt die Bezeichnung „fabrikneu" voraus, dass die Ware noch nicht benutzt wurde und sich auch sonst in einem einwandfreien Zustand befindet. Die Be-

---

[347] Vgl. *Baumbach/Hefermehl* § 3 UWG Rn. 320 und § 1 UWG Rn. 736 ff.
[348] Vgl. *Baumbach/Hefermehl* § 3 UWG Rn. 360 ff. Vgl. auch den Fall „Computerwerbung", siehe S. 63.
[349] So hat etwa das OLG Stuttgart eine Zeitungswerbung für einen ganz besonders günstigen PC als irreführend beanstandet, da der Vorrat bereits am Erscheinungstag der Werbung erschöpft war, OLG Stuttgart WRP 1993, 129.
[350] Vgl. *Baumbach/Hefermehl* § 3 UWG Rn. 362.
[351] Vgl. *Baumbach/Hefermehl* § 3 UWG Rn. 366 a.
[352] Vgl. OLG Hamburg WRP 1988, 411.
[353] Vgl. *Baumbach/Hefermehl* § 3 UWG Rn. 148.

zeichnung als „Luxusklasse" erweckt den Eindruck erhöhter Qualität. Dies gilt für die Bezeichnung „Sonderklasse" hingegen nicht in gleichem Maße.[354]

3. „Spezial"

Das Wort „Spezial" – alleinstehend oder als Wortbestandteil – sagt noch nichts über die Qualität einer Ware aus. Allerdings entsteht durch die Bezeichnung „Spezial" der Eindruck, dass sich die so bezeichnete Ware von den anderen Waren abhebt.[355]

249

4. Schutzrechtsanmaßung

Wer behauptet, dass seine Ware – etwa durch einen Sonderrechtsschutz wie Patentrecht – geschützt sei, benutzt eine Beschaffenheitsangabe.[356] Besteht der Schutz nicht, ist die Angabe irreführend. Wer der Bezeichnung seiner Ware ein ® anfügt, erweckt den Eindruck einer *eingetragenen* Marke.[357]

250

5. „Bio"

Mit dem zunehmenden Umweltbewusstsein der Bevölkerung finden auch Umweltaspekte verstärkt Eingang in die Werbung.[358] Umweltbezogene Werbung ist dann nicht zu beanstanden, wenn sie wahr ist.[359] Irreführend ist es hingegen, wenn mit dem Argument „umweltfreundlich" geworben wird, obwohl das beworbene Produkt gegenüber anderen vergleichbaren Produkten wegen dessen schädlicher Auswirkungen auf die Umwelt keine besseren Werte erzielt.[360] Die Bezeichnung „Bio" oder „Öko" setzt damit strengere Anforderungen für die Umweltverträglichkeit des Produkts oder dessen rein biologische Zusammensetzung voraus. So hat etwa das KG die Bezeichnung „BIOGold" für ein Waschmittel verboten, da durch diese Bezeichnung der Eindruck erweckt werde, es handele sich – entgegen der tatsächlichen Gegebenheiten – um ein natürliches Produkt ohne chemische Zusätze.[361]

251

6. „Neu"

Wer behauptet, etwas „Neues" anzubieten, behauptet eine Tatsache, die wahr sein muss. Wie lange mit einer Neuheit geworben werden kann, lässt sich nur am Einzelfall bestimmen und hängt von der Ware und der Branche ab.[362]

252

7. Werbung mit Selbstverständlichkeiten

Schließlich kann auch eine Werbung mit objektiv richtigen Angaben irreführend sein, wenn sie beim Publikum einen unrichtigen Eindruck erweckt.[363] Das gilt vor allem dann, wenn Selbstverständlichkeiten in einer Art angepriesen werden, die beim

253

---

[354] Ebenda.
[355] Vgl. *Baumbach/Hefermehl* § 3 UWG Rn. 152 a.
[356] Vgl. *Baumbach/Hefermehl* § 3 UWG Rn. 167.
[357] Vgl. OLG Hamburg WRP 1986, 290 und OLG Stuttgart WRP 1994, 126.
[358] Vgl. zur umweltbezogenen Werbung – insbesondere zur Werbung mit den Umweltzeichen „Blauer Engel" und „Europäische Blume" – *Klindt* S. 545.
[359] Vgl. *Baumbach/Hefermehl* § 1 UWG Rn. 184 a.
[360] Vgl. *Baumbach/Hefermehl* § 1 UWG Rn. 181 m.w.H.
[361] KG GRUR 1993, 766; vgl. auch *Klindt*, a.a.O.
[362] Vgl. hierzu *Baumbach/Hefermehl* § 3 UWG Rn. 398.
[363] Vgl. *Baumbach/Hefermehl* § 3 UWG Rn. 53 ff.

Publikum – das die Selbstverständlichkeit nicht (er-)kennt – den irrigen Eindruck entstehen lassen, es handele sich um einen Vorzug. Wirbt etwa ein PKW-Händler mit dem Hinweis „Sie haben 4 Monate Preisschutz", ist das irreführend, da dies gesetzlich vorgeschrieben ist (§ 1 Abs. 4 PAngV) und damit keinen Vorteil gegenüber der Konkurrenz bietet.[364] Irreführend ist auch die Werbung eines „Call by Call"-Telekommunikationsanbieters, es werde keine „Wechslungsgebühr" verlangt, wenn *kein* Anbieter ein solche Gebühr fordert.[365]

---

[364] BGH GRUR 1981, 206 = WRP 1981, 93–4 Monate Preisschutz. Vgl. auch die Entscheidungen BGH GRUR 1990, 1027 = NJW-RR 1990, 1254 = WRP 1990, 818 – Inklusive Mehrwertsteuer I und BGH GRUR 1990, 1028 = NJW-RR 1990, 1255 = WRP 1990, 819 – Inklusive Mehrwertsteuer II.
[365] OLG Köln NJWE-WettbR 1999, 101.

§ 6 Weitere Tatbestände unerlaubter Werbung, §§ 4 bis 8 UWG

A. Strafbare Werbung gemäß § 4 UWG

§ 4 UWG:

^IWer in der Absicht, den Anschein eines besonders günstigen Angebots hervorzurufen, in öffentlichen Bekanntmachungen oder in Mitteilungen, die für einen größeren Kreis von Personen bestimmt sind, über geschäftliche Verhältnisse, insbesondere über die Beschaffenheit, den Ursprung, die Herstellungsart oder die Preisbemessung von Waren oder gewerblichen Leistungen, über die Art des Bezugs oder die Bezugsquelle von Waren, über den Besitz von Auszeichnungen, über den Anlass oder den Zweck des Verkaufs oder über die Menge der Vorräte wissentlich unwahre und zur Irreführung geeignete Angaben macht, wird mit Freiheitsstrafe bis zu zwei Jahren oder mit Geldstrafe bestraft. Angaben über geschäftliche Verhältnisse im Sinne des Satzes 1 sind auch Angaben im Rahmen vergleichender Werbung.

^{II}Werden die im Absatz 1 bezeichneten unrichtigen Angaben in einem geschäftlichen Betriebe von einem Angestellten oder Beauftragten gemacht, so ist der Inhaber oder Leiter des Betriebs neben dem Angestellten oder Beauftragten strafbar, wenn die Handlung mit seinem Wissen geschah.

254

§ 4 UWG regelt die strafrechtlichen Folgen irreführender Werbung, während sich die zivilrechtlichen Folgen aus §§ 3, 5, 13 UWG ergeben. „Angaben" sind auch hier gemäß § 5 UWG ebenso bildliche Darstellungen und „sonstige Veranstaltungen" – zum Beispiel die grafische Hervorhebung einzelner Wörter oder Sätze.

255

I. Voraussetzungen

Fall „Blindenware":[366]

Der seit früher Jugend erblindete Angeklagte stellt in eigener Werkstatt Holzartikel her. Als deren Absatz nahezu unmöglich wird, läßt er in einer Fabrik nach seinen Rezepten Seifen herstellen und fertig verpacken. Die Verpackung jeder Seife trägt das Blindenschutzzeichen des Angeklagten und seinen Namen. In Zeitungsanzeigen wirbt er Vertreter „zum Vertrieb von Blindenerzeugnissen ... Blindenwerkstatt T.". Die Vertreter erhalten einen Verkaufsausweis, der bescheinigt „die Erzeugnisse der Blindenwerkstatt T. (Holzwaren) sowie Handelswaren zu verkaufen ...". Auf der Rückseite des Ausweises wird das kaufende Publikum gebeten, dem Blinden zu helfen, „indem Sie unsere Waren kaufen".

256

1. Objektiver Tatbestand

Der objektive Tatbestand von § 4 UWG ist erfüllt, wenn die Angabe

257

- über geschäftliche Verhältnisse
- in der Öffentlichkeit erfolgt ist und
- die Angaben unwahr *und* zur Irreführung geeignet sind.

2. Subjektiver Tatbestand

Die von § 4 UWG geforderte „Absicht" entspricht dem Vorsatz.[367] Strafbar sind allerdings nur „wissentlich" unwahre und zur Irreführung geeignete Angaben. Hierfür genügt bedingter Vorsatz.[368] Schließlich muss sich der Vorsatz auch auf die Eignung zur Irreführung erstrecken.

258

---

[366] BGHSt 4, 44.
[367] Vgl. *Baumbach/Hefermehl* § 4 UWG Rn. 9 a.
[368] Vgl. *Baumbach/Hefermehl* § 4 UWG Rn. 10.

Zum Fall „Blindenware":

259 Der *BGH* stellte fest, dass die Angaben über den Ursprung und die Herstellungsart der Waren wissentlich unwahr und zur Irreführung geeignet waren. Auch habe der Angeklagte durch die Angaben den Anschein erweckt, es handele sich um ein besonders günstiges Angebot. Dafür genüge *irgendein* Vorteil, der nicht in der Preisbemessung liegen müsse. Die Bereitschaft der angesprochen Verkehrskreise, einen hilfsbedürftigen Menschen durch den Kauf zu unterstützen, sei ein auf dem Gebiet des Ideellen liegender Vorteil.

II. Rechtliche Konsequenzen des Verstoßes gegen § 4 UWG

260 Die Tat gemäß § 4 UWG wird von Amts wegen verfolgt, § 22 Abs. 1 UWG. Außerdem gewährt § 13 a UWG auch ein Rücktrittsrecht für Abnehmer, die gemäß § 4 UWG durch unwahre und zur Irreführung geeignete Werbemaßnahmen einen Vertrag geschlossen haben:[369]

§ 13 a UWG:

261 ^IIst der Abnehmer durch eine unwahre und zur Irreführung geeignete Werbeangabe im Sinne von § 4, die für den Personenkreis, an den sie sich richtet, für den Abschluss von Verträgen wesentlich ist, zur Abnahme bestimmt worden, so kann er von dem Vertrag zurücktreten. Geht die Werbung mit der Angabe von einem Dritten aus, so steht dem Abnehmer das Rücktrittsrecht nur dann zu, wenn der andere Vertragsteil die Unwahrheit der Angabe und ihre Eignung zur Irreführung kannte oder kennen musste oder sich die Werbung mit dieser Angabe durch eigene Maßnahmen zu eigen gemacht hat.
^{II}Der Rücktritt muss dem anderen Vertragsteil gegenüber unverzüglich erklärt werden, nachdem der Abnehmer von den Umständen Kenntnis erlangt hat, die sein Rücktrittsrecht begründen. Das Rücktrittsrecht erlischt, wenn der Rücktritt nicht vor dem Ablauf von sechs Monaten nach dem Abschluss des Vertrags erklärt wird. Es kann nicht im voraus abbedungen werden.
^{III}Die Folgen des Rücktritts bestimmen sich bei beweglichen Sachen nach § 361a Abs. 2 Satz 1, 3, 4 und 6 des Bürgerlichen Gesetzbuchs und § 5 Abs. 4 des Gesetzes über den Widerruf von Haustürgeschäften und ähnlichen Geschäften. Die Geltendmachung eines weiteren Schadens ist nicht ausgeschlossen. Geht die Werbung von einem Dritten aus, so trägt im Verhältnis zwischen dem anderen Vertragsteil und dem Dritten dieser den durch den Rücktritt des Abnehmers entstandenen Schaden allein, es sei denn, dass der andere Vertragsteil die Zuwiderhandlung kannte.

B. Wettbewerbswidrige Werbe- und Vertriebsmethoden gemäß §§ 6 bis 6 c UWG

I. Insolvenzwarenverkauf, § 6 UWG

§ 6 UWG:

262 ^IWird in öffentlichen Bekanntmachungen oder in Mitteilungen, die für einen größeren Kreis von Personen bestimmt sind, der Verkauf von Waren angekündigt, die aus einer Insolvenzmasse stammen, aber nicht mehr zum Bestande der Insolvenzmasse gehören, so ist dabei jede Bezugnahme auf die Herkunft der Waren aus einer Insolvenzmasse verboten.

---

[369] Vgl. hierzu auch die seit 1.1.2002 geltende Regelung in § 434 Abs. 1 BGB, wonach auch eine irreführende Werbung Gewährleistungsansprüche des Kunden auslösen kann.

IIOrdnungswidrig handelt, wer vorsätzlich oder fahrlässig entgegen Absatz 1 in der Ankündigung von Waren auf deren Herkunft aus einer Insolvenzmasse Bezug nimmt. Die Ordnungswidrigkeit kann mit einer Geldbuße bis zu zehntausend Deutsche Mark geahndet werden.

§ 6 UWG betrifft den Verkauf von Insolvenzwaren. Demnach ist es untersagt, Insolvenzmasse als solche anzukündigen, wenn diese nicht mehr Bestand der Insolvenzmasse ist. Ein Verstoß gegen § 6 UWG stellt eine Ordnungswidrigkeit dar, § 6 Abs. 2 UWG löst Unterlassungsansprüche gemäß § 13 Abs. 1 UWG aus. 263

II. Hersteller- und Großhändlerwerbung, § 6 a UWG

§ 6 a UWG:
IWer im geschäftlichen Verkehr mit dem letzten Verbraucher im Zusammenhang mit dem Verkauf von Waren auf seine Eigenschaft als Hersteller hinweist, kann auf Unterlassung in Anspruch genommen werden, es sei denn, dass er
1. ausschließlich an den letzten Verbraucher verkauft oder
2. an den letzten Verbraucher zu den seinen Wiederverkäufern oder gewerblichen Verbrauchern eingeräumten Preisen verkauft oder
3. unmissverständlich darauf hinweist, dass die Preise beim Verkauf an den letzten Verbraucher höher liegen als beim Verkauf an Wiederverkäufer oder gewerbliche Verbraucher, oder dies sonst für den letzten Verbraucher offenkundig ist.
IIWer im geschäftlichen Verkehr mit dem letzten Verbraucher im Zusammenhang mit dem Verkauf von Waren auf seine Eigenschaft als Großhändler hinweist, kann auf Unterlassung in Anspruch genommen werden, es sei denn, dass er überwiegend Wiederverkäufer oder gewerbliche Verbraucher beliefert und die Voraussetzungen des Absatzes 1 Nr. 2 oder Nr. 3 erfüllt. 264

Gemäß § 6 a UWG ist es verboten, sich im geschäftlichen Verkehr mit dem letzten Verbraucher auf seine Eigenschaft als Hersteller oder Großhändler zu berufen. Das Verbot beruht auf der Überlegung, dass der Verkehr in der Regel davon ausgeht, dass Angebote von Herstellern und Großhändlern preisgünstiger sind als Angebote von Einzelhändlern. Demnach ist ein Hinweis auf die Eigenschaft als Hersteller oder Großhändler u.a. nur dann zulässig, wenn der letzte Verbraucher darauf hingewiesen wird, dass die Letztverbraucherpreise höher sind als diejenigen Preise, die der Hersteller oder Großhändler Wiederverkäufern oder gewerblichen Verbrauchern gewährt. 265

III. Kaufscheinhandel, § 6 b UWG

§ 6 b UWG:
Wer im geschäftlichen Verkehr zu Zwecken des Wettbewerbs an letzte Verbraucher Berechtigungsscheine, Ausweise oder sonstige Bescheinigungen zum Bezug von Waren ausgibt oder gegen Vorlage solcher Bescheinigungen Waren verkauft, kann auf Unterlassung in Anspruch genommen werden, es sei denn, dass die Bescheinigungen nur zu einem einmaligen Einkauf berechtigen und für jeden Einkauf einzeln ausgegeben werden. 266

§ 6 b UWG verbietet die Ausgabe von „Berechtigungsscheinen, Ausweisen oder sonstigen Bescheinigungen zum Bezug von Waren" oder den „Verkauf von Waren gegen Vorlage solcher Bescheinigungen". Eine Ausnahme gilt nur dann, wenn die Bescheinigungen nur zu einem einmaligen Einkauf berechtigen und für jeden Einkauf einzeln ausgegeben werden. 267

Kennzeichnend für den so genannten Kaufscheinhandel ist eine Dreiecksbeziehung zwischen Hersteller, Einzelhändler und Verbraucher. Damit soll der Verbraucher das 268

1. Teil. Materielles Wettbewerbsrecht

Recht erwerben, Waren unmittelbar vom Hersteller oder Großhändler zu beziehen. Auch diese Regelung beruht auf dem Gedanken, dass der Verbraucher beim Einsatz von Bezugsscheinen vom Hersteller oder Großhändler grundsätzlich der Auffassung ist, besonders günstige Angebote zu erhalten.

269 Anderes kann bei einem Zwei-Personen-Verhältnis gelten, wenn etwa ein Großhändler unmittelbar an den Letztverbraucher Berechtigungsscheine ausgibt. Dann muss der Großhändler allerdings verhindern, dass der Verbraucher Waren für den Privatbedarf erwirbt. Werden hierfür Einkaufsausweise ausgegeben, die ausschließlich der Kontrolle dienen, ohne Kaufscheine im Sinne von § 6b UWG zu sein, ist dies zulässig.[370] Keine Kaufscheine i.S.v. § 6b sind Mitgliedsausweise von Buchgemeinschaften, wenn sie ausschließlich an Mitglieder abgegeben werden. Sofern auch Nichtmitglieder durch die Vorlage des Ausweises Bücher beziehen können, ist dies zulässig, wenn es sich um Einzelfälle handelt.[371]

270 Eine Werbung für die Ausgabe nach § 6b UWG verbotener Kaufscheine ist von dieser Regelung nicht umfasst. Sie verstößt aber gegen § 1 UWG.[372]

IV. Progressive Kundenwerbung, § 6c UWG

§ 6c UWG:

271 Wer es im geschäftlichen Verkehr selbst oder durch andere unternimmt, Nichtkaufleute zur Abnahme von Waren, gewerblichen Leistungen oder Rechten durch das Versprechen zu veranlassen, sie würden entweder von dem Veranlasser selbst oder von einem Dritten besondere Vorteile erlangen, wenn sie andere zum Abschluss gleichartiger Geschäfte veranlassen, die ihrerseits nach der Art dieser Werbung derartige Vorteile für eine entsprechende Werbung weiterer Abnehmer erlangen sollen, wird mit Freiheitsstrafe bis zu zwei Jahren oder mit Geldstrafe bestraft.

272 Verboten ist schließlich gemäß § 6c UWG progressive Kundenwerbung. Hierunter ist u.a. das so genannte „Schneeballsystem" zu verstehen. Dieses ist dadurch gekennzeichnet, dass der Veranstalter Laien zum Absatz von Waren einsetzt, indem er ihnen dadurch Vorteile verspricht, dass sie andere Laien finden, die ebenfalls für einen Absatz der Waren sorgen. Gerade diese Kettensysteme verbietet § 6c UWG. Wer gegen das Verbot verstößt, macht sich strafbar. Die Tat wird von Amts wegen verfolgt, § 22 Abs. 1 UWG. Ebenso bestehen auch Unterlassungsansprüche, § 13 Abs. 1 UWG.

C. Sonderveranstaltungen und Räumungsverkäufe gemäß §§ 7 und 8 UWG

I. Sonderveranstaltungen gemäß § 7 UWG

§ 7 UWG:

273 ¹Wer Verkaufsveranstaltungen im Einzelhandel, die außerhalb des regelmäßigen Geschäftsverkehrs stattfinden, der Beschleunigung des Warenabsatzes dienen und den Eindruck der Gewährung besonderer Kaufvorteile hervorrufen (Sonderveranstaltungen), ankündigt oder durchführt, kann auf Unterlassung in Anspruch genommen werden.

---

[370] Vgl. hierzu BGHZ 70, 80 = GRUR 1978, 173 = NJW 1978, 267 = WRP 1978, 43 – Metro I; BGH GRUR 1979, 411 = NJW 1979, 1890 = WRP 1979, 298 – Metro II; BGH GRUR 1990, 617 = NJW 1990, 1294 = WRP 1990, 488 – Metro III.

[371] Vgl. BGH GRUR 1978, 173 – Metro I.

[372] Vgl. *Köhler/Piper* § 6b UWG Rn. 17.

§ 6 Weitere Tatbestände unerlaubter Werbung, §§ 4 bis 8 UWG

^II^Eine Sonderveranstaltung im Sinne des Absatzes 1 liegt nicht vor, wenn einzelne nach Güte oder Preis gekennzeichnete Waren angeboten werden und diese Angebote sich in den regelmäßigen Geschäftsbetrieb des Unternehmens einfügen (Sonderangebote).
^III^Absatz 1 ist nicht anzuwenden auf Sonderveranstaltungen für die Dauer von zwölf Werktagen
1. beginnend am letzten Montag im Januar und am letzten Montag im Juli, in denen Textilien, Bekleidungsgegenstände, Schuhwaren, Lederwaren oder Sportartikel zum Verkauf gestellt werden (Winter- und Sommerschlussverkäufe),
2. zur Feier des Bestehens eines Unternehmens im selben Geschäftszweig nach Ablauf von jeweils 25 Jahren (Jubiläumsverkäufe).

1. Sonderveranstaltungen gemäß § 7 Abs. 1 UWG

Fall „Lager-Verkauf":[373]

Die Beklagte vertreibt im Wege des Versandhandels und in Geschäftsräumen unter anderem elektronische Geräte. Beschädigte Geräte, die sie nicht zum regulären Preis verkaufen kann, sammelt sie in Lagern und bietet sie nur dort zum Verkauf an. Den Lagerverkauf bewirbt die Beklagte in einer Anzeige mit den Worten „Großer Lager-Verkauf bis zu 30 % reduziert! Elektrogeräte mit kleinen Schönheitsfehlern, aber mit voller Garantie – das lohnt sich!". 274

„Sonderveranstaltung" im Sinne von § 7 Abs. 1 UWG sind 275

- Verkaufsveranstaltungen im Einzelhandel – es erfolgt also ein Verkauf der Waren an den letzten Verbraucher,
- die außerhalb des regelmäßigen Geschäftsverkehrs stattfinden,
- der Beschleunigung des Warenabsatzes dienen und
- den Eindruck der Gewährung besonderer Kaufvorteile hervorrufen,
- jedoch *keine* „Sonderangebote" im Sinne von § 7 Abs. 2 sind.

Unzulässig sind die Ankündigung und die Durchführung solcher Sonderveranstaltungen. § 7 UWG schützt die Interessen der Wettbewerber, der Verbraucher und der Allgemeinheit.[374] 276

a) Einzelhandel. Unter „Einzelhändler" ist jeder zu verstehen, der an den letzten Verbraucher verkauft. Das kann auch der Großhändler oder Hersteller – zum Beispiel in einem *Outlet*-Geschäft – sein. Auf die Betriebsform oder Vertriebsart (zum Beispiel Versand, Verkauf, Versteigerung[375] etc.) kommt es nicht an. Richtet sich das Angebot hingegen an den Wiederverkäufer oder gewerblichen Abnehmer, der damit nicht seinen privaten Bedarf deckt, greift § 7 Abs. 1 UWG nicht ein. Entsteht allerdings durch eine Werbemaßnahme der *Eindruck*, dass auch Endverbraucher angesprochen sind, kündigt der Wettbewerber eine unzulässige Sonderveranstaltung an.[376] 277

b) Verkauf von Waren. § 7 Abs. 1 UWG ist nur auf den Verkauf von Waren anwendbar – und zwar unabhängig von der Größe der Veranstaltung. Sie kann sich daher auch auf einen Teil der Waren beziehen. Auf Dienst- oder Werkleistungen ist § 7 Abs. 1 UWG ebenso wenig anwendbar wie auf Sonderwerbeveranstaltungen, wie zum Beispiel ein „großes Geburtstags-Gewinnspiel" anlässlich des einjährigen Bestehens eines 278

---
[373] BGH GRUR 1998, 585 = NJW-RR 1998, 1118 = WRP 1998, 487.
[374] Vgl. *Baumbach/Hefermehl* § 7 UWG Rn. 1.
[375] Vgl. etwa BGHZ 103, 349 = GRUR 1988, 838 = NJW 1988, 2244 = WRP 1988, 598 – Kfz-Versteigerung.
[376] Vgl. OLG Frankfurt a.M. WRP 1978, 898.

Einkaufszentrums.³⁷⁷ Bei Mischformen entscheidet der Gesamteindruck der Ankündigung beim Publikum, der von dessen Vorstellungen und Erwartungen geprägt ist. Bietet etwa ein Fotohändler von entwickelten Filmen Farbbilder „zu radikal herabgesetzten Probierpreisen" an, ist dies keine Verkaufsveranstaltung, da es entscheidend auf die vom Verbraucher erwartete Dienstleistung der Filmentwicklung ankommt. Selbst wenn es um einen Verkauf von Waren geht, muss der Warenvertrieb für den Einzelhandel typisch sein.³⁷⁸ Dazu gehören zum Beispiel keine Fertighäuser.³⁷⁹

279 **c) Außerhalb des regelmäßigen Geschäftsbetriebes.** Die Durchführung des Sonderverkaufs außerhalb des regelmäßigen Geschäftsbetriebs ist das wesentliche Kriterium einer Sonderveranstaltung. Ob ein solcher Sonderverkauf stattfindet, hängt unter anderem ab von

- dem Eindruck, der beim Publikum entsteht, und von
- der Branchenübung.

280 Das Kriterium ist regelmäßig dann erfüllt, wenn der Geschäftsbetrieb durch die Veranstaltung unterbrochen wird oder das Publikum den Eindruck gewinnt, die Veranstaltung sei eine ungewöhnliche Besonderheit. Branchenüblich ist etwa die Veranstaltung von Werbewochen für bestimmte ländertypische Lebensmittel,³⁸⁰ eine Erweiterung des Sortiments oder – in bestimmten Branchen – Saisonpreise für bestimmte Warengruppen (zum Beispiel Heizöl, Skier, Pelze).³⁸¹ Wenn eine Sonderveranstaltung häufig vorgenommen wird, ändert das nichts an ihrem Charakter als Veranstaltung außerhalb des regelmäßigen Geschäftsbetriebs.³⁸² Im Insolvenzfall kommt es darauf an, ob sich der Insolvenzwarenverkauf im Rahmen der für Insolvenzverfahren üblichen Verkaufsveranstaltungen bewegt.³⁸³

281 Die Branchenübung kann sich durchaus fortentwickeln. Eine vernünftige Fortentwicklung ist dann zulässig und liegt vor, wenn sie für die umworbenen Verkehrskreise wirtschaftlich sinnvoll ist und nicht zu Missbräuchen – zum Beispiel zu einem unsachlichen Kaufanreiz – führt.³⁸⁴ Relevante Kriterien sind auch die Eigenarten der Betriebsform und Vertriebsart.³⁸⁵ So kann etwa die Ankündigung und Durchführung eines nur zeitlich begrenzten „Verkaufs ab LKW" zulässig sein, da das Publikum weiß, dass es sich hier nur um vorübergehende Verkäufe handeln kann.³⁸⁶ Als unzulässig sieht der BGH hingegen Inventurverkäufe an,³⁸⁷ da es sich hier um Abschnittverkäufe handele, die gemäß § 7 Abs. 3 UWG nur in bestimmten Grenzen zulässig seien.

282 **d) Ankündigung.** Für die Beurteilung, ob ein unzulässiger Sonderverkauf stattfindet, kommt es auch auf dessen Ankündigung an. Eine besonders marktschreierische

---

³⁷⁷ OLG Frankfurt a.M. WRP 1972, 385.
³⁷⁸ Vgl. *Baumbach/Hefermehl* § 7 UWG Rn. 4 und 5c.
³⁷⁹ BGH GRUR 1988, 316 = NJW 1988, 2243 = WRP 1988, 365 – Fertighaus.
³⁸⁰ Vgl. OLG Hamm WRP 1979, 398.
³⁸¹ Vgl. *Baumbach/Hefermehl* § 7 UWG Rn. 24.
³⁸² Vgl. *Baumbach/Hefermehl* § 7 UWG Rn. 14.
³⁸³ OLG Düsseldorf GRUR 1999, 1022 = NJW-RR 2000, 424; siehe auch zu § 6 UWG S. 76.
³⁸⁴ Vgl. *Baumbach/Hefermehl* § 7 UWG Rn. 9.
³⁸⁵ Vgl. *Baumbach/Hefermehl* § 7 UWG Rn. 10.
³⁸⁶ BGH GRUR 1979, 402 = NJW 1979, 2561 = WRP 1979, 753 – Direkt ab LKW.
³⁸⁷ BGH GRUR 1978, 112 = NJW 1978, 756 = WRP 1978, 382 – Inventur.

Ankündigung kann so aus einer an sich zulässigen Verkaufsveranstaltung einen verbotenen Sonderverkauf machen („Einmalige Gelegenheit: Italienische Woche – italienische Delikatessen so günstig wie nie").[388] Allerdings sind an die Sachlichkeit der Werbung keine allzu hohen Anforderungen zu stellen, da das Publikum an vollmundige Werbung gewöhnt ist.[389] Erweckt eine Ankündigung den *irrigen* Eindruck, dass eine Sonderveranstaltung vorliegt, kann die Ankündigung nach §§ 1, 3 UWG wettbewerbswidrig sein.

e) Beschleunigung des Warenabsatzes. Die Veranstaltung muss – wie sich in der Regel schon aus der Werbeankündigung ergeben wird (deshalb wird sie schließlich dem Verkehr mitgeteilt) – der Beschleunigung des Absatzes derjenigen Waren dienen, die Bestandteil der Verkaufsveranstaltung sind. Dafür, dass eine Beschleunigung des Warenabsatzes bezweckt wird, spricht vor allem eine enge zeitliche Begrenzung des Angebots.

283

f) Eindruck besonderer Kaufvorteile. Ob der Eindruck besonderer Kaufvorteile entsteht, hängt maßgeblich von der Ankündigung der Veranstaltung ab. Der Eindruck entsteht zum Beispiel regelmäßig bei der Ankündigung „einmaliger", zeitlich begrenzter Aktionen. Die zeitliche Begrenzung muss nicht nach Tagen bestimmt sein, sondern kann sich auch aus den Umständen ergeben. So betrifft die Werbung mit dem Angebot „Zur Filialeröffnung jedes Pfund Kaffee 1,– DM billiger" ein zeitlich begrenztes Angebot, da ein Filialeröffnung stets zeitlich begrenzt ist.[390] Kündigt das Unternehmen jedoch speziell Eröffnungsangebote an, kann ein zulässiger Fall des § 7 Abs. 2 UWG vorliegen.

284

Die zeitliche Begrenzung kann sich auch aus der Ankündigung ergeben. So soll die Ankündigung eines „Angebots des Monats" eine unzulässige Sonderveranstaltung sein, da die Verbraucher annehmen würden, das Angebot sei auf den laufenden Monat beschränkt.[391] Besonders marktschreierische Ankündigungen mit einer Häufung von Superlativen („Jetzt sparen wie nie! Sensationelle Preissenkungen! Einmalige Chance!") sieht das Publikum häufig als zeitlich begrenzt an.

285

Zum Fall „Lager-Verkauf":

Der BGH sah in der Ankündigung „Großer Lager-Verkauf bis zu 30 % reduziert!" keine Ankündigung einer unzulässigen Sonderveranstaltung. Der Lager-Abverkauf erfolge nicht „außerhalb des regelmäßigen Geschäftsverkehrs". Es sei – vor allem für ein Großunternehmen wie die Beklagte – wirtschaftlich vernünftig und sachgerecht, Geräte mit Beschädigungen zentral in einem Lager zu sammeln und von dort aus konzentriert zu veräußern. Die Durchführung des Verkaufs sei damit keine Sonderveranstaltung. Deshalb dürfe die Beklagte den Verkauf auch werbend ankündigen, so-

286

---

[388] Vgl. *Baumbach/Hefermehl* § 7 UWG Rn. 11 und 28.
[389] *Baumbach/Hefermehl* § 7 UWG Rn. 11.
[390] BGH GRUR 1977, 791 = WRP 1977, 399 – Filialeröffnung, allerdings im Ergebnis wegen Verstoßes gegen das RabattG unzulässig.
[391] Vgl. *Baumbach/Hefermehl* § 7 UWG Rn. 25 m.w.N. Diese Auffassung ist abwegig: Der Verbraucher erkennt durchaus, dass es sich hier um ein bestimmtes Angebot – also um ein nach § 7 Abs. 2 UWG zulässiges Sonderangebot – handelt, das in anderen Monaten zwar erhältlich ist, jedoch zu einem anderen Preis. Bedenklich könnte aber die pauschale Ankündigung von „Angeboten des Monats" sein.

fern dies nicht in unlauterer Weise geschehe. Dies sei nicht erfolgt, da die Werbung nicht marktschreierisch gewesen sei und keine unsachlichen Kaufanreize geschaffen habe.

2. Zulässige Sonderangebote gemäß § 7 Abs. 2 UWG

287 Zulässig sind gemäß § 7 Abs. 2 UWG Sonderangebote. Das sind
- zeitlich begrenzte oder zeitlich unbegrenzte Angebote
- einzelner Waren,
- sofern sich das Angebot in den regelmäßigen Geschäftsbetrieb des Unternehmers einfügt.

288 Auf die Formulierung „Sonderangebot" kommt es nicht an. Maßgeblich ist, ob die Kriterien des § 7 Abs. 2 UWG erfüllt sind.

289 a) **Einzelne Waren.** Ob es sich dann um das Angebot einzelner Waren handelt, bestimmt sich nach der Sicht der Verbraucher. Das können bei einem Unternehmen mit einem breiten Warenangebot viele Waren sein. Kaufhäuser und Supermärkte sind hier gegenüber kleinen, spezialisierten Einzelhändlern – zum Beispiel Boutiquen, Schuh- oder Blumengeschäften – erheblich im Vorteil. Die Sonderangebote müssen sich auf begrenzte Warenmengen beziehen, die sich vom normalen Sortiment abheben. Es müssen aber nicht einzelne oder wenige Stücke sein. Es ist auch zulässig, viele Stücke zu reduzieren, wenn sie nur von dem übrigen Sortiment abgrenzbar sind.[392] Zulässig ist damit auch grundsätzlich das Angebot einzelner Waren im Rahmen von Sonderangeboten vor Schlussverkäufen. Die zeitliche Nähe zum Schlussverkauf gemäß § 7 Abs. 3 Nr. 1 UWG macht die Angebote noch nicht wettbewerbswidrig.

290 Bietet ein Unternehmer das ganze Sortiment („alles 10 Prozent billiger"), Warengruppen („jedes Kleidungsstück reduziert") oder Warensorten („alle Hemden 25 % billiger") zu Sonderpreisen an, handelt es sich um eine unzulässige Sonderveranstaltung gemäß § 7 Abs. 1 UWG.[393]

291 b) **Einfügen in den regelmäßigen Geschäftsbetrieb.** Das Angebot muss sich schließlich in den Geschäftsbetrieb einfügen. Kriterien hierfür sind u.a., dass die Menge der Sonderangebots-Ware im Verhältnis zur übrigen Ware gering ist und die Sonderangebote nicht durch eine übersteigerte Werbung angekündigt werden. Das gilt in der Regel für (einzelne) Eröffnungsangebote[394] oder Saisonangebote.[395]

3. Zulässige Abschnittsschlussverkäufe und Jubiläumsverkäufe gemäß § 7 Abs. 3 UWG

292 a) **Schlussverkäufe.** Zulässig sind auch Schlussverkäufe, und zwar ausschließlich Sommer- und Winterschlussverkäufe[396] und nur innerhalb der vom Gesetz vorgegeben Zeiten. Die Dauer der Schlussverkäufe ist gemäß § 7 Abs. 3 UWG zeitlich auf zwölf Werktage begrenzt. Das gilt nicht nur für die Durchführung des Verkaufs, sondern

---

[392] Vgl. *Baumbach/Hefermehl* § 7 UWG Rn. 32.
[393] Vgl. *Baumbach/Hefermehl* § 7 UWG Rn. 29.
[394] Vgl. *Baumbach/Hefermehl* § 7 UWG Rn. 20.
[395] Vgl. *Baumbach/Hefermehl* § 7 UWG Rn. 24.
[396] Vgl. *Baumbach/Hefermehl* § 7 UWG Rn. 39.

auch für dessen Bewerbung.[397] Die Werbung kann sich aber auf einzelne, nach §7 Abs. 2 UWG zulässige Sonderangebote beziehen.

Schlussverkaufsfähige Waren sind gemäß §7 Abs. 3 Nr. 1 UWG nur Textilien, Bekleidungsgegenstände, Schuhwaren, Lederwaren oder Sportartikel. Die Waren können aus der (noch) aktuellen Kollektion oder aus früheren Verkaufsabschnitten (zum Beispiel dem vorangegangenen Winterschlussverkauf) stammen. Es ist auch gestattet, Waren eigens für den Schlussverkauf herzustellen und das Schlussverkaufs-Sortiment aufzufüllen. 293

b) Jubiläumsverkäufe. Zulässig sind gemäß §7 Abs. 3 Nr. 2 UWG auch bestimmte Jubiläumsverkäufe. Ein Jubiläumsverkauf darf nur nach Ablauf von jeweils 25 Jahren seit dem Tag der Unternehmensgründung veranstaltet werden. Bei einer 25 Jahre zurückliegenden Übernahme des Geschäfts findet §7 Abs. 3 Nr. 2 UWG keine Anwendung. Es genügt auch nicht, dass das Unternehmen 25 Jahre besteht. Vielmehr bedarf es einer kontinuierlichen Ausübung der geschäftlichen Tätigkeit. Namens-, Rechtsform-, Beteiligungsänderungen etc. haben keinen Einfluss auf die Berechnung. Wer rechtswidrig ein Jubiläum feiert, kann vor Ablauf weiterer 25 Jahre keinen Jubiläumsverkauf durchführen.[398] 294

Die Ankündigung des Verkaufs darf schon vorzeitig – allerdings nur mit dem ausdrücklichen Hinweis auf die Jubiläumsangebote – erfolgen. 295

Der Jubiläumsverkauf darf höchstens 12 Tage dauern und sollte spätestens in dem auf den Gründungstag folgenden Monat beginnen. Wer den Beginn falsch berechnet, kann gar keinen Jubiläumsverkauf mehr durchführen.[399] Allerdings ist es gestattet, anlässlich eines nicht von §7 Abs. 3 Nr. 2 UWG umfassten Jubiläums – etwa nach 10 Jahren – besondere Sonderangebote anzubieten. Diese sind dann an §7 Abs. 2 UWG zu messen.[400] 296

Praxistipp: Prüfungsreihenfolge „Sonderveranstaltungen":
Um zu überprüfen, ob eine unzulässige Sonderveranstaltung vorliegt, sollte 297
- erstens geprüft werden, ob die Merkmale einer Sonderveranstaltung nach §7 Abs. 1 UWG vorliegen, die
- zweitens keine Sonderveranstaltung nach §7 Abs. 2 UWG ist.

Wählt man die umgekehrte Prüfungsreihenfolge, so kann zwar bei *Vorliegen der Merkmale* nach §7 Abs. 2 UWG keine nach §7 Abs. 1 UWG unzulässige Sonderveranstaltung gegeben sein. Liegen die Merkmale von §7 Abs. 2 UWG allerdings *nicht* vor, muss es sich noch nicht um eine unzulässige Sonderveranstaltung nach §7 Abs. 1 UWG handeln, da hierfür alle in §7 Abs. 1 UWG enthaltenen, besonderen Kriterien erfüllt sein müssen.[401]

---

[397] Vgl. *Baumbach/Hefermehl* §7 UWG Rn. 48.
[398] Vgl. *Baumbach/Hefermehl* §7 UWG Rn. 62.
[399] Vgl. *Baumbach/Hefermehl* §7 UWG Rn. 64.
[400] Vgl. BGH GRUR 1997, 476 = NJW-RR 1997, 800 = WRP 1997, 439 – Geburtstagswerbung II zur Zulässigkeit von Sonderangeboten zum 20-jährigen Firmenjubiläum.
[401] Vgl. auch *Baumbach/Hefermehl* §7 UWG Rn. 2.

II. Räumungsverkäufe gemäß § 8 UWG

§ 8 UWG:

298 ᴵIst die Räumung eines vorhandenen Warenvorrats
1. infolge eines Schadens, der durch Feuer, Wasser, Sturm oder ein vom Veranstalter nicht zu vertretendes vergleichbares Ereignis verursacht wurde oder
2. vor Durchführung eines nach den baurechtlichen Vorschriften anzeige- oder genehmigungspflichtigen Umbauvorhabens

den Umständen nach unvermeidlich (Räumungszwangslage), so können, soweit dies zur Behebung der Räumungszwangslage erforderlich ist, Räumungsverkäufe auch außerhalb der Zeiträume des § 7 Abs. 3 für die Dauer von höchstens zwölf Werktagen durchgeführt werden. Bei der Ankündigung eines Räumungsverkaufs nach Satz 1 ist der Anlass für die Räumung des Warenvorrats anzugeben.
ᴵᴵRäumungsverkäufe wegen Aufgabe des gesamten Geschäftsbetriebs können auch außerhalb der Zeiträume des § 7 Abs. 3 für die Dauer von höchstens 24 Werktagen durchgeführt werden, wenn der Veranstalter mindestens drei Jahre vor Beginn keinen Räumungsverkauf wegen Aufgabe eines Geschäftsbetriebs gleicher Art durchgeführt hat, es sei denn, dass besondere Umstände vorliegen, die einen Räumungsverkauf vor Ablauf dieser Frist rechtfertigen. Absatz 1 Satz 2 ist entsprechend anzuwenden.
ᴵᴵᴵRäumungsverkäufe nach Absatz 1 Satz 1 Nr. 1 sind spätestens eine Woche, Räumungsverkäufe nach Absatz 1 Satz 1 Nr. 2 und nach Absatz 2 spätestens zwei Wochen vor ihrer erstmaligen Ankündigung bei der zuständigen amtlichen Berufsvertretung von Handel, Handwerk und Industrie anzuzeigen. Die Anzeige muss enthalten:
1. den Grund des Räumungsverkaufs,
2. den Beginn und das Ende sowie den Ort des Räumungsverkaufs,
3. Art, Beschaffenheit und Menge der zu räumenden Waren,
4. im Falle eines Räumungsverkaufs nach Absatz 1 Nr. 2 die Bezeichnung der Verkaufsfläche, die von der Baumaßnahme betroffen ist,
5. im Falle eines Räumungsverkaufs nach Absatz 2 die Dauer der Führung des Geschäftsbetriebs.

Der Anzeige sind Belege für die den Grund des Räumungsverkaufs bildenden Tatsachen beizufügen, im Falle eines Räumungsverkaufs nach Absatz 1 Nr. 2 auch eine Bestätigung der Baubehörde über die Zulässigkeit des Bauvorhabens.
ᴵⱽZur Nachprüfung der Angaben sind die amtlichen Berufsvertretungen von Handel, Handwerk und Industrie sowie die von diesen bestellten Vertrauensmänner befugt. Zu diesem Zweck können sie die Geschäftsräume des Veranstalters während der Geschäftszeiten betreten. Die Einsicht in die Akten und die Anfertigung von Abschriften oder Ablichtungen ist jedem gestattet.
ⱽAuf Unterlassung der Ankündigung oder Durchführung des gesamten Räumungsverkaufs kann in Anspruch genommen werden, wer
1. den Absätzen 1 bis 4 zuwiderhandelt,
2. nur für den Räumungsverkauf beschaffte Waren zum Verkauf stellt (Vor- und Nachschieben von Waren).
ⱽᴵAuf Unterlassung kann ferner in Anspruch genommen werden, wer
1. den Anlass für den Räumungsverkauf missbräuchlich herbeigeführt hat oder in anderer Weise von den Möglichkeiten eines Räumungsverkaufs missbräuchlich Gebrauch macht,
2. mittelbar oder unmittelbar den Geschäftsbetrieb, dessen Aufgabe angekündigt worden war, fortsetzt oder als Veranstalter des Räumungsverkaufs vor Ablauf von zwei Jahren am selben Ort oder in benachbarten Gemeinden einen Handel mit den davon betroffenen Warengattungen aufnimmt, es sei denn, dass besondere Umstände vorliegen, die die Fortsetzung oder Aufnahme rechtfertigen,
3. im Falle eines Räumungsverkaufs nach Absatz 1 Nr. 2 vor der vollständigen Beendigung der angezeigten Baumaßnahme auf der davon betroffenen Verkaufsfläche einen Handel fortsetzt.

§ 6 Weitere Tatbestände unerlaubter Werbung, §§ 4 bis 8 UWG

1. Vorbemerkung

Die so detailliert ausgestaltete Regelung in § 8 UWG erlaubt es, nur auf die wesentlichen Voraussetzungen für die Zulässigkeit von Räumungsverkäufen einzugehen, zumal die Voraussetzungen im Gesetzestext abschließend genannt sind.[402] § 8 UWG schützt wie § 7 UWG die Interessen der Wettbewerber, der Verbraucher und der Allgemeinheit.[403] Ob ein Räumungsverkauf vorliegt, bestimmt sich nach dem Eindruck, den die Ankündigung beim Verbraucher macht.

Ein Räumungsverkauf kann nur zum Abverkauf eines vorhandenen Warenvorrats führen. Ein Zukauf von Waren ist hier daher – anders als bei den Schlussverkäufen – nicht zulässig.[404]

2. Räumungszwangslage, § 8 Abs. 1 UWG

Zulässig ist ein Räumungsverkauf nur bei einer Räumungszwangslage gemäß § 8 Abs. 1 UWG – etwa infolge eines Feuerschadens oder vor Durchführung von Umbaumaßnahmen. Der Räumungsverkauf muss unvermeidbar sein – zum Beispiel, weil der Unternehmer keine ausreichende Lagerfläche zur Auslagerung der Waren hat. Das bedeutet zugleich, dass ein Räumungsverkauf nicht gerechtfertigt ist, wenn von dem schädigenden Ereignis oder der Umbaumaßnahme nur ein kleiner Teil des Warenvorrats betroffen ist.

Der Verkauf darf höchstens zwölf Tage dauern und kann jederzeit beginnen. Lässt sich der Unternehmer trotz einer (angeblich) bestehenden Zwangslage Zeit, den Räumungsverkauf zu beginnen, zeigt er damit jedoch, dass eine Zwangslage im Sinne von § 8 Abs. 1 UWG nicht (mehr) besteht.

3. Aufgabe des Geschäftsbetriebs, § 8 Abs. 2 UWG

Räumungsverkäufe sind wegen der völligen Einstellung des gesamten Geschäftsbetriebs für die Dauer von höchstens 24 Tagen gemäß § 8 Abs. 2 UWG zulässig. Selbst eine Sitzverlegung an einen anderen Ort rechtfertigt keinen Räumungsverkauf.[405] Voraussetzung für einen zulässigen Räumungsverkauf ist weiter, dass der Veranstalter nicht bereits drei Jahre vor Beginn des aktuellen Räumungsverkaufs ebenfalls einen Räumungsverkauf wegen Aufgabe eines Geschäftsbetriebs durchgeführt hat, es sei denn, dass besondere Umstände vorliegen. Das kann der Fall sein, wenn der Inhaber verstirbt und deshalb die geschäftliche Tätigkeit beendet werden soll.

Die Ankündigung des Räumungsverkaufes muss den Anlass für die Räumung angeben (§ 8 Abs. 2 Satz 2 UWG). Die Dauer darf höchstens 24 Tage betragen. Eine Verlängerung ist nicht möglich. Im Insolvenzverfahren kann allerdings auch eine längere Dauer zulässig sein.[406]

---

[402] *Baumbach/Hefermehl* § 8 UWG Rn. 1.
[403] Ebenda.
[404] Allerdings auch kaum beweisbar; vgl. auch *Baumbach/Hefermehl* § 8 UWG Rn. 14 und 17.
[405] Vgl. *Baumbach/Hefermehl* § 8 UWG Rn. 16.
[406] OLG Düsseldorf GRUR 1999, 1022, 1023 = NJW-RR 2000, 424.

4. Anzeigepflicht gemäß § 8 Abs. 3 und Abs. 4 UWG

305   Räumungsverkäufe gemäß § 8 Abs. 1 und Abs. 2 UWG sind gemäß § 8 Abs. 3 UWG anzuzeigen. Die mit der Anzeige mitzuteilenden Angaben gemäß § 8 Abs. 3 UWG können von den Berufsvertretungen gemäß § 8 Abs. 4 UWG überprüft werden.

5. Rechtsfolgen im Falle eines Verstoßes, § 8 Abs. 5 und 6 UWG

306   Im Falle eines Verstoßes gegen die § 8 Abs. 1 bis 4 UWG sind gemäß § 8 Abs. 5 und 6 UWG Unterlassungsansprüche sowie – im Falle des Verschuldens – ggf. auch Schadensersatzansprüche[407] gegeben.

---

[407] Vgl. *Baumbach/Hefermehl* § 8 UWG Rn. 35 ff.

§ 7 Anschwärzung, Verleumdung, Geheimnisverrat und Vorlagenveruntreuung (§§ 14, 15, 17, 18 UWG)

A. Anschwärzung und wettbewerbswidrige Verleumdung, §§ 14 und 15 UWG

§§ 14 und 15 UWG betreffen ehrverletzende Behauptungen in Form unwahrer Tatsachenbehauptungen über Wettbewerber. Sofern eine wahre Tatsachenbehauptung in die Geschäftsehre eines Mitbewerbers eingreift, findet § 1 UWG Anwendung.[408]

307

I. Anschwärzung gemäß § 14 UWG

§ 14 UWG:

[I]Wer zu Zwecken des Wettbewerbes über das Erwerbsgeschäft eines anderen, über die Person des Inhabers oder Leiters des Geschäfts, über die Waren oder gewerblichen Leistungen eines anderen Tatsachen behauptet oder verbreitet, die geeignet sind, den Betrieb des Geschäfts oder den Kredit des Inhabers zu schädigen, ist, sofern die Tatsachen nicht erweislich wahr sind, dem Verletzten zum Ersatze des entstandenen Schadens verpflichtet. Der Verletzte kann auch den Anspruch geltend machen, dass die Behauptung oder Verbreitung der Tatsachen unterbleibe.
[II]Handelt es sich um vertrauliche Mitteilungen und hat der Mitteilende oder der Empfänger der Mitteilung an ihr ein berechtigtes Interesse, so ist der Anspruch auf Unterlassung nur zulässig, wenn die Tatsachen der Wahrheit zuwider behauptet oder verbreitet sind. Der Anspruch auf Schadensersatz kann nur geltend gemacht werden, wenn der Mitteilende die Unrichtigkeit der Tatsachen kannte oder kennen musste.
[III]Die Vorschrift des § 13 Abs. 4 findet entsprechende Anwendung.

308

1. Voraussetzungen

Fall „Schmuddelsender":[409]

Die Parteien betreiben jeweils private Fernsehsender und sind unmittelbare Wettbewerber. Der Antragsgegner zu 2 ist Mitglied der Geschäftsführung der Antragsgegnerin zu 1 und hat in einem Interview über die Geschäftsführung der namentlich genannten Antragstellerin behauptet, „die Geschäftsführung eines Schmuddelsenders bediene sich für ihre Schmuddelkampagne eines Schmuddelblattes". Hintergrund der Äußerung ist die zwischen den Parteien geführte Auseinandersetzung um konzentrationsrechtliche Fragen. Der Antragsgegner greift Äußerungen des Geschäftsführers der Antragstellerin unter anderen mit den Worten an: „Wir scheinen als Konkurrent etwas zu schnell etwas zu erfolgreich geworden zu sein, und dann versucht er, uns auf die eine oder andere Art schlecht zu reden."

309

a) Allgemeine UWG-Voraussetzungen. § 14 UWG fordert ebenso wie §§ 1 und 3 UWG ein Handeln zu Zwecken des Wettbewerbs.[410]

310

b) Behauptung/Verbreitung einer unwahren Tatsache. § 14 betrifft die Behauptung und Verbreitung unwahrer Tatsachenbehauptungen. Die Schwierigkeit liegt oft in der Abgrenzung zwischen (verbotener) unwahrer Tatsachenbehauptung und (noch zulässigem) Werturteil. Zu „Meinungen" gehören jedenfalls Werturteile, also wertende Be-

311

---

[408] Vgl. *Baumbach/Hefermehl* § 1 UWG Rn. 317 ff.
[409] OLG Hamburg NJW 1996, 1002.
[410] Siehe Rn. 25 ff.

trachtungen von Tatsachen, Verhaltensweisen oder Verhältnissen. Sie sind durch Elemente der Stellungnahme, des Dafürhaltens und des Meinens geprägt.[411] Die Tatsachenbehauptung ist einer Überprüfung mit Mitteln des Beweises zugänglich.[412] Es kommt allerdings für die Bewertung als Tatsachenbehauptung nicht darauf an, ob ihre Richtig- oder Unrichtigkeit tatsächlich bewiesen werden kann. Das spielt ggf. bei der Beweislast eine Rolle, wobei bei ehrkränkenden Behauptungen die Beweislast grundsätzlich den Behauptenden trifft, der die Wahrheit auch beweisen muss. Denn bei § 14 UWG kommt es nicht alleine auf die Wahrheit, sondern auch auf deren „Erweislichkeit" an.[413] Stellt ein Mitbewerber eine an sich richtige Behauptung auf und kann er deren Richtigkeit nicht beweisen, ist § 14 UWG bei Vorliegen aller anderen Voraussetzungen erfüllt.

Praxistipp: Beweisbarkeit der Behauptung

312 Bevor der Mitteilende darüber entscheidet, ob er sich gegen geltend gemachte Ansprüche verteidigen will, muss er erst seine Erfolgsaussichten in Bezug auf die Beweisbarkeit der von ihm behaupteten oder verbreiteten Tatsache beurteilen.

313 „Behaupten" ist eine Mitteilung aus eigener Kenntnis. „Verbreiten" heißt, etwas Erfahrenes an Dritte weitergeben. Ob der Empfänger von der Mitteilung Kenntnis erlangt (etwa, indem er einen Brief öffnet), ist unbeachtlich. Der Mitteilende kann sich auch nicht dadurch schützen, indem er die Quelle seiner Information mitteilt, wenn die Information selbst unrichtig ist. Anders kann der Fall liegen, wenn sich der Mitteilende ausdrücklich vom Inhalt der (weitergegebenen) Mitteilung distanziert. Teilt er zwar mit, dass er die verbreitete Behauptung nicht verifiziert habe bzw. habe verifizieren können, ist die Verbreitung trotzdem unzulässig, wenn der Verbreiter kein berechtigtes Interesse hieran hat. Ein berechtigtes Interesse besteht zum Beispiel als „Recht zum Gegenschlag", wenn ein Mitbewerber unwahr behauptet, ein Dritter verkaufe Hehlerware und der Dritte darauf zutreffend kontert, der Behauptende sei seinerseits wegen Hehlerei bereits vorbestraft.

314 **c) Eignung zur Schädigung.** Die Behauptung muss geeignet sein, den Betrieb des Geschäfts oder den Kredit des Inhabers zu schädigen. Eine Verletzung der persönlichen Ehre zum Beispiel des Geschäftsinhabers ist nicht erforderlich. „Schädigung" im Sinne von § 14 UWG heißt nicht, dass ein bezifferbarer Schaden entstehen kann, sondern bedeutet „beeinträchtigen".[414] Mit „Geschäft" ist der „geschäftliche Verkehr" gemäß § 1 UWG gemeint.

315 **d) Wahre Tatsachenbehauptungen, Werturteile und Schmähkritik.** Soweit wahre Tatsachenbehauptungen die Geschäftsehre verletzen, können § 1 UWG[415] und § 2 Abs. 2 Nr. 5 UWG[416] Anwendung finden. Auch Werturteile können wettbewerbswidrig sein. Zwar genießen Werturteile (Meinungen) gemäß Art. 5 Abs. 1 Satz 1 GG einen

---

[411] BVerfGE 61, 1 = NJW 1983, 1415 – Wahlkampfäußerung (NPD Europas).
[412] Vgl. etwa BVerfGE 61, 1 = BVerfG NJW 1983, 1415 – Wahlkampfäußerung (NPD Europas) oder BGH AfP 1992, 75 = NJW 1992, 1314 – Kassenarzt.
[413] Vgl. *Baumbach/Hefermehl* § 14 UWG Rn. 27.
[414] Vgl. *Baumbach/Hefermehl* § 14 UWG Rn. 21.
[415] Vgl. *Baumbach/Hefermehl* vor §§ 14, 15 UWG Rn. 5.
[416] Vor allem in Form der „persönlich vergleichenden Werbung", siehe Rn. 193.

hohen Schutz.[417] Eine Schmähkritik liegt erst dann vor, wenn nicht mehr die Auseinandersetzung in der Sache, sondern die Diffamierung der Person im Vordergrund steht. Die Diffamierung muss jenseits auch polemischer und überspitzter Kritik gerade in der Herabsetzung der Person bestehen. Eine überzogene und selbst eine ausfällige Kritik machen eine Äußerung noch nicht zur Schmähung. Eine Meinung ist nicht schon wegen ihrer herabsetzenden Wirkung für Dritte Schmähung. Der Begriff der Schmähkritik ist eng auszulegen.[418] Im Wettbewerbsrecht stößt die Meinungsäußerungsfreiheit jedoch früher an ihre Grenzen. Voraussetzung für eine wettbewerbsrechtlich unzulässige Schmähkritik ist, dass der Mitteilende mit Wettbewerbsabsicht handelt. Dies muss das Gericht positiv feststellen.[419]

2. Rechtsfolgen und Verhältnis zu §§ 823 ff. BGB

Sofern die verbreitete Behauptung nicht erweislich wahr ist, kann der Verletzte 316 Schadensersatz- und Unterlassungsansprüche geltend machen. Die Regelungen des BGB über die Verbreitung unwahrer Behauptungen – §§ 823 Abs. 1, 823 Abs. 2, 824 BGB – sind grundsätzlich neben § 14 UWG anwendbar. Allerdings ist neben § 14 UWG die Anwendbarkeit von § 823 Abs. 1 BGB unter dem Gesichtspunkt des Rechts am eingerichteten und ausgeübten Gewerbebetrieb ausgeschlossen, wenn der Behauptende in Wettbewerbsabsicht gehandelt hat. Auch ist § 823 Abs. 1 BGB zu § 824 BGB subsidiär, wenn es um einen Eingriff in das Recht am eingerichteten und ausgeübten Gewerbebetrieb geht. Neben § 14 UWG und § 824 BGB sind jedoch § 823 Abs. 2 BGB in Verbindung mit einem strafrechtlichen Schutzgesetz sowie § 826 BGB anwendbar.[420]

Zum Fall „Schmuddelsender":

Das OLG Hamburg sah in der „Schmuddelsender"-Äußerung eine Äußerung zu 317 Zwecken des Wettbewerbs, die auch nicht als Abwehrmaßnahme gegen frühere Angriffe der Antragstellerin gerechtfertigt sei. Die Äußerung sei pauschal herabwürdigend und lasse sich demnach nicht noch als Beitrag zum Meinungskampf in einer die Öffentlichkeit wesentlichen berührenden Frage bewerten, der seinen Grund in der Sorge um politische, wirtschaftliche, soziale oder kulturelle Belange der Allgemeinheit finde. Da das OLG Hamburg die Äußerung als Meinung ansah, verbot es sie nach § 1 UWG und nicht gemäß § 14 UWG.

3. Vertrauliche Mitteilungen in berechtigtem Interesse

Eine sittenwidrige Anschwärzung gemäß § 14 Abs. 1 UWG liegt nicht vor, wenn die 318 Mitteilung vertraulich und in Wahrung berechtigter Interessen erfolgt ist. Dann sind Abwehransprüche nur gegeben, wenn die Tatsache der Wahrheit zuwider behauptet oder verbreitet wurde.

---

[417] Siehe hierzu ausführlich etwa *Soehring* Rn. 14.8 ff.

[418] Vgl. zum Beispiel BVerfGE 82, 272 = BVerfG NJW 1991, 95 – Zwangsdemokrat oder BGHZ 39, 124 – Fernsehansagerin.

[419] Sehr instruktiv hierzu OLG München ZUM 1995, 42 zu Äußerungen in der *Wirtschaftswoche* über die Medienkonzentration im Bereich des Privatfernsehens. Die Entscheidung des OLG München zum Verfügungsverfahren in der selben Sache ist veröffentlicht in NJW-RR 1993, 750 = WRP 1993, 414.

[420] Vgl. *Baumbach/Hefermehl* vor §§ 14, 15 UWG Rn. 29 ff.

319 Vertraulich ist die Mitteilung nicht schon dann, wenn sie als „vertraulich" gekennzeichnet ist, zumal eine besonders deutliche Form der Kennzeichnung (etwa auf einem Umschlag, der in einem großen Unternehmen zur Hauspost gegeben wird) bei Dritten erst recht einen Anreiz schaffen dürfte, die Vertraulichkeit zu brechen. Vertraulich ist eine Mitteilung nur dann, wenn sich aus allen Umständen eindeutig ergibt, dass sie vertraulich gemacht wurde – entweder, weil der Empfänger vertraglich ausdrücklich auf Vertraulichkeit verpflichtet ist oder zwischen dem Mitteilenden und dem Empfänger ein besonderes Vertrauensverhältnis besteht (zum Beispiel: ein freier Handelsvertreter informiert seinen wichtigsten Auftraggeber in einem persönlichen Gespräch darüber, dass bei einem guten Kunden des Auftraggebers Pfändungen durchgeführt werden). Die Mitteilung muss im berechtigten Interesse des Mitteilenden oder des Empfängers liegen.

320 § 14 Abs. 2 UWG gibt dem Mitteilenden die Einreden der Vertraulichkeit und des berechtigten Interesses. § 14 Abs. 2 UWG eröffnet auch nur Ansprüche gegen den Mitteilenden und nicht gegen den Empfänger, da letzterer nicht behauptet oder verbreitet hat.

Praxistipp: Beweislastverteilung „Anschwärzung"[421]

321
- Der Anspruchsteller muss die schädigende Äußerung beweisen.
- Der Anspruchsgegner kann die Einreden der Vertraulichkeit und des berechtigten Interesses erheben, muss diese dann auch beweisen.
- Gelingt dem Anspruchsgegner dieser Beweis, muss der Anspruchsteller die Unwahrheit der Äußerung beweisen.
- Gelingt dem Anspruchsgegner der Nachweis nach § 14 Abs. 2 UWG *nicht*, muss er die Richtigkeit der Behauptung beweisen. Soweit es um den Beweis von Tatsachen geht, die ausschließlich der Anspruchsteller beweisen kann, hat er zumindest substantiiert deren Vorliegen zu bestreiten (Beweis über eine „negative Tatsache")

II. Wettbewerbsrechtliche Verleumdung gemäß § 15 UWG

§ 15 UWG:
322 ⁱWer wider besseres Wissen über das Erwerbsgeschäft eines anderen, über die Person des Inhabers oder Leiters des Geschäfts, über die Waren oder gewerblichen Leistungen eines anderen Tatsachen der Wahrheit zuwider behauptet oder verbreitet, die geeignet sind, den Betrieb des Geschäfts zu schädigen, wird mit Freiheitsstrafe bis zu einem Jahre oder mit Geldstrafe bestraft.
ⁱⁱWerden die in Absatz 1 bezeichneten Tatsachen in einem geschäftlichen Betriebe von einem Angestellten oder Beauftragten behauptet oder verbreitet, so ist der Inhaber des Betriebs neben dem Angestellten oder Beauftragten strafbar, wenn die Handlung mit seinem Wissen geschah.

323 § 15 UWG enthält den Straftatbestand der geschäftlichen Verleumdung, der der strafbaren Verleumdung (§ 187 StGB) sehr ähnlich ist. Im Gegensatz zu § 187 StGB verlangt § 15 UWG allerdings keine Herabwürdigung in der öffentlichen Meinung und beschränkt sich auf die geschäftliche Verleumdung. Beide Normen können auch nebeneinander anwendbar sein.

---

[421] Vgl. *Baumbach/Hefermehl* vor § 14 UWG Rn. 38.

§ 7 Anschwärzung, Verleumdung, Geheimnisverrat und Vorlagenveruntreuung

1. Objektiver Tatbestand

§ 15 UWG verlangt kein Handeln zu Zwecken des Wettbewerbs. Es genügt ein Handeln wider besseres Wissen. Täter kann daher jeder und nicht nur ein Mitbewerber sein. Der Mitteilende muss also Tatsachen der Wahrheit zuwider behaupten oder verbreiten. Das heißt aber nicht, dass die Äußerungen „nicht erweislich wahr" sein müssen. Es genügt, wenn die Äußerungen nach der Verkehrsauffassung unwahr sind. Im übrigen deckt sich der Tatbestand des § 15 UWG im wesentlichen mit dem Tatbestand des § 14 UWG, so dass die dortigen Ausführungen entsprechend gelten.

324

2. Subjektiver Tatbestand

Der Vorsatz muss sich auf die Unwahrheit der Behauptung erstrecken, wobei hier bedingter Vorsatz nicht genügt. Weiter muss sich der Vorsatz auf die Eignung zur Schädigung beziehen. Insoweit genügt allerdings bedingter Vorsatz schon.[422]

325

Eine geschäftliche Verleumdung liegt demnach vor, wenn sich der Äußernde voll bewusst ist, dass seine Äußerung im unwahren Sinn verstanden wird. Dann sagt er (wettbewerbsrechtlich gesehen) die Unwahrheit.[423]

3. Haftung gemäß § 15 Abs. 2 UWG

§ 15 Abs. 2 UWG regelt die Haftung für Angestellte und Beauftragte. Hiernach haftet der Inhaber für die von seinen Angestellten oder Beauftragten im geschäftlichen Betrieb gemachten Äußerungen, wenn die Äußerungen mit Wissen des Inhabers erfolgt sind. Es gelten die allgemeinen strafrechtlichen Regelungen zu Tätern, Mittätern und Teilnehmern gemäß §§ 25, 26, 27 StGB.[424]

326

Die Tat wird nur auf Antrag verfolgt (§ 22 UWG).

327

4. Öffentliche Bekanntmachung der Verurteilung gemäß § 23 Abs. 1 UWG

§ 23 Abs. 1 UWG:
¹Wird in den Fällen des § 15 auf Strafe erkannt, so ist auf Antrag des Verletzten anzuordnen, dass die Verurteilung auf Verlangen öffentlich bekannt gemacht wird …

328

§ 23 Abs. 1 UWG gibt dem Verletzten das Recht, eine Verurteilung öffentlich bekannt zu machen. Das Gericht muss auf Antrag des Verletzten die öffentliche Bekanntmachung anordnen. Unterbleibt die Anordnung, kann der Verletzte als Nebenkläger Rechtsmittel einlegen (§§ 395 Abs. 1, 374 Abs. 1 Nr. 7 StPO). Die Art der Bekanntmachung – etwa durch die Veröffentlichung einer Anzeige in einer Zeitung – bestimmt gemäß § 23 Abs. 3 UWG das Gericht. Die Kosten trägt der Verletzer. Die Vollziehung der Anordnung erfolgt durch die Vollstreckungsbehörde. Der Verletzte muss sie gemäß § 463 c Abs. 2 StPO innerhalb eines Monats, nachdem ihm die rechtskräftige Entscheidung zugestellt wurde, verlangen. Weigert sich das Medium, die Bekanntmachung zu veröffentlichen, setzt das Gericht auf Antrag der Vollstreckungsbehörde ein Zwangsgeld fest (§ 463 c Abs. 3 und 4 StPO).

329

---

[422] Vgl. *Baumbach/Hefermehl* § 15 UWG Rn. 5.
[423] *Baumbach/Hefermehl* § 15 UWG Rn. 3.
[424] Vgl. *Baumbach/Hefermehl* § 15 UWG Rn. 8.

5. Zivilrechtliche Ansprüche

330 Auch wenn § 15 UWG lediglich einen Straftatbestand beinhaltet, ist jedoch unstreitig, dass für den Betroffenen auch Abwehransprüche gegeben sind. Da § 15 UWG Schutzgesetz i.S.v. § 823 Abs. 2 BGB ist, hat der Verletzte zudem einen Anspruch auf Schadensersatz.[425]

B. Geheimnisverrat und Vorlagenveruntreuung, §§ 17, 18 UWG

I. Geheimnisverrat, § 17 UWG

§ 17 UWG:

331 ᴵMit Freiheitsstrafe bis zu drei Jahren oder mit Geldstrafe wird bestraft, wer als Angestellter, Arbeiter oder Lehrling eines Geschäftsbetriebs ein Geschäfts- oder Betriebsgeheimnis, das ihm vermöge des Dienstverhältnisses anvertraut worden oder zugänglich geworden ist, während der Geltungsdauer des Dienstverhältnisses unbefugt an jemand zu Zwecken des Wettbewerbs, aus Eigennutz, zugunsten eines Dritten oder in der Absicht, dem Inhaber des Geschäftsbetriebs Schaden zuzufügen, mitteilt.
ᴵᴵEbenso wird bestraft, wer zu Zwecken des Wettbewerbs, aus Eigennutz, zugunsten eines Dritten oder in der Absicht, dem Inhaber des Geschäftsbetriebs Schaden zuzufügen,
1. sich ein Geschäfts- oder Betriebsgeheimnis durch
   a) Anwendung technischer Mittel,
   b) Herstellung einer verkörperten Wiedergabe des Geheimnisses oder
   c) Wegnahme einer Sache, in der das Geheimnis verkörpert ist,
   unbefugt verschafft oder sichert oder
2. ein Geschäfts- oder Betriebsgeheimnis, das er durch eine der in Absatz 1 bezeichneten Mitteilungen oder durch eine eigene oder fremde Handlung nach Nummer 1 erlangt oder sich sonst unbefugt verschafft oder gesichert hat, unbefugt verwertet oder jemandem mitteilt.
ᴵᴵᴵDer Versuch ist strafbar.
ᴵⱽIn besonders schweren Fällen ist die Strafe Freiheitsstrafe bis zu fünf Jahren oder Geldstrafe. Ein besonders schwerer Fall liegt in der Regel vor, wenn der Täter bei der Mitteilung weiß, dass das Geheimnis im Ausland verwertet werden soll, oder wenn er es selbst im Ausland verwertet.

1. Geheimnisverrat durch Beschäftigte, § 17 Abs. 1 UWG

332 **a) Objektiver Tatbestand.** Der objektive Tatbestand setzt die unbefugte Mitteilung (Verrat) einer geheimzuhaltenden Tatsache „an jemanden" voraus.[426] „Jemand" ist jeder, auch jeder Mitarbeiter des Unternehmens, selbst Beauftragte des Inhabers – nicht jedoch der Täter selbst. Nutzt er etwa ein Geheimnis für sich selbst – indem er etwa Waren unter Ausnutzung einer geheimen Verfahrenstechnik herstellt –, ist das nicht gemäß § 17 Abs. 1 UWG strafbar.[427] Täter kann gemäß § 17 UWG jeder Beschäftigte eines Betriebes sein, der die geheimgehaltene Information im Rahmen seines Dienstverhältnisses erlangt hat.

333 Typische Merkmale eines „Geheimnisses" sind, dass

- es nur einem eng begrenzten Personenkreis bekannt – also vor allem nicht offenkundig – ist,

---

[425] Vgl. *Baumbach/Hefermehl* § 15 UWG Rn. 9.
[426] Vgl. *Baumbach/Hefermehl* § 17 UWG Rn. 3 ff.
[427] Wohl aber wegen Untreue, § 266 StGB.

- die geheimzuhaltende Tatsache zu einem bestimmten Geschäftsbetrieb in Beziehung steht,[428]
- der Betriebsinhaber einen Geheimhaltungswillen hat, wobei es für den objektiven – wohl aber für den subjektiven – Tatbestand nicht darauf ankommt, ob der Wille des Inhabers auch erkennbar ist,
- der Inhaber ein schutzwürdiges wirtschaftliches Interesse an der Geheimhaltung hat,
- das Geheimnis anderen nicht oder nicht leicht zugänglich ist.

Es kommt allerdings nicht drauf an, 334

- ob an dem Geheimnis Schutzrechte, zum Beispiel Patente, bestehen
- ob es sich bei dem Geheimnis um etwas „Neues" handelt,
- ob das Geheimnis für den Inhaber einen großen Wert darstellt oder
- ob das Geheimnis – zum Beispiel ein im Betrieb entwickeltes Verfahren – überhaupt genutzt wird.

Das Geheimnis muss dem Mitteilenden anvertraut oder zugänglich geworden sein – 335 und zwar im Rahmen des Dienstverhältnisses. Es kann deshalb der Verletzer das Geheimnis auch selbst im Rahmen seiner Dienstpflichten begründet haben – etwa weil er ein bestimmtes Verfahren entwickelt hat. Wer nur zufällig von einem Geheimnis Kenntnis erlangt, verrät nur dann kein ihm anvertrautes oder zugänglich gewordenes Geheimnis, wenn er auch ohne das Dienstverhältnis Kenntnis von dem Geheimnis erlangt hätte.[429]

§ 17 UWG betrifft nur den Geheimnisverrat während des Bestandes des Dienst- 336 verhältnisses. Hier kommt es auf die *rechtliche* und nicht auf die tatsächliche Dauer des Dienstverhältnisses an.[430] Erfolgt der Verrat nach Beendigung des Dienstverhältnisses, ist § 17 Abs. 1 UWG nicht mehr anwendbar. Eine Strafbarkeit kann sich dann aus § 17 Abs. 2 UWG ergeben, wenn der Mitteilende die Informationen auf unredliche Weise erlangt hat. Es können dann jedoch zivilrechtliche Ansprüche aufgrund von Vertragsrecht bestehen – etwa wenn die Weitergabe von Betriebsgeheimnissen auch nach Vertragsbeendigung verboten ist – oder auch gemäß § 1 UWG bzw. §§ 823, 824, 826 BGB.

b) Subjektiver Tatbestand. Subjektives Tatbestandsmerkmal ist, dass die Mitteilung 337
- zu Zwecken des Wettbewerbs oder
- aus Eigennutz oder
- zugunsten eines Dritten oder
- in Schädigungsabsicht

geschieht. Der Vorsatz muss alle objektiven Tatbestandsmerkmale umfassen – also Kenntnis
- vom Bestehen eines Dienstverhältnisses,
- davon, dass die Information geheim ist,
- dass die Information während des Dienstverhältnisses erlangt wurde und
- dass diese Information unbefugt an Dritte weitergegeben wird.

---

[428] Das können dann auch an sich bekannte Tatsachen sein, die jedoch in Bezug auf einen Geschäftsbetrieb unbekannt sind, zum Beispiel die Anwendung eines bestimmten, allgemein bekannten Verfahrens zur Herstellung von Produkten.
[429] Vgl. *Baumbach/Hefermehl* § 17 UWG Rn. 11.
[430] Vgl. *Baumbach/Hefermehl* § 17 UWG Rn. 13 und 10.

2. Ausspähen von Geschäftsgeheimnissen, § 17 Abs. 2 Nr. 1 und Nr. 2 UWG

338 **a) § 17 Abs. 2 Nr. 1 UWG.** § 17 Abs. 2 Nr. 1 UWG bestraft, wer sich unbefugt ein Geschäfts- oder Betriebsgeheimnis verschafft, auch ohne, dass das Geheimnis Dritten mitgeteilt wird.

339 **b) § 17 Abs. 2 Nr. 2 UWG.** § 17 Abs. 2 Nr. 2 bestraft die unbefugte Verwertung oder Mitteilung erlangter Geschäfts- oder Betriebsgeheimnisse unabhängig vom Bestand eines Dienstverhältnisses.

3. Rechtsfolgen

340 **a) Strafbarkeit.** Für die Strafverfolgung ist Strafantrag gemäß § 22 Abs. 1 Satz 1 UWG erforderlich, es sei denn, dass ein besonderes öffentliches Interesse besteht (§ 22 Abs. 1 Satz 2 UWG). Der Versuch ist gemäß § 17 Abs. 3 UWG strafbar. Strafbar macht sich gemäß § 20 UWG auch derjenige, der an einer Straftat nach § 17 UWG mitwirkt oder sich zur Mitwirkung anbietet:

§ 20 UWG:

341 ^{I}Wer zu Zwecken des Wettbewerbes oder aus Eigennutz jemand zu einem Vergehen gegen die §§ 17 oder 18 zu verleiten sucht oder das Erbieten eines anderen zu einem solchen Vergehen annimmt, wird mit Freiheitsstrafe bis zu zwei Jahren oder mit Geldstrafe bestraft. ^{II}Ebenso wird bestraft, wer zu Zwecken des Wettbewerbes oder aus Eigennutz sich zu einem Vergehen gegen die §§ 17 oder 18 erbietet oder sich auf das Ansinnen eines anderen zu einem solchen Vergehen bereit erklärt. ^{III}§ 31 des Strafgesetzbuches[431] gilt entsprechend.

342 Für im Ausland begangene Taten gilt § 17 UWG ebenfalls. § 20 a UWG verweist auf § 5 Nr. 7 StGB:

§ 20 a UWG:
Bei Straftaten nach den §§ 17, 18 und 20 gilt § 5 Nr. 7 des Strafgesetzbuches entsprechend.

343 § 5 Nr. 7 StGB bestimmt:

§ 5 Nr. 7 StGB:
Das deutsche Strafrecht gilt, unabhängig vom Recht des Tatorts, für folgende Taten, die im Ausland begangen werden:
…
Nr. 7 Verletzung von Betriebs- oder Geschäftsgeheimnissen eines im räumlichen Geltungsbereich dieses Gesetzes liegenden Betriebs, eines Unternehmens, das dort seinen Sitz hat, oder eines Unternehmens mit Sitz im Ausland, das von einem Unternehmen mit Sitz im räumlichen Geltungsbereich dieses Gesetzes abhängig ist und mit diesem einen Konzern bildet;
…

344 Trotz des Wortlautes von § 5 Nr. 7 StGB ist auch ein ausländisches Unternehmen durch § 17 UWG geschützt, wenn die Tat im Inland begangen wurde. Das ergibt sich aus dem Grundsatz der Inländergleichbehandlung sowie aus § 9 Abs. 2 Satz 2 StGB.[432]

---

[431] Straflosigkeit bei Rücktritt vom Versuch der Beteiligung.
[432] „Hat der Teilnehmer an einer Auslandstat im Inland gehandelt, so gilt für die Teilnahme das deutsche Strafrecht, auch wenn die Tat nach dem Recht des Tatorts nicht mit Strafe bedroht ist." Vgl. auch *Baumbach/Hefermehl* § 20 a UWG Rn. 2.

§ 7 Anschwärzung, Verleumdung, Geheimnisverrat und Vorlagenveruntreuung

b) Zivilrechtliche Ansprüche. Auch ohne ausdrückliche Erwähnung in § 17 UWG bestehen Ansprüche auf Unterlassung[433] sowie Ansprüche auf Schadensersatz gemäß § 19 UWG gegenüber dem Täter gemäß § 17 UWG und dem Mitwirkenden gemäß § 20 UWG.[434]

345

§ 19 UWG:
Zuwiderhandlungen gegen die Vorschriften der §§ 17, 18 verpflichten außerdem zum Ersatze des entstandenen Schadens. Mehrere Verpflichtete haften als Gesamtschuldner.

346

II. Vorlagenveruntreuung gemäß § 18 UWG

§ 18 UWG:
Mit Freiheitsstrafe bis zu zwei Jahren oder mit Geldstrafe wird bestraft, wer die ihm im geschäftlichen Verkehr anvertrauten Vorlagen oder Vorschriften technischer Art, insbesondere Zeichnungen, Modelle, Schablonen, Schnitte, Rezepte, zu Zwecken des Wettbewerbes oder aus Eigennutz unbefugt verwertet oder an jemand mitteilt.

347

§ 18 UWG wurde auf Initiative der Stickerei- und Spitzenindustrie in das (seit 1.10.1909 geltende) Gesetz eingefügt, da die Schablonen ohne Genehmigung von Dritten genutzt wurden. Unter „im geschäftlichen Verkehr anvertraute Vorlagen oder Vorschriften technischer Art" fallen u.a. Patentbeschreibungen, Möbelzeichnungen, Computerprogramme, wissenschaftliche Arbeiten, Drehbücher oder die treuwidrige Verwertung betrieblichen Know-hows.[435]

348

Der Schutz des § 18 UWG ist nicht auf die Dauer eines Vertragsverhältnisses beschränkt. Der Strafschutz dauert vielmehr solange wie das Vertrauensverhältnis besteht. Der Schutz endet jedenfalls, sobald die Vorlagen oder Vorschriften offenkundig sind.

349

Gemäß § 22 Abs. 1 Satz 1 UWG ist Strafantrag erforderlich, es sei denn, es besteht ein besonderes öffentliches Interesse an der Strafverfolgung (§ 22 Abs. 1 Satz 2 UWG). §§ 20, 20 a UWG finden ebenfalls Anwendung. Ebenso bestehen Ansprüche auf Unterlassung und gemäß § 19 UWG auf Schadensersatz.[436]

350

---

[433] Vgl. *Baumbach/Hefermehl* § 17 UWG Rn. 47.
[434] Vgl. *Baumbach/Hefermehl* § 20 UWG Rn. 9.
[435] Vgl. *Baumbach/Hefermehl* § 18 UWG Rn. 3.
[436] Siehe oben zu § 17 UWG; vgl. *Baumbach/Hefermehl* § 18 UWG, Rn. 6.

§ 8 Wettbewerbsrechtliche Nebenregelungen

351 Auch außerhalb des UWG gibt es Normen, die wettbewerbsrechtliche Regelungen beinhalten. In erster Linie beschäftigen sich diese Regelungen mit der Frage, wann für bestimmte Berufskreise oder Produkte bzw. Dienstleistungen Werbemaßnahmen (un-)zulässig sind. Hierzu gehören die Berufsordnungen für Rechtsanwälte und Ärzte, das Heilmittelwerbegesetz, das Lebensmittel- und Bedarfsgegenständegesetz oder Standesregeln der Werbewirtschaft. Auch sonstige allgemeine Gesetze können im Wettbewerb von Bedeutung sein: zum Beispiel die Datenschutzgesetze, das Kunsturhebergesetz wegen des Rechts am eigenen Bild oder strafrechtliche Normen.

352 Man unterscheidet zwischen wertbezogenen und wertneutralen Normen.[437] **Wertbezogene** Normen sind wettbewerbsrelevante Vorschriften, die für die Allgemeinheit besonders wichtige Güter schützen. Ein Verstoß gegen diese Normen stellt damit auch zugleich einen Verstoß gegen § 1 UWG dar. Hierzu gehören etwa die Vorschriften des Heilmittelwerbegesetzes, Verstöße gegen Vorschriften des Lebensmittelrechts oder gegen verbraucherschützende[438] sowie fernabsatzrechtliche Vorschriften[439].

353 **Wertneutrale** Normen dienen nicht dem Schutz besonders wichtiger Gemeinschaftsgüter, sondern sind Ordnungsnormen. Hierzu zählen etwa die Preisangabenverordnung, die Gewerbeordnung[440], die Handwerksordnung oder das Ladenschlussgesetz. Ein Verstoß gegen diese Gesetze ist damit nicht zugleich auch wettbewerbswidrig gemäß § 1 UWG. Vielmehr müssen besondere wettbewerbsrelevante Umstände hinzutreten, um aus einem Verstoß gegen wertneutrale Normen eine wettbewerbswidrige Handlung zu machen.

A. Heilmittelwerbegesetz

354 Das Heilmittelwerbegesetz[441] regelt die Werbung für

- Arzneimittel i.S. des § 2 Arzneimittelgesetz.[442] und
- andere Mittel, Verfahren, Behandlungen und Gegenstände, soweit sich die Werbeaussage auf die Erkennung, Beseitigung oder Linderung von Krankheiten, Leiden, Körperschäden oder krankhaften Beschwerden bei Mensch oder Tier bezieht.

---

[437] Vgl. *Baumbach/Hefermehl* § 1 UWG Rn. 613 ff. und 630 ff.
[438] Das war bis 31.12.2002 das VerbrKG, das seit 1.1.2002 in das BGB integriert ist: §§ 355, 356, 491 ff. BGB.
[439] Das war bis 31.12.2002 das FernAbsG, nunmehr §§ 312 b ff. BGB. Vgl. zum FernAbsG OLG Frankfurt a.M. DB 2001, 1610 = MDR 2001, 744.
[440] Vgl. LG Hamburg DB 1999, 1951 zur Wettbewerbswidrigkeit von Internet-Auktionen (rechtskräftig).
[441] Vom 18.10.1978 (BGBl. I 1978, S. 1677) in der Fassung der Neubekanntmachung vom 19.10.1994 (BGBl. 1994, S. 3068) und des Änderungsgesetzes vom 25.10.1994 (BGBl. I 1994, S. 3082); abgedruckt zum Beispiel bei *Baumbach/Hefermehl* Anhang I zu § 3 UWG oder im Internet durch die Suchmaschine www.google.de bei Eingabe „Heilmittelwerbegesetz" ohne weiteres auffindbar (vgl. etwa: www.physio.de/zulassung/heilmittelwerbegesetz.htm); siehe hierzu auch die Kommentare von zum Beispiel *Doepner*, Heilmittelwerbegesetz, und *Bülow/Ring*, Heilmittelwerbegesetz.
[442] Abgedruckt zum Beispiel bei *Baumbach/Hefermehl* Anhang II zu § 3 UWG oder im Internet zum Beispiel über www.rechtliches.de.

Die Intention des Gesetzgebers ist es, Werbung für solche Waren und Dienstleistungen nach Möglichkeit wahr und sachlich zu halten. Der Verbraucher soll nicht durch übertriebene, emotionale Werbung beeinflusst werden. Wesentliche Inhalte des HWG werden nachfolgend erläutert.

Fall „56 Pfund abgenommen":[443]

Die Klägerin ist ein Verband von Gewerbetreibenden. Die Beklagte vertreibt Diätvorschläge und Rezepte für ein Ernährungsprogramm, das zur Linderung von Übergewicht führen soll. Sie wirbt unter anderem mit der vergleichenden Abbildung einer Frau, die 56 Pfund abgenommen haben soll. Wiedergegeben ist auch der Bericht dieser Frau, wie sie innerhalb von fünf Monaten 56 Pfund abgenommen haben soll.

I. Werbeverbote für verschreibungspflichtige Arzneimittel, Schlafmittel und beruhigende Arzneimittel, § 10 HWG

§ 10 HWG:
[I]Für verschreibungspflichtige Arzneimittel darf nur bei Ärzten, Zahnärzten, Tierärzten, Apothekern und Personen, die mit diesen Arzneimitteln erlaubterweise Handel treiben, geworben werden.
[II]Für Arzneimittel, die dazu bestimmt sind, bei Menschen die Schlaflosigkeit oder psychische Störungen zu beseitigen oder die Stimmungslage zu beeinflussen, darf außerhalb der Fachkreise nicht geworben werden.

§ 10 HWG regelt, dass für verschreibungspflichtige Arzneimittel nur bei Ärzten, Zahnärzten, Tierärzten, Apothekern und Personen, die mit diesen Arzneimitteln erlaubterweise Handel treiben, geworben werden darf. Außerhalb dieser Fachkreise darf für Schlafmittel und beruhigende Arzneimittel selbst dann nicht geworben werden, wenn diese nicht verschreibungspflichtig sind.

II. Werbeverbote für *nicht* verschreibungspflichtige Arzneimittel, § 12 HWG

§ 12 HWG:
[I]Die Werbung für Arzneimittel außerhalb der Fachkreise darf sich nicht auf die Erkennung, Verhütung, Beseitigung oder Linderung der in der Anlage zu diesem Gesetz aufgeführten Krankheiten oder Leiden beim Menschen oder Tier beziehen.
[II]Die Werbung für andere Mittel, Verfahren, Behandlungen oder Gegenstände außerhalb der Fachkreise darf sich nicht auf die Erkennung, Beseitigung oder Linderung dieser Krankheiten oder Leiden beziehen. Dies gilt nicht für die Werbung für Verfahren oder Behandlungen in Heilbädern, Kurorten und Kuranstalten.

§ 12 HWG soll einer Verleitung zur Selbstbehandlung bestimmter Krankheiten und Leiden entgegenwirken.[444] Es darf deshalb gemäß § 12 HWG außerhalb der Fachkreise auch für nicht verschreibungspflichtige Arzneimittel nur dann geworben werden, wenn diese nicht der Erkennung, Verhütung, Beseitigung oder Linderung von Krankheiten oder Leiden bei Mensch oder Tier dienen, die in einer Anlage zu § 12 HWG aufgeführt sind. Hierzu gehören u.a. organische Krankheiten der Augen und Ohren sowie des Nervensystems, Blutkrankheiten (mit Ausnahme der Eisenmangelanämie) oder Geschwüre des Magens und des Darms. Dieses Werbeverbot gilt gemäß § 12

---
[443] BGH AfP 1981, 343 = GRUR 1981, 435.
[444] Vgl. BGH GRUR 1999, 936 = NJW-RR 1999, 1418 = WRP 1999, 918 – Hypotonietee.

Abs. 2 HWG auch für die in § 1 Abs. 1 Nr. 2 HWG erwähnten anderen Mittel, Verfahren etc. Verboten sind daher zum Beispiel die Aussagen „Beugt Herzinfarkt vor", „Zur Krebsprophylaxe" oder „O.-Kapseln für gesundes Blut". Erlaubt sind beispielsweise die Aussagen „Sie brauchen ein kräftiges Herzu (eine gesunde Leber)", „Zur Kräftigung der Nerven" oder „Zur Anregung des Stoffwechsels".[445] Für die Behandlung in Heilbädern, Kurorten und Kuranstalten gilt das Werbeverbot des § 12 HWG nicht.

III. Verbotene Werbeinhalte, § 11 HWG

§ 11 HWG:

361 ¹Außerhalb der Fachkreise darf für Arzneimittel, Verfahren, Behandlungen, Gegenstände oder andere Mittel nicht geworben werden
1. mit Gutachten, Zeugnissen, wissenschaftlichen oder fachlichen Veröffentlichungen sowie mit Hinweisen darauf,
2. mit Angaben, dass das Arzneimittel, das Verfahren, die Behandlung der Gegenstand oder das andere Mittel ärztlich, zahnärztlich, tierärztlich oder anderweitig fachlich empfohlen oder geprüft ist oder anderweitig angewendet wird,
3. mit der Wiedergabe von Krankengeschichten sowie mit Hinweisen darauf,
4. mit der bildlichen Darstellung von Personen in der Berufskleidung oder bei der Ausübung der Tätigkeit von Angehörigen der Heilberufe, des Heilgewerbes oder des Arzneimittelhandels,
5. mit der bildlichen Darstellung
a) von Veränderungen des menschlichen Körpers oder seiner Teile durch Krankheiten, Leiden oder Körperschäden, bei der Wirkung eines Arzneimittels, eines Verfahrens, einer Behandlung, eines Gegenstandes oder eines anderen Mittels durch vergleichende Darstellung des Körperzustandes oder des Aussehens vor und nach der Anwendung,
b) des Wirkungsvorganges eines Arzneimittels, eines Verfahrens, einer Behandlung, eines Gegenstandes oder eines anderen Mittels am menschlichen Körper oder an seinen Teilen,
6. mit fremd- oder fachsprachlichen Bezeichnungen, soweit sie nicht in den allgemeinen deutschen Sprachgebrauch eingegangen sind,
7. mit einer Werbeaussage, die geeignet ist, Angstgefühle hervorzurufen oder auszunutzen,
8. durch Werbevorträge, in denen ein Feilbieten oder eine Entgegennahme von Anschriften verbunden ist,
9. mit Veröffentlichungen, deren Werbezweck missverständlich oder nicht deutlich erkennbar ist,
10. mit Veröffentlichungen, die dazu anleiten, bestimmte Krankheiten, Leiden, Körperschäden oder krankhafte Beschwerden beim Menschen selbst zu erkennen und mit den in der Werbung bezeichneten Arzneimitteln, Gegenständen, Verfahren, Behandlungen oder anderen Mitteln zu behandeln, sowie mit entsprechenden Anleitungen in audiovisuellen Medien,
11. mit Äußerungen Dritter, insbesondere mit Dank-, Anerkennungs- oder Empfehlungsschreiben, oder mit Hinweisen auf solche Äußerungen,
12. mit Werbemaßnahmen, die sich ausschließlich oder überwiegend an Kinder unter 14 Jahren richten,
13. mit Preisausschreiben, Verlosungen oder anderen Verfahren, deren Ergebnis vom Zufall abhängig ist,
14. durch die Abgabe von Mustern oder Proben von Arzneimitteln oder durch Gutscheine dafür,
15. durch die nicht verlangte Abgabe von Mustern oder Proben von anderen Mitteln oder Gegenständen oder durch Gutscheine dafür.

---

[445] Vgl. *Doepner* § 12 HWG Rn. 20.

Sofern kein absolutes Werbeverbot gemäß §§ 10 und 12 HWG für Werbung außerhalb der Fachkreise besteht, muss die Werbung für Heilmittel den Anforderungen von § 11 HWG genügen. Dort ist geregelt, welchen inhaltlichen Beschränkungen Heilmittelwerbung außerhalb der Fachkreise unterliegt. 362

IV. Pflichtangaben gemäß § 4 HWG

Ist eine Werbung nach dem HWG grundsätzlich zulässig, muss diese die Pflichtangaben gemäß § 4 Abs. 1 HWG enthalten, die von den übrigen Werbeaussagen deutlich abgesetzt, abgegrenzt und gut lesbar sein muss: 363

§ 4 HWG:
^{I}Jede Werbung für Arzneimittel im Sinne des § 2 Abs. 1 oder Abs. 2 Nr. 1 des Arzneimittelgesetzes muss folgende Angaben enthalten: 364
1. den Namen oder die Firma und den Sitz des pharmazeutischen Unternehmens,
2. die Bezeichnung des Arzneimittels,
3. die Zusammensetzung des Arzneimittels gemäß § 11 Abs. 1 Satz 1 Nr. 2 des Arzneimittelgesetzes,
4. die Anwendungsgebiete,
5. die Gegenanzeigen,
6. die Nebenwirkungen,
7. Warnhinweise, soweit sie für die Kennzeichnung der Behältnisse und äußeren Umhüllungen vorgeschrieben sind,
7a. bei Arzneimitteln, die nur auf ärztliche, zahnärztliche oder tierärztliche Verschreibung abgegeben werden dürfen, der Hinweis „Verschreibungspflichtig",
8. die Wartezeit bei Arzneimitteln, die zur Anwendung bei Tieren bestimmt sind, die der Gewinnung von Lebensmitteln dienen.
...
^{III}Bei einer Werbung außerhalb der Fachkreise können die Angaben nach Absatz 1 Nr. 3 entfallen. Können die nach Absatz 1 Nr. 5, 6 und 8 vorgeschriebenen Angaben nicht gemacht werden, so können sie entfallen.
^{IV}Die nach Absatz 1 vorgeschriebenen Angaben müssen von den übrigen Werbeaussagen deutlich abgesetzt, abgegrenzt und gut lesbar sein.
^{V}Nach einer Werbung in audiovisuellen Medien ist folgender Text einzublenden, der im Fernsehen vor neutralem Hintergrund gut lesbar wiederzugeben und gleichzeitig zu sprechen ist: „Zu Risiken und Nebenwirkungen lesen Sie die Packungsbeilage und fragen Sie Ihren Arzt oder Apotheker". Bei einer Werbung für Heilwässer tritt an die Stelle der Angabe „die Packungsbeilage" die Angabe „das Etikett" und bei einer Werbung für Tierarzneimittel an die Stelle der Angabe „Ihren Arzt" die Angabe „den Tierarzt". Satz 1 findet keine Anwendung auf Arzneimittel, die für den Verkehr außerhalb der Apotheken freigegeben sind, es sei denn, dass in der Packungsbeilage oder auf dem Behältnis Nebenwirkungen oder sonstige Risiken angegeben sind. Die Angaben nach Absatz 1 können entfallen.
^{VI}Die Absätze 1 und 5 gelten nicht für eine Erinnerungswerbung. Eine Erinnerungswerbung liegt vor, wenn ausschließlich mit der Bezeichnung eines Arzneimittels oder zusätzlich mit dem Namen, der Firma oder der Marke des pharmazeutischen Unternehmers geworben wird.

„Erinnerungswerbung" ist Werbung, die auf das Anwendungsgebiet des Arzneimittels *nicht* hinweist.[446] 365

---

[446] Vgl. OLG Frankfurt a.M. NJWE-WettbR 1997, 198 = WRP 1997, 338.

V. Rechtsfolgen bei Verstößen gegen das HWG

1. Ordnungswidrigkeit, Strafbarkeit

366 Verstöße gegen Vorschriften des HWG sind gemäß § 15 HWG Ordnungswidrigkeiten – es sei denn, die Werbung stellt eine irreführende Werbung gemäß § 3 HWG dar:

§ 3 HWG:
367 Unzulässig ist eine irreführende Werbung. Eine Irreführung liegt insbesondere dann vor,
1. wenn Arzneimitteln, Verfahren, Behandlungen, Gegenständen oder anderen Mitteln eine therapeutische Wirksamkeit oder Wirkungen beigelegt werden, die sie nicht haben,
2. wenn fälschlich der Eindruck erweckt wird, dass
a) ein Erfolg mit Sicherheit erwartet werden kann,
b) bei bestimmungsgemäßem oder längerem Gebrauch keine schädlichen Wirkungen eintreten,
c) die Werbung nicht zu Zwecken des Wettbewerbs veranstaltet wird,
3. wenn unwahre oder zur Täuschung geeignete Angaben
a) über die Zusammensetzung oder Beschaffenheit von Arzneimitteln, Gegenständen oder anderen Mitteln oder über die Art und Weise der Verfahren oder Behandlungen oder
b) über die Person, Vorbildung, Befähigung oder Erfolge des Herstellers, Erfinders oder der für sie tätigen oder tätig gewesenen Personen gemacht werden.

368 Solche Werbung ist gemäß § 14 HWG strafbar.

2. Zivilrechtliche Ansprüche

369 Eine nach dem HWG unzulässige Werbung löst die Ansprüche aus, die sich aus § 1 UWG ergeben, da ein Verstoß gegen das HWG zugleich ein Wettbewerbsverstoß gemäß § 1 UWG ist.[447] Ist die Werbung irreführend, greift § 3 UWG ein.

370 **Zum Fall „56 Pfund abgenommen":**
Der BGH sah in der Werbung einen Verstoß gegen §§ 1 Abs. 1 Nr. 2, 11 Nr. 3 und 5b HWG. Das HWG sei anwendbar, da ein erhebliches Übergewicht als Krankheit anzusehen sei. Dies sei hier gegeben: Wer in fünf Monaten 56 Pfund abnehmen könne, ohne krankhaft dürr geworden zu sein, habe erhebliches Übergewicht gehabt. Deshalb unterliege die Anzeige den Werbebeschränkungen des HWG.

Praxistipp: Formulierungshilfen
371 Jede Werbemaßnahme, die möglicherweise den Anwendungsbereich des HWG berührt, sollte man nach Möglichkeit daraufhin untersuchen, ob man die Anwendbarkeit des HWG durch die *Formulierung der konkreten Werbeaussage* ausschließen kann.

B. Lebensmittel- und Bedarfsgegenständegesetz

372 Das Lebensmittel- und Bedarfsgegenständegesetz (LMBG)[448] dient insbesondere dem Schutz vor Täuschung zum Beispiel durch unterlassene oder fehlerhafte Bezeichnungen. Das LMBG ist damit mit der Regelung in § 3 UWG eng verwandt, so dass auch die Grundsätze des § 3 UWG entsprechend gelten. Das LMBG enthält Werbeverbote in §§ 18 und 22 LMBG.

---

[447] *Baumbach/Hefermehl* § 1 UWG Rn. 618.
[448] In der Fassung vom 9.9.1997 (BGBl I 1997, S. 2296), zuletzt geändert durch das Siebte Gesetz zur

§ 8 Wettbewerbsrechtliche Nebenregelungen

I. Verbot der gesundheitsbezogenen Werbung, § 18 LMBG

§ 18 LMBG:
^{I}Unbeschadet der Vorschrift des § 17 Abs. 1 Nr. 5[449] ist es verboten, im Verkehr mit Lebensmitteln oder in der Werbung für Lebensmittel allgemein oder im Einzelfall
1. Aussagen, die sich auf die Beseitigung, Linderung oder Verhütung von Krankheiten beziehen,
2. Hinweise auf ärztliche Empfehlungen oder ärztliche Gutachten,
3. Krankengeschichten oder Hinweise auf solche,
4. Äußerungen Dritter, insbesondere Dank-, Anerkennungs- oder Empfehlungsschreiben, soweit sie sich auf die Beseitigung oder Linderung von Krankheiten beziehen, sowie Hinweise auf solche Äußerungen,
5. bildliche Darstellungen von Personen in der Berufskleidung oder bei der Ausübung der Tätigkeit von Angehörigen der Heilberufe, des Heilgewerbes oder des Arzneimittelhandels,
6. Aussagen, die geeignet sind, Angstgefühle hervorzurufen oder auszunutzen,
7. Schriften oder schriftliche Angaben, die dazu anleiten, Krankheiten mit Lebensmitteln zu behandeln,
zu verwenden.
^{II}Die Verbote des Absatzes 1 gelten nicht für die Werbung gegenüber Angehörigen der Heilberufe, des Heilgewerbes oder der Heilhilfsberufe. Die Verbote des Absatzes 1 Nr. 1 und 7 gelten nicht für diätetische Lebensmittel, soweit nicht das Bundesministerium durch Rechtsverordnung mit Zustimmung des Bundesrates etwas anderes bestimmt.

373

Die Regelungen von § 18 LMBG entsprechen weitgehend den Regelungen des HWG zur Werbung für Heilmittel außerhalb von Fachkreisen.

374

II. Verbot der Tabakwerbung, § 22 LMBG

Das LMBG findet auch gemäß § 3 LMBG auf Tabakerzeugnisse Anwendung. § 22 LMBG enthält entsprechende Werbeverbote.[450]

375

§ 22 LMBG:
^{I}Es ist verboten, für Tabakerzeugnisse im Hörfunk oder im Fernsehen zu werben.
^{II}Es ist verboten, im Verkehr mit Tabakerzeugnissen oder in der Werbung für Tabakerzeugnisse allgemein oder im Einzelfall
1. Bezeichnungen, Angaben, Aufmachungen, Darstellungen oder sonstige Aussagen zu verwenden,
a) durch die der Eindruck erweckt wird, dass der Genuss oder die bestimmungsgemäße Verwendung von Tabakerzeugnissen gesundheitlich unbedenklich oder geeignet ist, die Funktion des Körpers, die Leistungsfähigkeit oder das Wohlbefinden günstig zu beeinflussen,

376

Änderung des Arzneimittelgesetzes vom 25.2.1998 (BGBl I 1998, S. 374); abgedruckt zum Beispiel bei *Baumbach/Hefermehl* Anhang III zu § 3 UWG oder im Internet durch die Suchmaschine www.google.de bei Eingabe „Lebensmittelgesetz" ohne weiteres auffindbar.

[449] Das ist das Verbot, Lebensmittel unter irreführender Bezeichnung, Angabe oder Aufmachung gewerbsmäßig in den Verkehr zu bringen oder für Lebensmittel allgemein oder im Einzelfall mit irreführenden Darstellungen oder sonstigen Aussagen zu werben.

[450] Für nichtig erklärt hat der EuGH allerdings auf die Klage der Bundesrepublik Deutschland die Richtlinie 98/43/EG des Europäischen Parlaments und des Rats vom 6. Juli 1998 zur Angleichung der Rechts- und Verwaltungsvorschriften der Mitgliedstaaten über Werbung und Sponsoring zu Gunsten von Tabakerzeugnissen.

b) die ihrer Art nach besonders dazu geeignet sind, Jugendliche oder Heranwachsende zum Rauchen zu veranlassen,
c) die das Inhalieren des Tabakrauchs als nachahmenswert erscheinen lassen;
2. Bezeichnungen oder sonstige Angaben zu verwenden, die darauf hindeuten, dass die Tabakerzeugnisse natürlich oder naturrein seien.
… (Ermächtigungen des Bundesministeriums)

III. Rechtsfolgen bei Verstößen

377 Verstöße gegen § 18 Abs. 1 oder des § 22 Abs. 1 oder 2 LMBG sind gemäß § 53 LMBG Ordnungswidrigkeiten. Außerdem eröffnen Verstöße gegen §§ 18 und 22 LMBG die Ansprüche aus § 1 UWG[451].

C. Fernabsatzrecht

I. Anwendungsbereich

378 Mit Wirkung zum 1. Juli 2000 wurde die EG-Fernabsatzrichtlinie[452] in deutsches Recht umgesetzt; es trat das Fernabsatzgesetz[453] in Kraft. Mit der Schuldrechtsreform wurde das Gesetz in das BGB integriert (§§ 312b ff. BGB). Die Regelungen gelten für Fernabsatzverträge. Das sind gemäß § 312b BGB (bisher: § 1 FernAbsG) Verträge, die unter ausschließlicher Verwendung von Fernkommunikationsmitteln abgeschlossen werden.

§ 312b BGB:

379 ¹Dieses Gesetz gilt für Verträge über die Lieferung von Waren oder über die Erbringung von Dienstleistungen, die zwischen einem Unternehmer und einem Verbraucher unter ausschließlicher Verwendung von Fernkommunikationsmitteln abgeschlossen werden, es sei denn, dass der Vertragsschluss nicht im Rahmen eines für den Fernabsatz organisierten Vertriebs- oder Dienstleistungssystems erfolgt (Fernabsatzverträge).
IIFernkommunikationsmittel sind Kommunikationsmittel, die zur Anbahnung oder zum Abschluss eines Vertrags zwischen einem Verbraucher und einem Unternehmer ohne gleichzeitige körperliche Anwesenheit der Vertragsparteien eingesetzt werden können, insbesondere Briefe, Kataloge, Telefonanrufe, Telekopien, E-Mails sowie Rundfunk, Tele- und Mediendienste.[454]
…

380 Keine Anwendung finden die Regelungen zum Fernabsatz das Gesetz u.a. auf
- Finanzgeschäfte (§ 312b Abs. 3 Nr. 3 BGB) oder
- die Lieferung von Lebensmitteln, Getränken oder sonstigen Haushaltsgegenständen des täglichen Bedarfs, die am Wohnsitz, am Aufenthaltsort oder am Arbeitsplatz eines Verbrauchers von Unternehmen im Rahmen häufiger und regelmäßiger Fahrten geliefert werden (§ 312b Abs. 3 Nr. 5 BGB).

---

[451] *Baumbach, Hefermehl* § 1 UWG Rn. 621.
[452] Richtlinie 97/7/EG vom 20.5.1997, ABl. EG L 144, 19.
[453] BGBl. I 2000, S. 897; Materialien sind zum Beispiel auffindbar unter www.fernabsatzgesetz.de.
[454] Zur Unterscheidung von Tele- und Mediendiensten siehe § 2 TeledienstG (TDG) und § 2 MDStV, beide abrufbar zum Beispiel unter www.alm.de.

II. Hinweispflichten des Unternehmers

Die bisherige Regelung in § 2 Abs. 1 FernAbsG verlangte, dass beim Einsatz von 381
Fernkommunikationsmitteln zur Anbahnung oder zum Abschluss von Fernabsatzverträgen der geschäftliche Zweck und die Identität des Unternehmers für den Verbraucher eindeutig erkennbar sein müssen. Die Hinweispflichten regelt nunmehr die gemäß Art. 240 EGBGB erlassene „Verordnung über Informationspflichten nach bürgerlichem Recht",[455] die der bisherigen Regelungen in § 2 Abs. 2 FernAbsG entspricht. Nach § 312 c Abs. 1 BGB i.V.m. § 1 Abs. 1 BGB-InfoV muss der Unternehmer dem Verbraucher „klar und verständlich" folgende Informationen zur Verfügung stellen:

- seine Identität (Nr. 1) und Anschrift (Nr. 2),
- wesentliche Merkmale der Ware oder Dienstleistung, sowie darüber, wann der Vertrag zustande kommt (Nr. 3),
- die Mindestlaufzeit des Vertrags, wenn dieser eine dauernde oder regelmäßig wiederkehrende Leistung zum Inhalt hat (Nr. 4),
- einen Vorbehalt, eine in Qualität und Preis gleichwertige Leistung (Ware oder Dienstleistung) zu erbringen, und einen Vorbehalt, die versprochene Leistung im Falle ihrer Nichtverfügbarkeit nicht zu erbringen (Nr. 5),
- den Preis der Ware oder Dienstleistung einschließlich aller Steuern und sonstiger Preisbestandteile (Nr. 6),
- gegebenenfalls zusätzlich anfallende Liefer- und Versandkosten (Nr. 7),
- Einzelheiten hinsichtlich der Zahlung und der Lieferung oder Erfüllung (Nr. 8),
- das Bestehen eines Widerrufs- oder Rückgaberechts (Nr. 9),
- Kosten, die dem Verbraucher durch die Nutzung der Fernkommunikationsmittel entstehen, sofern sie über die üblichen Grundtarife, mit denen der Verbraucher rechnen muss, hinausgehen (Nr. 10)[456] und
- die Gültigkeitsdauer befristeter Angebote, insbesondere hinsichtlich des Preises (Nr. 11).

Weitere Aufklärungspflichten enthält § 312 c Abs. 2 BGB (§ 2 Abs. 3 FernAbsG). 382
Demnach muss der Unternehmer die erforderlichen Informationen dem Verbraucher „alsbald, spätestens bis zur vollständigen Erfüllung des Vertrags, bei Waren spätestens bei Lieferung an den Verbraucher, in Textform" (also zum Beispiel in Form einer Datei, vgl. § 126 b BGB) mitteilen. Außerdem ist in § 1 Abs. 3 BGB-InfoV geregelt, dass der Unternehmer den Verbraucher auf folgende Informationen in einer „hervorgehobenen und deutlich gestalteten Form aufmerksam" machen muss:

- Informationen über die Bedingungen, Einzelheiten der Ausübung und Rechtsfolgen des Widerrufs- oder Rückgaberechts (vgl. § 312 d BGB) sowie über den Ausschluss des Widerrufsrechts (vgl. § 312 d Abs. 3 BGB) (Nr. 1),
- die Anschrift der Niederlassung des Unternehmers, bei der der Verbraucher Beanstandungen vorbringen kann, sowie eine ladungsfähige Anschrift des Unternehmers und bei juristischen Personen, Personenvereinigungen oder -gruppen auch den Namen eines Vertretungsberechtigten (Nr. 2),

---

[455] BGB-InfoV, BGBl. I 2002, 342.
[456] Zum Beispiel kostenpflichtige Telefonnummern, bei denen besondere Gebühren anfallen (etwa „0190er-Nummern").

- Informationen über Kundendienst und geltende Gewährleistungs- und Garantiebedingungen (Nr. 3),
- die Kündigungsbedingungen bei Verträgen, die ein Dauerschuldverhältnis betreffen und für eine längere Zeit als ein Jahr oder für unbestimmte Zeit geschlossen werden (Nr. 4).

383 Die Angaben sind gemäß § 312 c Abs. 3 BGB allerdings für Dienstleistungen entbehrlich, „die unmittelbar durch Einsatz von Fernkommunikationsmitteln erbracht werden, sofern diese Leistungen in einem Mal erfolgen und über den Betreiber der Fernkommunikationsmittel abgerechnet werden". Das ist etwa der Anruf bei kostenpflichtigen Telefonnummern, die unmittelbar über die Telefonrechnung abgerechnet werden. Der Verbraucher muss sich in diesem Fall jedoch – was heute in vielen Fällen übersehen wird – über die Anschrift der Niederlassung des Unternehmers informieren können, bei der er Beanstandungen vorbringen kann.

III. Rechtsfolgen

384 Die Regelungen zum Fernabsatz gehören zu den wertbezogenen Normen,[457] da es sie vor allem dem Schutz des Verbrauchers dienen. Demnach ist ein Verstoß gegen die Bestimmungen über den Fernabsatz regelmäßig sittenwidrig[458] und eröffnet die Ansprüche des § 1 UWG.

D. Preisangabenverordnung

Fall „Aktivierungskosten":[459]

385 Die Parteien sind Wettbewerber im Handel mit Geräten der Unterhaltungselektronik und der Telekommunikation. Die Beklagte bewarb ein *Handy* zum Preis von 0,99 Mark. Ein Sternchenhinweis bei der Preisangabe klärte auf, dass dieser Preis nur in Verbindung mit der Freischaltung eines 12-monatigen Netzkartenvertrages gelten sollte. Gegenstand der Anzeige ist auch eine Tabelle, aus der sich die monatliche Grundgebühr, die Gesprächsgebühren und weitere Einzelheiten des Tarifs entnehmen lassen.

I. Grundtatbestand der PAngV, § 1 PAngV

386 Die Preisangabenverordnung (PAngV)[460] hat das Bundesministerium für Wirtschaft auf der Grundlage des Gesetzes zur Regelung der Preisangaben[461] erlassen. Wesentlicher Bestandteil der PAngV ist die Verpflichtung zur Preisangabe, um Preiswahrheit und Preisklarheit zu gewährleisten.[462] Ausnahmen enthält § 9 PAngV.

---

[457] Siehe Rn. 352 f.
[458] Vgl. OLG Frankfurt a.M. MDR 2001, 744. Zum Verbraucherschutz auch *Baumbach/Hefermehl* § 1 UWG Rn. 614 und zur Sittenwidrigkeit von Verstößen gegen das VerbrKrG ebenda, § 1 UWG Rn. 21 b.
[459] BGH WRP 1999, 512.
[460] BGBl. I 2000, S. 1244; abgedruckt zum Beispiel bei *Baumbach/Hefermehl* Anhang V zu § 3 UWG oder im Internet zum Beispiel über www.rechtliches.de. *Köhler/Piper* kommentieren die PAngV aktuell und ausführlich.
[461] BGBl. I 1984, S. 1429.
[462] Vgl. *Baumbach/Hefermehl* Anhang V zu § 3 UWG Rn. 1.

§ 1 PAngV:
¹Wer Letztverbrauchern gewerbs- oder geschäftsmäßig oder regelmäßig in sonstiger Weise   387
Waren oder Leistungen anbietet oder als Anbieter von Waren oder Leistungen gegenüber
Letztverbrauchern unter Angabe von Preisen wirbt, hat die Preise anzugeben, die einschließlich der Umsatzsteuer und sonstiger Preisbestandteile unabhängig von einer Rabattgewährung zu zahlen sind (Endpreise). Soweit es der allgemeinen Verkehrsauffassung entspricht, sind auch die Verkaufs- oder Leistungseinheit und die Gütebezeichnung anzugeben, auf die sich die Preise beziehen. Auf die Bereitschaft, über den angegebenen Preis zu
verhandeln, kann hingewiesen werden, soweit es der allgemeinen Verkehrsauffassung entspricht und Rechtsvorschriften nicht entgegenstehen.
...

1. Anwendungsbereich

a) **Letztverbraucher.** Die PAngV betrifft Angebote gegenüber dem Letztverbrau-   388
cher. Das sind Endverbraucher, die die Waren bzw. Leistungen selbst nutzen. Damit
sind nicht nur die privaten, sondern auch die gewerblichen Letztverbraucher gemeint
– also auch diejenigen, die Waren für ihren eigenen Betrieb erwerben. Die PAngV ist
nur auf den geschäftlichen Verkehr anwendbar. Rein private Handlungen sind nicht
erfasst.[463]

b) **Waren und Leistungen.** Die PAngV gilt für Waren und Leistungen. Waren sind   389
bewegliche und unbewegliche Sachen.[464] Bietet jemand im geschäftlichen Verkehr[465]
Waren oder Leistungen an, ist der Endpreis einschließlich Umsatzsteuer anzugeben.

c) **Anbieter und Werbende.** Verpflichtet zur Preisangabe sind Anbieter und Wer-   390
bende. Die Verpflichtung erstreckt sich auch auf Makler und sonstige Vermittler.[466] Es
besteht keine Verpflichtung, in der Werbung Preise anzugeben. Gibt sie der Werbende jedoch an, müssen es die Endpreise im Sinne der PAngV sein.[467] Hersteller, Importeure und Großhandelsunternehmen sind von der Preisangabepflicht gemäß
§ 9 Abs. 1 Nr. 1 PAngV freigestellt, wenn sie sich auf ihre Großhandelstätigkeit
beschränken. Das bedeutet auch, dass der Großhandel weder privaten Letztverbrauchern Zutritt zu den Verkaufsräumen gewähren[468] noch diesen Werbe-
kataloge übersenden darf.[469] Problematisch ist das vor allem bei Internet-Angeboten, die von jedem Nutzer eingesehen werden können. Es wäre eine erhebliche
Einschränkung der Geschäftstätigkeit, wenn derartige Angebote im Internet deshalb nicht möglich wären, da die Zugriffe durch private Letztverbraucher unkon-
trollierbar sind.

---

[463] Vgl. *Köhler/Piper* Einf. PAngV Rn. 14.
[464] *Baumbach/Hefermehl* Anhang V zu § 3 UWG Rn. 4.
[465] Siehe Rn. 22 ff.
[466] *Köhler/Piper* § 1 PAngV Rn. 8.
[467] *Baumbach/Hefermehl* Anhang V zu § 3 UWG Rn. 3.
[468] Hier gibt es eine Toleranzgrenze für „Ausreißer", die bei etwa zehn Prozent des Umsatzes liegt, *Köhler/Piper* § 1 PAngV Rn. 11.
[469] Vgl. *Baumbach/Hefermehl* Anhang V zu § 3 UWG Rn. 10.

Praxistipp: Internet-Angebote von Großhändlern

391 Um einen Konflikt mit der PAngV zu vermeiden, empfiehlt es sich,

- *entweder* bei den Preisen zwischen privaten und gewerblichen Kunden zu unterscheiden[470]
- *oder* (1) deutlich darauf hinzuweisen, dass sich das Angebot nicht an private Letztverbraucher richtet und – da der Hinweis alleine nach bisheriger Rechtsprechung nicht genügt[471] – (2) den Endpreis (inklusive Umsatzsteuer) *zusätzlich* auszuweisen *oder* durch eine einfache Bedienerführung die Anzeige des Endpreises (zum Beispiel einen *Button* „Endpreis anzeigen") zu ermöglichen.

392 d) Anbieten und werben. „Angebot" gemäß § 1 Abs. 1 PAngV ist nicht nur ein Angebot gemäß § 145 BGB, sondern jede Erklärung, die der Verkehr als Angebot versteht.[472] Der Unterschied zwischen „Angebot" und „Werbung" im Sinne von § 1 PAngV besteht darin, dass die Ankündigung nach Auffassung des Verkehrs einen Vertragsschluss ohne weiteres zulässt.[473] Auf die Unterscheidung zwischen Angebot gemäß § 145 BGB und *invitatio ad offerendum* kommt es demnach nicht an.[474] Deshalb stellt der Katalog eines Warenversandunternehmens bereits ein Angebot gemäß § 1 Abs. 1 PAngV dar,[475] während Werbeanzeigen für Neuwagen oder Immobilien Werbung sind, da der Vertragsschluss noch weitere Angaben und Verhandlungen erfordert.[476]

2. Preisangaben

393 Es ist der Brutto-Endpreis anzugeben, der unabhängig von einer Rabattgewährung zu bezahlen ist. Er entspricht dem Normalpreis gemäß dem (aufgehobenen) § 1 Abs. 2 RabattG.[477] Das ist der *allgemein* geforderte Preis, den der Unternehmer vom Letztverbraucher regelmäßig fordert.[478]

394 Unzulässig sind nach § 1 PAngV in der Regel Zirka-Preise,[479] Margenpreise („von … bis"-Preise, „ab …"-Preise). Letztere sind dann jedoch gestattet, wenn ein Angebot aus unterschiedlichen Waren – zum Beispiel Waren unterschiedlicher Größe oder unterschiedlichen Gewichts – besteht (zum Beispiel: „Fotos schon ab 9 Pfennige" bei unterschiedlichen Formaten für Fotoabzüge).[480] Versandkosten müssen dann nicht einge-

---

[470] Zulässig nach OLG Karlsruhe CR 1998, 361.
[471] BGH GRUR 1979, 61 = WRP 1978, 877 – Schäfer Shop.
[472] *Baumbach/Hefermehl* Anhang V zu § 3 UWG Rn. 5
[473] BGH GRUR 1983, 661, 662 – Sie sparen DM 4.000,–.
[474] Vgl. *Köhler/Piper* § 1 PAngV Rn. 13.
[475] Vgl. *Baumbach/Hefermehl* Anhang V zu § 3 UWG Rn. 5 und BGH GRUR 1980, 304 = NJW 1980, 2388 = WRP 1980, 328 – Effektiver Jahreszins.
[476] Vgl. *Baumbach/Hefermehl* Anhang V zu § 3 UWG Rn. 5 mit Hinweis auf BGH GRUR 1983, 661 = NJW 1983, 2703 = WRP 1983, 559 – Sie sparen DM 4.000,–.
[477] *Köhler/Piper* § 1 PAngV Rn. 21 und § 1 RabattG Rn. 26.
[478] Ob diese sehr enge Definition auch nach dem Wegfall des RabattG noch Bestand haben kann, ist fraglich – insbesondere dann, wenn Anbieter in der Regel verhandlungsbereit sind. Dann wäre der angegebene Preis die „Verhandlungsbasis" – allerdings ohne, dass dort jeweils „VB" vermerkt wäre.
[479] BGH GRUR 1991, 685 = NJW-RR 1991, 1192 = WRP 1991, 578 – Zirka-Preisangabe.
[480] Vgl. *Köhler/Piper* § 1 PAngV Rn. 17; BGH GRUR 1991, 847 = NJW-RR 1991, 1511 = WRP 1991, 759 – Kilopreise II.

§ 8 Wettbewerbsrechtliche Nebenregelungen

rechnet werden, wenn für den Verkehr feststeht, dass diese zusätzlich anfallen. Beim Versandhandel fallen die Versandkosten zudem für die Sendung und nicht für die Ware an.[481]

Der Endpreis ist unabhängig von einer Rabattgewährung anzugeben. Der Wegfall des Rabattgesetzes ändert hieran zunächst nichts.[482] Allerdings kann man auf einen Nachlass verweisen oder Bereitschaft zu Verhandlungen (etwa durch den Zusatz „VB" für „Verhandlungsbasis") anzeigen. Zulässig wäre demnach – in den Grenzen des § 7 UWG (Sonderveranstaltungen) – die Angabe des Endpreises mit dem Hinweis „10 Prozent für alle Geburtstagskinder". Der Verkehr erkennt dann, dass es sich bei dem angegeben Endpreis um den Normalpreis im Sinne von § 1 PAngV handelt, während von dem Nachlass nur eine bestimmte Käufergruppe – nämlich die, die am Tag des Kaufes Geburtstag haben – profitiert. Problematisch wäre allerdings der Hinweis „10 Prozent auf alle Hemden ab Größe 52", da der Rabattpreis dann der Normalpreis ist und dieser anzugeben wäre. 395

Die Preise sind gemäß § 1 Abs. 2 Satz 2 PAngV nach Verkaufs- und Leistungseinheiten sowie mit Gütebezeichnungen anzugeben, wenn dies der „allgemeinen Verkehrsauffassung" entspricht. Die Verpflichtung gilt erst recht, wenn es gesetzlich ausdrücklich vorgeschrieben ist.[483] Verkaufseinheiten sind gemäß § 2 Abs. 3 PAngV zum Beispiel Gewichts- oder Größenangaben (kg, g, m, cm). Leistungseinheiten sind etwa Kilowattstunden.[484] Weitere Regelungen zu den Preisangaben enthalten § 2 PAngV (Grundpreis) und § 3 PAngV (Elektrizität, Gas, Fernwärme und Wasser). 396

Es kommt nicht darauf an, ob der Verbraucher alle Angaben mitgeteilt bekommt, um den Endpreis selbst errechnen zu können.[485] Dazu gehört zum Beispiel beim Verkauf von Brillen an Mitglieder einer gesetzlichen Krankenkasse sogar der Krankenkassenanteil.[486] Auch aus diesem Grund wäre ein Hinweis „10 Prozent auf alle Hemden ab Größe 52" unzulässig – selbst wenn der Verbraucher den Endpreis in der Regel ohne Weiteres errechnen kann. 397

Die Preise sind grundsätzlich in deutscher Währung anzugeben.[487] 398

---

[481] Vgl. *Köhler/Piper* § 1 PAngV Rn. 29.
[482] Vgl. auch *Trube* S. 878.
[483] Das ist zum Beispiel die Nährwert-Kennzeichnungsverordnung (BGBl. I 1994, S. 3526) in der Fassung vom 5.5.1999 (BGBl. I 1999, S. 924, 936), vgl. auch *Köhler/Piper* § 1 PAngV Rn. 34.
[484] Zur Zulässigkeit von „PS"-Angaben siehe BGH GRUR 1993, 679 = NJW 1993, 1993 = WRP 1994, 167 – PS-Werbung I (Werbung alleine mit PS-Angaben verstößt gegen § 1 Abs. 1 MaßeinhG i.V.m. § 3 EinhV und ist sittenwidrig gemäß § 1 UWG) und BGH GRUR 1994, 220 = NJW 1994, 456 = WRP 1994, 104 – PS-Werbung II (Sind PS und kw gleichwertig genannt, sind § 1 Abs. 1 MaßeinhG i.V.m. § 3 EinhV zwar verletzt, die eine Hervorhebung der kw-Angaben verlangen. Ein Verstoß gegen § 1 UWG liegt allerdings nicht vor).
[485] Vgl. BGH GRUR 1983, 665 = NJW 1983, 2707 = WRP 1983, 674 – qm-Preisangaben I.
[486] BGH NJW-RR 1989, 101 – Brillenpreise I und *BGH* GRUR 1997, 767 = NJW-RR 1997, 1133 = WRP 1997, 735 – Brillenpreise II.
[487] Das ist mit Ablauf des 31.12.2001 alleine der Euro; Artikel 1 (DM-Beendigungsgesetz) des 3. Euro-Einführungsgesetzes (3. Euro-EG) vom 16.12.1999, BGBl. I 1999, S. 2402. Gemäß § 11 PAngV war es seit 1.8.2001 gestattet, Preise nur in Euro anzugeben, „soweit die Preise des wesentlichen Waren- oder Leistungssortiments durch Werbung über den 31. Dezember 2001 hinauswirken". Für tages-

II. Weitere Regelungen der PAngV

1. Ausstellung von Waren in Schaufenstern u.a.

399 Gemäß § 4 Abs. 1 PAngV sind Waren, die in Schaufenstern, Schaukästen innerhalb oder außerhalb des Verkaufsraumes auf Verkaufsständen oder in sonstiger Weise sichtbar ausgestellt werden, und Waren, die vom Verbraucher unmittelbar entnommen werden können, durch Preisschilder oder Beschriftung der Ware auszuzeichnen. Für die Betreiber von Tankstellen gilt § 9 Abs. 1 PAngV.

2. Leistungen

400 Wer Leistungen anbietet, muss gemäß § 5 Abs. 1 PAngV ein Preisverzeichnis mit den Preisen für seine wesentlichen Leistungen aufstellen. Das Verzeichnis muss „am Ort des Leistungsangebots" gut einsehbar – zum Beispiel im Schaufenster oder Schaukasten – angebracht sein. Ort des Leistungsangebots ist auch die Bildschirmanzeige. Demnach bestimmt § 5 Abs. 1 PAngV weiter: „Wird eine Leistung über Bildschirmanzeige erbracht und nach Einheiten berechnet, ist eine gesonderte Anzeige über den Preis der fortlaufenden Nutzung unentgeltlich anzubieten." Für Gaststätten und das Beherbergungsgewerbe sieht § 7 PAngV entsprechende Regelungen vor. Für die Vermietung von Parkplätzen für eine Dauer von weniger als einem Monat, müssen die Anforderungen von § 9 Abs. 2 PAngV erfüllt sein.

3. Kredite

401 Für Kredite enthält § 6 PAngV eine spezielle Regelung. Für Verbraucherdarlehensverträge gelten außerdem §§ 492 f. BGB

III. Rechtsfolgen

402 Ein Verstoß gegen die PAngV kann gemäß § 10 PAngV eine Ordnungswidrigkeit sein. Unlauter gemäß § 1 UWG – mit den sich daraus ergebenden Ansprüchen auf Unterlassung, Schadensersatz und Nebenansprüchen – ist er nur, wenn besondere Umstände vorliegen. Das ist vor allem dann der Fall, wenn der Verstoß gegen die PAngV bewusst und planmäßig in der Absicht begangen wird, sich im Wettbewerb einen in rechtmäßiger Weise nicht erreichbaren Vorsprung vor Mitbewerbern zu verschaffen.[488] Ein Schutzgesetz im Sinne von § 823 Abs. 2 BGB ist die PAngV nicht.[489]

Zum Fall „Aktivierungskosten":

403 Der *BGH* sah in der konkreten Gestaltung der Werbung einen Verstoß gegen § 3 UWG sowie § 1 UWG i. V. mit § 1 Abs. 2 und Abs. 6 PAngV. Denn die Beklagte habe die für den Verbraucher mit dem Abschluss eines Netzvertrages verbundenen Kosten nicht hinreichend deutlich gemacht. Wenn die Beklagte ein besonders günstiges Angebot blickfangmäßig herausstelle, müssten auch alle anderen Preisbestandteile eindeutig

---

aktuelle Preise galt dies demnach nicht. Wer gemäß § 11 PAngV verfuhr, musste geeignete Umrechnungshilfen für die Ermittlung des Preises in Deutsche Mark vorsehen.

[488] Vgl. *Köhler/Piper* Einf. PAngV Rn. 17; BGH GRUR 1994, 311 = NJW-RR 1994, 302 = WRP 1994, 177 – Finanzkaufpreis ohne Mehrkosten.

[489] *Köhler/Piper* Einf. PAngV Rn. 19.

§ 8 Wettbewerbsrechtliche Nebenregelungen

zuzuordnen, leicht erkennbar und deutlich lesbar sein. Dies sah der BGH jedenfalls bei der einmaligen Aktivierungsgebühr als nicht gegeben an, die in den Erläuterungen zu den jeweiligen Tarifen untergehe.[490]

E. Richtlinien von Wirtschaftsgruppen

I. ZAW und Werberat

1. Überblick über die Aufgaben

Der Zentralverband der deutschen Werbewirtschaft (ZAW) hieß früher „Zentralausschuss der Werbewirtschaft" und hat deshalb seine ursprüngliche Abkürzung „ZAW" beibehalten. Der ZAW vereint alle Gruppen der Werbewirtschaft, indem der ZAW Verbände zusammenfasst, deren Mitglieder Wirtschaftswerbung betreiben, vorbereiten, durchführen, gestalten und vermitteln.[491] Derzeit sind im ZAW 39 Organisationen zusammengeschlossen, und zwar aus der Werbung treibenden Wirtschaft, den Werbeagenturen, der Werbung Durchführenden und Werbemittelhersteller sowie der Werbeberufe und der Marktforschung. Die Hauptaufgaben des ZAW bestehen darin, für alle am Werbegeschäft Beteiligten eine gemeinsame Politik und einen Interessenausgleich herbeizuführen und die Werbewirtschaft in allen grundsätzlichen Positionen nach außen hin zu vertreten. Hierbei ist der ZAW insbesondere bemüht, durch seine Lobbyarbeit staatliche Werberestriktionen zu verhindern. Dies hat u.a. dazu geführt, dass der ZAW Richtlinien erlassen hat, die die Mitglieder des ZAW als Standesregeln binden und damit für die Mitglieder des ZAW verbindlich sind.

404

Um die Einhaltung der Richtlinien und der Werbedisziplin im übrigen zu wahren, wurde 1972 der „Deutsche Werberat" gegründet,[492] der folgende Kernaufgaben hat:

405

- Konflikt-Regelung zwischen Konsumenten und gesellschaftlichen Gruppen einerseits und der werbenden Wirtschaft andererseits durch die Möglichkeit für den Einzelnen, Beschwerden beim „Deutschen Werberat" einzubringen;
- Frühwarnsystem bei Fehlentwicklungen, zum Beispiel bei umweltbezogenen Maßnahmen, bei denen der Werberat mit speziellen Informationen auf Gefahren des Missbrauchs hinweisen kann;
- Abwehr von Tendenzen staatlicher Einrichtungen, über das bestehende Rechtssystem hinaus dirigistisch in Werbemaßnahmen einzugreifen.

2. Verhaltensregeln und Richtlinien[493]

a) Kinder. Der Deutsche Werberat hat Verhaltensregeln für die Werbung mit und vor Kindern im Werbefunk und Werbefernsehen aufgestellt. Gegenstand der Verhaltensregeln sind Grundsätze bei der Gestaltung und Durchführung von Werbemaßnahmen

406

---

[490] Vgl. auch BGH WRP 1999, 505, 508 – Nur 1 Pfennig. Dort beanstandete der BGH, dass die Werbung keinen Hinweis auf die Mindestlaufzeit des Kartenvertrages enthielt als Verstoß gegen § 1 Abs. 2, Abs. 6 Satz 1 PAngV.
[491] Siehe hierzu das Jahrbuch „Werbung in Deutschland 2001", edition ZAW, Bezug über ZAW, www.zaw.de; *Baumbach/Hefermehl* Einl. UWG Rn. 34.
[492] Siehe unter www.werberat.de.
[493] Abrufbar unter www.zaw.de bzw. www.werberat.de.

mit Kindern oder Werbung, die sich speziell an Kinder wendet. Zu den Verhaltensregeln gehört u.a.:

- Die Werbemaßnahmen sollen keine direkten Werbemaßnahmen zu Kauf oder Konsum an Kinder enthalten.
- Aleatorische Werbemittel (z.B. Gratisverlosungen, Preisausschreiben und -rätsel u.a.) sollen die Umworbenen nicht irreführen, nicht durch übermäßige Vorteile anlocken, nicht die Spielleidenschaft ausnutzen und nicht anreißerisch belästigen.

Ähnliche Verhaltensregeln wurden auch für Werbung im Fernsehen mit Jugendlichen und für Werbung, die sich speziell an Jugendliche wendet, verabschiedet.

407 b) **Alkohol.** 1992 hat der Deutsche Werberat Verhaltensregeln über die Werbung für alkoholische Getränke verabschiedet. Alkoholische Getränke im Sinne dieser Verhaltensregeln sind alle alkoholischen Getränke, unabhängig von der Höhe ihres Alkoholgehalts mit Ausnahme derjenigen Getränke, die sich aufgrund von lebensmittelrechtlichen Vorschriften als alkoholfrei bezeichnen dürfen.

408 Die Verhaltensregeln verpflichten Hersteller und Importeure von alkoholischen Getränken u.a.,

- zu verhindern, dass Werbung für die Erzeugnisse als Ansprache Jugendlicher missverstanden werden kann,
- keine Aufforderungen zum Trinken an Jugendliche zu richten und keine trinkenden oder zum Trinken auffordernde oder aufgeforderte Jugendliche darzustellen,
- keine trinkenden oder zum Trinken auffordernde Leistungssportler darzustellen,
- keine Darstellungen zu wählen, die die Enthaltsamkeit in allgemeinen oder besonderen Fällen abwertet oder
- den Eindruck zu erwecken, der Genuss alkoholischer Getränke fördere sozialen oder sexuellen Erfolg.

409 c) **Redaktionell gestaltete Anzeigen.** Der ZAW hat im Jahr 1980 Richtlinien für redaktionell gestaltete Anzeigen ausgearbeitet. Neun Ziffern regeln, welche Voraussetzungen Anzeigen in Druckschriften, die wie redaktionelle Mitteilungen gestaltet sind, erfüllen müssen. Hierbei hat der ZAW vor allem auch Aspekte aufgegriffen, die die Rechtsprechung entwickelt hat, wie etwa die Kennzeichnungspflicht als Anzeige.[494] Geregelt ist u.a.:

- Eine Anzeige muss als Anzeige gekennzeichnet sein und zwar in einem unmittelbaren Textzusammenhang. Ein Hinweis an anderer Stelle, dass eine Veröffentlichung entgeltlich erfolgt ist, genügt nicht (Nr. 6).
- Andere Wörter wie „PR-Anzeige", „PR-Mitteilung", „Promotion" oder „Public Relations" sind verboten (Nr. 8).
- Die Frage, ob sich aus der Gestaltung der Anzeige ohne die Kennzeichnung mit dem Wort „Anzeige" hinreichend ergibt, ob eine entgeltliche Veröffentlichung vorliegt, richtet sich nach dem flüchtigen Durchschnittsleser (Nr. 4).

---

[494] Vgl. hierzu auch etwa Art. 9 BayPresseG, das ausdrücklich eine Kennzeichnungspflicht von Anzeigen vorsieht.

§ 8 Wettbewerbsrechtliche Nebenregelungen

3. Rechtsfolgen eines Verstoßes

Die Verhaltensregeln und -richtlinien geben einen Anhaltspunkt dafür, wann wettbewerbswidriges Verhalten vorliegt. Wer also gegen die Verhaltensregeln oder -richtlinien verstößt, begeht damit einen Verstoß gegen § 1 UWG mit den sich dort ergebenden Rechtsfolgen. 410

II. Richtlinien der Verlegerorganisationen und der Versicherungswirtschaft

1. Richtlinien der Verlegerorganisationen für redaktionelle Hinweise in Zeitungen und Zeitschriften

Die Verlegerorganisationen haben in ihren Richtlinien für redaktionelle Hinweise in Zeitungen und Zeitschriften die ZAW-Richtlinie für redaktionell gestaltete Anzeigen[495] präzisiert und erweitert. Die Richtlinien enthalten u.a. Regelungen zur Veröffentlichung von amtlichen Bekanntmachungen, Programmübersichten, Beiträgen über Modeschauen und Filmbesprechungen sowie Regeln zur Berichterstattung über Messen und Ausstellungen, Neuheiten, Jubiläen und Firmenveranstaltungen. 411

2. Wettbewerbsrichtlinien der Versicherungswirtschaft

Die Versicherungswirtschaft hat 1977 Richtlinien erlassen.[496] Diese beinhalten u.a. Grundsätze für den Abschluss von Vertreterverträgen und für das Verhalten im Wettbewerb. 412

3. Rechtsfolgen eines Verstoßes

Die Richtlinien geben – wie auch die ZAW- und Werberat-Regeln – einen Anhaltspunkt dafür, wann wettbewerbswidriges Verhalten vorliegt. Wer gegen die Richtlinien verstößt, begeht damit in der Regel einen Verstoß gegen § 1 UWG mit den sich dort ergebenden Rechtsfolgen. Allerdings wird bei einem Verstoß zu prüfen sein, ob die bereits seit Jahrzehnten bestehenden Regelungen nach wie vor dem heutigen Verständnis sittenwidrigen Handelns entsprechen. Das gilt vor allem für die Richtlinien der Verlegerverbände, die in Teilbereichen reichlich antiquiert und noch nicht von dem Leitbild des verständigen Verbrauchers geprägt sind. So sieht etwa Nr. 17 der Richtlinien vor, dass bei Berichten über Neuheiten nur der Hersteller, nicht jedoch der Wiederverkäufer genannt werden darf (Nr. 15). Dabei kann die Serviceleistung einer regionalen Zeitung gerade darin bestehen, den Leser darüber zu informieren, wo er am Ort die Neuigkeit erwerben kann.[497] 413

F. Persönlichkeitsrecht und Werbung

Eine Werbung kann das Persönlichkeitsrecht u.a. dann verletzen, wenn 414
- mit dem Bildnis,
- dem Namen oder mit
- authentischen oder erfundenen Äußerungen
  einer Person geworben wird.

---
[495] Abgedruckt bei *Baumbach/Hefermehl* Anhang XI zu § 3 UWG.
[496] Abgedruckt bei *Baumbach/Hefermehl* Anhang XII zu § 3 UWG.
[497] Allerdings unter Beachtung der zum werblichen Beitrag beschriebenen Grundsätze, siehe Rn. 129.

415 Gerade in jüngster Zeit wird immer wieder mit Bildnissen ohne Einverständnis der abgebildeten Personen geworben, obwohl das rechtlich durchweg problematisch ist.[498] Die Werbungtreibenden spekulieren darauf, dass die Prominenten – vor allem Politiker – auf rechtliche Schritte verzichten, um nicht erst recht das beworbene Produkt bekannt zu machen oder als humorlos zu gelten. Erfolg mit dieser Strategie hatte u.a. eine bayerische Autovermietung, die der CDU-Vorsitzenden Angela Merkel auf zwei ganzseitigen Werbeanzeigen empfahl, sich ein Cabrio zu mieten.[499] Schon 1958 hat der BGH in dem berühmten „Herrenreiter"-Fall entschieden,[500] dass die Werbung mit dem Bildnis bekannter Persönlichkeiten ohne deren Einwilligung deren Persönlichkeitsrecht verletzt.

416 Aus § 22 KUG, der das Recht am eigenen Bild ausdrücklich schützt, ergibt sich, dass eine Fotoveröffentlichung nur mit Einwilligung des Abgebildeten erfolgen kann.[501] Zwar enthält § 23 Abs. 1 KUG Ausnahmen für Personen der Zeitgeschichte, die jedoch dann nicht gelten, wenn berechtigte Interessen dieser Personen betroffen sind (§ 23 Abs. 2 KUG). Berechtigte Interessen sind nach ständiger Rechtsprechung u.a. dann verletzt, wenn das Bildnis zu Werbezwecken ohne Einwilligung der betroffenen Person genutzt wird. Unter „Bildnis" wird jede Abbildung verstanden, die eine Person erkennbar macht. Hierfür genügt es auch, wenn ein Double abgebildet wird, jedoch der Eindruck entstehen soll, die berühmte Persönlichkeit selbst habe sich für die Werbemaßnahme zur Verfügung gestellt.

417 Gleiche Grundsätze gelten für die ungenehmigte Werbung mit dem Namen[502] oder mit (authentischen oder erfundenen) Äußerungen von Personen.

418 Bei einer Verletzung des Persönlichkeitsrechts gibt es insbesondere Unterlassungs- und Schadensersatzansprüche. Ein Verstoß gegen das KUG ist auch strafbar (§ 33 KUG).[503]

---

[498] Siehe zum Schutz der Persönlichkeit auch *Baumbach/Hefermehl* Allg. Rn. 142 ff.
[499] Vgl. zum Beispiel *Süddeutsche Zeitung* vom 7. Mai 2001, S. 25 und 27.
[500] *BGH* NJW 1958, 827.
[501] Siehe zum Recht am eigenen Bild u.a. die Kommentierung bei *Schricker* Anhang zu § 60 UrhG.
[502] Vgl. auch *Baumbach/Hefermehl* Allg. Rn. 164 ff.
[503] Vgl. im Übrigen zum Schutz des Persönlichkeitsrechts auch *Baumbach/Hefermehl* Allg. Rn. 142 ff.

§ 9 Gemeinschaftsrecht, internationales Wettbewerbsrecht

A. EG-Recht

Das europäische Gemeinschaftsrecht hat Vorrang vor dem nationalen Recht der Mitgliedstaaten.[504] Allerdings gibt es für das Wettbewerbsrecht keine unmittelbare europäische Regelung, so dass es im wesentlichen auf das deutsche Wettbewerbsrecht ankommt. Verordnungen und Richtlinien können jedoch als Sekundärrecht Einfluss haben und auch die Rechtsprechung des *EuGH* als europäisches Verfassungsgericht (Art. 234 EG) wirkt sich auf das deutsche UWG-Recht aus.

I. Verordnungen und Richtlinien der Europäischen Gemeinschaft

Verordnungen sind unmittelbar geltendes Recht (Art. 249 Abs. 2 EG). Eine speziell wettbewerbsrechtliche Verordnung haben jedoch Rat oder Kommission bislang nicht erlassen.[505] Richtlinien sind für jeden Mitgliedstaat hinsichtlich des zu erreichenden Zieles verbindlich (Art. 249 Abs. 3 EG). Das Recht der Mitgliedstaaten ist richtlinienkonform auszulegen. Der Inhalt ist innerhalb der jeweils gesetzten Frist in nationales Recht umzusetzen. Solange die Richtlinie nicht umgesetzt ist, verpflichtet sie nur den Mitgliedstaat und nicht auch – wie bei Verordnungen – den Einzelnen. Erfolgt die Umsetzung nicht fristgerecht, gewinnt die Richtlinie Außenwirkung und ist auch nach der BGH-Rechsprechung ebenso innerstaatlich anwendbar[506] – vorausgesetzt die Richtlinie ist inhaltlich klar und es besteht eine Verpflichtung zur Umsetzung. Selbst vor Ablauf der Umsetzungsfrist kann es bei Auslegung der Generalklausel des § 1 UWG geboten sein, eine Richtlinie zu berücksichtigen.[507]

Es gibt eine Reihe wettbewerbsrechtlicher Richtlinien der Europäischen Gemeinschaft,[508] die teilweise – wegen bereits bestehender deutscher Regelungen – nicht gesondert umzusetzen waren oder bereits umgesetzt sind.

1. Irreführungs-Richtlinie

Die Richtlinie aus dem Jahr 1984[509] verbietet Werbung, die den Verbraucher irreführen kann. Was jedoch unter „Irreführung" zu verstehen ist, bleibt der Definition des nationalen Gesetzgebers überlassen. § 3 UWG und die hierzu ergangene Rechtsprechung definieren Irreführung aus deutscher Sicht.

2. Richtlinie über vergleichende Werbung

Diese Richtlinie hat die Gemeinschaft im Jahr 1997 zur Ergänzung der Richtlinie über irreführende Werbung verabschiedet.[510] Damit ist – im Gegensatz zur früheren

---

[504] Siehe zum Gemeinschaftsrecht *Baumbach/Hefermehl* Einl. UWG Rn. 606 ff.
[505] Es gibt allerdings zum Beispiel eine VO, die nachgeahmte Waren betrifft und eine EG-VO zum Flugpreisrecht, *Baumbach/Hefermehl* Einl. UWG Rn. 609.
[506] Vgl. BGH GRUR 1993, 825 = NJW 1993, 3139 – Dos; vgl. auch *Baumbach/Hefermehl* Einl. UWG Rn. 610 b f.
[507] So der BGH zur Richtlinie über vergleichende Werbung, siehe Rn. 166 ff.
[508] Die Richtlinien sind im Internet zum Beispiel unter http://europa.eu.int/eur-lex/de/index.html abrufbar.
[509] Richtlinie 84/450/EWG.
[510] Richtlinie 97/55/EG.

deutschen Rechtsprechung – vergleichende Werbung grundsätzlich erlaubt, wenn sie der Information des Verbrauchers dient. Der deutsche Gesetzgeber hat die Richtlinie im Jahr 2000 mit der Neuformulierung von § 2 UWG umgesetzt.[511]

3. Fernabsatz-Richtlinie

424 Die Fernabsatz-Richtlinie stammt ebenfalls aus dem Jahr 1997 und enthält auch Regelungen für die grenzüberschreitende, europaweite Werbung, wie zum Beispiel das Verbot unerwünschter Werbung per Telefax (Art. 10 Abs. 1). Der deutsche Gesetzgeber hat auch diese Richtlinie umgesetzt, indem er zunächst das FernAbsG[512] geschaffen und nunmehr entsprechende Regelungen in das BGB integriert hat (§§ 312 a ff. BGB).

4. E-Commerce-Richtlinie

425 Schließlich gibt es noch die Richtlinie über elektronischen Geschäftsverkehr in der EG aus dem Jahr 2000.[513] Diese Richtlinie beinhaltet unter anderem in Art. 6 Transparenz- und Informationspflichten von Werbetreibenden sowie Regelungen zur nicht angeforderten E-Mail-Werbung (Art. 7).[514] Die Richtlinie hat vor allem zur Aufhebung des RabattG und der ZugabeVO geführt.[515]

II. EuGH-Rechtsprechung

426 Es kommt auch gerade im Hinblick auf die Europäisierung des Wettbewerbsrechts zunehmend auf Entscheidungen des EuGH an. Denn die Entscheidungen des EuGH sind für diejenigen verbindlich, die sie bezeichnen. Das können Mitgliedstaaten oder Einzelpersonen sein.[516] Besondere Bedeutung haben Vorabentscheidungen (Art. 234 Abs. 1 EG) des EuGH zur Anwendung und Auslegung von Gemeinschaftsrecht. Diese kann ein innerstaatliches Gericht herbeiführen, wenn dessen Entscheidung mit Rechtsmitteln des innerstaatlichen Rechts anfechtbar ist (Art. 234 Abs. 2 EG). Das innerstaatliche Gericht muss eine Vorabentscheidung herbeiführen, dessen Entscheidung nach innerstaatlichem Recht nicht mehr anfechtbar ist (Art. 234 Abs. 3 EG), wenn in einem bei ihm schwebenden Verfahren eine Frage des Gemeinschaftsrechts von Bedeutung ist.[517] Die Vorlagepflicht besteht allerdings nicht auch im Eilverfahren.[518] Die Vorabentscheidungen sind bindend.

---

[511] Gesetz zur vergleichenden Werbung und zur Änderung wettbewerbsrechtlicher Vorschriften vom 1.9.2000, BGBl. I 2000, S. 1374.
[512] Siehe Rn. 380 ff.
[513] Richtlinie 2000/31/EG.
[514] Siehe Rn. 145.
[515] Siehe Rn. 106 ff.
[516] *Baumbach/Hefermehl* Einl. UWG Rn. 613 und 630 ff.
[517] Vgl. *Baumbach/Hefermehl* Einl. UWG Rn. 638 ff.
[518] EuGH NJW 1977, 1585 – Terrapin/Terranova.

B. Sonstige internationale Regelungen

Des weiteren gibt es internationale wettbewerbsrechtliche Abkommen wie die Pariser Verbandsübereinkunft, das Madrider Herkunftsabkommen, das Madrider Markenabkommen oder das Nizzaer Klassifikationsabkommen.[519] Aktuelle Entwicklungen gibt es hierzu insbesondere im Markenrecht.[520] Schließlich gibt es noch Internationale internationale Verhaltensregeln der Internationalen Handelskammer (ICC),[521] zum Beispiel für die Werbepraxis, für Sponsoring oder für Umweltwerbung.[522]

427

---

[519] Im Internet alle auffindbar zum Beispiel unter http://www.admin.ch/ch/d/sr/0.23.html oder http://www.gesetze.ch/inh/inh1104.htm.
[520] Vgl. EuGH WRP 1999, 407 – BMW-Gebrauchtwagen; vgl. auch *Baumbach/Hefermehl* (4. Teil) Internationales Wettbewerbsrecht, S. 1697 ff.
[521] Abgedruckt zum Beispiel bei *Baumbach/Hefermehl* Anhang IX zu § 3 UWG; www.icc-deutschland.de.
[522] Zu den Rechtsfolgen eines Verstoßes gegen die Verhaltensregeln vgl. Rn. 410.

2. Teil. Wettbewerbsrechtliche Ansprüche, Abmahnung und Einigungsverfahren

Vorüberlegungen:

1. Schon bei der Prüfung, welche Ansprüche geltend gemacht werden sollen, sollte **428** entschieden werden, ob diese im Wege des Verfügungsverfahrens geltend gemacht werden sollen und können. Denn im Verfügungsverfahren ist Eile geboten, da in der Regel[523] nur wenige Wochen ab Kenntnis von der Handlung und des Verletzers Zeit bleibt, um etwaige Ansprüche im Verfügungsverfahren geltend zu machen.[524] Selbst Vergleichsverhandlungen können die **Eilbedürftigkeit** entfallen lassen!
2. Auch die **Verjährungsfrist des § 21 UWG** ist von besonderer Bedeutung, da diese lediglich sechs Monate ab Kenntnis beträgt. Die Ansprüche müssen innerhalb der sechs Monate entweder
   a. durch eine strafbewehrte Unterlassungserklärung,
   b. die Einleitung eines Verfügungsverfahrens[525] oder
   c. die Einleitung eines Hauptsacheverfahrens gesichert sein.
3. Selbst die Erhebung der Hauptsacheklage bietet nicht die Gewähr, dass damit die Verjährung gemäß § 204 BGB gehemmt (gem. § 211 BGB a.F. unterbrochen) bleibt. Vor allem dann, wenn es zwischen den Parteien zu Vergleichsverhandlungen kommt oder der Ausgang eines anderen Rechtsstreits abgewartet werden soll, besteht das Risiko der Beendigung der Verjährungsunterbrechung wegen Verfahrensstillstand gemäß § 204 Abs. 2 Satz 2 BGB (§ 211 Abs. 2 Satz 1 BGB a.F.). Das gilt auch, wenn die Parteien übereinstimmend gemäß § 251 Abs. 1 ZPO das Ruhen des Verfahrens beantragt haben oder um Absetzung des Termins wegen Vergleichsgesprächen bitten. Der Verletzter sollte dann immer vorsorglich einen – zumindest zeitlich befristeten – **Verzicht auf die Erhebung der Verjährungseinrede** abgeben.[526]

---

[523] Nach der Rechtsprechung etwa der Münchner Gerichte in der Regel nur ein Monat ab Kenntnis der Verletzungshandlung und des Verletzers. Siehe hierzu *Baumbach/Hefermehl* § 25 UWG Rn. 15 und *Köhler/Piper* § 25 UWG Rn. 15. Eine Übersicht über die jeweilige Rechtsprechung enthält auch *Berneke*, Einstweilige Verfügung, Rn. 77.
[524] Eine gesetzlich festgelegte Frist gibt es nicht!
[525] Das hat jedoch erst zum 1. Januar 2002 das Gesetz zur Modernisierung des Schuldrechts eingeführt, siehe Rn. 527 ff. Für Ansprüche, die vor dem 1. Januar 2002 entstanden sind, gilt das noch nicht. Diese verjähren, wenn keine Abschlusserklärung abgegeben oder ein Hauptsacheverfahren innerhalb der Frist des § 21 UWG eingeleitet wurde.
[526] Vgl. auch BGH NJW 1998, 2274. Ein Einredeverzicht ist mit Inkrafttreten des SchuldrechtsmodG auch ohne rechtliche Konstruktionen möglich, da § 225 BGB a.F. (Verbot der Vereinbarung über eine Erschwerung der Verjährung) ersatzlos gestrichen wurde. § 202 Abs. 2 BGB sieht nun vor, dass die Verjährung durch Rechtsgeschäft bis längstens 30 Jahre ab Beginn der gesetzlichen Verjährung erschwert werden kann.

4. Bei jeder wettbewerbsrechtlichen Sache sollte man umgehend folgende Fristen notieren:[527]
   a. Frist für die Einreichung des Verfügungsantrages gemäß der regionalen Rechtsprechung zur Dringlichkeitsvermutung[528] und
   b. kurze Verjährungsfrist für alle wettbewerbsrechtlichen Ansprüche gemäß § 21 UWG.[529]

---

[527] Vgl. auch die im Anhang abgedruckte „Checkliste".
[528] Siehe Rn. 752 ff.
[529] Siehe Rn. 508 ff.

§ 10 Zivilrechtliche Ansprüche

A. Vorbemerkung

Die wettbewerbsrechtlichen Hauptansprüche sind der Unterlassungs- und der Schadensersatzanspruch.[530] Nicht selten gehen Wettbewerber bewusst das Risiko ein, dass eine werbliche Maßnahme wettbewerbswidrig ist, wenn ohnedies keine Wiederholung der Werbemaßnahme geplant ist. Dann kann der Verletzer oft ohne größeren wirtschaftlichen Nachteil eine vom Wettbewerber geforderte Unterlassungserklärung abgeben. Allerdings gibt es auch wettbewerbliche Bereiche, in denen Unterlassungsverpflichtungen ganz erhebliche Konsequenzen haben können. So ist etwa anerkannt, dass wettbewerbswidrig veranstaltete Preisrätsel – zum Beispiel Preisrätsel, bei denen die Einsendung eines Originalcoupons gefordert wird – auch nicht ausgespielt werden dürfen. Es darf damit der Veranstalter – selbst zum Nachteil der Teilnehmer – die Gewinne nicht aushändigen.[531]

429

Für den Schadensersatzanspruch ist Verschulden erforderlich, das allerdings in der Regel zu bejahen ist.[532] Demnach haben Verfahren zur Feststellung eines Schadensersatzanspruches durchweg Erfolg. Wenn es allerdings darum geht, die Höhe des kausal verursachten Schadens darzulegen und zu beweisen, scheitert dies zumeist am Nachweis der Kausalität. Aufgrund der Schwierigkeit, in der Praxis den konkreten Schaden nachzuweisen, ist vielfach auch anerkannt, dass der Verletzte vom Verletzer eine angemessene Lizenzgebühr oder den Verletzergewinn verlangen kann.[533]

430

B. Anspruchssynopse der Hauptansprüche

Nachfolgend wird dargestellt, welche Ansprüche im Falle eines Verstoßes gegen wettbewerbsrechtliche Bestimmungen gegeben sind. Da die Rechtsfolgen bei den wettbewerbsrechtlichen Nebengesetzen bereits dort erwähnt wurden,[534] erfolgt eine Erwähnung an dieser Stelle nicht mehr. Zu §§ 4, 6 und 6c BGB bestimmt § 13 Abs. 1 UWG:

431

§ 13 Abs. 1 UWG:
¹Wer den §§ 4, 6, 6c zuwiderhandelt, kann auf Unterlassung in Anspruch genommen werden.

432

- § 1 UWG: Unterlassung und Schadensersatz,
- § 2 UWG: Unterlassung und Schadensersatz,
- § 3 UWG: Unterlassung und Schadensersatz,[535]
- §§ 4, 13 Abs. 1 UWG: Unterlassung,
- §§ 6, 13 Abs. 1 und 6 Nr. 2 UWG: Unterlassung und Schadensersatz,
- §§ 6 a, 13 Abs. 1, 2 und 6 Nr. 2 UWG: Unterlassung und Schadensersatz,

---

[530] Vgl. *Baumbach/Hefermehl* Einl. UWG Rn. 251 a ff., 256 ff. und 339 ff.
[531] Siehe Rn. 99; vgl. auch *Baumbach/Hefermehl* § 1 UWG Rn. 171.
[532] Vgl. *Baumbach/Hefermehl* Einl. UWG Rn. 142.
[533] Vgl. *Baumbach/Hefermehl* Einl. UWG Rn. 381 ff.
[534] Siehe Rn. 351 ff.
[535] Beachte hier das in § 13 Abs. 6 Nr. 1 UWG enthaltene Presseprivileg und die eingeschränkte Verantwortlichkeit der Medien für wettbewerbswidrige Inhalte von Werbung, *Baumbach/Hefermehl* Einl. UWG Rn. 331 und S. 127.

- §§ 6 b, 13 Abs. 1, 2 und 6 Nr. 2 UWG: Unterlassung und Schadensersatz,
- §§ 6 c, 13 Abs. 1 und 6 Nr. 2 UWG: Unterlassung und Schadensersatz,
- §§ 7, 13 Abs. 2 und 6 Nr. 2 UWG: Unterlassung und Schadensersatz,
- §§ 8 Abs. 5 und 6, 13 Abs. 2, 13 Abs. 6 Nr. 2 UWG: Unterlassung und Schadensersatz,
- § 14 UWG: Unterlassung und Schadensersatz,
- § 15 UWG: Unterlassung und Schadensersatz,[536]
- §§ 17, 19 UWG: Unterlassung und Schadensersatz,[537]
- §§ 18, 19 UWG: Unterlassung und Schadensersatz.[538]

433 Neben den Unterlassungs- und Schadensersatzansprüchen können auch gemäß §§ 1004, 823 BGB Beseitigungsansprüche bestehen. Im Übrigen sind die §§ 823, 824 und 826 BGB grundsätzlich auch neben den wettbewerbsrechtlichen Vorschriften anwendbar.[539]

C. Anspruchsvoraussetzungen

I. Aktivlegitimation für Unterlassungsansprüche, § 13 UWG

434 Die Beschränkung der Aktivlegitimierung auf konkrete, in § 13 Abs. 2 UWG genannte, Berechtigte, war das Kernstück der UWG-Novelle im Jahr 1994. Der Gesetzgeber wollte hierdurch insbesondere den sogenannten Abmahnvereinen ihre lukrative Tätigkeit entziehen und – zusammen mit der Regelung in § 24 Abs. 2 UWG – den bis zu diesem Zeitpunkt bestehenden fliegenden Gerichtsstand einschränken. Dieser konnte dazu führen, dass zum Beispiel bei einer wettbewerbswidrigen Werbeanzeige in einem Münchner Anzeigenblatt, das in einem Einzelexemplar nach Nordrhein-Westfalen gelangt war, dort ein gerichtliches Verfahren angestrengt werden konnte.

435 § 13 Abs. 2 UWG betrifft die Aktivlegitimation für die Geltendmachung von Unterlassungsansprüchen – und damit auch von Beseitigungs- und Widerrufsansprüchen.[540] Soweit in § 13 Abs. 6 UWG von Schadensersatzansprüchen die Rede ist, ist dort die Passivlegitimation geregelt. Die Geltendmachung von Schadensersatzansprüchen richtet sich im übrigen nach den allgemeinen zivilrechtlichen Regelungen. Bei § 13 Abs. 2 UWG handelt es sich um eine sogenannte qualifizierte Prozessführungsvoraussetzung. Das bedeutet: Steht fest, dass der geltend gemachte Anspruch materiell-rechtlich nicht besteht, bedarf es keiner Vorabentscheidung über die Prozessführungsbefugnis.[541]

436 Die Frage der Aktivlegitimation ist vom Gericht von Amts wegen zu prüfen. Die Voraussetzungen müssen zumindest in der letzten mündlichen Verhandlung vorliegen.

---

[536] Vgl. *Baumbach/Hefermehl* § 15 UWG Rn. 9.
[537] Vgl. *Baumbach/Hefermehl* § 17 UWG Rn. 46.
[538] Vgl. *Baumbach/Hefermehl* § 18 UWG Rn. 6.
[539] Vgl. Rn. 316
[540] Vgl. BGH GRUR 1998, 415 = NJWE-WettbR 1998, 241 = WRP 1998, 383 – Wirtschaftsregister.
[541] Vgl. BGH GRUR 1999, 1119 = NJW-RR 2000, 634 = WRP 1999, 1159 – RUMMS und BGH GRUR 1999, 509 = NJW 1999, 1332 = WRP 1999, 421 – Vorratslücken.

§ 10 Zivilrechtliche Ansprüche

1. Unmittelbare Betroffenheit

Fall „Immobilienpreisangaben":[542]

Der Beklagte ist ein in München ansässiger bundesweit tätiger Immobilienmakler. Der Kläger, ein Rechtsanwalt in München und ebenfalls bundesweit tätiger Anbieter von Immobilien, hat Anzeigen des Beklagten als wettbewerbswidrig beanstandet. 437

Anspruchsberechtigt ist immer derjenige Mitbewerber, der durch eine wettbewerbswidrige Handlung unmittelbar betroffen ist. Aktivlegitimiert ist damit in jedem Fall der Wettbewerber, der unter Verstoß gegen § 14 UWG angeschwärzt oder durch eine wettbewerbswidrige Marktstörung beeinträchtigt wird.[543] Der Kunde ist nicht aktivlegitimiert, auch wenn er von wettbewerbswidrigen Handlungen betroffen ist. Kündigt etwa ein Unternehmen in einer Werbeanzeige den Verkauf von 100 günstigen Computergeräten an und stellt sich heraus, dass das im Bild vorgestellte Computergerät dort gar nicht erhältlich ist, kann der Kunde einen Verstoß gegen §§ 1, 3 UWG nicht geltend machen, sondern nur ein Wettbewerber oder ein gemäß § 13 Abs. 2 sonst Anspruchsberechtigter. 438

Macht der unmittelbar Betroffene Ansprüche geltend, muss er mit dem Verletzer in einem **konkreten Wettbewerbsverhältnis** stehen.[544] Ist diese Voraussetzung erfüllt, bedarf es der weiteren Voraussetzungen des § 13 Abs. 2 UWG nicht. Ein konkretes Wettbewerbsverhältnis ist dann gegeben, wenn beide Parteien gleichartige Waren innerhalb desselben Endverbraucherkreises abzusetzen versuchen mit der Folge, dass das konkret beanstandete Wettbewerbsverhalten den anderen beeinträchtigen, das heißt im Absatz behindern oder stören kann.[545] 439

Zum Fall „Immobilienpreisangaben":

Immobilien sind aus der Sicht von Verbrauchern nicht beliebig austauschbar. Es sind jeweils Einzelstücke, die sich insbesondere nach ihrem Standort, ihrem Alter, ihren architektonischen Besonderheiten, ihrer Bausubstanz sowie ihrer Größe und Ausstattung voneinander unterscheiden. Dies gilt auch – so der *BGH* – für Kapitalanlagen. Der Immobilienmarkt in Deutschland ist – sowohl nach der Zahl der Anbieter als auch nach der Zahl der angebotenen Objekte – groß. Es ist deshalb unwahrscheinlich, dass sich die konkrete Art und Weise einer Werbung für ein bestimmtes Immobilienangebot dahingehend auswirken könnte, dass sich ein Käufer für *dieses* statt für ein gleichzeitig von dem beanstandenden Mitwerber angebotenes Objekt entscheidet. Der BGH hat deshalb ein konkretes Wettbewerbsverhältnis zwischen den Parteien verneint. Der Kläger muss daher gemäß § 13 Abs. 2 Nr. 1 UWG aktivlegitimiert sein.[546] 440

---

[542] BGH GRUR 2001, 258 = NJW 2001, 522 = WRP 2001, 146.
[543] Vgl. *Baumbach/Hefermehl* Einl. UWG Rn. 322 und § 13 UWG Rn. 19.
[544] Vgl. *Baumbach/Hefermehl* § 13 UWG Rn. 19 ff.; vgl. auch Teplitzky, BGH-Rechtsprechung, S. 1054.
[545] Vgl. BGH GRUR 1999, 69 = NJW 1998, 3561 = WRP 1998, 1065 – Preisvergleichsliste II m.w.N.
[546] Auch das hat der BGH verneint, da es durch die beanstandete Werbemaßnahme im konkreten Fall zu keiner wesentlichen Beeinträchtigung des Wettbewerbs – wie es § 13 Abs. 2 Nr. 1 UWG fordert – kommen konnte.

2. Aktivlegitimation gemäß § 13 Abs. 2 Nr. 1 UWG

§ 13 Abs. 2 Nr. 1 UWG:

441 ᴵᴵIn den Fällen der §§ 1, 3, 4, 6 bis 6c, 7 und 8 kann der Anspruch auf Unterlassung geltend gemacht werden
1. von Gewerbetreibenden, die Waren oder gewerbliche Leistungen gleicher oder verwandter Art auf demselben Markt vertreiben, soweit der Anspruch eine Handlung betrifft, die geeignet ist, den Wettbewerb auf diesem Markt wesentlich zu beeinträchtigen,

442 § 13 Abs. 2 UWG bestimmt, dass im Falle eines Verstoßes gegen §§ 1, 3, 4, 6 bis 6 c, 7 und 8 auch Mitbewerber, die nicht unmittelbar betroffen sind, den Störer auf Unterlassung in Anspruch nehmen können.[547] Voraussetzung für die Aktivlegitimation eines nicht unmittelbar betroffenen Wettbewerbers ist, dass er (§ 13 Abs. 2 Nr. 1 UWG)

- als Gewerbetreibender
- Waren oder gewerbliche Leistungen wie der Verletzer
- auf demselben Markt vertreibt.

443 Weiter fordert § 13 Abs. 2 Nr. 1 UWG, dass die wettbewerbswidrige Handlung geeignet ist, den Wettbewerb auf diesem Markt wesentlich zu beeinträchtigen.

444 **a) Wettbewerber, die nicht unmittelbar betroffen sind.** Der Begriff des „Gewerbetreibenden" ist weit zu verstehen und erstreckt sich auf alle, die am Geschäftsleben mitwirken. Ebenfalls weit auszulegen ist der Begriff der Waren oder gewerblichen Leistungen gleicher oder verwandter Art. Videotheken etwa, die Videokassetten mit Spielfilmen verkaufen oder vermieten, vertreiben Waren gleicher oder verwandter Art wie ein Fernsehsender, der Spielfilme ausstrahlt.[548] Auch die Möglichkeit eines künftigen Wettbewerbsverhältnisses reicht aus. Unbeachtlich ist, auf welcher Handelsstufe Verletzer und Wettbewerber stehen, wenn zumindest eine mittelbare Beeinträchtigung durch die Handlung erfolgen kann. Aktivlegitimiert ist ein Wettbewerber gegenüber einem Verletzer auch, wenn dieser selbst nicht Waren oder Dienstleistungen gleicher oder verwandter Art vertreibt, jedoch den Wettbewerb eines solchen Dritten fördert.[549]

445 **b) Derselbe Markt.** Unter demselben Markt ist der räumliche und sachliche Bereich zu verstehen, in dem die Wettbewerber konkurrieren. Auf demselben Markt begegnen sich deshalb nicht ein lediglich örtlich tätiger PKW-Händler aus Bayern und ein hessischer, ebenfalls nur örtlich agierenden PKW-Händler.

446 Allerdings bedeutet eine (lediglich) in einer bestimmten Region bestehende Wettbewerbssituation nicht, dass sich ein Verbot dann auch nur auf diesen örtlichen Bereich – zum Beispiel auf den „Großraum Berlin" – bezieht. Die Voraussetzung, auf demselben Markt tätig zu sein, schränkt lediglich die Aktivlegitimation ein. Materiell-rechtlich wirkt ein Verbot bundesweit. Verstöße gegen ein Unterlassungsgebot auch außerhalb der räumlichen Konkurrenzsituation sind daher sanktionierbar.[550]

---

[547] Vgl. *Baumbach/Hefermehl* § 13 UWG Rn. 6.
[548] OLG Düsseldorf NJW-RR 1997, 548 = WRP 1996, 763.
[549] Vgl. *Baumbach/Hefermehl* § 13 UWG Rn. 15a sowie den Fall BGH GRUR 1997, 907 – Emil Grünbär Klub, siehe auch Rn. 26 und 35.
[550] BGH GRUR 1999, 509 – Vorratslücken (siehe auch Fn. 545). Vgl. die weiteren Nachweise zur obergerichtlichen Rechtsprechung in *Teplitzky*, BGH-Rechtsprechung, S. 1050. Ob das auch für Kammern und Verbände (§ 13 Abs. 2 Nr. 2 bis 4 UWG) gelten soll, die lediglich regional tätig sind, ist noch offen. Vieles spricht dafür, vgl. *Teplitzky*, a.a.O., S. 1051.

§ 10 Zivilrechtliche Ansprüche

c) **Wesentliche Beeinträchtigung des Wettbewerbs.** Schließlich muss die Handlung auch geeignet sein, den Wettbewerb auf demselben Markt wesentlich zu beeinträchtigen, wobei es jedoch auf eine tatsächliche Beeinträchtigung nicht ankommt. Vielmehr handelt es sich hier um die abstrakte Möglichkeit einer Beeinträchtigung. Bagatellverstöße sind hiervon nicht umfasst.[551] Das Erfordernis der wesentlichen Beeinträchtigung ist allerdings – anders, als die Stellung in § 13 Abs. 2 UWG vermuten lässt – keine Frage der Prozessführungsbefugnis, sondern materiell-rechtlicher Natur.[552] 447

3. Aktivlegitimation von Kammern und Verbänden, § 13 Abs. 2 Nr. 2 und Nr. 4 UWG

§ 13 Abs. 2 Nr. 2 und Nr. 4 UWG:
    [II]In den Fällen der §§ 1, 3, 4, 6 bis 6c, 7 und 8 kann der Anspruch auf Unterlassung geltend gemacht werden 448
    ...
    2. von rechtsfähigen Verbänden zur Förderung gewerblicher Interessen, soweit ihnen eine erhebliche Zahl von Gewerbetreibenden angehört, die Waren oder gewerbliche Leistungen gleicher oder verwandter Art auf demselben Markt vertreiben, soweit sie insbesondere nach ihrer personellen, sachlichen und finanziellen Ausstattung imstande sind, ihre satzungsgemäßen Aufgaben der Verfolgung gewerblicher Interessen tatsächlich wahrzunehmen, und soweit der Anspruch eine Handlung betrifft, die geeignet ist, den Wettbewerb auf diesem Markt wesentlich zu beeinträchtigen,
    ...
    4. von den Industrie- und Handelskammern oder den Handwerkskammern.

a) **Verbandseigenschaft.** Neben den Industrie- und Handelskammern sowie Handwerkskammern (§ 13 Abs. 2 Nr. 4 UWG) sind auch Verbände – hierzu gehören auch Berufskammern wie die Landesärztekammer[553] – unter bestimmten Voraussetzungen zur Geltendmachung von Unterlassungs- und Beseitigungsansprüchen[554] aktivlegitimiert.[555] Für die Aktivlegitimation von Verbänden ist zunächst Voraussetzung, dass der Verband rechtsfähig ist. Denn nur als rechtsfähiger Verband ist der Verband auch parteifähig gemäß §§ 50, 51 ZPO. 449

b) **Satzungszweck.** Weitere Voraussetzung ist, dass der Verband satzungsgemäß der Förderung gewerblicher Interessen dienen muss. Auf die wörtliche Formulierung der Satzung kommt es nicht an. Allerdings muss sich aus der Satzung zumindest ergeben, dass dies der Vereinszweck ist. Verbände, die der Förderung gewerblicher Interessen (§ 13 Abs. 2 Nr. 2 UWG) dienen und zugleich Verbraucherinteressen wahrnehmen (§ 13 Abs. 2 Nr. 3 UWG), sind nicht klagebefugt. Hier kann es zu Interessenskollisionen kommen, wodurch eine sachgerechte Verfolgung von Wettbewerbsverstößen verhindert werden kann.[556] 450

---

[551] Vgl. *Baumbach/Hefermehl* § 13 UWG Rn. 18 d.
[552] Vgl. die erste Entscheidung des BGH zu § 13 Abs. 2 UWG in GRUR 1995, 122 = NJW 1995, 724 = WRP 1995, 104 – Laienwerbung für Augenoptiker. Vgl. auch BGH GRUR 1995, 419 = NJW 1995, 1615 = WRP 1995, 386, 389 – Knoblauch-Kapseln; BGH GRUR 1995, 601 = NJW 1995, 2168 = WRP 1995, 691 – Bahnhofs-Verkaufsstellen.
[553] BGH GRUR 1998, 487 = NJW 1998, 822 = WRP 1998, 172 – Professorenbezeichnung in der Arztwerbung III.
[554] BGH GRUR 1998, 415, 416 – Wirtschaftsregister (siehe auch Fn. 544).
[555] Vgl. *Baumbach/Hefermehl* § 13 UWG Rn. 21 a ff.
[556] Vgl. *Baumbach/Hefermehl* § 13 UWG Rn. 22.

451 c) Mitgliederstruktur. Dem Verband muss eine erhebliche Zahl von Gewerbetreibenden angehören, die auf demselben Markt wie der Verletzer Waren oder gewerbliche Leistungen gleicher oder verwandter Art vertreiben. Die erhebliche Anzahl muss der Verband belegen, ggf. durch eidesstattliche Versicherung. Die Vorlage anonymisierter Mitgliederlisten genügt nicht.[557] Es ist grundsätzlich eine Einzelfallentscheidung, wann die von § 13 Abs. 2 Nr. 2 UWG geforderte „erhebliche Zahl" erreicht ist. Die „erhebliche Zahl" hat der *BGH* jedenfalls u.a. für einen Kfz-Händlerverband verneint, der nur einen regional bedeutsamen Wettbewerbsverstoß bekämpfen wollte und in diesem räumlichen Bereich nur über zwei Mitglieder verfügt.[558]

452 d) Interessenförderung. Weiter muss der Verband seinen Zweck, gewerbliche Interessen zu fördern, auch tatsächlich erfüllen. Dies kann der Verband nur dann, wenn er die hierfür erforderlichen personellen, sachlichen und finanziellen Voraussetzungen erfüllt.[559] Eine weitere wichtige Voraussetzung ist, dass der Verband Wettbewerbsverstöße auch tatsächlich gerichtlich verfolgt. Damit soll ausgeschlossen werden, dass die Tätigkeit nur im Versand von Abmahnschreiben besteht. Setzt der Verband die abgemahnten Ansprüche nicht durch, belegt dies, dass ihm an einer ernsten Interessensförderung seiner Mitglieder nicht gelegen ist.[560]

453 e) Wesentliche Beeinträchtigung des Wettbewerbs. Schließlich muss der Verband in seinen satzungsgemäßen Rechten selbst betroffen sein[561] und der Wettbewerbsverstoß muss geeignet sein, den Wettbewerb auf demselben Markt wesentlich zu beeinträchtigen. Die Frage der wesentlichen Beeinträchtigung ist auch hier wieder eine Frage des Einzelfalles. Die Verfolgung von Bagatellansprüchen ist dadurch ausgeschlossen.[562]

454 f) Klagebefugte Verbände, Beispiele. Wenn all diese Voraussetzungen vorliegen, sind Verbände aktivlegitimiert – allerdings nur für die Verfolgung von Verstößen gegen §§ 1, 3, 4, 6 bis 6c, 7 und 8 UWG. Vergleichende Werbung gemäß § 2 UWG ist demnach nicht erfasst. Da sich diese Art der Werbung mit einem Mitbewerber auseinandersetzen muss, ist der Mitbewerber unmittelbar Betroffener und kann schon aus diesem Grund Ansprüche geltend machen.

455 Beispiele für klagebefugte Verbände sind[563]

- Wettbewerbszentrale,[564]
- Deutscher Schutzverband gegen Wirtschaftskriminalität,

---

[557] BGHZ 131, 90 = GRUR 1996, 217 = NJW 1996, 391 = WRP 1996, 197 – Anonymisierte Mitgliederliste.
[558] BGH GRUR 1998, 170 = NJW-RR 1998, 111 = WRP 1997, 1070 – Händlervereinigung.
[559] Vgl. *Baumbach/Hefermehl* § 13 UWG Rn. 24 f.
[560] Vgl. *Baumbach/Hefermehl* § 13 UWG Rn. 26.
[561] Reine Individualinteressen kann ein Verband nicht wahrnehmen. Es müssen dann schon auch schützenswerte Belange der Allgemeinheit berührt sein, BGH GRUR 1991, 223 = NJW 1991, 1485 – Finnischer Schmuck. Auch kann ein zur Prozessführung nicht befugter Verband nicht Ansprüche eines Mitgliedes in Prozessstandschaft verfolgen, BGH GRUR 1998, 417 = NJW 1998, 1148 = WRP 1998, 175 – Verbandsklage in Prozessstandschaft.
[562] Vgl. *Baumbach/Hefermehl* § 13 UWG Rn. 27 b.
[563] Vgl. *Baumbach/Hefermehl* § 13 UWG Rn. 30 a ff. Bei neu gegründeten Verbänden stellt der *BGH* allerdings geringere Anforderungen an die Ausstattung, vgl. BGH GRUR 1998, 489 = NJW-RR 1998, 835 = WRP 1998, 42 – Unbestimmter Unterlassungsantrag III und BGH GRUR 1999, 1116 = NJW 2000, 73 = WRP 1999, 1163 – Wir dürfen nicht feiern.
[564] Vgl. etwa OLG Stuttgart NJW 1994, 3174.

- GEMA,
- Hauptgemeinschaft des deutschen Einzelhandels.

Auch internationale Verbände sind, wenn sie die Voraussetzungen von § 13 Abs. 2 Nr. 2 UWG erfüllen, aktivlegitimiert.

456

4. Aktivlegitimation von eingetragenen Verbraucherverbänden gemäß § 13 Abs. 2 Nr. 3 UWG

§ 13 Abs. 2 Nr. 3 UWG:
II In den Fällen der §§ 1, 3, 4, 6 bis 6c, 7 und 8 kann der Anspruch auf Unterlassung geltend gemacht werden
...
3. von qualifizierten Einrichtungen, die nachweisen, dass sie in die Liste qualifizierter Einrichtungen nach § 4 des Unterlassungsklagengesetzes[565] oder in dem Verzeichnis der Kommission der Europäischen Gemeinschaften nach Artikel 4 der Richtlinie 98/27/EG des Europäischen Parlaments und des Rates vom 19. Mai 1998 über Unterlassungsklagen zum Schutz der Verbraucherinteressen (ABl. EG Nr. L 166 S. 51) eingetragen sind. Im Falle des § 1 können diese Einrichtungen den Anspruch auf Unterlassung nur geltend machen, soweit der Anspruch eine Handlung betrifft, durch die wesentliche Belange der Verbraucher berührt werden,

457

Gemäß § 13 Abs. 2 Nr. 3 UWG sind nur rechtsfähige Verbände klagebefugt, die gemäß § 4 UklaG beim Bundesverwaltungsamt oder in dem Verzeichnis der *Kommission* eingetragen sind. Eintragungsvoraussetzung gemäß § 4 Abs. 2 UklaG ist, dass es zu den satzungsmäßigen Aufgaben des Verbandes gehört, die Interessen der Verbraucher durch Aufklärung und Beratung wahrzunehmen. Außerdem muss der Verband in dem Bereich der Verbraucheraufklärung tätige Verbände oder mindestens 75 natürliche Personen als Mitglieder haben. Verbraucherzentralen und -verbände erfüllen diese Voraussetzungen.

458

Der Verband muss weiter – wie dies auch § 13 Abs. 2 Nr. 2 fordert,

459

- die Interessen der Verbraucher durch Aufklärung und Beratung auch tatsächlich wahrnehmen und
- selbst verletzt sein.

Sind die Voraussetzungen erfüllt, kann der Verband gegen Verstöße gegen §§ 3, 4, 6, 6a, 6b, 6c, 7 und 8 vorgehen. Wenn wesentliche Belange der Verbraucher berührt sind, ist der Verband auch wegen Verstößen gegen § 1 UWG aktiv legitimiert. Der Verstoß muss daher ein gewisses Gewicht haben, was für den Einzelfall zu prüfen ist.

460

II. Passivlegitimation

1. Störerbegriff

Passivlegitimiert ist derjenige, der die wettbewerbswidrige Handlung begeht bzw. an dieser mitwirkt, also der wettbewerbsrechtliche Störer.[566] Bei juristischen Personen und Personengemeinschaften sind Störer auch ihre Organe. Es ist anerkannt, dass auch der gesetzliche Vertreter etwa einer GmbH auf Unterlassung in Anspruch genommen werden kann, wenn er den Wettbewerbsverstoß aufgrund seines Wirkungsbereichs im

461

---

[565] UKlaG, Art. 3 des Gesetzes zur Modernisierung des Schuldrechts, BGBl. I 2001, 3137, 3173.
[566] Vgl. *Baumbach/Hefermehl* Einl. UWG Rn. 325 ff.

Unternehmen zumindest hätte verhindern können.[567] Fahrlässige Unkenntnis von Wettbewerbsverstößen reicht allerdings in der Regel nicht für eine Haftung des gesetzlichen Vertreters als Störer aus.[568] Gemäß § 13 Abs. 4 UWG haftet der Unternehmer auch für Verstöße seiner Angestellten oder Beauftragten.[569] Die in § 831 BGB geregelte Möglichkeit der Exkulpation gibt es hier nicht.

462 Für die Passivlegitimation bei Schadensersatzansprüchen[570] greift § 13 Abs. 4 UWG allerdings nicht ein, da dieser ausschließlich auf Unterlassungsansprüche anwendbar ist. Der Anspruchsgegner haftet deshalb nicht auch für ein Verhalten eines mit ihm (zum Beispiel als Franchisenehmer) in Geschäftsbeziehung stehenden Unternehmens. Die Haftung für Unterlassungs- und Beseitigungsansprüche geht also weiter als die Haftung für Schadensersatzansprüche.[571] Eine Sonderregelung für die Schadensersatzhaftung enthält auch noch § 13 Abs. 6 UWG.

§ 13 Abs. 6 UWG:
463 VIZum Ersatz des durch die Zuwiderhandlung entstehenden Schadens ist verpflichtet:
1. wer im Falle des § 3 wusste oder wissen musste, dass die von ihm gemachten Angaben irreführend sind ...
2. werden §§ 6 bis 6c, 7, 8 vorsätzlich oder fahrlässig zuwidergehandelt.

2. Pressehaftung

464 Besonderheiten gelten bei der Haftung der Presse.[572] Diese muss Werbung auf offensichtliche, grobe Wettbewerbsverstöße hin überprüfen.[573] Eine Haftung darüber hinaus scheidet aus.[574] Entsprechend heißt es auch zur Haftung für Schadensersatzansprüche in

§ 13 Abs. 6 Nr. 1 Satz 2 UWG:
465 Gegen Redakteure, Verleger, Drucker oder Verbreiter von periodischen Druckschriften kann der Anspruch auf Schadensersatz nur geltend gemacht werden, wenn sie wussten, dass die von ihnen gemachten Angaben irreführend waren.

466 Etwas anderes gilt dann, wenn die Presse aufgrund eines gegen den Werbungtreibenden geführten gerichtlichen Verfahrens davon ausgehen muss, dass die Werbung rechtswidrig ist und trotzdem an der Rechtmäßigkeit der Werbemaßnahme festhält. Dann besteht zumindest ein Unterlassungsanspruch wegen der Erstbegehungsgefahr,[575] dass

---

[567] Vgl. *Baumbach/Hefermehl* Einl. UWG Rn. 329 m.w.H. Das gilt jedoch nicht ohne Weiteres auch für einen Beseitigungsanspruch, vgl. OLG Frankfurt a.M. NJW-RR 1994, 627 zur Haftung von Vorstandsmitgliedern einer Aktiengesellschaft; vgl. auch *Schrader* S. 2221.

[568] Vgl. hierzu BGHZ 117, 115 = GRUR 1992, 448 = NJW 1992, 2700 = WRP 1992, 466 – Pullovermuster, zur Haftung des Einzelhändlers, sofern dieser beim Erwerb der Ware Kenntnis von der Nachahmung des Herstellers hatte oder sich der Kenntnis bewusst verschlossen oder entzogen hatte.

[569] Hierzu gehört grundsätzlich auch der Franchise-Nehmer: BGH GRUR 1995, 605 = NJW 1995, 2355 = WRP 1995, 696 – Franchise-Nehmer.

[570] Vgl. *Baumbach/Hefermehl* Einl. UWG Rn. 393f.

[571] Siehe auch BGH GRUR 2001, 82 = NJW-RR 2000, 1710 = WRP 2000, 1263, 1265f. – Neu in Bielefeld I.

[572] Vgl. *Baumbach/Hefermehl* § 13 UWG Rn. 58.

[573] Vgl. BGH GRUR 1994, 841 = NJW 1994, 2827 = WRP 1994, 739 – Suchwort und BGH GRUR 1995, 751 = NJW 1995, 870 = WRP 1995, 302 – Schlussverkaufswerbung II.

[574] Vgl. *Baumbach/Hefermehl* Einl. UWG Rn. 331 ff.

[575] Siehe Rn. 470 ff.

die beanstandete Werbemaßnahme in Kenntnis des Wettbewerbsverstoßes wiederholt veröffentlicht wird.[576]

3. Ausländischer Störer

Hat der Verletzer seinen Sitz im Ausland, bereitet das bei einer gerichtlichen Auseinandersetzung besondere Schwierigkeiten: Es kann problematisch sein, in den Antrag die Strafandrohung gemäß § 890 ZPO aufzunehmen.[577] Außerdem ist die Vollziehung und Vollstreckung einstweiliger Beschlussverfügungen im Ausland reichlich kompliziert.[578] 467

Praxistipp: Störer im Ausland
Der Anwalt sollte seinen Mandanten unbedingt auf die Probleme bei der Durchsetzung des Unterlassungsanspruchs gegen ausländische Störer hinweisen. Nach Möglichkeit sollte man einen Störer in Anspruch nehmen, der in Deutschland greifbar ist – zum Beispiel Vertriebsunternehmen, Zwischenhändler oder selbstständige Niederlassungen. 468

III. Weitere Voraussetzungen für Unterlassungsansprüche

1. Tatbestandsmäßigkeit

Ist der Anspruchsteller aktiv legitimiert, ist weitere Voraussetzung für das Bestehen eines Unterlassungsanspruchs zunächst die Tatbestandsmäßigkeit der Handlung – also etwa eine irreführende Werbung gemäß § 3 UWG. 469

2. Erstbegehungsgefahr und Wiederholungsgefahr

Weitere Voraussetzung für den Unterlassungsanspruch ist eine Begehungsgefahr.[579] Es gibt zwei unterschiedliche Arten der Begehungsgefahr – die so genannte Erstbegehungsgefahr und die Wiederholungsgefahr. 470

Erstbegehungsgefahr bedeutet, dass mit einem erstmaligen Wettbewerbsverstoß unmittelbar zu rechnen ist. Das ist etwa der Fall, wenn entgegen § 7 Abs. 3 UWG angekündigt wird, man beginne mit dem Sommerschlussverkauf bereits Ende Juni. Ähnlich zu beurteilen ist der Fall der Berühmung – wenn sich also jemand berühmt, zu einer bestimmten Handlung berechtigt zu sein.[580] Eine Berühmung kann auch schon in einer Erklärung zu sehen sein, die der Anspruchsgegner im Rahmen der Rechtsverteidigung in einem gerichtlichen Verfahren abgibt. Allerdings stellt es keine Berühmung dar, wenn sich der Anspruchsgegner gegen den Anspruch verteidigt und dabei die Auffassung äußert, zu dem beanstandeten Verhalten berechtigt zu sein.[581] 471

---

[576] Vgl. BGH GRUR 1995, 595 = NJW 1995, 2490 = WRP 1995, 682 – Benetton/Kinderarbeit. Das BVerfG hat die Entscheidung allerdings aufgehoben, da es einen Wettbewerbsverstoß nicht sah, siehe Rn. 136.
[577] Siehe Rn. 723 ff.
[578] Siehe Rn. 886.
[579] Vgl. *Baumbach/Hefermehl* Einl. UWG Rn. 260 ff.
[580] Vgl. *Baumbach/Hefermehl* Einl. UWG Rn. 301.
[581] BGH WRP 2001, 1076 – Berühmungsaufgabe.

> **Praxistipp: Vermeidung einer (weiteren) Abmahnung wegen Berührung**
> 472 Der Anspruchsgegner sollte, wenn er sein Verhalten verteidigt, außergerichtlich und im gerichtlichen Verfahren klar stellen, dass die Ausführungen gerade zur Verteidigung seiner Rechte erfolgen.

473 Der weitaus häufigere Fall ist jedoch das Vorliegen einer **Wiederholungsgefahr**.[582] Diese setzt einen bereits begangenen Wettbewerbsverstoß voraus. Im Wettbewerbsprozess muss der Anspruchsteller die Wiederholungsgefahr nicht positiv darlegen und glaubhaft machen bzw. beweisen. Vielmehr wird bei einem Wettbewerbsverstoß vermutet, dass eine Wiederholungsgefahr besteht. Eine Wiederholungsgefahr besteht jedenfalls dann, wenn der Anspruchsgegner eine außergerichtlich geforderte Unterlassungs-/Verpflichtungserklärung nicht abgibt.[583] Im Übrigen stellt der BGH in ständiger Rechtsprechung außerordentlich hohe Anforderungen an den Wegfall der Wiederholungsgefahr: Selbst die Aufgabe der Geschäftstätigkeit muss die Wiederholungsgefahr nicht entfallen lassen.[584]

IV. Veröffentlichungsgebote

474 Erstreitet der Verletzte ein für sich günstiges Urteil, bedeutet das noch nicht, dass er das Urteil auch öffentlich – zum Beispiel durch ein Rundschreiben an seine Kunden – bekannt machen darf. Die Bekanntmachung kann zum Beispiel aus dem Gesichtspunkt der Behinderung des Wettbewerbers wettbewerbswidrig sein. Denkbar ist das vor allem dann, wenn das Urteil noch nicht rechtskräftig ist oder wenn es sich erst um eine (vorläufige) Entscheidung im Verfügungsverfahren handelt. Etwas anderes gilt für die gerichtliche Anordnung der Veröffentlichung. Denn unter bestimmten Voraussetzungen hat der Verletzte sogar einen Anspruch, dass der Verletzer die Öffentlichkeit über die Wettbewerbswidrigkeit seiner Handlung informiert.

1. Bekanntmachungsbefugnis gemäß § 23 Abs. 2 UWG

§ 23 Abs. 2 UWG:
475   IIIst auf Grund einer der Vorschriften dieses Gesetzes auf Unterlassung Klage erhoben, so kann in dem Urteile der obsiegenden Partei die Befugnis zugesprochen werden, den verfügenden Teil des Urteils innerhalb bestimmter Frist auf Kosten der unterliegenden Partei öffentlich bekannt zu machen.

476 Für Unterlassungsklagen aus UWG-Ansprüchen enthält das Gesetz ausdrücklich eine Regelung in § 23 Abs. 2 UWG. Die Anordnung der Veröffentlichung beantragt der Verletzte bereits in seiner Unterlassungsklage. Eine Verurteilung zur Unterlassung ist nicht erforderlich. Eine Veröffentlichungsbefugnis kann demnach auch bestehen, wenn die Hauptsache für erledigt erklärt wird. Die Anordnung der Veröffentlichung kann auch im Verfügungsverfahren erfolgen.[585] Ob eine Anordnung auch durch eine Beschlussverfügung erfolgen kann, ist umstritten.[586] Da die Veröffentlichungsbefugnis

---

[582] Vgl. *Baumbach/Hefermehl* Einl. UWG Rn. 262.
[583] Vgl. *Baumbach/Hefermehl* Einl. UWG Rn. 269.
[584] Vgl. *Baumbach/Hefermehl* Einl. UWG Rn. 266; vgl. auch BGH NJW-RR 2001, 485.
[585] Vgl. *Köhler/Piper* § 23 Rn. 10.
[586] Vgl. *Gloy* § 79 Rn. 9. Eine Anordnung durch eine Beschlussverfügung soll nicht möglich sein, da der Anspruchsgegner durch die Bekanntmachung besonders in seinen Rechten betroffen ist und ohne

auf eine einstweilige Verfügung hin nur vorläufig ist, kann das Gericht im Hauptsacheverfahren erneut die Bekanntmachung des Urteils anordnen.[587]

477 Die Anordnung soll die noch andauernden Folgen einer Rechtsverletzung beseitigen. Eine Veröffentlichung kann etwa dann in Frage kommen, wenn dies zur Beseitigung eines bereits eingetretenen oder zur Minderung eines unmittelbar drohenden Schadens erforderlich ist. Das kann der Fall sein, wenn der Verletzer Kunden des Wettbewerbers darüber informiert hat, dass der Wettbewerber zahlungsunfähig sei. Dann hat der Verletzte ein Interesse daran, dass diese Falschbehauptung wieder gegenüber dem ursprünglichen Empfängerkreis klargestellt wird. Es bedarf außerdem einer Abwägung der betroffenen Interessen. Von Bedeutung ist auch, ob die Veröffentlichung im Interesse der Allgemeinheit – etwa zur Verbraucheraufklärung – liegt.

478 Gegenstand der Bekanntmachung ist nach § 23 Abs. 2 UWG nur der „verfügende Teil". Das ist der Tenor der Entscheidung. Die Entscheidungsgründe gehören hierzu also nicht. Die Frist zur Bekanntmachung bestimmt das Gericht. Unterbleibt die Fristsetzung, ist das Urteil zu berichtigen (§ 319 Abs. 1 ZPO). Eine Fristverlängerung gibt es nicht.

479 Die Art der Bekanntmachung legt gemäß § 23 Abs. 3 UWG das Gericht in seiner Entscheidung fest. Für die Bekanntmachung bieten sich in der Regel Tageszeitungen oder Fachmedien des betroffenen Geschäftszweigs an. Die Kosten der Bekanntmachung trägt der Verletzer. Sie sind Kosten der Zwangsvollstreckung. Erfolgt die Vollstreckung vor Eintritt der Rechtskraft, muss der Kläger die *volle* Sicherheit leisten, wenn das Urteil nur gegen Sicherheitsleistung vorläufig vollstreckbar ist. Ist die Bekanntmachung fehlerhaft, trägt der Verletzte die Kosten. Gleiches gilt, wenn der Verletzte die Frist versäumt hat.

2. Veröffentlichungsanspruch gemäß §§ 823, 1004 BGB

480 Neben § 23 UWG besteht eine Veröffentlichungsbefugnis auch aus dem Gesichtspunkt des Beseitigungsanspruchs (§§ 823, 1004 BGB). Denkbar ist ebenso ein Veröffentlichungsanspruch als Bestandteil eines Schadensersatzanspruches (§§ 249, 253 BGB, § 13 Abs. 6 UWG). Auch hier stellt sich die Frage, ob der Verletzte einen Veröffentlichungsanspruch im Verfügungsverfahren durchsetzen kann. Beseitigungs- und Schadensersatzansprüche sind in der Regel nur im Hauptsacheverfahren durchsetzbar. Bei einem ganz überwiegenden Interesse des Verletzten wird man jedoch einen Veröffentlichungsanspruch – entsprechend § 23 Abs. 2 UWG – im Verfügungsverfahren zulassen müssen.

481 Der Veröffentlichungsanspruch gemäß §§ 823, 1004 BGB bzw. § 249 BGB kann weiter gehen als die Bekanntmachungsbefugnis nach § 23 Abs. 2 UWG: Ist zur Beseitigung bzw. Schadensminderung nicht nur die Veröffentlichung des Tenors erforder-

---

rechtliches Gehör des Anspruchsgegners der Eingriff nicht zu rechtfertigen ist. Die Einreichung einer Schutzschrift soll allerdings ausreichen. Berücksichtigt man jedoch, dass der Anspruchsgegner nach Zustellung der Verfügung sofort einstweilige Einstellung der Zwangsvollstreckung beantragen kann und der Anspruchsteller im Falle einer Veröffentlichung bei späterer Aufhebung der Verfügung gemäß § 945 ZPO zum Schadensersatz verpflichtet ist, wird der Anspruchsteller die Veröffentlichung in der Regel nicht umgehend nach Erlass der Verfügung vornehmen, sondern einige Tage die Reaktion des Gegners abwarten.

[587] Vgl. *Baumbach/Hefermehl* § 23 Rn. 11.

lich, kann auch ein Anspruch auf Veröffentlichung der vollständigen Entscheidung bestehen. Letztlich sind die Entscheidungsgründe aussagekräftig und nicht alleine der Tenor. Wer die Veröffentlichung wem gegenüber vorzunehmen hat, richtet sich ebenfalls danach, welche Maßnahme erforderlich ist. So kann es durchaus einen Unterschied machen, ob der Verletzte oder der Verletzer die Veröffentlichung vornehmen darf bzw. muss. Stellt etwa der Verletze in einem Werberundschreiben grob unrichtige Behauptungen zum Nachteil des Verletzten auf, weiß zunächst nur der Verletzer, an welchen Adressatenkreis er das Schreiben versandt hat. Zwar kann der Verletzte insoweit einen Auskunftsanspruch geltend machen. Das ist allerdings im Verfügungsverfahren nicht möglich. Besteht jedoch wegen des besonders gravierenden Verstoßes sogar ein Anspruch auf Veröffentlichung der einstweiligen Verfügung, kann dies bei den angesprochenen Verkehrskreisen in diesem Fall am besten durch den Verletzer selbst geschehen.

V. Beseitigungsanspruch

482 Zweck des Beseitigungsanspruchs ist es, die Quelle der Störung zu beseitigen. Wird etwa unter Ausnützung des guten Rufs eines Dritten eine Werbeanzeige veröffentlicht, kann Gegenstand des Beseitigungsanspruches die Vernichtung aller Druckunterlagen, Reproduktionen etc. sein. Der Beseitigungsanspruch setzt voraus, dass der Störungszustand andauert[588] und dass der Beeinträchtigte den Störungszustand nicht hinnehmen muss.

483 Art und Umfang der Beseitigung hängen von Art und Umfang der Beeinträchtigung ab. Um in einem Rechtsstreit einen vollstreckbaren Titel erwirken zu können, empfiehlt es sich, konkret die zur Beseitigung des Zustandes erforderlichen Maßnahmen zu fordern.

484 Zum Beseitigungsanspruch gehört auch der **Widerrufsanspruch**. Dieser setzt voraus, dass eine unrichtige Tatsachenbehauptung aufgestellt wurde und die Beeinträchtigung durch die unrichtige Tatsachenbehauptung andauert.[589]

VI. Schadensersatzanspruch

1. Verhältnis von §§ 1, 3 UWG zu §§ 823 ff. BGB

485 Neben § 1 UWG kann eine wettbewerbsrechtliche Handlung auch deliktisch gemäß §§ 823, 826 BGB sein. Da die Voraussetzungen dieser Normen unterschiedlich sind, besteht insoweit Anspruchskonkurrenz.[590] § 13 Abs. 6 UWG ist *lex specialis* zu § 823 Abs. 2 BGB.[591] Die Rechtsfolgen sind gleich. Allerdings kann es sich gerade dann, wenn das Bestehen eines Wettbewerbsverhältnisses fraglich ist, empfehlen, die Ansprüche neben den UWG-Bestimmungen auch auf §§ 823 ff. BGB zu stützen. Da das Gericht alle in Betracht kommenden Normen heranzuziehen hat, muss im Falle einer gerichtlichen Auseinandersetzung ohnedies bei einer Verneinung von UWG-Ansprüchen die Anwendbarkeit von BGB-Deliktsrecht überprüft werden.

---

[588] Vgl. *Baumbach/Hefermehl* Einl. UWG Rn. 307 ff.
[589] Vgl. *Baumbach/Hefermehl* Einl. UWG Rn. 314 ff.
[590] Vgl. *Baumbach/Hefermehl* Einl. UWG Rn. 342.
[591] *Köhler/Piper* § 13 UWG Rn. 69.

§ 10 Zivilrechtliche Ansprüche

2. Voraussetzungen des Schadensersatzanspruches

a) **Tatbestand.** Für einen Schadensersatzanspruch müssen zunächst alle Voraussetzungen des gesetzlichen Tatbestands gegeben sein. 486

b) **Rechtswidrigkeit.** Rechtswidrig ist ein Verstoß gegen UWG-Normen – insbesondere gegen § 1 UWG –, wenn die Handlung sittenwidrig ist. Für einen Schadensersatz gemäß §§ 823 ff. BGB gelten die allgemeinen zivilrechtlichen Prinzipien. Demnach wird zwischen Erfolgs- und Handlungsunrecht unterschieden, wobei zudem die Kausalität des entstandenen Schadens zur Verletzungshandlung positiv festzustellen ist. 487

c) **Verschulden.** Für §§ 1, 6 bis 6c, 7, 8 i. V. m. 13 Abs. 6 Nr. 2 UWG und für § 823 BGB genügt leichte Fahrlässigkeit.[592] §§ 3, 13 Abs. 6 Nr. 1 UWG erfordern auch ein Verschulden, wobei aber wegen der Formulierung „wusste oder wissen musste" einfache Fahrlässigkeit nicht ausreicht. § 826 BGB erfordert Vorsatz. Ob eine Handlung gemäß § 826 BGB sittenwidrig ist, ist nicht eine Frage des Vorsatzes, sondern ein objektives Tatbestandsmerkmal. Der Vorsatz muss sich also nicht gerade auch auf die Sittenwidrigkeit der Handlung beziehen.[593] 488

3. Feststellungsanspruch
Fall „Filialleiterfehler":[594]

> Die Parteien betreiben Verbrauchermärkte für Geräte der Unterhaltungselektronik und der Telekommunikation. Für eine Filiale bewarb die Beklagte in einer Werbebeilage u.a. eine Videokamera und einen Fernseher. Auf Nachfrage erklärte ein Verkäufer der Filiale, dass diese Geräte nicht vorrätig seien. 489

Der Nachweis eines konkret entstandenen Schadens[595] durch einen Wettbewerbsverstoß ist häufig recht schwierig. Es ist deshalb zunächst naheliegend, einen Anspruch auf Feststellung eines Schadensersatzanspruchs dem Grunde nach geltend zu machen.[596] Der Umfang des Feststellungsanspruch richtet sich nach dem Umfang des bereits erfolgten Wettbewerbsverstoßes. Droht ein Verstoß – besteht also lediglich Erstbegehungsgefahr und damit auch ein Unterlassungsanspruch – sind Schadensersatzansprüche (noch nicht) gegeben.[597] 490

Für das Feststellungsbegehren genügt die Wahrscheinlichkeit eines Schadenseintritts. Die Anforderungen hieran sind gering: Es genügt, dass nach der Lebenserfahrung der Eintritt des Schadens in der Zukunft mit einiger Sicherheit zu erwarten ist. Einer hohen Wahrscheinlichkeit dafür bedarf es nicht.[598] 491

---

[592] Das Verschulden eines Erfüllungsgehilfen muss sich der Verletzer gemäß § 278 BGB zurechnen lassen. Das gilt auch für das Verschulden eines Verlagsunternehmens, dessen sich der Verletzer bedient, BGH GRUR 1998, 963 = NJW 1998, 3342 = WRP 1998, 864 – Verlagsverschulden II.
[593] Vgl. *Baumbach/Hefermehl* Einl. UWG Rn. 326 ff.
[594] BGH GRUR 2000, 907 = NJW-RR 2001, 620 = WRP 2000, 1258.
[595] Siehe gleich nachfolgend.
[596] Vgl. hierzu *Baumbach/Hefermehl* Einl. UWG Rn. 500.
[597] Vgl. BGH GRUR 1996, 502, 507 = NJW-RR 1996, 1190 = WRP 1996, 721 – Energiekosten-Preisvergleich I und BGH GRUR 2000, 907, 910 – Filialleiterfehler.
[598] Vgl. BGHZ 130, 205 = GRUR 1995, 744 = NJW 1995, 3177 = WRP 1995, 923 – Feuer, Eis & Dynamit I; *Baumbach/Hefermehl* Einl. UWG Rn. 400 und 500.

Zum Fall „Filialleiterfehler":

492 Bewirbt ein Unternehmen nicht vorrätig gehaltene Waren, ist die Wahrscheinlichkeit eines Schadenseintritts nach Auffassung des BGH ohne Weiteres anzunehmen. Denn die Fehlvorstellung über die sofortige Mitnahmemöglichkeit der beworbenen Geräte sei geeignet, Interessenten dazu zu veranlassen, das Geschäft aufzusuchen. Dort würden sie zwar enttäuscht, wenn sie die beworbenen Geräte nicht vorfinden. Nach der Lebenserfahrung eröffne sich dadurch aber die Möglichkeit einer persönlich werbenden Ansprache in einem Maß, das sich ohne die Irreführung nicht geboten hätte. Denn es sei mit dem Zulauf von Kunden zu rechnen, die bei Kenntnis der tatsächlichen Umstände von einem Besuch abgesehen hätten. Diese könnten, einmal angelockt, auch zum Erwerb anderer Waren veranlasst werden.[599]

4. Schadensberechnung

493 Schaden ist die Differenz zwischen dem gegenwärtigen und dem hypothetischen Vermögen. Hierzu gehört auch der entgangene Gewinn, wobei der Verletzte den Entgang *bestimmter* Geschäfte nicht nachweisen muss. Denn es entspricht der Lebenserfahrung, dass dem Verletzten durch eine rechtswidrige Handlung eines Wettbewerbers ein Gewinn entgangen ist. Ahmt etwa ein Wettbewerber in rechtswidriger Weise ein Produkt eines Mitbewerbers nach, entgehen diesem Geschäfte deshalb, weil das Publikum in vielen Fällen das nachgeahmte und nicht das Originalprodukt kaufen wird. Der Schadensausgleich erfolgt grundsätzlich durch Naturalherstellung. Nur, wenn diese nicht möglich ist oder zur Entschädigung nicht ausreicht, besteht ein Ersatzanspruch in Geld (§ 249 BGB). An den Nachweis eines Schadens sind wegen § 252 Satz 2 BGB und § 287 ZPO nicht zu hohe Anforderungen zu stellen.

494 **a) Konkrete Schadensberechnung.** Der konkrete Schaden kann darin bestehen, dass der Verletzte Umsatzeinbußen erleidet, die wiederum seinen Gewinn schmälern. Es kann auch ein Marktverwirrungsschaden entstehen, der nur zum Beispiel durch erhöhte Werbeanstrengungen wieder zu beseitigen ist. Allerdings besteht ein Anspruch nur auf Ersatz derjenigen Aufwendungen, die zur Vermeidung eines weiteren Schadens oder zur Schadensbeseitigung erforderlich sind.[600] Das können Rundschreiben an Kunden, Anzeigen in Tageszeitungen oder PR-Maßnahmen sein.

b) Abstrakte (fiktive) Schadensberechnung.

Fall „Objektive Schadensberechnung":[601]

495 Die Klägerin ist Herstellerin von Brillen und hat für ihre Händler einen Katalog herausgegeben, der die aktuellen Brillenmodelle sowie Fotomodelle, die diese Brillen tragen, abbildet. Die Beklagte, ein Versandhandelsunternehmen, bringt einen Katalog heraus, in dem sie – ohne Genehmigung der Klägerin – zahlreiche Abbildungen aus dem klägerischen Katalog identisch übernommen hat. Die abgebildeten Brillen der Klägerin vertreibt die Beklagte auch. Die Klägerin fordert von der Beklagten wegen der ungenehmigten Nutzung der Fotos ein Drittel derjenigen Kosten, die für die Herstellung des Katalogs der Klägerin angefallen sind, da sich die Beklagte die Kosten in unlauterer Weise erspart habe. Außerdem fordert die Klägerin Feststellung der Schadensersatzverpflichtung und Auskunft einschließlich der Namen und Anschriften der Abnehmer.

---

[599] Vgl. auch BGH GRUR 1996, 800, 802 = NJW 1996, 2729 = WRP 1996, 89 – EDV-Geräte.
[600] Vgl. *Baumbach/Hefermehl* Einl. UWG Rn. 385.
[601] BGH GRUR 1995, 349 = NJW 1995, 1420 = WRP 1995, 393.

§ 10 Zivilrechtliche Ansprüche

Bei einem Eingriff in **gewerbliche oder geistige Schutzrechte** – etwa bei der Verletzung des Urheberrechts – ist anerkannt, dass der Verletzer seinen Schaden auf dreifache Art berechnen kann. Das ist zunächst die konkrete Schadensberechnung. Er kann aber auch abstrakt 496

- die Zahlung einer (fiktiven) Lizenzgebühr fordern oder
- seinen Schaden nach dem Verletzergewinn berechnen.[602]

Wählt der Verletzte die Berechnung nach einer **fiktiven Lizenzgebühr**, wird er so gestellt, als hätte er mit dem Verletzer eine Lizenzvereinbarung getroffen. Er erhält also das, was er im Falle einer tatsächlichen Vereinbarung auch erhalten hätte.[603] Man spricht deshalb auch von einem *lizenzanalogen Schadensersatz*. Unbeachtlich ist, ob der Verletzte bei Kenntnis aller Umstände tatsächlich auch mit dem Verletzten eine Lizenzvereinbarung getroffen hätte. Ausgangspunkt für die Berechnung kann der Fabrikabgabepreis des Verletzers, der Verkehrswert des verletzten Rechts oder Bekanntheit und Ruf des verletzten Zeichens sein. Stichtag für die Höhe der Lizenz ist die gerichtliche Entscheidung und nicht der Zeitpunkt der Verletzung. 497

Der Anspruch auf **Herausgabe des Verletzergewinns** beruht auf dem Gedanken der unechten Geschäftsführung entsprechend §§ 687 Abs. 2, 667 BGB.[604] Die Berechnung des Verletzergewinns ist besonders schwierig, da der Verletzergewinn gerade aufgrund der Verletzungshandlung erzielt worden sein muss – und damit eine Abgrenzung zwischen dem Gewinn wegen der Verletzungshandlung und dem sonst erzielten Gewinn stattfinden muss.[605] Steigt mit dem Gewinn des Verletzers auch der Gewinn des Verletzten, scheidet eine Herausgabe des Verletzergewinns aus. In diesem Fall ist die Herausgabe des Verletzergewinns mit dem Ausgleichsgedanken des Schadensersatzrechtes nicht vereinbar. 498

Die Wahl der Berechnungsart obliegt dem Verletzten. Voraussetzung für die abstrakte Schadensberechnung ist – neben den allgemeinen Voraussetzungen der Schadensersatzpflicht –, dass die Wahrscheinlichkeit einer tatsächlichen Schadensentstehung gegeben ist. Der Verletzte darf die Berechnungsarten nicht vermengen. Er muss sich allerdings nicht von vorneherein festlegen, welche Berechnung er wählt. Häufig wird der Verletzte erst durch die Auskunftserteilung durch den Verletzer die Informationen erhalten, die es dem Verletzer erlauben, die für ihn günstigste Berechnungsmethode zu wählen. 499

Bei **Wettbewerbsverstößen** gibt es regelmäßig nicht die Möglichkeit einer abstrakten Schadensberechnung.[606] Die Herausgabe des Verletzergewinn scheitert in der Regel schon daran, dass dem vom Verletzer erzielten Umsatz nicht auch eine entsprechende Umsatzeinbuße beim Verletzer gegenüber steht. Diese können aber für die Berechnung einer – ausnahmsweise möglichen – Lizenzanalogie von Bedeutung sein. Das entschied der BGH[607] zur Höhe des Schadens wegen der Nachahmung von Herrenbekleidungsstücken. Hier sei nach der Lebenserfahrung auf Umsatzeinbußen 500

---

[602] Vgl. *Baumbach/Hefermehl* Einl. UWG Rn. 381.
[603] Vgl. *Baumbach/Hefermehl* Einl. UWG Rn. 383; BGH GRUR 1990, 1008 = NJW-RR 1990, 1377 – Lizenzanalogie.
[604] Vgl. *Baumbach/Hefermehl* Einl. UWG Rn. 384.
[605] Vgl. auch *Lehmann* S. 1680.
[606] Vgl. *Baumbach/Hefermehl* Einl. UWG Rn. 386.
[607] BGHZ 122, 262 = GRUR 1993, 757 = NJW 1993, 1989 = WRP 1993, 625 – Kollektion „Holliday".

des Verletzten zu schließen. Wenn auch nicht davon ausgegangen werden könne, so der BGH, dass der Umsatz des Verletzers im vollen Umfang dem Verletzten zugute gekommen wäre, sei dies jedenfalls von indizieller Bedeutung. Eine Lizenzanalogie ist demnach bei Fällen rechtswidriger Leistungsübernahmen grundsätzlich möglich.

Zum Fall „Objektive Schadensberechnung":

501 Der BGH hat den Anspruch der Klägerin auf Zahlung einer fiktiven Lizenzgebühr wegen der ungenehmigten Nutzung des Fotomaterials bejaht. Die Schadensberechnungsmethode der Herausgabe des Verletzergewinns hat der BGH jedoch abgelehnt. Denn mit dem Verkauf der Brillen durch die Beklagte sei auch der Gewinn der Klägerin gestiegen. Deshalb bestehe auch der geltend gemachte Auskunftsanspruch nur, soweit er zur Berechnung der Lizenzanalogie erforderlich sei. Hierzu gehörten nicht auch Name und Anschrift der Empfänger des Katalogs.

VII. Auskunft

502 Der Auskunftsanspruch besteht nicht isoliert. Er ist vom jeweiligen Hauptanspruch abhängig.

1. Umfang des Auskunftsanspruchs

503 Ein Auskunftsanspruch besteht nicht, um die Grundlagen für die Geltendmachung wettbewerbsrechtlicher Ansprüche zu schaffen. Vielmehr ist Voraussetzung, dass bereits feststeht, dass eine Handlung wettbewerbswidrig ist, deren Umfang dann durch die Nebenansprüche auf Auskunft und Rechnungslegung konkret bestimmt werden kann.[608]

504 Häufig bezieht der Anspruchsteller seinen Auskunftsanspruch schematisch auf die ebenfalls geltend gemachten Unterlassungsansprüche und beantragt Auskunft zur beanstandeten Wettbewerbshandlung. Unterlassungsansprüche können jedoch weiter gehen, da sie sich nicht auf bereits erfolgte Beeinträchtigungen beschränken müssen, sondern – in bestimmten Grenzen – auch mögliche künftige Verstöße umfassen können.[609] Ansprüche auf Auskunft hingegen bestehen nicht auch bei einer Begehungsgefahr, sondern nur bei bereits erfolgten Beeinträchtigungen – also nur dann, wenn Wiederholungsgefahr besteht.[610] Denn auch ein Schadensersatzanspruch – zu dem der Auskunftsanspruch ein Hilfsanspruch ist – besteht nur in diesem Umfang.[611] Ein Anspruch auf Auskunftserteilung, ob der Verletzer ähnliche Handlungen begangen hat, die neue Schadensersatzansprüche rechtfertigen könnten, besteht nicht.[612]

2. Gerichtliche Geltendmachung des Auskunftsanspruchs

505 Im Wettbewerbsrecht gilt zu Auskunftsklagen nichts anderes als sonst. Diese werden im Wege der Stufenklage geltend gemacht.

---

[608] Vgl. *Baumbach/Hefermehl* Einl. UWG Rn. 398 ff.
[609] Siehe Rn. 696 ff.
[610] Vgl. BGH GRUR 1996, 502, 507 – Energiekosten-Preisvergleich I (siehe auch Fn. 601) und *BGH* GRUR 2000, 907, 910 – Filialleiterfehler (siehe auch Fn. 598).
[611] Vgl. BGH GRUR 2000, 907, 910 – Filialleiterfehler und S. 1374.
[612] Vgl. BGHZ 78, 9 = GRUR 1980, 1105 = NJW 1980, 2801 – Das Medizinsyndikat III und *Baumbach/Hefermehl* Einl. UWG Rn. 404.

Praxistipp: Beschwer bei Auskunftsverlangen
Bei einer Verurteilung zur Auskunft richtet sich die Beschwer für das Rechtsmittel 506
nach der Höhe des Aufwands, den die Auskunftserteilung beim Betroffenen verursacht. Kann die Auskunft mit geringem Kostenaufwand erteilt werden, besteht damit in der Regel keine ausreichende Beschwer – auch wenn der Anspruch auf Auskunft unbegründet ist.[613]

Hat der Verletzer eine vollständige Auskunft erteilt, besteht ein weiterer Auskunfts- 507
anspruch nicht. Dann bleibt es nur beim Verlangen nach einer Versicherung an Eides Statt (§ 261 BGB). Hierfür ist jedoch erforderlich, dass der Berechtigte die Verletzung der Sorgfaltspflicht nachweist, sofern diese nicht offensichtlich ist.

VIII. Verjährung der Ansprüche, § 21 UWG

§ 21 UWG:
[I]Die in diesem Gesetze bezeichneten Ansprüche auf Unterlassung oder Schadensersatz 508
verjähren in sechs Monaten von dem Zeitpunkt an, in welchem der Anspruchsberechtigte von der Handlung und von der Person des Verpflichteten Kenntnis erlangt, ohne Rücksicht auf diese Kenntnis in drei Jahren von der Begehung der Handlung an.
[II]Für die Ansprüche auf Schadensersatz beginnt der Lauf der Verjährung nicht vor dem Zeitpunkt, in welchem ein Schaden entstanden ist.

Gemäß § 21 UWG verjähren wettbewerbsrechtliche Ansprüche innerhalb von sechs 509
Monaten ab Kenntnis des Verletzten von der Verletzungshandlung und der Person des Verletzers. Ohne Kenntnis sind die Ansprüche drei Jahre nach der Verletzungshandlung verjährt. Für die Verjährung wettbewerbsrechtlicher Ansprüche gelten neben § 21 UWG die allgemeinen Verjährungsregeln des BGB zur Fristberechnung, Hemmung, Unterbrechung und den Rechtsfolgen bei Eintritt der Verjährung (§§ 199 ff. BGB).

1. Anwendbarkeit von § 21 UWG

a) **Ansprüche nach UWG.** § 21 UWG ist auf Unterlassungs- und Schadensersatzan- 510
sprüche sowie auf die hierauf beruhenden Nebenansprüche (zum Beispiel auf Auskunft und Rechnungslegung) anwendbar. Das gilt auch für den „Gegenanspruch" des Abgemahnten, nämlich den Anspruch auf Verzicht auf die geltendgemachten Ansprüche, wenn diese nicht bestehen. Eine negative Feststellungsklage[614] muss deshalb innerhalb der Fristen des § 21 Abs. 1 UWG eingereicht sein.

Besteht ein **rechtskräftiger Unterlassungstitel**, gilt jedenfalls die 30-jährige Ver- 511
jährung gemäß § 197 Abs. 1 Nr. 3 BGB. Nach Baumbach/Hefermehl soll die Verjährung allerdings erst mit einer Zuwiderhandlung gegen den Unterlassungstitel zu laufen beginnen.[615]

Auf **vertragliche Unterlassungsansprüche** aufgrund eines Unterlassungsvertrages 512
ist jedoch nicht § 195 BGB, sondern die kurze Verjährung des § 21 UWG ebenfalls anwendbar.[616] **Schadensersatzansprüche** aus Verletzungshandlungen nach Abschluss

---

[613] Vgl. BGHZ 128, 85 = GRUR 1995, 701 = NJW 1995, 664 = WRP 1995, 297 – Rechtsmittelbeschwer gegen Auskunftsverurteilung.
[614] Siehe Rn. 613.
[615] *Baumbach/Hefermehl* § 21 UWG Rn. 14.
[616] Vgl. *Baumbach/Hefermehl* § 21 UWG Rn. 20.

des Unterlassungsvertrages verjähren hingegen innerhalb der Fristen des § 199 Abs. 1, 2, 3 und 5 BGB.[617]

513 b) **Anspruch auf Ersatz der Abmahnkosten.** Auch der Anspruch des Verletzten auf Ersatz seiner Abmahnkosten nach §§ 683, 677, 670 BGB[618] verjährt innerhalb der kurzen Frist des § 21 UWG.

Praxistipp: Verjährung des Ersatzes der Abmahnkosten
514 Mit der Eintragung der 6-monatigen Verjährungsfrist sollte auch notiert werden, dass die Ersatzansprüche des Verletzten ebenfalls verjähren. Denn gibt der Verletzer eine ordnungsgemäße Unterlassungserklärung ab und wird deshalb die Verjährungsfrist – weil weitere Ansprüche nicht bestehen oder nicht verfolgt werden sollen – gestrichen, gerät die Verjährung des Erstattungsanspruchs leicht in Vergessenheit – vor allem dann, wenn der Anspruch zwar schon geltend gemacht, aber vom Verletzer noch nicht befriedigt ist. Bei Verhandlungen über die Höhe des Erstattungsanspruchs empfiehlt es sich, vorsorglich einen (ggf. zeitlich befristeten) Verzicht auf die Einrede der Verjährung zu vereinbaren.

515 c) **Anspruch auf Ersatz von Kosten wegen einer ungerechtfertigten Abmahnung.** Schadensersatzansprüche wegen einer unbegründeten Schutzrechtsverwarnung (§ 14 UWG) verjähren gemäß §§ 195, 199 Abs. 1, 2, 3 BGB, wenn sich die Verwarnung an einen Dritten richtet.[619] Schutzrechtsverwarnung bedeutet, dass sich der Verwarner zum Beispiel an einen Abnehmer des Wettbewerbers mit der (unrichtigen) Behauptung wendet, die Belieferung durch den Wettbewerber verstoße gegen Schutzrechte (Patent-, Muster-, Zeichen- oder Urheberrechte) Dritter.[620] Die (längere) Verjährungsfrist der §§ 195, 199 Abs. 1, 2, 3 BGB ist daher schon wegen der in Schutzrechtssachen allgemein geltenden dreijährigen Verjährungsfrist gerechtfertigt.[621]

516 Sofern im Übrigen überhaupt ein Anspruch auf Kostenerstattung wegen einer ungerechtfertigen Abmahnung besteht,[622] verjährt dieser gemäß § 21 UWG, da hier der wettbewerbsrechtliche Aspekt im Vordergrund steht.

517 d) **Anspruch auf Zahlung einer Vertragsstrafe.** Ansprüche auf Zahlung einer Vertragsstrafe verjähren nach drei Jahren[623] gemäß § 195 BGB.

518 e) **Ansprüche aus Urheber- und Markenrecht sowie gemäß §§ 823 ff. BGB.** Verletzt eine Handlung neben den UWG-Vorschriften auch andere Gesetze, kann sich auch eine längere Verjährungsfrist ergeben.[624] Sind zugleich Urheberrechte verletzt, gilt die urheberrechtliche Verjährungsfrist gemäß § 102 UrhG von drei Jahren. Gleiches gilt für markenrechtliche Verstöße (§ 20 Abs. 1 MarkenG).

---

[617] Ebenda mit Hinweis auf *BGH* GRUR 1992, 61= NJW-RR 1991, 1318 = WRP 1991, 654 – Preisvergleichsliste.
[618] Siehe Rn. 582.
[619] Vgl. *Baumbach/Hefermehl* § 14 UWG Rn. 12 c.
[620] Vgl. *Baumbach/Hefermehl* § 14 UWG Rn. 8 ff.
[621] Vgl. § 102 UrhG oder § 20 MarkenG.
[622] Siehe Rn. 615; vgl. auch *Baumbach/Hefermehl* Einl. UWG Rn. 559 ff.
[623] Vgl. zum bisherigen Recht in § 195 BGB a.F. *Baumbach/Hefermehl* § 21 UWG Rn. 20 und BGH GRUR 1992, 61, 63 – Preisvergleichsliste.
[624] Vgl. *Baumbach/Hefermehl* § 21 UWG Rn. 5 ff.

§ 10 Zivilrechtliche Ansprüche

Verstößt eine Handlung zugleich gegen §§ 823 ff. BGB, gilt folgendes: 519

- Ein Verstoß auch gegen § 823 Abs. 1 BGB (zum Beispiel ein Eingriff in das Recht am eingerichteten und ausgeübten Gewerbebetrieb) unterliegt der kurzen Verjährung des § 21 UWG. Es kommt nicht darauf an, ob der Verletzte seinen Anspruch nur oder auch auf § 823 Abs. 1 BGB stützt. Es genügt, dass ein UWG-Verstoß vorliegt, damit § 21 UWG eingreift.
- Gleiches gilt auch, wenn ein Wettbewerbsverstoß zugleich ein Schutzgesetz im Sinne des § 823 Abs. 2 BGB verletzt.
- Bei einer Schädigung gemäß §§ 824, 826 BGB greift die Verjährungsregelung des § 199 Abs. 1, 2, 3 BGB.

2. Beginn der sechsmonatigen Verjährung

a) Unterlassungsanspruch. Die Verjährungsfrist beginnt zu laufen, sobald der Anspruchsteller Kenntnis von der bereits abgeschlossenen Verletzungshandlung (vgl. § 198 Satz 2 BGB) *und* der Person des Verletzers hat (vgl. § 199 Abs. 1, 5 BGB). Im Übrigen gilt § 195 BGB. Bei jeder erneuten Verletzungshandlung beginnt auch eine neue Verjährung.[625] Eine „fortgesetzte Handlung" mit der Folge, dass die einzelnen Teilhandlungen als einheitliche Handlung anzusehen sind, gibt es bei der zivilrechtlichen Verjährung nicht.[626] Der (nur) wegen Erstbegehungsgefahr gegebene Anspruch verjährt nicht.[627] Ist ein Unterlassungsanspruch wegen einer Verletzungshandlung allerdings bereits verjährt, begründet diese Handlung nicht die Vermutung einer Erstbegehung, da § 21 UWG sonst leer liefe. Es müssen dann neue Umstände vorliegen. Berühmt sich etwa der Verletzer – zum Beispiel im Rechtsstreit –, materiell rechtmäßig gehandelt zu haben,[628] kann das auf einen weiteren, unmittelbar bevorstehenden Eingriff hindeuten.[629] Es besteht dann (erneut) Begehungsgefahr. Bei einer Dauerhandlung beginnt die Frist des § 21 UWG erst mit Beendigung der Handlung. Wann eine Handlung beendet ist, ist Einzelfallentscheidung. Bei einem Werbeprospekt wären als Anknüpfungspunkte für den Beginn der Verjährung zum Beispiel der Zugang des Prospektes[630] oder dessen Gültigkeitsdauer[631] denkbar. 520

b) Schadensersatzanspruch. Die sechsmonatige Verjährung des Schadensersatzanspruches beginnt gemäß § 21 Abs. 2 UWG, wenn der Schaden entstanden ist und der Verletzte von dem Schaden und der Person des Verletzers Kenntnis hat[632] (vgl. § 199 Abs. 1 BGB). Umfang und Höhe des Schadens müssen noch nicht feststehen. Ebenso genügt es, wenn bereits ein Teil des Schadens entstanden ist. Da ein Schadensersatzanspruch nur bei Verschulden des Verletzers gegeben ist, muss der Verletzte zumindest von einem Verschulden ausgehen können. Die Verjährung beginnt demnach, wenn der 521

---

[625] Vgl. *Baumbach/Hefermehl* § 21 UWG Rn. 11.
[626] Vgl. *Baumbach/Hefermehl* § 21 UWG Rn. 13.
[627] Vgl. *Baumbach/Hefermehl* § 21 UWG Rn. 11 und *Köhler/Piper* § 21 UWG Rn. 40.
[628] Siehe Rn. 471.
[629] Falls die Ausführungen nicht der Rechtsverteidigung dienen, vgl. BGHZ 14, 163 = GRUR 1955, 97 = 1954, 1682 – Constanze II und BGH GRUR 1988, 313 = NJW-RR 1988, 554 = WRP 1988, 359 – Auto F. GmbH.
[630] So *Köhler/Piper* § 21 UWG Rn. 23.
[631] So *Baumbach/Hefermehl* § 21 UWG Rn. 12.
[632] Vgl. *Baumbach/Hefermehl* § 21 UWG Rn. 16.

Verletzte „mit einigermaßen sicherer Aussicht auf Erfolg" zumindest Klage auf Feststellung eines Schadensersatzanspruches erheben kann.[633] Für noch nicht voraussehbare Schäden beginnt die Verjährung erst ab deren Kenntnis. Für Dauerhandlungen und wiederholte Handlungen gelten die Ausführungen zum Unterlassungsanspruch entsprechend.

522 **c) Beseitigungsansprüche.** Die kurze Verjährung für Ansprüche auf Beseitigung beginnt, sobald der Verletzte Kenntnis von der Verletzungshandlung, dem Verletzer und dem fortdauernden Störungszustand erlangt hat. Die Fortdauer des Störungszustandes muss für den Verletzten zumindest vorhersehbar sein.

523 **d) Sonstige Ansprüche.** Für Nebenansprüche – insbesondere auf Auskunft und Rechnungslegung – beginnt die kurze Verjährung ebenfalls mit Kenntnis der Verletzungshandlung und des Verletzers.

3. Verjährungsunterbrechung und -hemmung

524 **a) Rechtslage bis 31.12.2001.** Nach bisherigem Recht[634] konnte der Anspruchsteller den Eintritt der wettbewerbsrechtlichen Verjährung nur durch

- Erhebung der Hauptsacheklage (§§ 209 Abs. 1, 211 BGB a.F.),
- Anrufung der Einigungsstelle gemäß § 27 a UWG,[635]
- Verzicht auf die Einrede der Verjährung oder
- schwebende Vergleichsverhandlungen gemäß § 852 Abs. 2 BGB a.F.[636]

verhindern.

525 Der Antrag auf Erlass einer einstweiligen Verfügung unterbrach oder hemmte den Eintritt der Verjährung nicht. Auch die Vollziehung der Verfügung gemäß § 929 ZPO[637] führte nicht zur Unterbrechung, da sie keine Vollstreckungshandlung im Sinne von § 209 Nr. 5 BGB war.[638]

526 Hatte der Anspruchsteller eine einstweilige Verfügung erwirkt und war diese nicht durch eine Unterlassungs-, eine Abschlusserklärung bzw. ein Anerkenntnis (§ 208 BGB) oder ein rechtskräftiges Hauptsacheurteil gesichert, konnte der Anspruchsgegner Aufhebung der Verfügung gemäß § 926 ZPO verlangen.[639]

527 **b) Rechtslage nach dem Schuldrechtsmodernisierungsgesetz.** Das Schuldrechtsmodernisierungsgesetz sieht zur *Hemmung* der Verjährung einige Änderungen vor:

528 *aa) Hemmung durch Vergleichsverhandlungen.* So ist zunächst nach § 203 BGB die Verjährung bei Vergleichsverhandlungen gehemmt. Das kann zum Beispiel für die Verjährung der Erstattung der Abmahnkosten Bedeutung haben, da hier § 21 UWG

---

[633] BGH NJW 1960, 380, 381.
[634] Vor Inkrafttreten des SchuldrechtsmodG.
[635] Vgl. § 27 a Abs. 9 UWG; siehe Rn. 651.
[636] Da § 21 UWG nur eine Spezialregelung gegenüber § 852 Abs. 1 BGB a.F. war, fand § 852 BGB (auch der Anspruch auf Herausgabe des durch die ungerechtfertigte Bereicherung Erlangten gemäß § 852 Abs. 3 BGB!) auch im Wettbewerbsrecht Anwendung; vgl. *Baumbach/Hefermehl* § 21 UWG Rn. 2 und *Köhler/Piper* § 21 UWG Rn. 44.
[637] Siehe Rn. 826 ff.
[638] *Baumbach/Hefermehl* § 21 UWG Rn. 1 b.
[639] Siehe Rn. 867.

§ 10 Zivilrechtliche Ansprüche

gilt. Denn wenn der Verletzer die Unterlassungserklärung *ohne* Anerkenntnis der Kosten abgibt, muß der Verletzte bei Verhandlungen über die Kostenerstattung nicht deren Verjährung befürchten. Die Verjährung ist gehemmt, bis der eine oder andere Teil die Fortsetzung der Vergleichsverhandlungen verweigert. Die Verjährung tritt dann allerdings frühestens drei Monate nach dem Ende der Hemmung ein.

bb) Hemmung durch Verfügungsverfahren. Gemäß § 204 Abs. 1 Nr. 9 BGB ist die Verjährung des geltend gemachten Anspruchs nun auch mit Einreichung eines Verfügungsantrages gehemmt:[640]

529

§ 204 Abs. 1 Nr. 9 BGB:
¹Die Verjährung wird gehemmt durch
...
9. die Zustellung des Antrags auf Erlass eines Arrestes, einer einstweiligen Verfügung oder einer einstweiligen Anordnung, oder, wenn der Antrag nicht zugestellt wird, dessen Einreichung, wenn der Arrestbefehl, die einstweilige Verfügung oder einstweilige Anordnung innerhalb eines Monats seit Verkündung oder Zustellung an den Gläubiger dem Schuldner zugestellt wird.

530

Die erste Variante für die Hemmung der Verjährung ist die Zustellung des Antrags an den Gegner. Denn es soll vermieden werden, dass die Hemmung ohne Kenntnis des Antragsgegners eintritt.[641] Allerdings ist der Beginn der Hemmung dann der Zeitpunkt der Einreichung (§ 270 Abs. 3 ZPO). Variante zwei: Wird der Antrag – wie häufig im Verfügungsverfahren[642] – nicht zugestellt, kommt es auf den Zeitpunkt der Einreichung an. Allerdings steht die Hemmung dann unter der auflösenden Bedingung, dass die Verfügung innerhalb eines Monats seit Verkündung oder Zustellung an den Antragsteller dem Antragsgegner zugestellt wird. Bei einer Beschlussverfügung erfolgt keine Zustellung von Amts wegen (§§ 936, 922 Abs. 2 ZPO), so dass das Gesetz hier nur die Zustellung im Parteibetrieb meinen kann. Diese muss schon zum Zwecke der Vollziehung gemäß §§ 936, 929 Abs. 2 ZPO innerhalb Monatsfrist erfolgen.[643]

531

cc) Ende der Hemmung. Die Regelung in § 209 BGB entspricht der bisherigen Regelung in § 205 BGB a.F. Demnach wird der Zeitraum, während dessen die Verjährung gehemmt ist, nicht in die Verjährungsfrist eingerechnet. Ähnlich der bisherigen Regelung in § 211 BGB a.F. (Dauer und Ende der Unterbrechung bei Klage) bestimmt nunmehr § 204 Abs. 2 BGB, dass die Hemmung der Verjährung sechs Monate nach der rechtskräftigen Entscheidung[644] oder anderweitigen Beendigung des Verfahrens endet. Mit „Rechtskraft" kann im Verfügungsverfahren nur die formelle Rechtskraft gemeint sein, da Streitgegenstand nicht der Anspruch selbst, sondern seine vorläufige Sicherung ist.[645] Bei einem Verfügungsurteil (§ 300 ZPO) ist das unpro-

532

---

[640] Diese Regelung beruht maßgeblich auf der Überlegung, dass in Wettbewerbssachen häufig nur deshalb Hauptsacheklage erhoben wird, um den Eintritt der Verjährung zu verhindern, BT-Drs. 14/6014, S. 115; vgl. auch *Baronikians* S. 121.
[641] BT-Drs. 14/6014, a.a.O.
[642] Siehe Rn. 825.
[643] Siehe Rn. 826 ff.
[644] Damit ist nicht der „rechtskräftig festgestellte Anspruch" gemäß § 197 Abs. 1 Nr. 3 BGB gemeint, der erst nach 30 Jahren verjährt. Dieser betrifft nur die *materielle* Rechtskraft einer Hauptsacheentscheidung.
[645] Vgl. *Thomas/Putzo* vor § 916 ZPO Rn. 2. Trotzdem ist nach § 204 Abs. 1 BGB die Verjährung des *Anspruchs* gehemmt und nicht des Anspruchs auf *Sicherung*.

lematisch: Ein erstinstanzliches Urteil ist rechtskräftig, wenn es mit einem ordentlichen Rechtsmittel nicht mehr anfechtbar ist.[646] Rechtskräftig, weil nicht mehr anfechtbar, ist auch die den Antrag im Beschlusswege zurückweisende Entscheidung des Beschwerdegerichts.

533 Erwirkt der Antragsteller hingegen eine Beschlussverfügung, erhebt der Anspruchsgegner nach Zustellung (Vollziehung) nicht Widerspruch und gibt er auch trotz Aufforderung keine Abschlusserklärung ab, ist fraglich, wann nun die Verjährung eintritt. § 204 Abs. 2 Satz 2 BGB regelt lediglich für den Fall des Stillstands des Verfahrens, dass dann an die Stelle der Erledigung die letzte Verfahrenshandlung der Partei des Gerichts oder der sonst mit dem Verfahren befassten Stelle tritt. Die letzte Verfahrenshandlung wird im Verfügungsverfahren die Parteizustellung der Verfügung gemäß §§ 936, 922 Abs. 2 ZPO sein.[647] Relevanter Zeitpunkt für die Berechnung der Verjährungsfrist ist dann der Zeitpunkt der Zustellung, da dieser Zeitpunkt beiden Parteien bekannt ist.[648] Die Aufforderung zur Abgabe der Abschlusserklärung gehört nicht mehr zum Verfügungsverfahren, sondern ist bereits Bestandteil des Hauptsacheverfahrens[649] – und damit nicht „letzte Verfahrenshandlung" im Verfügungsverfahren, sondern erste Verfahrenshandlung im Hauptsacheverfahren.

Praxistipp: Verjährungsfrist gemäß § 204 Abs. 2 BGB
534 Zur Vermeidung der Verjährung sollte umgehend nach Erlass einer Beschlussverfügung oder Verkündung eines Urteils die 6-Monats-Frist – gerechnet ab Erlass bzw. Verkündung – notiert werden.

535 c) **Umfang der Verjährungsunterbrechung bzw. -hemmung.** Die Hauptsacheklage unterbrach nach bisherigem Recht nur die Verjährung desjenigen Anspruchs, der Gegenstand der Klage ist. So unterbrach etwa eine Klage auf Unterlassung nicht auch die Verjährung eines Auskunfts- oder Widerrufsanspruchs. Bei einer nur auf die konkrete Verletzungshandlung gerichteten Klage war die Verjährung auch für im Kern gleiche Handlungen unterbrochen.[650] Für noch nicht begangene Handlungen, für die erst eine

---

[646] Vgl. *Thomas/Putzo* vor § 704 ZPO Rn. 2.
[647] Denn „Prozesshandlungen" im Sinne von § 211 Abs. 2 BGB sind auch Zustellungen, vgl. *Palandt/Heinrichs* § 211 BGB Rn. 6. *Baronikians* S. 123, schlägt vor, dass die Hemmung so lange fortbestehen soll, solange der Antragsgegner nicht mitteilt, dass er die Verfügung *nicht* als endgültige Regelung anerkennt. Zwei Monate nach der Erklärung sollte dann nach *Baronikians* die Verjährung eintreten. Wenn allerdings weder der Antragsteller den Antragsgegner zu einer Erklärung auffordert noch der Antragsgegner eine Erklärung abgibt, kommt es womöglich gar nicht zum Abschluss wettbewerbsrechtlicher Verfahren. Dann müsste schon das Zivilprozessrecht geändert werden, wonach auch eine einstweilige Verfügung ohne Hauptsacheentscheidung oder Unterlassungs- bzw. Abschlusserklärung materielle Rechtskraft entfaltet – zum Beispiel dann, wenn der Antragsgegner auf eine (bislang gesetzlich nicht geregelte) Abschlusserklärung innerhalb einer bestimmten Frist nicht reagiert, die ihm nachweislich zugegangen ist.
[648] Entweder aufgrund der Mitteilung des Gerichtsvollziehers oder – bei Zustellung gemäß § 195 ZPO n.F. (§ 198 ZPO) – anhand des vom Gegner eingetragenen Zustellungstages; vgl. auch MüKo-BGB/*Grothe* § 211 BGB Rn. 10 für Zustellungen des Gerichts. Wenn eine Zustellung der Verfügung durch den Gerichtsvollzieher misslingt, kann der relevante Zeitpunkt nur der Tag sein, an dem das Zustellungsgesuch bei der Gerichtsvollzieherverteilerstelle – bzw. bei unmittelbarer Übersendung an den zuständigen Gerichtsvollzieher dort – eingeht.
[649] Siehe Rn. 931
[650] Zur Kerntheorie siehe Rn. 701.

Begehungsgefahr besteht, konnte ohnedies noch keine Verjährungsfrist laufen.[651] Hieran hat sich durch die neue Rechtslage (§ 204 Abs. 1 Nr. 1 BGB) – auch wenn die Erhebung der Hauptsacheklage die Verjährung nun nur noch hemmt – nichts geändert.

4. Rechtsfolgen der Verjährung

Der Eintritt der Verjährung gibt dem Anspruchsgegner eine Einrede (§ 214 Abs. 1 BGB = § 222 BGB a.F.). Sie ist nicht von Amts wegen zu prüfen. Erhebt der Verletzer eine Klage nach Eintritt der Verjährung, ist die Klage unbegründet. 536

Ist ein Unterlassungsanspruch bereits während eines Verfügungsverfahrens verjährt, kann der Anspruchsgegner die Verjährung im Rechtsmittelverfahren (Widerspruch, Berufung) einwenden. Ist das Verfügungsverfahren bereits rechtskräftig abgeschlossen, besteht die Möglichkeit der Aufhebung der Verfügung gemäß §§ 936, 927 ZPO.[652] Denkbar sind auch negative Feststellungsklage oder gemäß § 926 ZPO Klageerzwingung.[653] Teilt der Anspruchsgegner dem Anspruchsteller mit, dass er im Hauptsachverfahren Verjährung einwenden werde, würde der Anspruchsteller eine offensichtlich unbegründete Hauptsacheklage erheben. Für den Anspruchsteller empfiehlt es sich dann – schon aus Kostengründen –, keine Hauptsacheklage zu erheben. Auf Antrag des Anspruchsgegners wird die Verfügung dann gemäß § 926 Abs. 2 ZPO aufgehoben. Eine andere Möglichkeit wäre für den Anspruchsteller, auf die Rechte aus der Verfügung ausdrücklich zu verzichten und eine Übernahme der Kosten des Verfügungsverfahrens zu erklären. 537

IX. Rechtsmissbrauch

1. Rechtsmissbrauch bei Unterlassungsansprüchen, § 13 Abs. 5 UWG

§ 13 Abs. 5 UWG:
ᵛDer Anspruch auf Unterlassung kann nicht geltend gemacht werden, wenn die Geltendmachung unter Berücksichtigung der gesamten Umstände missbräuchlich ist, insbesondere wenn sie vorwiegend dazu dient, gegen den Zuwiderhandelnden einen Anspruch auf Ersatz von Aufwendungen oder Kosten der Rechtsverfolgung entstehen zu lassen. 538

Fall „Vielfachabmahner":[654]

Der Kläger ist Rechtsanwalt und außerdem nach seiner Behauptung mit einem Geschäftspartner in Berlin als Bauträger und Altbausanierer tätig. Er beanstandet eine Immobilienanzeige der Beklagten für ein Objekt in Rosenheim als wettbewerbswidrig. Im Jahr 1997 hat der Kläger neben der Beklagten etwa 150 wettbewerbsrechtliche Abmahnungen vorgenommen. Im Jahr 1998 waren es nach den eigenen Angaben des Klägers immer noch etwa 35 Abmahnungen. Grundlage der Abmahntätigkeit ist die Überprüfung des Immobilienteils von Tageszeitungen auf wettbewerbswidrige Anzeigen. 539

In § 13 Abs. 5 UWG ist für Unterlassungsansprüche noch einmal ausdrücklich geregelt, dass diese dann nicht geltend gemacht werden können, wenn die Geltendma- 540

---

[651] Vgl. *Köhler/Piper* § 21 UWG Rn. 40.
[652] Siehe Rn. 871 ff.
[653] Siehe Rn. 858 ff.
[654] BGH GRUR 2001, 260 = NJW 2001, 371 = WRP 2001, 148. Vgl. hierzu auch zur Frage, ob ungerechtfertigte Abmahnungen wiederum gemäß § 1 UWG wettbewerbswidrig sind (im konkreten Fall ablehnend) BGH GRUR 2001, 354 = WRP 2001, 255 – Verbandsklage gegen Vielfachabmahner.

chung rechtsmissbräuchlich ist. Dies ist gemäß § 13 Abs. 5 Satz 2 UWG vorwiegend dann der Fall, wenn die Geltendmachung von Unterlassungsansprüchen insbesondere deshalb erfolgt, um gegen den Verletzer einen Anspruch auf Ersatz von Aufwendungen oder Kosten der Rechtsverfolgung entstehen zu lassen.

541 Das kann dann der Fall sein, wenn ein Immobilienmakler mit einem Rechtsanwalt zusammenarbeitet, durch diesen auch marginale Verstöße verfolgen lässt und über die Verfahren erst informiert wird, wenn diese bereits abgeschlossen sind.[655] Wenn der Abmahnende wegen § 13 Abs. 5 UWG nicht aktiv legitimiert ist, bedeutet das aber noch nicht, dass das Abmahnverhalten des Abmahnenden selbst wettbewerbswidrig und gemäß § 1 UWG zu unterlassen ist. Dies ist, so der BGH,[656] selbst wenn das beanstandete Verhalten rechtmäßig ist, nur ausnahmsweise wettbewerbswidrig. Dies gilt erst recht, wenn davon auszugehen ist, dass das abgemahnte Verhalten rechtswidrig ist. Daran ändert sich grundsätzlich auch dann nichts, wenn der Abmahnende nicht klagebefugt oder anzunehmen ist, dass die Geltendmachung des Unterlassungsanspruchs unter Berücksichtigung der gesamten Umstände i.S. des § 13 Abs. 5 UWG missbräuchlich ist. Ein Verlangen, ein rechtswidriges Verhalten zu unterlassen, kann nicht als wettbewerbswidrige Behinderung des abgemahnten Wettbewerbers behandelt werden, weil dieser das beanstandete Verhalten ohnehin nicht wiederholen dürfte.

542 Allerdings stellt die Abmahnung eines dazu nicht Berechtigten (mit der zugleich erhobenen Forderung von Anwaltsgebühren) bereits als solche eine Beeinträchtigung des laufenden Geschäftsbetriebes dar, die unterblieben wäre, wenn der Abmahnende nicht zu Unrecht einen eigenen Unterlassungsanspruch geltend gemacht hätte. Eine solche Rechtsverfolgung muss aber – jedenfalls wenn tatsächlich ein Wettbewerbsverstoß vorliegt – grundsätzlich ebenso hingenommen werden wie auch sonst unbegründete Ansprüche von Wettbewerbern.

Zum Fall „Vielfachabmahner":

543 Die erhebliche Zahl der Abmahnungen des Klägers steht – so der BGH – in keinem vernünftigen wirtschaftlichen Verhältnis zu der vom Kläger behaupteten gewerblichen Tätigkeit. Der Kläger kann auch an der Verfolgung des beanstandeten Wettbewerbsverstoßes kein nennenswertes Interesse habe. Denn der Kläger ist lediglich vereinzelt in Berlin tätig. Die Anzeige betraf jedoch eine Wohnung in Rosenheim. Die Abmahntätigkeit ist daher gemäß § 13 Abs. 5 UWG rechtsmissbräuchlich.

2. Allgemeine BGB-Grundsätze

544 Für die Geltendmachung wettbewerbsrechtlicher Ansprüche gelten auch die allgemeinen BGB-Grundsätze, die zu § 242 BGB entwickelt wurden. Da es sich hier um allgemeine, nicht speziell um wettbewerbsrechtliche Grundsätze handelt, wird hierauf an dieser Stelle nicht näher eingegangen.

3. Verwirkung

545 Eine Bedeutung auch im Wettbewerbsrecht hat allerdings der Einwand der Verwirkung erlangt,[657] der auf alle wettbewerbsrechtlichen Ansprüche anwendbar ist. We-

---

[655] Vgl. OLG Karlsruhe WRP 1986, 49.
[656] BGH GRUR 2001, 354 – Verbandsklage gegen Vielfachabmahner.
[657] Vgl. *Baumbach/Hefermehl* Einl. UWG Rn. 428 ff.

sentliches Argument für eine Verwirkung ist insbesondere, dass der Verletzte wiederholte Verstöße eines Wettbewerbers trotz positiver Kenntnis duldet.

Denkbar wäre auch, dass der Verletzer ähnliche Wettbewerbsverstöße selbst begeht („unclean hands"). Allerdings ist der Einwand der „unclean hands" in der Regel nicht geeignet, wettbewerbsrechtliche Ansprüche zu beseitigen. Denn das Wettbewerbsrecht dient nicht lediglich dem Schutz von Einzelinteressen, sondern vor allem auch dem Schutz des Wettbewerbs als solches. Etwas anderes gilt nur, wenn die Wettbewerbshandlung *ausschließlich Individualinteressen* berührt. Das kann etwa bei einem Verstoß gegen § 14 UWG der Fall sein, wenn über einen Mitbewerber unrichtig behauptet wird, er sei zahlungsunfähig und zuvor der Mitbewerber bereits seinerseits verkündet hatte, der nun Behauptende sei seinerseits zahlungsunfähig geworden. 546

Bei der Geltendmachung von Schadensersatzansprüchen ist der Einwand der „unclean hands" jedoch durchaus denkbar, wenn der Anspruchsteller bereits durch seine eigene wettbewerbswidrige Handlung möglicherweise einen Schadensausgleich herbeiführen konnte.[658] 547

4. Mehrfach-Prozesse

Rechtsmissbräuchlich kann es schließlich auch sein, wenn mehrere Gesellschaften des gleichen Mutterkonzerns gerichtlich gegen einen Wettbewerber wegen desselben Verstoßes vorgehen.[659] Gleiches kann gelten, wenn der Verletzte ohne Not neben dem Verfügungsverfahren sogleich ein Hauptsacheverfahren anstrengt, ohne abzuwarten, ob die Verfügung erlassen wird und ob sie der Gegner als endgültige Regelung akzeptiert.[660] 548

---

[658] Vgl. *Baumbach/Hefermehl* Einl. UWG Rn. 451 und § 3 UWG Rn. 442.
[659] BGHZ 144, 165 = GRUR 2000, 1089 = NJW 2000, 3566 = WRP 2000, 1269, 1271 f. – Missbräuchliche Mehrfachverfolgung; BGH WRP 2000, 1263, 1264 f. – Neu in Bielefeld I (siehe Fn. 575) und BGH GRUR 2001, 84 = NJW-RR 2000, 1644 = WRP 2000, 1266 – Neu in Bielefeld II.
[660] Vgl. die in der Pressemitteilung des *BGH* vom 10.04.200 zitierten Entscheidungen, WRP 2000, 562.

§ 11 Abmahnung und Unterlassungs-/Verpflichtungserklärung

A. Vorüberlegungen

549 Es empfiehlt sich, bereits vor dem Ausspruch einer Abmahnung zu klären, inwieweit **Risiken bei der gerichtlichen Durchsetzung** des geltend gemachten Unterlassungsanspruches bestehen. Denn es ist nur sinnvoll, außergerichtlich die Abgabe einer Unterlassungserklärung zu fordern, wenn der Anspruchsteller die geltend gemachten Unterlassungsansprüche notfalls auch mit Gerichtshilfe weiterverfolgt. Andernfalls wird die Abmahnung zu einem zahnlosen Tiger und bewirkt nur, dass dem Anspruchssteller hieraus Kosten erwachsen.

550 Man sollte in der Regel – bei besonderer Eilbedürftigkeit zumindest mit einer Fristsetzung von wenigen Stunden –, den Verletzer abmahnen, um bei einem gerichtlichen Verfahren ein sofortiges Anerkenntnis und damit die Kostenfolge des § 93 ZPO zu vermeiden. Wünscht der Anspruchsteller aufgrund eines möglichen Vorwarneffekts eine außergerichtliche Abmahnung nicht, muss er die möglicherweise entstehenden Kostenfolgen gemäß § 93 ZPO kennen.

B. Grundlagen

551 Die Aufforderung eines Wettbewerbers an den Verletzer, eine wettbewerbswidrige Handlung zu unterlassen (Abmahnung), hat im Wettbewerbsrecht eine besondere Bedeutung. Schließlich ist der Unterlassungsanspruch im Wettbewerbsrecht derjenige Anspruch, der am häufigsten geltend gemacht wird. Viele gerügte Wettbewerbsverstöße erledigen sich außergerichtlich durch eine Abmahnung.[661]

552 Bei der Abmahnung handelt es sich um die außergerichtliche Aufforderung, eine wettbewerbswidrige Handlung zu unterlassen. Die außergerichtliche Abmahnung soll dem Störer die Möglichkeit geben, zur Vermeidung eines Rechtsstreits gegenüber dem Anspruchsteller zu erklären, dass er künftig die beanstandete Handlung unterlassen werde.

553 Die außergerichtliche Forderung einer Unterlassungs-/Verpflichtungserklärung ist für ein späteres gerichtliches Verfahren keine prozessuale Zulässigkeitsvoraussetzung. Allerdings riskiert der Wettbewerber, der ohne Abmahnung einen Störer in Anspruch nimmt, bei dessen sofortigem Anerkenntnis des gerichtlich geltend gemachten Anspruchs die Kostenfolge aus § 93 ZPO.[662]

554 Es gibt zwei Arten von Unterlassungserklärungen,
- die vertragsstrafenbewehrte Erklärung und
- die einfache, nicht strafbewehrte Erklärung.

555 Besteht Wiederholungsgefahr, muss die Erklärung strafbewehrt sein. Erst mit Abgabe einer solchen Erklärung entfällt die Vermutung der Wiederholungsgefahr.[663] Die einfache Erklärung kommt in Betracht, wenn lediglich eine Erstbegehungsgefahr besteht – zum Beispiel wegen der Behauptung des Anspruchsgegners, eine (noch nicht

---

[661] *Teplitzky*, Wettbewerbsrecht, 41. Kapitel Rn. 3, spricht sogar von 90 bis 95 Prozent.
[662] Vgl. *Baumbach/Hefermehl* Einl. UWG Rn. 529.
[663] Vgl. zum Unterwerfungsvertrag *Baumbach/Hefermehl* Einl. UWG Rn. 551, 538 ff., 289 und 298.

§ 11 Abmahnung und Unterlassungs-/Verpflichtungserklärung

erfolgte) Handlung sei zulässig. Denn an die Beseitigung der Erstbegehungsgefahr sind grundsätzlich weniger strenge Anforderungen zu stellen als an den Fortfall der durch die Verletzungshandlung begründeten Gefahr der Wiederholung des Verhaltens in der Zukunft. Es genügt hier daher die uneingeschränkte und eindeutige – allerdings nicht strafbewehrte – Erklärung, dass die beanstandete Handlung in der Zukunft nicht vorgenommen werde.[664]

Gibt der Anspruchsgegner eine außergerichtlich geforderte Erklärung ab, kommt es zu einem **Unterwerfungsvertrag**. Darin verpflichtet sich der abgemahnte Störer – deshalb heißt es korrekt auch „Unterlassungs-/Verpflichtungserklärung" –, eine bestimmte Handlung zu unterlassen. Enthält der Vertrag ein Vertragsstrafeversprechen, ist der Verletzer verpflichtet, im Falle eines Verstoßes gegen den Unterwerfungsvertrag eine Vertragsstrafe zu bezahlen. Die Erklärung muss dem Anspruchsteller jedoch auch zugehen und den Zugang muss der zur Abgabe der Erklärung Verpflichtete beweisen.[665] 556

Verweigert der Abgemahnte die Abgabe der geforderten Erklärung, gibt er zur Erhebung der Klage bzw. zur Antragstellung Anlass, so dass dann die Kostenfolge von § 93 ZPO nicht eingreift. Dies setzt allerdings voraus, dass eine ordnungsgemäße Abmahnung erfolgt ist.[666] 557

Die Abmahnung hat damit eine zweifache Bedeutung: 558

- Sie ist ein Angebot zum Abschluss eines Unterwerfungsvertrages, der ggf. auch zu besonderen Aufklärungspflichten des Verletzers führt und
- dient der Vermeidung der Kostenfolge aus § 93 ZPO.

Entbehrlich ist die Abmahnung im Hinblick auf § 93 ZPO nur dann, wenn sie 559

- offensichtlich erfolglos bleiben wird oder
- zu einer nicht hinnehmbaren Verzögerung führen würde.

Ersteres wäre etwa der Fall, wenn ein Mitbewerber bereits mehrfach denselben gerügten Verstoß trotz abgegebener Unterlassungserklärungen wiederholt. Der zweite Fall ist in der Regel dann gegeben, wenn auf Verkaufsausstellungen oder Messen Waren angeboten werden, die etwa die Marke eines Mitbewerbers verletzen. Hier bleibt häufig keine Zeit, mit Fristsetzung abzumahnen. Auch kann eine Abmahnung in diesem Fall Warncharakter haben und den Störer dazu anleiten, erst recht für einen beschleunigten Absatz der Ware zu sorgen.[667] Allerdings ist die Rechtsprechung hier ausgesprochen eng,[668] so dass selbst auf Messen eine Abmahnung unter Fristsetzung von wenigen Stunden für zumutbar gehalten wird.[669] Hier ist auch eine mündliche oder fernmündliche Abmahnung ausreichend, die der Anspruchsteller im Falle eines Rechtsstreits glaubhaft machen oder beweisen muss. 560

---

[664] BGH WRP 2001, 1076 – Berühmungsaufgabe.
[665] Vgl. BGH NJW 1995, 665, wonach es nicht genügt, dass die störungsfreie Absendung des Telefax bewiesen wird und keine technischen Anhaltspunkte für eine Übermittlungsstörung ersichtlich sind.
[666] Vgl. *Baumbach/Hefermehl* Einl. UWG Rn. 540.
[667] Vgl. OLG Hamburg WRP 1988, 47; OLG Nürnberg WRP 1995, 427; anders: OLG Köln WRP 1984, 641.
[668] Vgl. OLG Hamburg NJWE-WettbR 1996, 93 = WRP 1995, 1037.
[669] Vgl. OLG Frankfurt a.M. GRUR 1995, 293.

C. Form, Inhalt und Kosten der Abmahnung

I. Form

1. Schriftform

561   Eine bestimmte Form ist für Abmahnungen nicht vorgeschrieben.[670] Allerdings empfiehlt es sich schon aus Beweiszwecken, Abmahnungen schriftlich abzufassen oder jedenfalls unter Zeugen auszusprechen.

2. Absendung und Zugang

562   Für den Zugang der Abmahnung als Angebot zur Annahme eines Unterwerfungsvertrages gelten die allgemeinen Regeln des BGB, also auch § 130 BGB (Erklärung gegenüber Abwesenden). Im Wettbewerbsrecht liegt das Zugangsrisiko allerdings in der Regel beim Verletzer.[671] Etwas anderes gilt nur dann, wenn Zugangshindernisse erkennbar sind – wie etwa Verlegung des Geschäftslokals oder Urlaubsabwesenheit des Betriebsinhabers.[672] Zur Abwendung der Kostenfolge aus § 93 ZPO genügt für den Verletzten in der Regel der Nachweis der Absendung.[673] Der Nachweis kann entweder durch den Einlieferungsschein bei einem Versand per Einschreiben oder durch den Sendebericht des Telefaxgerätes erfolgen.

3. Vollmacht

563   Die Frage, ob einer anwaltlichen Abmahnung eine Original-Vollmacht des Auftraggebers im Hinblick auf § 174 BGB beizufügen ist, ist von den Oberlandesgerichten unterschiedlich beantwortet worden. So fordert zum Beispiel das OLG Nürnberg die Beifügung einer Originalvollmacht.[674] Eine andere Auffassung vertreten die Münchener Gerichte, die die Wirksamkeit einer Abmahnung von der Beifügung einer Originalvollmacht nicht abhängig machen. Auch wenn die Vorlage einer Originalvollmacht mit der Abmahnung außergerichtlich nicht gefordert wird, ist hierdurch nicht ausgeschlossen, dass der Anspruchsgegner gemäß § 80 Abs. 1 ZPO die Vorlage einer Vollmacht im Rechtsstreit fordert. Hier muss ein Original der Vollmacht vorgelegt werden, Kopien oder Telefaxe reichen hierfür nicht aus.[675]

> **Praxistipp: Vorlage einer Vollmacht**
>
> 564   Schon im Hinblick auf § 80 Abs. 1 ZPO und die unterschiedliche Auffassung der Oberlandesgerichte zu der Anwendbarkeit von § 174 BGB empfiehlt es sich, einer Abmahnung eine Originalvollmacht beizufügen. Kann das Original innerhalb weniger Stunden nicht beschafft werden, sollte die Abmahnung
> - mit der Faxkopie der Vollmacht vorab per Telefax und
> - nach Eingang der Original-Vollmacht mit Post
>
> dem Anspruchsgegner übersandt werden.

---

[670] Vgl. *Baumbach/Hefermehl* Einl. UWG Rn. 535.
[671] Vgl. OLG Köln GRUR 1984, 142; vgl. auch *Baumbach/Hefermehl* Einl. UWG Rn. 536 m.w.H.
[672] Vgl. OLG Köln WRP 1989, 47.
[673] Vgl. etwa OLG Köln GRUR 1984, 142.
[674] Vgl. OLG Nürnberg WRP 1991, 529.
[675] Vgl. BGHZ 126, 266 = NJW 1994, 2298 = WRP 1994, 765 – Vollmachtsnachweis.

II. Inhalt

Nur eine ordnungsgemäße Abmahnung setzt eine in der Abmahnung enthaltene 565
Frist in Lauf und beseitigt das Kostenrisiko aus § 93 ZPO.[676]

Praxistipp: Formulierung des Verbotes
Bereits bei der Formulierung der Abmahnung sollte man berücksichtigen, dass die 566
geforderte Unterlassung möglicherweise Gegenstand eines gerichtlichen Verfahrens
sein wird. Die Abmahnung sollte inhaltlich also dem entsprechen, was sich später
auch gerichtlich durchsetzen lässt.[677] Ist zwar der gerichtlich formulierte Unterlassungsantrag durchsetzbar, während der außergerichtlich geltend gemachte Unterlassungsanspruch nicht durchsetzbar gewesen wäre, kann sich der Verletzer darauf berufen, nicht ordnungsgemäß abgemahnt worden zu sein.[678] Das kann im Falle eines
sofortigen Anerkenntnisses eine für den Anspruchssteller nachteilige Kostenfolge
haben (§ 93 ZPO).

1. Konkrete Verletzungshandlung, gleichartige Verstöße

a) Bezeichnung der Verletzungshandlung. Gegenstand der Unterlassungsaufforde- 567
rung ist grundsätzlich die konkrete Verletzungshandlung, die der Anspruchsteller in
seiner Abmahnung auch konkret bezeichnen muss. Es ist nicht Aufgabe des Abgemahnten, aus einer ganz allgemein formulierten Abmahnung herauszufiltern, welchen
Verstoß der Abmahnende im einzelnen rügt. Lässt die Abmahnung nicht erkennen,
welcher Verstoß konkret abgemahnt werden soll, trägt der Abmahnende bei gerichtlicher Geltendmachung das Kostenrisiko aus § 93 ZPO.

b) Rechtliche Begründung und vorbereitete Unterlassungserklärung. Eine recht- 568
liche Begründung ist nicht erforderlich. Der Anspruchsteller muss der Abmahnung
auch keine bereits vorformulierte Unterlassungserklärung beifügen.[679] In der Praxis
bewährt es sich allerdings, die Abgabe einer vorformulierten Erklärung zu fordern.
Zum einen lassen sich dadurch Missverständnisse vermeiden, welche Verletzungshandlung beanstandet wird. Zum anderen entsteht kein Zeitverlust dadurch, dass der
Anspruchsgegner versucht, den Anspruchsteller mit einer selbst formulierten Unterlassungserklärung zufrieden zu stellen, die die Wiederholungsgefahr nicht in ausreichender Weise ausschließt – etwa, weil sie nicht strafbewehrt ist.

c) Formulierung der vorbereiteten Unterlassungserklärung. In der Praxis hat es 569
sich nicht nur bewährt, eine Unterlassungs-/Verpflichtungserklärung vorzuformulieren, sondern diese einem Anschreiben gesondert beizufügen. Dann hat der Verletzer
die Möglichkeit, diese Erklärung zu unterzeichnen und zurückzusenden, wobei das
Abmahnschreiben im übrigen ohne weiteren Aufwand in seinem Besitz verbleiben
kann. Allerdings ist zu berücksichtigen, dass AGB-Regelungen[680] auch auf Unterlassungsforderungen Anwendung finden können.[681] Hierauf sollte man bei der

---

[676] Vgl. zum Inhalt einer Abmahnung auch *Baumbach/Hefermehl* Einl. UWG Rn. 530.
[677] Siehe Rn. 696 ff.
[678] Vgl. *Baumbach/Hefermehl* Einl. UWG Rn. 526.
[679] Vgl. *Baumbach/Hefermehl* Einl. UWG Rn. 531.
[680] §§ 305 ff. BGB.
[681] Vgl. zum AGBG BGH NJW 1993, 721 = WRP 1993, 240 – Fortsetzungszusammenhang.

Formulierung des Abmahnschreibens und der vorbereiteten Unterlassungserklärung achten.[682]

570 Eine strafbewehrte Unterlassungs-/Verpflichtungserklärung besteht in der Regel aus vier Teilen:[683]
- Der erste Teil beschreibt die Parteien – Anspruchsteller und Anspruchsgegner.
- Der zweite Teil beschreibt die Verletzungshandlung, die Gegenstand der Unterlassung ist und künftig unterlassen werden soll.
- Der dritte Teil enthält die Strafbewehrung und
- der vierte Teil die Verpflichtung des Verletzers, die durch die Abmahnung entstandenen – in der Regel anwaltlichen – Kosten zu tragen.

571 Eine **zu weit gefasste Abmahnung** ist grundsätzlich unschädlich, da diese im Kern auch die konkrete Verletzungshandlung erfasst.[684] Ein Unterlassungsverlangen, das sich auf gleichartige Verletzungen – also nicht nur auf die konkret angegriffene Verletzungshandlung – bezieht, ist ebenso zulässig. Wer etwa die Marke eines anderen ohne dessen Einwilligung für Fanartikel benutzt, muss nicht nur bezüglich der konkret bekannt gewordenen Markennutzung – also bezogen auf die konkreten Waren – abgemahnt werden. Der Verletzte kann auch eine umfassende Erklärung fordern, wonach künftig jedwede ungenehmigte Nutzung der Marke auf Waren zu unterbleiben hat.[685]

572 Wenn die geforderte **Vertragsstrafe** – vor allem nach Auffassung des Anspruchsgegners – nicht angemessen ist, bleibt die Abmahnung trotzdem wirksam. Es obliegt dann dem Anspruchsgegner, ggf. den Abschluss eines Unterlassungsvertrages mit einer niedrigeren Vertragsstrafe anzubieten.[686]

2. Aufforderung zur Abgabe einer strafbewehrten Unterlassungserklärung

573 Weiter hat die Abmahnung bei Wiederholungsgefahr die Aufforderung zur Abgabe einer strafbewehrten Unterlassungserklärung zu enthalten.[687] Strafbewehrt bedeutet, dass im Falle eines Verstoßes gegen die Unterlassungserklärung eine Vertragsstrafe verwirkt ist. Diese kann entweder in der Unterlassungserklärung bereits der Höhe nach bestimmt sein (… verpflichtet sich, es bei Meidung einer Vertragsstrafe in Höhe von 10.000 Euro für jeden Fall der Zuwiderhandlung …)[688] oder auch dem so genannten „Hamburger Brauch" entsprechen. Hier wird keine Vertragsstrafe der Höhe nach benannt, sondern in das Ermessen des Verletzten gestellt, wobei die Höhe der dann vom Verletzten geforderten Vertragsstrafe auf ihre Angemessenheit hin gerichtlich überprüft werden kann.[689]

---

[682] Wegen Verstoßes gegen § 9 Abs. 2 Nr. 1 AGBG (§ 307 Abs. 2 Nr. 1 BGB) kann daher zum Beispiel die formelhafte Aufnahme des Verzichts auf die Einrede des Fortsetzungszusammenhangs unwirksam sein, vgl. BGH WRP 1993, 240, 242 – Fortsetzungszusammenhang.
[683] Siehe auch das Muster im Anhang.
[684] Vgl. BGH NJW 1989, 1545 = GRUR 1989, 445 – Professorenbezeichnung in der Arztwerbung I.
[685] Vgl. *Baumbach/Hefermehl* Einl. UWG Rn. 267 und § 3 UWG Rn. 443.
[686] Siehe Rn. 603 ff.
[687] Die Rechtsprechung der Oberlandesgerichte ist hier allerdings uneinheitlich. Beispielsweise verlangt das OLG München eine solche Aufforderung, vgl. OLG München WRP 1981, 601.
[688] Allerdings mit der Möglichkeit der gerichtlichen Überprüfung deren Höhe gemäß § 343 BGB.
[689] Vgl. *Baumbach/Hefermehl* Einl. UWG Rn. 269 und – zur Angemessenheit – Einl. UWG Rn. 275. Siehe auch im Anhang das Muster „Unterlassungs-/Verpflichtungserklärung".

Praxistipp: Höhe der geforderten Vertragsstrafe
Aufgrund der Streitwertgrenze von § 23 Nr. 1 GVG empfiehlt es sich, eine Vertragsstrafe festzusetzen, die *über* 5.000 Euro liegt. Diese eröffnet die Möglichkeit, einen Rechtsstreit über die Zahlung der Vertragsstrafe vor den Spezialkammern der Landgerichte zu führen.

574

Eine Vertragsstrafe „für jeden Fall der Zuwiderhandlung" bedeutet noch nicht, dass damit die Einrede des Fortsetzungszusammenhangs ausgeschlossen ist. Das ist dann ggf. Frage der Vertragsauslegung.

575

Praxistipp: Fortsetzungszusammenhang
Zur Klarstellung sollte in der vom Anspruchsteller bereits vorformulierten Unterlassungs-/Verpflichtungserklärung ausdrücklich der Ausschluss der Einrede des Fortsetzungszusammenhangs enthalten sein.[690]

576

3. Fristsetzung und Androhung eines gerichtlichen Verfahrens

Mit der Aufforderung zur Abgabe einer Unterlassungserklärung muss eine Fristsetzung verbunden sein, wobei die Länge der Frist vom Einzelfall abhängt.[691] Schon im Hinblick auf die für ein Verfügungsverfahren erforderliche Dringlichkeit empfiehlt es sich, entsprechend kurze Fristen zu setzen. Dies ist im Wettbewerbsbereich durchaus üblich. Auch Fristen von einer Woche und sogar von wenigen Tagen sind angemessen. Wird keine angemessene Frist gesetzt, wird die Abmahnung dadurch nicht unwirksam. Es wird lediglich eine angemessene Frist in Gang gesetzt.[692] Bei einer zu kurzen Frist besteht das Kostenrisiko gemäß § 93 ZPO, wenn innerhalb der dann in Lauf gesetzten angemessenen Frist ein Verfahren eingeleitet wird und in diesem Verfahren der Verletzer den Anspruch sofort anerkennt.

577

Praxistipp: Risiko kurzer Fristen
Der Anspruchsteller sollte deshalb in jedem Fall berücksichtigen, dass die Kostenfolge aus § 93 ZPO droht, wenn er eine außergewöhnlich kurze Frist setzt.

578

Schließlich muss eine Abmahnung auch die Androhung gerichtlicher Schritte enthalten,[693] wobei die Art des Verfahrens – Verfügungs- oder Hauptsacheverfahren – offen bleiben kann. Damit macht der Anspruchsteller dem Verletzer die Ernsthaftigkeit der Abmahnung deutlich.

579

Praxistipp: Androhung gerichtlicher Schritte und Anwaltskosten
Auch in der Formulierung der Androhung gerichtlicher Schritte steckt Konfliktpotenzial: Formuliert der abmahnende Anwalt: „Wenn die geforderte Erklärung nicht abgegeben wird, haben wir bereits jetzt Klageauftrag", fällt bei Abgabe der Unterlassungserklärung eine 5/10-Gebühr nach § 32 Abs. 1 BRAGO an. Häufig wird der Anwalt noch keinen Klageauftrag haben und deshalb formulieren: „Wenn die geforder-

580

---

[690] Siehe auch im Anhang das Muster „Unterlassungs-/Verpflichtungserklärung"; beachte auch Fn. 686.
[691] Vgl. *Baumbach/Hefermehl* Einl. UWG Rn. 532.
[692] Vgl. BGH GRUR 1990, 381 = NJW 1990, 1905 – Antwortpflicht des Abgemahnten und OLG Hamburg GRUR 1995, 836.
[693] Vgl. *Baumbach/Hefermehl* Einl. UWG Rn. 533.

te Erklärung nicht abgegeben wird, werden wir unserer Mandantschaft empfehlen, unverzüglich Gerichtshilfe in Anspruch zu nehmen." Bei Abgabe der Erklärung fällt dann eine Mittelgebühr gemäß § 118 Abs. 1 Nr. 1 BRAGO an.[694]

4. Besondere Anforderungen an die Abmahnung durch Verbände gemäß § 13 Abs. 2 Nr. 2 und 3 UWG

581 Verbände müssen spätestens im Rechtsstreit nachweisen, dass ihnen eine erhebliche Anzahl von Gewerbetreibenden angehört, die Waren oder Dienstleitungen auf demselben Markt vertreiben.[695] Hierzu gehört u.a., dass der abmahnende Verband seine Mitglieder namentlich benennt, damit der abgemahnte die Mitgliederangaben und das Vorliegen der Aktivlegitimation überprüfen kann. Benennt ein Verband seine Mitglieder nicht gleich in der Abmahnung und weist er auch nicht auf Entscheidungen in ähnlich gelagerten Fällen hin, aus denen sich seine Aktivlegitimation ergibt, kann der Abgemahnte nicht ohne Aufwand die Rechtmäßigkeit der Abmahnung überprüfen. Er sollte deshalb den Verband auffordern, die Mitglieder zu benennen und für den Fall, dass sich hieraus gemäß § 13 Abs. 2 UWG ein Recht zur Abmahnung ergeben sollte, auch die Abgabe einer (strafbewehrten) Unterlassungserklärung ankündigen. Kommt der Verband der Aufforderung nicht nach und macht die Ansprüche trotzdem gerichtlich geltend, trägt er dann das Kostenrisiko aus § 93 ZPO.

III. Kosten und Gegenstandswert

1. Kosten

582 War die Abmahnung gerechtfertigt, besteht auch ein Kostenerstattungsanspruch aus dem Gesichtspunkt der Geschäftsführung ohne Auftrag (§§ 683, 670 BGB).[696] Gibt der Abgemahnte außergerichtlich die Unterlassungserklärung ab, jedoch ohne Anerkenntnis der Kostentragungspflicht, verbleibt nur noch der Weg einer Kostenklage. Hierfür sind in der Regel wegen des geringen Streitwertes die Amtsgerichte[697] zuständig. In dem Kostenrechtsstreit muss der Anspruchsteller dann darlegen und beweisen, dass

- die Abmahnung materiell-rechtlich berechtigt war,
- die Kosten tatsächlich entstanden und
- in der geltend gemachten Höhe (Gegenstandswert und in Ansatz gebrachte Gebühren) auch berechtigt sind.

Praxistipp: Risiko eines Kostenrechtsstreits
583 Ein Kostenrechtsstreit birgt durchaus Risiken. Der Anspruchsteller sollte deshalb bereits im Vorfeld der Abmahnung bedenken, dass zwar grundsätzlich ein Erstattungsanspruch bei einer berechtigten Abmahnung besteht, dieser jedoch notfalls – wenn der abgemahnte Störer nicht zur Kostentragung bereit ist – im Wege einer Kos-

---

[694] Vgl. Rn. 585 und *Baumbach/Hefermehl* Einl. UWG Rn. 557.
[695] Vgl. *Baumbach/Hefermehl* § 13 UWG Rn. 23 b.
[696] Vgl. *Baumbach/Hefermehl* Einl. UWG Rn. 552 ff. *Schmid* S. 1999, 312, referiert den aktuellen Meinungsstand und ist der Auffassung, dass der Erstattungsanspruch ein Anspruch *sui generis* sei.
[697] Bei kennzeichenrechtlichem Bezug ist auch § 140 MarkenG zu beachten.

§ 11 Abmahnung und Unterlassungs-/Verpflichtungserklärung

tenklage geltend zu machen ist. Dann muss in der Regel ein allgemeines Referat des Amtsgerichts, das mit wettbewerbsrechtlichen Angelegenheiten üblicherweise nicht befasst ist, über einen wettbewerbsrechtlichen Kostenanspruch befinden.

Für **Verbände** ist anerkannt, dass sie eine Abmahnpauschale fordern dürfen. Die Wettbewerbszentrale hatmacht etwa bislang einen Erstattungsanspruch von 295 Mark zzgl. 7 % Umsatzsteuer geltend gemacht.[698] Anwaltskosten erhalten Verbände nur dann erstattet, wenn sie diese für die Rechtsverfolgung für erforderlich halten durften. Das ist bei Wettbewerbsvereinen und Fachverbänden in der Regel schon deshalb nicht der Fall, da diese personell so ausgestattet sein müssen, dass sie ohne Hinzuziehung eines außenstehenden Anwalts Wettbewerbsverstöße verfolgen können. 584

Die **Kosten eines Anwalts** betragen in der Regel eine 8/10-Geschäftsgebühr[699] gemäß § 118 Abs. 1 Nr. 1 BRAGO.[700] Kommt es zu (auch lediglich telefonischen) Besprechungen zwischen dem abmahnenden Anwalt und dem Abgemahnten, fällt auch eine Besprechungsgebühr an. Ebenso kann eine Vergleichsgebühr anfallen, wenn der Abgemahnte eine andere als die geforderte Erklärung abgibt und der Abmahnende diese Erklärung – beraten von seinem Anwalt – akzeptiert. Bittet der Abgemahnte etwa um Gewährung einer Aufbrauchfrist für Kataloge, deren Inhalt abgemahnt wurde und gewährt sie der Abmahnende, ist ein Vergleich zustande gekommen. 585

Praxistipp: Formulierung des Kostenerstattungsanspruchs
Da in einem außergerichtlichen Abmahnverfahren mehrere BRAGO-Gebühren anfallen können, empfiehlt es sich, in der Unterlassungsaufforderung nur die Höhe des Streitwertes, nicht jedoch die zum Zeitpunkt der Abmahnung allein angefallene 8/10-Geschäftsgebühren aufzunehmen.[701] Da der Abgemahnte die Kosten möglicherweise erstatten muss, sollte er bedenken, mit welchen Aktionen er (weitere) Kosten auslöst und auch die Kosten ggf. in eine vergleichsweise Regelung einbeziehen. 586

Die Kosten des abmahnenden Anwalts können auch in einem darauffolgenden gerichtlichen UWG-Verfahren ähnlich den Kosten des Mahnanwaltes im gerichtlichen Mahnverfahren geltend gemacht werden.[702] 587

Zu beachten ist schließlich, dass der Kostenerstattungsanspruch der kurzen Verjährung gemäß § 21 UWG unterliegt.[703] 588

2. Gegenstandswert

Der Anspruchsteller nimmt in der von ihm vorformulierten Erklärung in der Regel auf, aus welchem Gegenstandswert der Abgemahnte die entstandenen Kosten tragen soll.[704] Der Gegenstandswert in wettbewerbsrechtlichen Angelegenheiten beträgt selten unter 50.000 Euro. Nur wenn der Verstoß gering oder die Sache einfach gelagert 589

---

[698] Vgl. *Baumbach/Hefermehl* Einl. UWG Rn. 556 und *BGH* NJW-RR 1990, 102 = WRP 1990, 255 – Wettbewerbsverein IV.
[699] Vgl. Anwalt 4/2001, S. 3.
[700] Vgl. *Baumbach/Hefermehl* Einl. UWG Rn. 557.
[701] Siehe auch im Anhang das Muster „Unterlassungs-/Verpflichtungserklärung".
[702] Vgl. OLG Dresden GRUR 1997, 318 m.w.H.; die Beauftragung des „eigenen" Anwaltes vor Ort wird schon wegen der Dringlichkeit der Sache in der Regel gerechtfertigt sein.
[703] Siehe Rn. 515.
[704] Vgl. im Anhang das Muster „Unterlassungs-/Verpflichtungserklärung".

ist, kann im Einzelfall auch ein Streitwert von 10.000 Euro bis 25.000 Euro angemessen sein.[705] Üblich sind jedoch durchaus Streitwerte zwischen 50.000 Euro und 100.000 Euro und mehr.

Praxistipp: Höhe des Gegenstandswertes
590 Da zunächst der Anspruchsteller den Wert beziffert, kann er den Wert auch nach einem möglichen Prozessrisiko ausrichten: Besteht ein hohes Prozessrisiko, kann es sich durchaus anbieten, den Wert eher niedrig anzusetzen.

591 Auch wenn sich die Höhe des Gegenstandswertes nach dem Interesse des Anspruchstellers richtet[706] und dieser den Wert deshalb auch zunächst angibt (§ 3 ZPO), erfolgt im gerichtlichen Verfahren die Festsetzung durch das Gericht. Dieses entscheidet trotz der indiziellen Bedeutung der Parteiangaben[707] selbstständig.[708] Außerdem sehen §§ 23 a und 23 b UWG die Möglichkeit einer Streitwertreduzierung bzw. Streitwertbegünstigung vor.[709]

Praxistipp: Honorarvereinbarung
592 Auch wenn in der Abmahnung aus taktischen Gründen ein niedriger Gegenstandswert angesetzt ist, kann der Anwalt in einer Honorarvereinbarung festhalten, dass er aus einem anderen Wert abrechnet. Es bietet sich in Wettbewerbssachen ohnehin an, vor Ausspruch einer Abmahnung eine Honorarvereinbarung zu treffen. Denn nicht selten ist der Verletzer zwar bereit, die geforderte Unterlassungserklärung abzugeben. Die Kosten jedoch will er nicht oder nicht in der vom Verletzten geforderten Höhe erstatten. Eine Honorarvereinbarung verdeutlicht dem Anspruchsteller, dass der Anwalt die Kostenerstattung für den Anspruchsteller verhandelt. Denn die Differenz zwischen vereinbarter Vergütung und Erstattung durch den Abgemahnten verbleibt beim Verletzten.

D. Reaktion des Anspruchsgegners auf die Abmahnung

593 Der Abgemahnte hat drei Möglichkeiten, auf die Abmahnung zu reagieren:
- Er gibt die geforderte Erklärung ab,
- er gibt eine modifizierte Erklärung ab,
- er gibt keine Erklärung ab.

---

[705] Vgl. etwa *Köhler/Piper* vor §§ 23 a, 23 b UWG Rn. 8. *Gloy/Spätgens* § 65 Rn. 5, gibt „mit der gebotenen Zurückhaltung" für „kleinere Wettbewerbsstreitigkeiten" (einzelne Rechtsverstöße kleinerer Unternehmen) 10.000 Mark bis 60.000 Mark an, für „mittlere Wettbewerbsstreitigkeiten" zwischen 60.000 Mark und 300.000 Mark und für „größere Wettbewerbsstreitigkeiten" über 300.000 Mark.
[706] Es kommt also zunächst nicht darauf an, ob der *Verletzer* ein großes oder kleines Unternehmen ist, die Verletzungshandlung versehentlich oder absichtlich erfolgte oder ein erstmaliger oder wiederholter Wettbewerbsverstoß vorliegt.
[707] BGH GRUR 1986, 93, 94 – Berufungssumme.
[708] BGH GRUR 1977, 748 = WRP 1977, 568 – Kaffee-Verlosung II.
[709] Siehe Rn. 676 ff.

§ 11 Abmahnung und Unterlassungs-/Verpflichtungserklärung

I. Abgabe der geforderten Erklärung

Wenn ein Wettbewerbsverstoß vorliegt und der Abgemahnte im Falle eines gerichtlichen Verfahrens keine oder kaum Erfolgsaussichten sieht, wird er die geforderte Erklärung – nach Möglichkeit *innerhalb* der vom Anspruchsteller gesetzten Frist, um weitere Kosten zu vermeiden – abgeben. Die Frist wird der Verletzer nur dann bewusst verstreichen lassen, wenn er noch Zeit gewinnen möchte und eine Fristverlängerung verweigert wurde oder aussichtslos wäre. Denn bis eine einstweilige Verfügung erlassen und zugestellt ist, vergehen nicht selten noch ein paar Tage.[710]

594

Bei einer vom Anspruchsteller bereits vorformulierten Erklärung sollte der Abgemahnte vor der Unterzeichung jedoch genau überprüfen

595

- wie weit die Unterlassungsverpflichtung reicht,
- ob er die Unterlassungsverpflichtung umgehend nach Abgabe der Erklärung erfüllen kann – etwa durch Einziehung wettbewerbswidriger Kataloge oder Information von Außendienstmitarbeitern, künftig bestimmte Behauptungen gegenüber Geschäftskunden nicht mehr aufzustellen,
- ob der Anspruchsteller eine angemessene Vertragsstrafe in die Erklärung aufgenommen hat und
- ob der Gegenstandswert, der für die Höhe der erstattungsfähigen Abmahnkosten von Bedeutung ist, gerechtfertigt ist.

Nur, wenn die Verletzungshandlung korrekt bezeichnet ist und nicht über dasjenige, was der Anspruchsteller fordern kann, hinaus geht, ist eine Unterzeichnung der vorformulierten Erklärung denkbar. Diese sollte zwar rechtsverbindlich, jedoch ausdrücklich ohne Anerkenntnis einer Rechtspflicht und ohne Präjudiz für einen Rechtsstreit abgegeben werden. Damit kann der Anspruchsgegner möglicherweise vermeiden, dass die Erklärung als Anerkenntnis anzusehen ist und sie der Verletzte zur Grundlage weiterer Ansprüche – zum Beispiel auf Ersatz der Abmahnkosten oder auf Schadensersatz – macht.[711] Wenn die Abmahnung allerdings ganz sicher gerechtfertigt war, wird auch dieser Texteinschub den Anspruchsteller nicht hindern, weitere Ansprüche geltend zu machen.

596

Praxistipp: Vermeidung eines Verstoßes gegen eine Unterlassungsverpflichtung
Sofort nach Abgabe der Erklärung – besser noch davor – sollte der Verletzer alle diejenigen informieren, für deren Verstoß gegen die Unterlassungsverpflichtung er ggf. haftet (etwa Werbe-, Marketingabteilung, Filialen, Vertriebsunternehmen).[712]

597

---

[710] Die Verfügung wird erst mit Vollziehung wirksam, siehe Rn. 849.
[711] Vgl. auch *Baumbach/Hefermehl* Einl. UWG Rn. 558.
[712] Denn es genügt bei einer Unterlassungsverpflichtung ggf. nicht, „nur" die beanstandete Handlung künftig zu unterlassen. Der Verletzer kann auch verpflichtet sein, etwaige Verletzungshandlungen zu beseitigen, „wenn alleine dadurch dem Unterlassungsgebot Folge geleistet werden kann", vgl. BGHZ 120, 73 = GRUR 1993, 415 = NJW 1993, 1076 = WRP 1993, 308. Vgl. auch OLG München WRP 1992, 809 – allerdings in einer Pressesache, in der es um den Rückruf bereits ausgelieferter Presseerzeugnisse ging, in denen Fotos veröffentlicht waren, die das Persönlichkeitsrecht des Betroffenen verletzten. Bemerkenswert ist die Entscheidung deshalb, weil sie der *Wettbewerbssenat* und nicht der *Pressesenat* getroffen hat. In Wettbewerbssachen wird eine Rückrufverpflichtung von Presseprodukten allerdings meist ausscheiden, da sie unverhältnismäßig wäre.

II. Abgabe einer modifizierten Erklärung

598 Jede abgeänderte Erklärung stellt das Angebot zum Abschluss eines (modifizierten) Unterlassungsvertrages dar.[713] Akzeptiert der Anspruchsteller die modifizierte Erklärung, besteht ein Unterlassungsvertrag mit dem entsprechend geänderten Inhalt. Dieser Vertrag kann entweder durch ausdrückliche (vor allem schriftliche) Annahme des Anspruchstellers zustande kommen, durch Stillschweigen oder durch konkludentes Handeln. Konkludentes Handeln könnte etwa sein, dass der Anspruchsteller nach Erhalt der geänderten Erklärung seinen Kostenerstattungsanspruch durch Übersendung der anwaltlichen Kostennote geltend macht.

Praxistipp: Annahme einer abgeänderten Erklärung
599 Der Anspruchsteller sollte vorsorglich eine abgeänderte Erklärung, wenn er sie akzeptiert, schriftlich annehmen bzw. eine Erklärung, die ihm nicht genügt, schriftlich zurückweisen. Dadurch vermeidet er die Unsicherheit, ob durch das Schweigen auf die Erklärung ein Unterlassungsvertrag nun zustande gekommen ist oder nicht.[714]

1. Neu-Formulierung der Unterlassungsverpflichtung

600 Geht die geforderte Erklärung über die konkrete Verletzungshandlung hinaus oder bezeichnet sie die konkrete Verletzungshandlung nicht zutreffend und beschränkt sie sich nicht auch auf gleichartige Verletzungshandlungen, kann der Abgemahnte die Unterlassungsverpflichtung beschränken. Gleiches gilt, wenn die geforderte Unterlassungserklärung gerichtlich nicht durchsetzbar wäre, weil sie zum Beispiel lediglich die Verbotsnorm wiederholt.[715] In diesem Fall gar keine Erklärung abzugeben, dürfte vor allem kostenverursachend sein, wenn feststeht, dass zumindest die der Abmahnung zugrunde liegende Handlung wettbewerbswidrig ist.

Praxistipp: Abgabe einer engeren Erklärung
601 Gibt der Verletzer lediglich eine Erklärung bezogen auf die konkrete Verletzungshandlung ab, sollte er zugleich erklären, dass ein Verstoß in der weiter gefassten Form nicht zu befürchten sei. Anderenfalls besteht das Risiko, dass sich der Abmahnende insoweit auf das Bestehen einer Erstbegehungsgefahr beruft, die einen Unterlassungsanspruch begründen kann. Eine Erstbegehungsgefahr kann jedoch durch eine einfache – also auch nicht strafbewehrte – Erklärung beseitigt werden.

602 Der Verletzer kann eine Erklärung auch unter der auflösenden Bedingung abgeben, dass er sich nur solange zur Unterlassung verpflichtet, solange die Wettbewerbshandlung wettbewerbswidrig ist. Auch eine solche Erklärung beseitigt die Wiederholungsgefahr.[716] Sie bietet sich vor allem an, wenn Gesetzänderungen oder eine Änderung der ständigen höchstrichterlichen Rechtsprechung bevorstehen. Bei einer auflösend bedingten Erklärung muss der Verletzer dann nicht – wenn die Bedingung eingetreten ist

---

[713] Vgl. *Baumbach/Hefermehl* Einl. UWG Rn. 289.
[714] Denn Schweigen ist in der Regel gerade keine Willenserklärung, vgl. *Palandt/Heinrichs* Einf. v. § 116 Rn. 7.
[715] Siehe Rn. 713 ff.
[716] *Baumbach/Hefermehl* Einl. UWG Rn. 294.

§ 11 Abmahnung und Unterlassungs-/Verpflichtungserklärung

– den Vertrag aus wichtigem Grund kündigen.[717] Allerdings wirkt die Bedingung nur ab deren Eintritt und nicht rückwirkend.[718]

2. Reduzierung der Vertragsstrafe

Wenn der Abgemahnte die Vertragsstrafe für unangemessen hoch hält, kann er in seiner Erklärung eine niedrigere Vertragsstrafe ansetzen. Die Vertragsstrafe muss allerdings so hoch sein, dass sich ein Verstoß für den Verletzer nicht lohnt. Eine zu niedrige Vertragsstrafe räumt die Wiederholungsgefahr nicht in ausreichender Weise aus.[719] 603

Praxistipp: Höhe der Vertragsstrafe
Für den Abmahnenden empfiehlt es sich in der Regel, in die Unterlassungsaufforderung eine bezifferte Vertragsstrafe aufzunehmen. Der Verletzer hingegen ist häufig besser beraten, wenn er ein Vertragsstrafenversprechen nach „Hamburger Brauch" abgibt – also die Erklärung, etwas zu unterlassen „bei Meidung einer angemessenen Verstragsstrafe, deren Höhe vom Anspruchsteller bestimmt und deren Angemessenheit ggf. vom zuständigen Landgericht überprüft werden kann". Diese Erklärung beseitigt auch die Wiederholungsgefahr und vermeidet einen Streit, ob eine vom Anspruchsgegner abgeänderte Vertragsstrafe noch angemessen ist oder nicht.[720] Bei einem Verstoß gegen die Erklärung kann dann die vom Abmahnenden bezifferte Vertragsstrafe ein Argument für eine Obergrenze sein. Der Verletzer kann in seiner Erklärung auch eine Obergrenze festlegen, die allerdings einen ernsthaften Unterwerfungswillen dokumentieren muss.[721] 604

Häufig fordert der Abmahnende auch das Versprechen einer Vertragsstrafe „für jeden einzelnen Fall der Zuwiderhandlung unter Ausschluss der Einrede des Fortsetzungszusammenhangs". Wer die Erklärung nicht „unter Ausschluss der Einrede des Fortsetzungszusammenhangs" abgibt, beseitigt trotzdem die Wiederholungsgefahr.[722] „Für jeden Fall der Zuwiderhandlung" heißt dann im Zweifel, dass mehrere Einzelverstöße, die zeitlich nicht allzu weit auseinander liegen, als eine fortgesetzte Handlung anzusehen sind.[723] Das ist vor allem bei der Bemessung der Vertragsstrafe von Bedeutung.[724] 605

---

[717] Siehe Rn. 638 f.
[718] Vgl. BGHZ 133, 331 = GRUR 1997, 386 = NJW 1997, 1706 = WRP 1997, 318 – Altunterwerfung II.
[719] Vgl. *Baumbach/Hefermehl* Einl. UWG Rn. 275 m.w.H.; BGH GRUR 1997, 379 = NJW-RR 1996, 554 = WRP 1996, 284 – Wegfall der Wiederholungsgefahr. Das OLG Köln WRP 2001, 1101, hat sogar die Auffassung vertreten, dass eine Reduzierung der geforderten Vertragsstrafe von 10.100 Mark auf 9.000 Mark an der Ernsthaftigkeit der Erklärung zweifeln lassen. Denn durch die Reduzierung werde offensichtlich bezweckt, die Zuständigkeit eines „in Wettbewerbssachen notwendig unerfahrenen Amtsgerichts" (§§ 23 Nr. 1, 71 GVG) herbeizuführen.
[720] Vgl. §§ 315 Abs. 3, 319 BGB. BGH GRUR 1978, 192 = WRP 1978, 38 – Hamburger Brauch und BGH GRUR 1994, 146 = NJW 1994, 45 = WRP 1994, 37 – Vertragsstrafebemessung.
[721] Vgl. BGH GRUR 1985, 155 = NJW 1985, 191 = WRP 1985, 22 – Vertragsstrafe bis zu … I.
[722] BGHZ 121, 13 = NJW 1993, 721 = WRP 1993, 240 – Fortsetzungszusammenhang; allerdings mit der Einschränkung, dass der Verzicht auf die Einrede des Fortsetzungszusammenhangs (wohl) schon zu erklären ist, wenn ihn der Gläubiger lediglich für *vorsätzlich* begangene Verstöße fordert, vgl. BGH WRP 1993, 240, 243 (ausdrücklich offen gelassen).
[723] Vgl. OLG Düsseldorf GRUR 1987, 937.
[724] Siehe Rn. 625 ff.

3. Reduzierung des Gegenstandswertes, Verweigerung der Kostenerstattung

606 Ist der Abgemahnte der Auffassung, dass der in der geforderten Erklärung angesetzte Gegenstandswert zu hoch ist, kann er in seiner Erklärung einen niedrigeren Gegenstandswert ansetzen. Wenn der Verletzer dann einen objektiv zu niedrigen Gegenstandswert ansetzt, berührt das die Unterlassungsverpflichtung nicht. Denn der Anspruchsteller ist ausreichend gesichert, wenn die Unterlassungserklärung strafbewehrt ist – also eine angemessene Vertragsstrafe im Falle eines Verstoßes versprochen ist. Ein gerichtliches Verfahren wegen der geltend gemachten Unterlassungsansprüche muss der Verletzer dann nicht mehr fürchten, da durch die strafbewehrte Erklärung auch ohne Kostenübernahme die Wiederholungsgefahr entfallen ist.

> **Praxistipp: Unterlassungsverpflichtung ohne Kostenübernahme**
> 607 Der Verletzer kann zur Vermeidung einer gerichtlichen Auseinandersetzung über den Unterlassungsanspruch eine Unterlassungserklärung ohne Kostenübernahme abgeben. Der Verletzer kann die Regelung zur Kostenübernahme in einer vorformulierten Erklärung entweder streichen oder eine eigene Erklärung abgeben, die eine Bereitschaft zur Kostenübernahme eben nicht enthält. Dann können die Parteien vor allem ohne den Druck – und die ggf. hohe Kostenlast – eines bevorstehenden Verfügungsverfahrens die Kostenfrage klären.

III. Keine Abgabe der geforderten Erklärung

608 Der Abgemahnte wird die Erklärung vor allem dann nicht abgeben, wenn er der Auffassung ist, dass ein Wettbewerbsverstoß nicht vorliegt oder wenn er bereits gegenüber einem anderen Wettbewerber die geforderte Erklärung abgegeben hat.

609 Hat der Abgemahnte den Wettbewerbsverstoß begangen, zeigt die Weigerung, die geforderte Erklärung abzugeben, dass Wiederholungsgefahr oder zumindest (jetzt) Erstbegehungsgefahr besteht. Gibt der Abgemahnte eine geforderte strafbewehrte Unterlassungserklärung nicht ab, weil seiner Auffassung nach nur Erstbegehungsgefahr besteht, kann der Abmahnende gerichtlich vorgehen. Die Kosten des Verfahrens sind erheblich höher als die vorgerichtlichen Abmahnkosten. Außerdem ist der Abgemahnte dann von einem gerichtlichen Verbot beschwert, während er zuvor mit einer einfachen Erklärung den Anspruch hätte befriedigen können.

1. Ungerechtfertigte Abmahnung

610 **a) Voraussetzungen.** Eine ungerechtfertigte Abmahnung liegt vor, wenn der geltend gemachte Anspruch auf Abgabe einer Unterlassungs-/Verpflichtungserklärung nicht besteht. Unbeachtlich ist es, wenn der Anspruch in der Abmahnung rechtlich fehlerhaft begründet ist. Stützt sich der Abmahnende etwa auf einen Unterlassungsanspruch aus § 3 UWG, ist jedoch ein Unterlassungsanspruch aus § 1 UWG aufgrund der konkret abgemahnten Verletzungshandlung gegeben, macht dies eine Abmahnung weder unzulässig noch unbegründet.

> **Praxistipp: Schutzschrift**
> 611 Besteht der Anspruch nach Auffassung des Anspruchsgegners nicht, sollte er entscheiden, ob er noch innerhalb der vom Anspruchsteller gesetzten Frist eine Schutz-

schrift[725] bei den Gerichten hinterlegt, bei denen der Anspruchsteller vermutlich einen Verfügungsantrag einreichen wird. Damit kann der Anspruchsgegner möglicherweise eine Zurückweisung des Verfügungsantrages oder zumindest die Anberaumung einer mündlichen Verhandlung erreichen.

b) **Keine Aufklärungspflicht.** Der zu Unrecht Abgemahnte ist nicht verpflichtet, überhaupt eine Erklärung abzugeben.[726] Der unberechtigt Abmahnende kann nicht erwarten, dass ihn der Abgemahnte vom Risiko eines verlorenen Wettbewerbsprozesses befreit. Etwas anderes kann allerdings dann gelten, wenn ein Unternehmen lediglich unter der falschen Rechtsform abgemahnt wird, also für den Abgemahnten ersichtlich ist, dass er mit der Abmahnung gemeint ist[727]. Dies ist insbesondere dann der Fall, wenn der Abgemahnte selbst die fehlerhafte Bezeichnung verwendet hat.[728] 612

c) **Feststellungsanspruch.** Der zu Unrecht Abgemahnte hat allerdings einen Anspruch gegen den Abmahnenden, dass dieser auf die Ansprüche verzichtet, derer er sich berühmt hat. Der Abgemahnte kann deshalb eine – nunmehr für den unberechtigt Abmahnenden kostenpflichtige[729] – Gegenabmahnung aussprechen. Er kann auch sofort gemäß § 256 ZPO negative Feststellungsklage erheben. Auch im Hinblick auf § 93 ZPO ist eine vorausgehende Gegenabmahnung vor Erhebung der negativen Feststellungsklage grundsätzlich nicht erforderlich.[730] Das kann sogar aus prozesstaktischen Gründen geboten sein: Denn gemäß § 943 ZPO ist das Gericht der Hauptsache (das ist bei Erhebung der Feststellungsklage das Gericht, bei dem die Feststellungsklage eingereicht wird) dann auch für das Verfügungsverfahren zuständig.[731] Das kann vor allem bei regional ganz unterschiedlichen obergerichtlichen Entscheidungen erhebliche Auswirkungen auf das Schicksal des Verfügungsantrags haben. Das Feststellungsinteresse für die Klage ergibt sich aus der Berühmung eines Anspruchs durch den Abmahnenden. 613

Praxistipp: Keine Abmahnung „ins Blaue hinein"
Der Abmahnende geht mit seiner Abmahnung wegen des Feststellungsanspruchs des Abgemahnten ein nicht unerhebliches Risiko ein. Abmahnungen „ins Blaue hinein" können deshalb recht teuer werden, wenn sich der Abgemahnte zu wehren weiß. 614

d) **Kosten.** Es ist umstritten, ob im Falle einer unberechtigten Abmahnung der Abgemahnte die ihm entstandenen Anwaltskosten vom Abmahnenden einfordern kann. Dies wird ganz überwiegend abgelehnt, da die Abmahnung gerade dazu dienen soll, außergerichtlich unterschiedliche Auffassungen über eine Wettbewerbshandlung zu klären.[732] 615

---

[725] Siehe Rn. 917 ff.
[726] Vgl. *Baumbach/Hefermehl* Einl. UWG Rn. 541 und 548 b; BGH GRUR 1995, 167 = NJW 1995, 715 = WRP 1995, 300 – Kosten bei unbegründeter Abmahnung.
[727] Etwa wenn die Abmahnung anstatt an die Schneider & Söhne OHG an die Fa. Schneider & Söhne ohne Zusatz gerichtet ist.
[728] Vgl. *Baumbach/Hefermehl* Einl. UWG Rn. 549.
[729] Vgl. *Köhler/Piper* vor § 13 UWG Rn. 204.
[730] Vgl. *Baumbach/Hefermehl* Einl. UWG Rn. 561.
[731] Siehe Rn. 690 ff.
[732] Vgl. *Baumbach/Hefermehl* Einl. UWG Rn. 595 ff. Es gibt allerdings auch Stimmen in der Literatur, die eine Erstattung von Rechtsanwaltskosten bejahen, so etwa *Selke* S. 286 (Erstattungsanspruch aus c.i.c., vgl. nun § 311 Abs. 2 BGB).

2. Drittunterwerfung (Mehrfachabmahnung)

616 **a) Bedeutung.** Die Frage der Drittunterwerfung betrifft den Fall, dass ein Verletzer von mehreren Mitbewerbern abgemahnt wird. Hat der Verletzer daraufhin bereits eine ordentliche, strafbewehrte Unterlassungserklärung abgegeben, ist er nicht verpflichtet, weitere Unterlassungs-/Verpflichtungserklärungen abzugeben. Denn die Wiederholungsgefahr ist durch die erstmalige Abgabe einer Unterlassungs-/Verpflichtungserklärung entfallen.[733]

617 **b) Keine Verpflichtung zur Abgabe einer weiteren Erklärung.** Wer sich bereits ernstlich unterworfen hat, muss keine weitere Unterlassungs-/Verpflichtungserklärungen abgeben. Allerdings hat der Verletzer den Zweitabmahner nicht nur darüber zu informieren, dass er bereits eine Erklärung abgegeben hat, sondern auch die Abgabe der Erklärung und deren Inhalt nachzuweisen. Andernfalls gibt der Verletzer Anlass zur Klageerhebung bzw. Antragstellung mit den sich hieraus ergebenden Kostenfolgen. Macht der Zweitabmahner den Unterlassungsanspruch trotzdem gerichtlich geltend, ist dieser unbegründet. Denn die fehlende Möglichkeit, aus einer eigenen Unterlassungsvereinbarung gegen den Verletzer vorzugehen, begründet noch keine Wiederholungsgefahr.[734]

618 Der Abgemahnte muss die geforderte (Dritt-)Erklärung jedoch dann abgeben, wenn der Zweitabmahner (berechtigt) weitergehende Unterlassungsforderungen stellt, die der Erstabmahner nicht gefordert hatte. Auch muss der Zweitabmahner nicht jede Unterlassungserklärung akzeptieren, die gegenüber dem Erstabmahner bereits abgegeben wurde. Vielmehr muss die bereits abgegebene Unterlassungserklärung die Wiederholungsgefahr wirksam ausschließen. Außerdem muss die gegenüber dem Dritten abgegebene Erklärung auch erwarten lassen, dass der Dritte im Falle eines Verstoßes die vereinbarte Vertragsstrafe fordert.[735]

619 Liegt kein Unterlassungsvertrag, sondern eine rechtskräftige Verurteilung des Verletzers vor, entfällt hierdurch allerdings der Anspruch des Zweitabgemahnten auf Abgabe einer eigenen Erklärung nicht.[736]

620 **c) Kosten.** Der Abgemahnte ist trotz einer bereits erfolgten Unterwerfung nach den allgemeinen Grundsätzen[737] zur Kostenerstattung verpflichtet, sofern die Mehrfachabmahnung nicht rechtsmissbräuchlich war.[738] Eine Ausnahme gilt allerdings, wenn die zweite Abmahnung erst „geraume Zeit" nach dem Wettbewerbsverstoß erfolgt. Denn dann muss der Abmahnende damit rechnen, dass der Verletzer bereits eine Erklärung gegenüber einem Dritten abgegeben hat.[739]

---

[733] Vgl. *Baumbach/Hefermehl* Einl. UWG Rn. 278 und 550.
[734] BGH GRUR 1983, 186 = NJW 1983, 1060 = WRP 1983, 264 – Wiederholte Unterwerfung I.
[735] Vgl. *Baumbach/Hefermehl* Einl. UWG Rn. 279.
[736] Das ist einhellige Rechtsprechung, vgl. *Baumbach/Hefermehl* Einl. UWG Rn. 288; OLG Karlsruhe GRUR 1997, 72 = NJWE-WettbR 1996, 122 = WRP 1996, 453 – Warsteiner.
[737] Siehe Rn. 582 ff.
[738] Siehe Rn. 615.
[739] So *Gloy* § 60 Rn. 33 mit Hinweis auf AG Aachen WRP 1992, 205 (Abmahnung sechs Wochen nach Wettbewerbsverstoß durch Mitbewerber in der Möbelbranche). Das kann aber nur bei einem relativ großen Markt mit vielen Mitbewerbern gelten und auch nur dann, wenn der Wettbewerbsverstoß eine Abmahnung geradezu herausfordert, also offensichtlich ist. Bei schwierig gelagerten Fäl-

Praxistipp: Vergleichsverhandlungen statt Unterlassungserklärung
Der Abgemahnte sollte nicht unberücksichtigt lassen, dass der Abmahnende möglicherweise noch mit sich handeln lässt und zum Abschluss eines Vergleiches bereit ist. Dann empfiehlt es sich aber, sehr rasch die Vergleichsgespräche aufzunehmen, um den Abmahnenden nicht in ein Verfügungsverfahren zu treiben, weil der Verlust des Verfügungsgrundes (Dringlichkeit) selbst bei Vergleichsverhandlungen droht.[740]

3. Aufklärungspflichten des berechtigt Abgemahnten

Liegt eine Rechtsverletzung vor, kann der Abgemahnte – auch wenn er die geforderte Erklärung nicht abgibt – gegenüber dem Abmahnenden aufklärungspflichtig sein.[741] Eine Aufklärungspflicht besteht, wenn der Abgemahnte die beanstandete Wettbewerbshandlung vorgenommen hat, selbst wenn er kein Wettbewerbsverletzer ist. Es genügt, dass ein Unterlassungsanspruch in Betracht kommt.[742] Der Inhalt der Aufklärungspflicht bestimmt sich nach Treu und Glauben (§ 242 BGB). Sie bezieht sich nur auf Umstände, die der Abmahnende nicht wissen kann. Das kann sein, wenn der Abgemahnte bereits eine Unterlassungserklärung abgegeben hat oder dass er – entgegen den Informationen des Abmahnenden – einen Räumungsverkauf gemäß § 8 Abs. 3 UWG ordnungsgemäß angezeigt hat.

E. Verstoß gegen die Unterlassungserklärung, Vertragsstrafe

Verstößt der Unterlassungsschuldner gegen eine Unterlassungserklärung, bestehen folgende Ansprüche des Unterlassungsgläubigers:

- Erfolgt ein Verstoß gegen eine nicht strafbewehrte Unterlassungserklärung – etwa weil bislang nur Erstbegehungsgefahr bestand –, besteht nun Anspruch auf eine strafbewehrte Erklärung.
- Bei einem Verstoß gegen eine strafbewehrte Erklärung besteht ein *neuer* Unterlassungsanspruch, da der Unterlassungsschuldner mit dem Verstoß erneut eine Wiederholungsgefahr begründet.
- Bei einer schuldhaften Handlung des Verletzers bestehen zudem Schadensersatzansprüche wegen Nichterfüllung[743] der Unterlassungsverpflichtung.
- Hat der Verletzer eine strafbewehrte Unterlassungserklärung im Prozess abgegeben, kann der Verletzte die Festsetzung von Ordnungsmitteln beantragen.[744]

---

len kann eine längere Überlegungsfrist des Verletzten – die in der Regel ohnehin ein Verfügungsverfahren ausschließen wird – den Kostenerstattungsanspruch nicht beseitigen.
[740] Denn Vergleichsgespräche hemmen nicht unbedingt die für die Vermutung der Dringlichkeit von den Gerichten jeweils zugelassenen Grenzen, vgl. Rn. 759.
[741] Vgl. auch OLG Köln WRP 1991, 257 zur Aufklärungspflicht, wenn der Abgemahnte einen Irrtum mitverursacht hat oder aufrecht erhält.
[742] Vgl. *Baumbach/Hefermehl* Einl. UWG Rn. 548 b.
[743] Macht der Gläubiger Schadensersatzansprüche wegen Nichterfüllung geltend und parallel dazu eine Vertragsstrafe, muss er sich jedoch die Vertragsstrafe auf einen etwaigen Schadensersatzanspruch anrechnen lassen. Weist der Gläubiger allerdings einen höheren Schaden nach, ist der höhere Schaden zu ersetzen.
[744] Siehe Rn. 987.

- Außerdem kommt kumulativ eine Verwirkung der Vertragsstrafe in Betracht[745] – selbst neben einer Festsetzung von Ordnungsmitteln.[746]

I. Verschulden

624 Für die Verwirkung der Vertragsstrafe ist Verschulden Voraussetzung.[747] Die Haftung des Schuldners für seine Erfüllungsgehilfen richtet sich nach § 278 BGB.[748] Es kommt nicht darauf an, ob der Erfüllungsgehilfe[749] die Unterlassungsverpflichtung kennt.[750] Es genügt auch nicht, den Erfüllungsgehilfen ausreichend zu instruieren, wenn der Erfüllungsgehilfe gegen eine Weisung verschuldet verstößt.[751] Ein Ausschluss oder eine Beschränkung der Haftung für Erfüllungsgehilfen beseitigt die Wiederholungsgefahr nicht und reicht daher zur Abwendung der gerichtlichen Geltendmachung von Unterlassungsansprüchen nicht aus.[752]

II. Höhe der Vertragsstrafe

Fall „Fortsetzungszusammenhang":[753]

625 Die Klägerin ist eine Vereinigung von Gewerbetreibenden. Die Beklagte hat auf die Abmahnung der Klägerin hin erklärt, künftig die Veröffentlichung von Anzeigen zu unterlassen, wenn sie nicht auf ihre gewerbliche Tätigkeit in der Immobilienbranche hinweist. Für jeden Fall der Zuwiderhandlung hat sie der Klägerin „unter Verzicht auf die Geltendmachung der Einrede des Fortsetzungszusammenhangs" die Bezahlung einer Vertragsstrafe von 5.000 Mark versprochen. Nach Abgabe der Erklärung am 25. März erscheinen in der Zeit vom 25. April bis 13. Juni dreizehn Anzeigen unter Verstoß gegen die Unterlassungsverpflichtung.

626 Die Höhe der Vertragsstrafe richtet sich nach der Vereinbarung der Parteien. Haben die Parteien eine Vertragsstrafe beziffert, ist diese verwirkt (§ 339 BGB). Die Herabsetzung einer konkret vereinbarten Vertragsstrafe ist zwar auf Antrag des Schuldners gemäß § 343 BGB möglich, allerdings nur in Ausnahmefällen. Denn in wettbewerbsrechtlichen Streitigkeiten stehen sich meist zwei gleich starke Parteien gegenüber. Auch wenn ein großes Unternehmen ein kleines Unternehmen abmahnt, wird sich das abgemahnte Unternehmen in der Regel rechtlich beraten bzw. vertreten lassen. Gibt der Abgemahnte dann die Erklärung – womöglich noch durch seinen Rechtsvertreter – ab, kann er sich später nicht darauf berufen, er habe die Tragweite seiner Erklärung nicht erkannt. Bei Kaufleuten scheidet wegen §§ 348, 351 HGB eine Herabsetzung

---

[745] Vgl. *Baumbach/Hefermehl* Einl. UWG Rn. 293 a.
[746] Vgl. *Zöller/Stöber* § 890 ZPO Rn. 7.
[747] Vgl. *Baumbach/Hefermehl* Einl. UWG Rn. 291.
[748] Vgl. BGH GRUR 1998, 963 = NJW 1998, 3342 = WRP 1998, 864 – Verlagsverschulden II.
[749] Das ist, wer nach den tatsächlichen Vorgängen mit dem Willen des Schuldners bei der Erfüllung der diesem obliegenden Verbindlichkeiten als seine Hilfsperson tätig wird, BGHZ 98, 330 = GRUR 1987, 172 = NJW 1987, 1323 = WRP 1987, 446 – Unternehmensberatungsgesellschaft I; BGH GRUR 1988, 561 = NJW 1988, 1907 = WRP 1988, 608 – Verlagsverschulden I; BGH WRP 1998, 864, 866 – Verlagsverschulden II (siehe auch Fn. 752).
[750] BGH GRUR 1988, 561, 562 – Verlagsverschulden I; BGH WRP 1998, 864, 866 – Verlagsverschulden II.
[751] Vgl. hierzu auch *Baumbach/Hefermehl* Einl. UWG Rn. 292.
[752] Vgl. *Teplitzky*, Vertragsstrafe S. 712 und Unterwerfung S. 700.
[753] BGHZ 121, 13 = NJW 1993, 721 = WRP 1993, 240.

gemäß § 343 BGB ohnehin regelmäßig aus.[754] Auch vom Gläubiger initiierte Verstöße – zum Beispiel durch Testkäufe – ändern an der Höhe der Vertragsstrafe nichts. Es ist deshalb besonders wichtig, dass der Unterlassungsschuldner alle Maßnahmen zur Beachtung der Unterlassungserklärung ergreift.

Haben die Parteien eine Vertragsstrafe nach „Hamburger Brauch" vereinbart, muss der Verletzte eine angemessene Vertragsstrafe bestimmen. Anhaltspunkte für die Höhe der Vertragsstrafe sind zum Beispiel die Anzahl und die Intensität der Verstöße, der Grad des Verschuldens oder die wirtschaftliche Bedeutung der Unterlassungsverpflichtung für den Unterlassungsgläubiger.[755] Auch ist zu berücksichtigen, dass die Vertragsstrafe die Funktion eines pauschalierten (Mindest-)Schadensersatzes hat.[756] Verbindliche Größenordnungen lassen sich nicht festlegen. Wenn man jedoch davon ausgeht, dass in der Regel Vertragsstrafen von bis zu 5.000 Euro die Wiederholungsgefahr nicht in ernsthafter Weise ausschließen,[757] könnte das zumindest eine Untergrenze sein. 627

Bei mehreren gleichartigen Verstößen stellt sich die Frage, ob wegen jedes einzelnen Verstoßes eine Vertragsstrafe verwirkt ist.[758] Der BGH hat bislang nicht entschieden, ob das für das Strafrecht aufgegebene Institut des Fortsetzungszusammenhangs[759] auch im Zivilrecht keine Anwendung mehr finden soll.[760] Ist zwischen den Parteien der Ausschluss der Einrede des Fortsetzungszusammenhangs nicht vereinbart, könnte der „Hamburger Brauch" sogar für den Verletzten nützlich sein: Denn er kann so eine Gesamt-Vertragsstrafe bilden, die die zahlreichen Einzelverstöße zusammenfassend berücksichtigt. 628

Zum Fall „Fortsetzungszusammenhang":

Der BGH hat in den dreizehn Verstößen eine fortgesetzte Handlung gesehen. Der Ausschluss der Einrede des Fortsetzungszusammenhangs könne jedoch vereinbart werden. Dieser bezieht sich dann – ohne ausdrückliche Vereinbarung der Parteien – auf vorsätzliche und fahrlässige Verstöße. Demnach wäre je veröffentlichter Anzeige die Vertragsstrafe verwirkt gewesen. Die Klägerin hatte allerdings in ihrem Anschreiben auf das als Anlage beigefügte „Formular" einer Unterlassungserklärung verwiesen und auch zahlreiche gleichlautende Erklärungen in ähnlichen Fällen gefordert. Deshalb sah der BGH die Vereinbarung hier, auf die Einrede des Fortsetzungszusammenhangs zu verzichten, als Verstoß gegen § 9 Abs. 2 Nr. 1 AGBG (jetzt § 307 Abs. 2 Nr. 1 BGB) und damit gemäß § 9 Abs. 1 AGBGB (§ 307 Abs. 1 BGB) als unwirksam an. Im Übrigen hatte die Vereinbarung jedoch Bestand. 629

---

[754] Vgl. *Palandt/Heinrichs* § 343 BGB Rn. 7.
[755] Vgl. BGH GRUR 1983, 127 = NJW 1983, 941 = WRP 1983, 91 – Vertragsstrafeversprechen.
[756] Vgl. BGH GRUR 1994, 146 = NJW 1994, 45 = WRP 1994, 37 – Vertragsstrafebemessung.
[757] Vgl. OLG Köln WRP 2001, 1101, Fn. 723.
[758] Vgl. *Baumbach/Hefermehl* Einl. UWG Rn. 290; auch: BGH WRP 1993, 240, 241 – Fortsetzungszusammenhang (siehe auch Fn. 757).
[759] BGHSt 40, 138 = NJW 1994, 1663.
[760] Für eine Anwendung: OLG Frankfurt a.M. WRP 1995, 647; vgl. auch OLG Köln WRP 2000, 226.

III. Gerichtliche Entscheidung über eine Vertragsstrafe nach „Hamburger Brauch"

630 Der Nachteil der Vertragsstrafe nach „Hamburger Brauch" besteht darin, dass bei einem gerichtlichen Verfahren das Prozesskostenrisiko hauptsächlich beim Verletzten liegt. Denn fordert er gerichtlich – da der Verletzer eine Zahlung außergerichtlich verweigert – etwa eine Vertragsstrafe von 25.000 Euro und hält das Gericht eine Vertragsstrafe von nur 5.000 Euro für angemessen, trägt der Verletzte 4/5 der Kosten.

631 Befriedigend lösen lässt sich dies nur so:[761]
- Der Verletzte fordert außergerichtlich eine bestimmte Vertragsstrafe und stellt diese für den Fall, dass sie der Verletzer nicht akzeptiert, unter den Vorbehalt einer gerichtlichen Überprüfung.
- Kommt es zum Rechtsstreit, muss es dem Verletzten möglich sein, die Festsetzung einer „angemessenen Vertragsstrafe" zu beantragen. Denn auch der Verletzer muss, würde er die Herabsetzung einer Vertragsstrafe begehren, seinen Antrag nicht beziffern.[762]
- In der Klagebegründung sollte der Verletzte dem Gericht seine Vorstellungen über die Höhe einer Vertragsstrafe mitteilen.
- Das Gericht entscheidet dann nach eigenem Ermessen in analoger Anwendung von § 287 ZPO.
- Die Kosten des Verfahrens richten sich nach § 92 ZPO gemäß der Rechtsprechung zur Kostenentscheidung in Verfahren nach § 287 ZPO. Demnach hätte der Verletzer die Kosten jedenfalls dann alleine zu tragen, wenn die Entscheidung den Antrag des Verletzten um nicht mehr als etwa 20 Prozent unterschreitet.[763]

IV. Verjährung

632 Ansprüche auf Zahlung einer Vertragsstrafe verjähren nach drei Jahren (§ 195 BGB).[764]

F. Beseitigung eines Unterwerfungsvertrages

I. Anwendbarkeit allgemeiner BGB-Regeln

633 Da die wettbewerbsrechtliche Unterwerfungsvereinbarung ein zivilrechtlicher Vertrag ist, gelten für die Wirksamkeit des Vertrages die allgemeinen Regeln des BGB. Der Vertrag ist demnach wirksam, wenn er nicht
- von Anfang nichtig war (zum Beispiel wegen Geschäftsunfähigkeit des Verletzers, §§ 104 ff. BGB),
- wirksam wegen Irrtums, Täuschung oder Drohung angefochten ist (§§ 119 ff. BGB),
- wegen Eintritts einer auflösenden Bedingung (§ 158 Abs. 2 BGB) beendet ist,

---

[761] Allerdings ist – soweit ersichtlich – über diese Vorgehensweise bislang nicht entschieden.
[762] Vgl. *Palandt/Heinrichs* § 343 BGB Rn. 6.
[763] Vgl. *Zöller/Herget* § 92 ZPO Rn. 12 mit Hinweis auf OLG Düsseldorf NJW-RR 1995, 955.
[764] Siehe Rn. 517.

§ 11 Abmahnung und Unterlassungs-/Verpflichtungserklärung

- wegen Wegfalls der Geschäftsgrundlage anzupassen (§ 313 BGB) ist oder
- aus wichtigem Grund gekündigt wird.

II. Wegfall der Geschäftsgrundlage, Kündigung des Vertrages

1. Wegfall der Geschäftsgrundlage

Der Wegfall der Geschäftsgrundlage ist nunmehr gesetzlich in § 313 BGB geregelt. 634
Es bleibt allerdings dabei: Nur in ganz engen Grenzen ist ein Wegfall der Geschäftsgrundlage denkbar. Die Geschäftsgrundlage kann wegfallen bei

- Wegfall oder Änderung der gesetzlichen Grundlage, auf der die Erklärung beruht (aktuell zum Beispiel für Unterlassungsverträge wegen Verstößen gegen das RabattG oder die ZugabeVO, die 2001 aufgehoben wurden) oder
- Änderung der höchstrichterlichen Rechtsprechung, die den beanstandeten Verstoß nicht mehr als rechtswidrig ansieht.[765]

Verliert ein Verband seine Klagebefugnis nach § 13 Abs. 2 UWG, führt das allerdings nicht zum Wegfall der Geschäftsgrundlage.[766] Denn: „Die Auflösung oder Anpassung eines Vertrages wegen Wegfalls der Geschäftsgrundlage muss zur Vermeidung untragbarer, mit Recht und Gerechtigkeit schlechthin unvereinbaren Folgen unabweislich erscheinen."[767] 635

Ein Wegfall der Geschäftsgrundlage führt zunächst nur zu einer Anpassung des Vertrages für die Zukunft – beginnend ab dem Zeitpunkt des Wegfalls der Geschäftsgrundlage. Es ist auch mit der Änderung zum Beispiel der Rechtslage nicht der rechtliche Grund des Unterlassungsvertrages nachträglich entfallen, so dass ein Anspruch für den Verpflichteten nach § 812 Abs. 2 BGB i. V. m. § 780 BGB bestehen könnte. Eine bereits verwirkte und bezahlte Vertragsstrafe kann der Verletzer ebenso wenig zurückfordern. Dabei ist es unerheblich, wenn die Parteien erst nach Zahlung der Vertragsstrafe Kenntnis davon erlangt haben, dass der BGH seine Rechtsprechung zu Gunsten des Vertragsstrafenschuldners geändert hat.[768] 636

Lässt sich ein Vertrag nicht anpassen, begründet der Wegfall der Geschäftsgrundlage lediglich ein außerordentliches Kündigungsrecht. Übt der Verpflichtete dieses Recht nicht aus, bleibt der Vertrag unverändert bestehen.[769] 637

2. Kündigung des Vertrages

Wenn sich die gesetzliche Grundlage oder die höchstrichterliche Rechtsprechung ändert, kann das auch ein Grund zur Kündigung aus wichtigem Grund sein.[770] Für die fristlose Kündigung gelten nicht ohne Weiteres die strengen Anforderungen, die an den Wegfall der Geschäftsgrundlage zu stellen sind.[771] Ist etwa die Klagebefugnis we- 638

---

[765] Vgl. *Baumbach/Hefermehl* Einl. UWG Rn. 294.
[766] *BGH* GRUR 1998, 953 = NJW 1998, 2439 = WRP 1998, 743 – Altunterwerfung III; OLG *Köln* WRP 1985, 717, 719.
[767] BGHZ 133, 316 = GRUR 1997, 382 = NJW 1997, 1702 = WRP 1997, 312 – Altunterwerfung I.
[768] BGH GRUR 1983, 602 = NJW 1983, 2143 = WRP 1983, 609 – Vertragsstrafenrückzahlung.
[769] BGHZ 133, 331 = GRUR 1997, 386 = NJW 1997, 1706 = WRP 1997, 318 – Altunterwerfung II.
[770] Vgl. BGH GRUR 1998, 953, 954 – Altunterwerfung III.
[771] BGH GRUR 1997, 382, 383 – Altunterwerfung I.

gen der Novellierung des § 13 Abs. 2 UWG im Jahr 1994 entfallen, gibt dies zumindest einen Kündigungsgrund. Es ist für eine Kündigung wegen Wegfalls der Klagebefugnis auch unbeachtlich, ob die Wettbewerbshandlung, die Gegenstand der Unterlassungsverpflichtung ist, nach wie vor wettbewerbswidrig ist.

639 Auch wenn für diese Kündigung die Zwei-Wochen-Frist des § 626 Abs. 2 BGB nicht gilt,[772] kann der Verpflichtete jedoch nicht erst nach längerer Zeit[773] die Kündigung erklären. Zudem beseitigt die fristlose Kündigung die Folgen des Unterwerfungsvertrages nur *ex nunc* und nicht *ex tunc*. Es widerspricht auch nicht dem Rechtsgedanken von § 242 BGB, dass eine nach Änderung des Gesetzes, jedoch vor Kündigung der Vereinbarung verwirkte Vertragsstrafe noch zu bezahlen ist. Etwas anderes gilt nur dann, wenn die Beitreibung einer solchen Vertragsstrafe ausnahmsweise eine unzulässige Rechtsausübung wäre.[774] Das kann der Fall sein, wenn die Wettbewerbshandlung wegen der Gesetzesänderung nicht mehr verboten oder eine Änderung der höchstrichterlichen Rechtsprechung erfolgt ist.[775]

---

[772] BGH GRUR 1997, 386, 390 – Altunterwerfung II.
[773] Gemäß BGH GRUR 2001, 85 = NJW 2000, 3645 = WRP 2000, 1404 – Altunterwerfung IV jedenfalls nach mehr als einem Jahr nach einem Verstoß gegen die Unterlassungsverpflichtung (und länger als einneinhalb Jahre nach der Gesetzesänderung). Nach BGH GRUR 1997, 386, 390 – Altunterwerfung II ist die Frist „großzügig, d.h. in Monaten zu bemessen" – gerechnet ab der Kenntnis von den für die Kündigung relevanten Tatsachen (zum Beispiel der nicht genügenden Ausstattung eines Verbandes im Sinne von § 13 Abs. 2 Nr. 2 UWG).
[774] BGH GRUR 1997, 382, 386 – Altunterwerfung I.
[775] Vgl. hierzu auch BGH NJW 2000, 3645, 3646 – Altunterwerfung IV.

§ 12 Einigungsverfahren gemäß § 27 a UWG

§ 27 a UWG (Auszug):
„^{I}Die Landesregierungen errichten bei Industrie- und Handelskammern Einigungsstellen zur Beilegung von bürgerlichen Streitigkeiten, in denen ein Anspruch auf Grund dieses Gesetzes geltend gemacht wird (Einigungsstellen).
…
^{III}Die Einigungsstellen können bei bürgerlichen Streitigkeiten aus den §§ 13 und 13 a von jeder Partei zu einer Aussprache mit dem Gegner über den Streitfall angerufen werden, soweit die Wettbewerbshandlungen den geschäftlichen Verkehr mit dem letzten Verbraucher betreffen. Bei sonstigen bürgerlichen Rechtsstreitigkeiten aus den §§ 13 und 13 a können die Einigungsstellen angerufen werden, wenn der Gegner zustimmt.
^{VI}Die Einigungsstelle hat einen gütlichen Ausgleich anzustreben …
^{VII}… Aus einem vor der Einigungsstelle geschlossenen Vergleich findet die Zwangsvollstreckung statt; …
^{IX}Durch die Anrufung der Einigstelle wird die Verjährung in gleicher Weise wie durch Klageerhebung unterbrochen. Die Unterbrechung dauert bis zur Beendigung des Verfahrens vor der Einigungsstelle fort … Wird die Anrufung der Einigungsstelle zurückgenommen, so gilt die Unterbrechung der Verjährung als nicht erfolgt.
^{XI}… Ist ein Verfahren vor der Einigungsstelle anhängig, so ist eine erst nach Anrufung der Einigungsstelle erhobene Klage des Antragsgegners auf Feststellung, dass der geltend gemachte Anspruch nicht bestehe, nicht zulässig."

A. Bedeutung

Im Jahr 1997 erfolgte die Neufassung von § 27 a UWG, der die Einrichtung von Einigungsstellen bei Industrie- und Handelskammern vorsieht. Hierfür haben die Länder Durchführungsverordnungen erlassen.[776] Durch die Einrichtung der Einigungsstellen soll eine außergerichtliche und insbesondere kostengünstige Streitbeilegung durch Vergleich erreicht werden. Wie bei amtsgerichtlichen Schiedsstellen ist der vor einer Einigungsstelle geschlossene Vergleich vollstreckbar (§ 27 a Abs. 2 Satz 2 UWG).

B. Zusammensetzung der Spruchkörper

Der Vorsitzende der Einigungsstelle muss die Befähigung zum Richteramt nach dem Deutschen Richtergesetz haben. Des weiteren muss die Einigungsstelle aus mindestens zwei Beisitzern bestehen. Diese kommen entweder aus der Gruppe der Gewerbetreibenden oder paritätisch aus der Gruppe der Verbraucher und der Gewerbetreibenden (§ 27 a Abs. 2 UWG).

C. Örtliche und sachliche Zuständigkeit

I. Örtliche Zuständigkeit

Für die örtliche Zuständigkeit gilt gemäß § 27 a Abs. 4 UWG die Regelung in § 24 UWG.[777]

---

[776] Vgl. *Baumbach/Hefermehl* § 27 a UWG Rn. 2.
[777] Siehe Rn. 662 ff.

II. Sachliche Zuständigkeit

644 Die Einigungsstellen sind gemäß § 27a Abs. 3 UWG für bürgerliche Rechtsstreitigkeiten aus §§ 13, 13a UWG zuständig – und zwar
- bei Anrufung einer Partei immer dann, wenn die Wettbewerbshandlung den Verkehr mit dem Endverbraucher betrifft oder
- bei sonstigen Wettbewerbshandlungen, wenn der Gegner zustimmt oder
- wenn ein Rechtsstreit ohne vorherige Anrufung der Einigungsstelle anhängig gemacht wird und das Gericht auf Antrag der Parteien diesen aufgibt, die Einigungsstelle anzurufen (§ 27a Abs. 10 UWG).

645 Wird die Einigungsstelle tätig, ohne dass sie sachlich zuständig ist, bleiben ihre Handlungen wirkungslos.[778]

D. Verfahren

646 Das Verfahren regeln § 27a Abs. 5 bis 9 UWG. Daneben gibt es Durchführungsverordnungen der Länder (§ 27a Abs. 11 UWG).

I. Antrag

647 Die Einigungsstelle wird auf schriftlichen Antrag eines Beteiligten tätig. Der Gegner muss der Anrufung der Einigungsstelle nur dann zustimmen, wenn der Antrag keine Wettbewerbshandlung im geschäftlichen Verkehr mit dem letzten Verbraucher betrifft (§ 27a Abs. 3 Satz 2 UWG).

II. Beendigung des Verfahrens

648 Das Verfahren wird durch Vergleich der Parteien beendet – etwa durch Abgabe einer Unterlassungserklärung des Verletzers. Sofern eine Einigung nicht zustande kommt, stellt die Einigungsstelle gemäß § 27a Abs. 9 Satz 3 UWG das Scheitern des Verfahrens fest.

III. Rechtsmittel

649 Gegen Entscheidungen der Einigungsstelle ist sofortige Beschwerde möglich, soweit sie gesetzlich zugelassen ist (vgl. § 567 Abs. 1 Nr. 1 ZPO). Das ist nur für die Anordnung des persönlichen Erscheinens und Festsetzung eines Ordnungsgeldes (§ 27a Abs. 5 Satz 3 UWG) und für die Festsetzung der Verfahrensauslagen sowie für die Kostenentscheidung[779] möglich.

650 Beschwerdegericht ist das am Sitz der Einigungsstelle zuständige Landgericht. Eine weitere sofortige Beschwerde ist ausgeschlossen (§ 567 Abs. 1 ZPO).

---

[778] Vgl. *Baumbach/Hefermehl* § 27a UWG Rn. 6.
[779] Vgl. *Köhler/Piper* § 27a UWG Rn. 12.

E. Wirkungen

Wird ein Einigungsverfahren eingeleitet, unterbricht es die Verjährung gemäß § 21 UWG bis zum Abschluss des Verfahrens (§ 27a Abs. 9 Satz 1 und Satz 2 UWG). Kommt es zum Vergleich oder stellt die Einigungsstelle fest, dass ein Vergleich nicht zustande kommt (§ 27a Abs. 9 Satz 3 UWG), endet die Unterbrechung der Verjährung (§ 27a Abs. 9 Satz 2 UWG). Die Aufnahme von Einigungsverhandlungen kann auch Ansprüche nach c.i.c. (jetzt § 311 Abs. 2 BGB) auslösen.[780]

651

Für die Dauer des Einigungsverfahrens ist die Erhebung einer negativen Feststellungsklage durch den Anspruchsgegner ausgeschlossen (§ 27a Abs. 10 Satz 4 UWG). Gleiches gilt auch für Leistungs- oder positive Feststellungsklagen des Verletzten, wenn er die Einigungsstelle angerufen oder bereits einer Durchführung des Einigungsverfahrens zugestimmt hat.[781]

652

Die Durchführung eines Verfügungsverfahrens bleibt jedoch möglich (§ 27a Abs. 10 Satz 2 UWG)[782] und ist insbesondere auch im Hinblick auf ein Scheitern der Vergleichsbemühungen zu erwägen. Denn dann besteht das Risiko, dass die Vermutung der Dringlichkeit gemäß § 25 UWG entfallen ist.[783] Dieses Ergebnis ist zwar im Hinblick auf den Zweck des Einigungsverfahrens – nämlich Herbeiführung eines vor allem kostengünstigen Vergleichs – äußerst unbefriedigend. Dem Zweck des Einigungsverfahrens entspricht es daher,

653

- bei einer raschen Einleitung des Einigungsverfahrens durch den Verletzten,
- innerhalb der jeweils obergerichtlich anerkannten Dringlichkeitsfristen und
- konsequentem Betreiben des Einigungsverfahrens durch den Verletzten

die Dringlichkeit *nicht* entfallen zu lassen – ganz unabhängig davon, wie lange das Einigungsverfahren letztlich andauert. Ohne entsprechend klare obergerichtliche Entscheidungen geht der Verletzte jedoch das Risiko ein, dass das nach Scheitern der Vergleichsbemühungen angerufene Gericht die Dringlichkeit verneint.

F. Kosten

Kosten für die Tätigkeit der Einigungsstelle entstehen in der Regel nicht. Über Auslagen für Zeugen entscheidet die Einigungsstelle nach billigem Ermessen. Das gilt auch für die Kostenverteilung, wenn sich die Parteien in der Sache nicht einigen können. Die Anwaltsgebühren berechnen sich nach § 65 Abs. 1 Nr. 4 und Abs. 2 BRAGO. Der Anwalt verdient damit eine 10/10-Gebühr für die Mitwirkung am Verfahren und eine weitere 10/10-Gebühr für die Mitwirkung bei der Einigung, wenn sie erfolgt. Für das Beschwerdeverfahren gilt § 65a BRAGO. Die Streitwertbestimmung erfolgt ebenfalls durch die Einigungsstelle gemäß den Vorschriften des GKG.[784]

654

---

[780] Vgl. *Köhler/Piper* § 27a UWG Rn. 20.
[781] Vgl. *Köhler/Piper* § 27a UWG Rn. 17.
[782] Vgl. auch *Köhler*, Einigungsstelle, S. 619.
[783] Siehe Rn. 760.
[784] Das ergibt sich aus den jeweiligen Landesverordnungen, vgl. etwa § 8 Bay. Einigungsstellenverordnung.

Praxistipp:
655 Zwar ist das Verfahren vor der Einigungsstelle als kostengünstiges Schiedsverfahren gedacht. Hierin liegt jedoch gerade der Nachteil: Gerade bei Wettbewerbsverletzungen, die offensichtlich sind, ist die sich aus einem Einigungsverfahren möglicherweise ergebende Kostenfolge für den Verletzten nicht immer gerechtfertigt. Deshalb empfiehlt es sich, ein Einigungsverfahren vor allem dann einzuleiten, wenn der Eintritt der Verjährung droht und der Anspruchsteller im Hinblick auf einen ungewissen Prozessausgang die Kosten für eine Hauptsacheklage scheut.

3. Teil. Gerichtliches Verfahren

§ 13 Allgemeine Prozessvoraussetzungen, Antragsformulierung

A. Vorüberlegung

Hat der Anspruchsteller seinen gewöhnlichen Aufenthalt nicht in einem Mitgliedstaat der Europäischen Union oder einem Vertragsstaat des Abkommens über den Europäischen Wirtschaftsraum, kann der Anspruchsgegner die Stellung einer **Prozesssicherheit** (früher: Ausländersicherheit) gemäß § 110 ZPO fordern. Ob der Anspruchsgegner die Sicherheit auch im Verfügungsverfahren fordern kann, ist umstritten. Einigkeit besteht, dass wegen § 282 Abs. 3 Satz 2 ZPO (Rechtzeitigkeit des Vorbringens) eine Sicherheit jedenfalls nicht ohne mündliche Verhandlung gefordert werden kann.[785]

656

B. Rechtsweg

Für wettbewerbsrechtliche Ansprüche ist ganz überwiegend der Rechtsweg zu den ordentlichen Gerichten geben. Das gilt auch für Bereiche, die dem öffentlichen Recht zuzuordnen sind.[786] Allerdings ist die Rechtsprechung des BGH zur Rechtswegzuständigkeit nicht so weitgehend, dass durchweg alle Verfahren mit Bezug zum UWG von den ordentlichen Gerichten zu entscheiden sind. So hat der BGH zwar den ordentlichen Rechtsweg für Ansprüche eines Verbraucherschutzverbandes wegen wettbewerbsrechtlich unzulässiger telefonischer Werbung neuer Mitglieder durch eine Ersatzkasse zugestanden.[787] Für die Klage eines Kassenarztes gegen eine Kassenärztliche Vereinigung wegen der Weitergabe von Abrechnungsunterlagen des Klägers an einen als Gutachter eingesetzten Konkurrenten ist nach Auffassung des BGH allerdings alleine der Rechtsweg zu den Sozialgerichten eröffnet.[788]

657

Macht der Anspruchsteller in einem Verfahren mehrere selbständige Ansprüche geltend, ist die Rechtswegfrage jeweils gesondert zu prüfen. Sind verschiedene Rechtswege eröffnet, muss eine Prozesstrennung gemäß § 145 ZPO erfolgen.[789]

658

---

[785] Vgl. auch *Zöller/Herget* § 110 ZPO Rn. 3, *Leible* S. 2817 ff.
[786] Vgl. *Baumbach/Hefermehl* Einl. UWG Rn. 454.
[787] BGH GRUR 1999, 88 = NJW 1988, 3418 = WRP 1988, 1076 – Ersatzkassenwerbung.
[788] BGH GRUR 1999, 520 = NJW 1999, 1786 = WRP 1999, 439 – Abrechnungsprüfung. Vgl. auch BGH GRUR 1998, 744 = NJW 1998, 2743 = WRP 1998, 624 – Mitgliederwerbung.
[789] Vgl. BGH NZS 1998, 375 (für Wettbewerbsstreitigkeiten zwischen gesetzlichen Krankenkassen ist der Rechtsweg zu den Sozialgerichten gegeben) und *Köhler*, Mitgliederwettbewerb S. 373.

C. Anwendbares Recht

659 Ein einheitliches internationales Werberecht gibt es nicht.[790] Wirbt etwa ein Unternehmen im Internet,[791] stellt sich die Frage, welches Landesrecht anwendbar ist: das Recht des Herkunftslandes (Handlungsort) oder das Recht desjenigen Landes, in dem (auch) die Verletzungshandlung stattfindet (Erfolgsort)? Der BGH hat das **Marktort-Prinzip** entwickelt. Demnach ist für die wettbewerbsrechtliche Beurteilung nicht der Ort maßgeblich, an dem die Wettbewerbshandlung begangen wurde, sondern der Ort, an dem der Wettbewerb (zum Beispiel durch den Absatz einer Ware) stattfindet.[792] Das können auch mehrere Orte sein, wenn eine Ware zum Beispiel in mehreren Ländern vertrieben wird. Das gilt nicht nur für den Wettbewerb von In- und Ausländern, sondern auch für Inländer, die auf ausländischen Märkten aktiv sind.[793] Deutsches Recht gilt allerdings unabhängig vom Marktort, wenn

- sich der Wettbewerb auf dem Auslandsmarkt ausschließlich zwischen Inländern abspielt oder
- wenn sich die Verletzungshandlung gezielt gegen einen inländischen Mitbewerber richtet, der dadurch im Wettbewerb abstrakt und konkret betroffen wird.[794]

660 Es kommt demnach nicht darauf an,[795] wo

- lediglich Vorbereitungshandlungen bzw. untergeordnete Teilhandlungen stattfinden oder
- ein Schaden eintritt.

661 Marktorte, deren Recht anzuwenden ist, können zum Beispiel sein:[796]

- beim Kundenfang der Ort, an dem das Publikum irregeführt oder abgefangen wird,
- bei einer Behinderung der Ort, an dem ein Wettbewerber im Wettbewerb behindert oder der Bestand des Wettbewerbs gefährdet wird,
- bei der Ausbeutung der Ort, an dem die Ware abgesetzt wird – der Herstellungsort ist unbeachtlich,
- bei dem Ausspannen von Mitarbeitern der Betriebsort des Mitbewerbers,
- bei einer Werbung im **Internet** der Ort, an dem die Inhalte der Website bestimmungsgemäß[797] abgerufen werden können. Deutsches Wettbewerbsrecht ist anwendbar, wenn sich die Inhalte auch an deutsche Verkehrskreise richten.[798]

---

[790] Mit Ausnahme von Art 10bis des Pariser Verbandsübereinkommens zum Schutz des gewerblichen Eigentums (im Internet auffindbar zum Beispiel unter http://www.admin.ch/ch/d/sr/0.23.html oder http://www.gesetze.ch/inh/inh1104.htm), der sich mit Fragen des unlauteren Wettbewerbs beschäftigt. Es gibt auch internationale Werberegeln der Internationalen Handelskammer (ICC), siehe www.icc-online.de. Diese stellen allerdings auf das Ursprungslandprinzip ab, so dass etwa das Recht desjenigen Landes anwendbar wäre, in dem der Server eines Internet-Anbieters steht. Damit ließen sich nationale Werberestriktionen einfach umgehen. Der praktische Nutzen der ICC-Regeln ist daher (noch) gering.
[791] Vgl. *Mankowski* S. 909 ff.
[792] BGHZ 35, 329 = GRUR 1962, 243 = NJW 1962, 37 = WRP 1962, 13 – Kindersaugflaschen.
[793] BGHZ 40, 391 = GRUR 1964, 316 = NJW 1964, 969 = WRP 1964, 122 – Stahlexport.
[794] Vgl. *Baumbach/Hefermehl* Einl. UWG Rn. 185.
[795] Vgl. *Baumbach/Hefermehl* Einl. UWG Rn. 186 a.
[796] Vgl. *Baumbach/Hefermehl* Einl. UWG Rn. 187.
[797] Vgl. zum Begriff „bestimmungsgemäß" die zur Verbreitung von Druckschriften entwickelte Rechtsprechung, die verhindert, dass zum Beispiel ein Rosenheimer Wettbewerber einen Flensburger

§ 13 Allgemeine Prozessvoraussetzungen, Antragsformulierung

D. Örtliche, sachliche und funktionale Zuständigkeiten

I. Örtliche Zuständigkeit, § 24 UWG

§ 24 UWG:
^{I}Für Klagen auf Grund dieses Gesetzes ist das Gericht zuständig, in dessen Bezirk der Beklagte seine gewerbliche Niederlassung oder in Ermangelung einer solchen seinen Wohnsitz hat. Für Personen, die im Inland weder eine gewerbliche Niederlassung noch einen Wohnsitz haben, ist das Gericht des inländischen Aufenthaltsorts zuständig.
^{II}Für Klagen auf Grund dieses Gesetzes ist außerdem nur das Gericht zuständig, in dessen Bezirk die Handlung begangen ist. Satz 1 gilt für Klagen, die von den in § 13 Abs. 2 Nr. 1 bis 4 genannten Gewerbetreibenden, Verbänden oder Kammern erhoben werden, nur dann, wenn der Beklagte im Inland weder eine gewerbliche Niederlassung noch einen Wohnsitz hat.

662

§ 24 UWG regelt einen ausschließlichen Gerichtsstand. Die Vereinbarung eines anderen Gerichtsstandes ist unwirksam, § 40 Abs. 2 Nr. 2 ZPO.[799] Treffen mehrere Anspruchsgrundlagen zusammen, geht § 24 UWG vor.[800] § 24 UWG gilt auch für Verfügungsverfahren.

663

1. Sitz des Beklagten, § 24 Abs. 1 UWG

Grundsatz ist, dass dasjenige Gericht örtlich zuständig ist, bei dem der Beklagte seinen Sitz hat.

664

2. Fliegender Gerichtsstand, § 24 Abs. 2 Satz 1 UWG, § 32 ZPO

Den fliegenden Gerichtsstand gemäß § 24 Abs. 2 Satz 1 UWG – der § 32 ZPO entspricht – sieht das UWG nur für

665

- den unmittelbar Verletzten sowie
- für die in § 13 Abs. 2 Nr. 1 bis 4 Genannten vor, wenn der Anspruchsgegner keine Niederlassung oder keinen Wohnsitz im Inland hat.

Unmittelbar betroffen ist derjenige, in dessen Recht unmittelbar eingegriffen wird – etwa bei einer Äußerung unter Verstoß gegen § 14 UWG derjenige, den diese Äußerung betrifft.[801] Der Anspruchsteller kann dann überall dort seinen Anspruch geltend machen, wo die wettbewerbswidrige Handlung begangen ist. Hierunter ist sowohl der Ort der Tathandlung als auch der Ort zu verstehen, an dem der Verletzungserfolg eingetreten ist. Wird also etwa eine Ware von Essen aus bundesweit vertrieben und kann

666

Wettbewerber in Rosenheim (§ 24 Abs. 2 Satz 1 UWG, § 32 ZPO) wegen einer Anzeige in einem Flensburger Anzeigenblatt in Anspruch nimmt, das durch Zufall nach Rosenheim gelangt ist, *BGH* GRUR 1982, 495 = WRP 1982, 463 – Domgarten Brand.

[798] Besteht etwa für Deutsche keine Bestellmöglichkeit, ist dieses Kriterium nicht erfüllt. Zu weitgehend ist m.E. die Auffassung des OLG Frankfurt a.M. EWiR § 1 UWG 7/99, 471, wonach eine weltweit ausgerichtete Website ohne ausdrückliche Einschränkung auf Deutschland auch auf Deutschland ausgerichtet sei. Demnach dürfte nahezu jede Website auch auf Deutschland ausgerichtet sein – und auch jede deutsche Website weltweit ausgerichtet sein, mit der Folge, dass zum Beispiel auch irakisches oder ägyptisches Werberecht zu beachten wäre. Ein wichtiges Indiz für eine Ausrichtung nach Deutschland wird jedenfalls die Verwendung der deutschen Sprache sein. Vgl. auch *Boehme-Neßler* S. 548 und *Kotthoff* S. 678.

[799] Vgl. *Baumbach/Hefermehl* § 24 UWG Rn. 7.

[800] Mit Ausnahme markenrechtlicher Ansprüche, § 141 MarkenG.

[801] Vgl. hierzu auch *Baumbach/Hefermehl* § 13 UWG Rn. 19 a und b und vorne Rn. 437 ff.

3. Teil. Gerichtliches Verfahren

diese auch in München erworben werden, ist neben Essen Begehungsort auch München sowie jede weitere Stadt, in der die Ware erhältlich ist.

667 Gehört ein Anspruchsteller zu den in § 13 Abs. 2 Nr. 1 bis 4 genannten Gruppen – und erfüllt er die von § 13 Abs. 2 UWG jeweils geforderten Voraussetzungen –, ist der fliegende Gerichtsstand nur dann gegeben, wenn der Anspruchsgegner weder eine Niederlassung noch einen Wohnsitz in Deutschland hat. Es kommt daher schon bei der Bestimmung des Gerichtsstandes darauf an, ob der gewerbetreibende Anspruchsteller unmittelbarer oder nur mittelbarer Verletzter ist.

668 Besteht lediglich die Gefahr der Erstbegehung, ist der fliegende Gerichtsstand nur gegeben, wenn gerade im Gerichtsbezirk des angerufenen Gerichts der Verstoß droht. Geht es etwa um das Verbot einer Anzeige, die in einer überregionalen Zeitung veröffentlicht werden soll, droht der Verstoß überall dort, wo die Zeitung bestimmungsgemäß vertrieben wird.

Praxistipp: Gerichtsstand bei Erstbegehungsgefahr
669 Lässt sich nicht zweifelsfrei glaubhaft machen, dass ein Verstoß gerade auch im Bezirk des angerufenen Gerichts droht, empfiehlt es sich jedenfalls im Verfügungsverfahren, den Anspruchsgegner – wenn er im Inland seinen Sitz hat – am Ort seines Sitzes in Anspruch zu nehmen. Damit vermeidet der Anspruchsteller eine zeitraubende Verweisung oder sogar Zurückweisung des Antrags.

670 Für Ansprüche wegen der Verwirkung einer Vertragsstrafe ist § 24 UWG nicht anwendbar. Denn hier handelt es sich um einen Vertragsanspruch und nicht um eine Klage aufgrund des UWG. Ebenso wenig ist § 32 ZPO anwendbar, da die Verwirkung der Vertragsstrafe kein Anspruch aus unerlaubter Handlung, sondern aus Vertrag ist.[802] § 24 UWG (§ 32 ZPO) ist jedoch für eine Klage auf Erstattung der Abmahnkosten gegeben, wenn man den Kostenerstattungsanspruch als Schadensersatz ansieht.[803] Für diesen ist dann allerdings – anders als bei einer Geschäftsführung ohne Auftrag gemäß §§ 683 Satz 1, 677, 670 BGB – Verschulden erforderlich.[804]

3. Internationale Zuständigkeit

671 Ist ein Gerichtsstand im Inland gemäß § 24 UWG oder gemäß § 12 ff. ZPO gegeben, ist das Gericht auch international zuständig.[805] Nach § 24 Abs. 2 können die gemäß § 13 Abs. 2 Nr. 1 bis 4 UWG klagebefugten Gewerbetreibenden, Verbände und Kammern am Begehungsort (Marktort) klagen, wenn der Anspruchsgegner weder Wohnsitz oder Niederlassung in Deutschland hat.

672 Für die EG-Mitgliedstaaten regelte bislang das EuGVÜ[806] die internationale Zuständigkeit. Für die Schweiz, Island, Norwegen und Polen findet das LugÜ[807] Anwendung. Seit 1. März 2002 hat die EG-Verordnung über die gerichtliche Zuständigkeit

---

[802] Vgl. auch *Zöller/Vollkomer* § 32 ZPO Rn. 12.
[803] Vgl. *Stein/Jonas/Schumann* § 32 Rn. 26 f.
[804] Vgl. *Gloy* § 60 Rn. 32.
[805] Vgl. *Baumbach/Hefermehl* Einl. UWG Rn. 192 a.
[806] Brüsseler Übereinkommen über die gerichtliche Zuständigkeit und die Vollstreckung gerichtlicher Entscheidungen in Zivil- und Handelssachen, abgedruckt und kurz kommentiert u.a. bei *Zöller/Geimer* Anhang I.
[807] Lugano Übereinkommen; entspricht inhaltlich im wesentlichen dem EuGVÜ bzw. der EuGVVO. Siehe auch *Zöller/Geimer* Art. 1 EuGVÜ Rn. 2.

und die Anerkennung und Vollstreckung von Entscheidungen in Zivil- und Handelssachen[808] das EuGVÜ abgelöst.[809] Das EuGVVO hat in Zivil- und Handelssachen Vorrang vor den nationalen Gesetzen. Art. 2 EuGVVO/LugÜ verweist für die internationale Zuständigkeit auf die Gerichtsstände des inländischen Rechts. Damit findet § 24 UWG Anwendung. Außerdem sind Verstöße gegen das Wettbewerbsrecht unerlaubte Handlungen. Für deliktische Handlungen innerhalb der EG ist wegen Art. 5 Nr. 3 EuGVVO/LugÜ daher § 32 ZPO maßgeblich. Das gilt auch für vorbeugende Unterlassungsansprüche.[810]

Für Maßnahmen des einstweiligen Rechtsschutzes sehen Art. 31 EuGVVO und Art. 24 LugÜ sogar eine spezielle Zuständigkeitsregelung vor. Demnach können die in dem Recht eines Vertragsstaates (nach Art. 31 EuGVVO „eines Mitgliedsstaates") vorgesehenen einstweiligen Maßnahmen einschließlich solcher, die auf eine Sicherung gerichtet sind bei den Gerichten dieses Staates auch dann beantragt werden, wenn für die Entscheidung *in der Hauptsache* das Gericht eines anderen Vertragsstaates (Mitgliedsstaates) auf Grund der EuGVVO/des LugÜ zuständig ist. 673

Im Geltungsbereich der EuGVVO/des LugÜ richtet sich der örtliche Gerichtsstand damit nach den vorbeschriebenen Regelungen des UWG und der ZPO. 674

II. Sachliche und funktionale Zuständigkeit

1. Streitwert-Zuständigkeit

a) Streitwertfestsetzung nach §§ 3 bis 9 ZPO. Der Gegenstandswert – und damit der Streitwert im Gerichtsverfahren – beträgt in wettbewerbsrechtlichen Angelegenheiten bei Unterlassungsansprüchen selten unter 50.000 Euro.[811] Die Höhe des Streitwertes gibt der Verletzte vor, da sich der Streitwert nach dessen Interesse richtet.[812] Verletzt ein kleines Unternehmen die Rechte eines großen Unternehmens, kann es für das kleine Unternehmen deshalb sehr teuer werden. Bei mehreren Anspruchstellern und Anspruchsgegnern multipliziert sich der Grundstreitwert mit der Anzahl der Beteiligten. Macht etwa ein Wettbewerber Ansprüche gegen einen Mitbewerber und dessen Geschäftsführer geltend, ergibt sich – ausgehend von einem Grundstreitwert von beispielsweise 50.000 Euro – ein Wert von 100.000 Euro. Denn die Verpflichtung trifft jeden Anspruchsgegner unabhängig von etwaigen weiteren Anspruchsgegnern. Da die Mehrzahl der Parteien bereits bei der Festlegung des Streitwerts berücksichtigt wird, entfällt für den Anwalt eine Erhöhung nach § 6 BRAGO. 675

b) Streitwertminderung gemäß § 23 a UWG.

§ 23 a UWG:
Bei der Bemessung des Streitwerts für Ansprüche auf Unterlassung von Zuwiderhandlungen gegen die §§ 1, 3, 4, 6, 6a bis 6c, 7, 8 ist es wertmindernd zu berücksichtigen, wenn die Sache nach Art und Umfang einfach gelagert ist oder eine Belastung einer der Parteien mit 676

---

[808] Verordnung (EG) Nr. 44/2001 vom 22.12.2000; im Internet auffindbar zum Beispiel unter http://europa.eu.int/eur-lex/de/index.html (zitiert: EuGVVO).
[809] Auf die dann geltenden Regelungen wird jeweils verwiesen. Für Dänemark gilt nach wie vor das EuGVÜ.
[810] *Baumbach/Hefermehl* Einl. UWG Rn. 194.
[811] Siehe Rn. 591.
[812] Vgl. *Thomas/Putzo* § 2 ZPO, Rn. 13.

den Prozesskosten nach dem vollen Streitwert angesichts ihrer Vermögens- und Einkommensverhältnisse nicht tragbar erscheint.

677 Das UWG enthält allerdings in § 23a UWG ein Korrektiv zugunsten wirtschaftlich schwächerer Parteien. Für die Streitwert-Zuständigkeit ist eine Streitwertminderung nach § 23a UWG jedoch ohne Bedeutung. Nach § 23a UWG hat das Gericht von Amts wegen bei der Festsetzung des Streitwerts für Unterlassungsansprüche aus §§ 1, 3, 4, 6, 6a bis 6c, 7 und 8 UWG zu berücksichtigen, ob

- die Sache nach Art und Umfang einfach gelagert ist oder
- eine Belastung einer der Parteien mit den Prozesskosten nach dem vollen Streitwert angesichts ihrer Vermögens- und Einkommensverhältnisse nicht tragbar erscheint.[813]

678 Der gemäß § 23a UWG festgesetzte Streitwert ist als Kostenstreitwert maßgeblich für die Höhe der Anwalts- und Gerichtskosten.

c) Streitwertbegünstigung gemäß § 23b UWG.

§ 23b UWG:

679 [I]Macht in bürgerlichen Rechtsstreitigkeiten, in denen durch Klage ein Anspruch auf Grund dieses Gesetzes geltend gemacht wird, eine Partei glaubhaft, dass die Belastung mit den Prozesskosten nach dem vollen Streitwert ihre wirtschaftliche Lage erheblich gefährden würde, so kann das Gericht auf ihren Antrag anordnen, dass die Verpflichtung dieser Partei zur Zahlung von Gerichtskosten sich nach einem ihrer Wirtschaftslage angepassten Teil des Streitwerts bemisst. Das Gericht kann die Anordnung davon abhängig machen, dass die Partei außerdem glaubhaft macht, dass die von ihr zu tragenden Kosten des Rechtsstreits weder unmittelbar noch mittelbar von einem Dritten übernommen werden. Die Anordnung hat zur Folge, dass die begünstigte Partei die Gebühren ihres Rechtsanwalts ebenfalls nur nach diesem Teil des Streitwerts zu entrichten hat. Soweit ihr Kosten des Rechtsstreits auferlegt werden oder soweit sie diese übernimmt, hat sie die von dem Gegner entrichteten Gerichtsgebühren und die Gebühren seines Rechtsanwalts nur nach dem Teil des Streitwerts zu erstatten. Soweit die außergerichtlichen Kosten dem Gegner auferlegt oder von ihm übernommen werden, kann der Rechtsanwalt der begünstigten Partei seine Gebühren von dem Gegner nach dem für diesen geltenden Streitwert beitreiben.
[II]Der Antrag nach Absatz 1 kann vor der Geschäftsstelle des Gerichts zur Niederschrift erklärt werden. Er ist vor der Verhandlung zur Hauptsache anzubringen. Danach ist er nur zulässig, wenn der angenommene oder festgesetzte Streitwert später durch das Gericht heraufgesetzt wird. Vor der Entscheidung über den Antrag ist der Gegner zu hören.

680 Auf Antrag einer Partei kann das Gericht den Streitwert reduzieren – vorausgesetzt, diese Partei macht glaubhaft, dass die Belastung mit den Prozesskosten nach dem vollen Streitwert ihre wirtschaftliche Lage erheblich gefährden würde. Der Antrag muss gemäß § 23b Abs. 2 Satz 2 UWG vor der Verhandlung zur Hauptsache – also spätestens vor Stellung der Sachanträge (§ 137 ZPO) – angebracht werden. Die begünstigte Partei muss dann die Gerichts- und Anwaltskosten – auch die des gegnerischen Anwalts – nur in Höhe des Teilstreitwerts tragen. Während also die nicht begünstigte Partei im Falle eines Obsiegens nur einen Teil der Kosten erstattet erhält, kann der Anwalt der begünstigten Partei bei deren Obsiegen gemäß § 23b Abs. 1 Satz 5 UWG die volle Erstattung fordern. Neben § 23a UWG ist in aller Regel eine kumulative Anwendung von § 23b UWG ausgeschlossen.[814]

---

[813] Das gilt auch für klagebefugte Verbände, BGH GRUR 1998, 958 = NJW-RR 1998, 1421 = WRP 1998, 741 – Verbandsinteresse.

[814] BGH GRUR 1998, 958, 959f. – Verbandsinteresse (siehe auch Fn. 817).

§ 13 Allgemeine Prozessvoraussetzungen, Antragsformulierung

d) Rechtsmittel gegen die Streitwertfestsetzung. Gegen einen Streitwertbeschluss 681
kann jeder, der mit wenigstens 50 Euro beschwert ist – das trifft auch auf die Anwälte
der Parteien zu (§ 9 BRAGO) – Beschwerde einlegen. Die Beschwerde muss innerhalb
von sechs Monaten nach Eintritt der Rechtskraft in der Hauptsache oder anderweitiger Erledigung des Verfahrens eingelegt werden, § 25 Abs. 2 Satz 3, Abs. 3 GKG. Setzt
das Gericht den Streitwert erst später als einen Monat vor Ablauf dieser Frist fest, ist
die Beschwerde noch innerhalb eines Monats nach Zustellung oder formloser Mitteilung des Festsetzungsbeschlusses möglich. Ein Beschluss des Rechtsmittelgerichts ist
nicht anfechtbar, § 25 Abs. 3 Satz 2 GKG.

2. Zuständigkeit der Kammern für Handelssachen gemäß § 27 Abs. 1 UWG

> § 27 Abs. 1 UWG:
> ¹Bürgerliche Rechtsstreitigkeiten, in denen ein Anspruch auf Grund dieses Gesetzes geltend gemacht wird, gehören, sofern in erster Instanz die Landgerichte zuständig sind, vor
> die Kammern für Handelssachen; ausgenommen sind Rechtsstreitigkeiten, in denen ein
> letzter Verbraucher einen Anspruch aus § 13a geltend macht, der nicht aus einem beiderseitigen Handelsgeschäft nach § 95 Abs. 1 Nr. 1 des Gerichtsverfassungsgesetzes herrührt.

682

Wegen der Regelung in § 27 Abs. 1 UWG sind für alle Ansprüche, die auf der 683
Grundlage des UWG geltend gemacht werden, die Kammern für Handelssachen zuständig, sofern der landgerichtliche Streitwert – wie meist – erreicht ist. Werden zugleich UWG- und BGB-Ansprüche geltend gemacht, kann der Anspruchsteller wählen (§ 96 GVG), ob er seine Ansprüche vor einer allgemeinen Zivilkammer oder
vor der Kammer für Handelssachen geltend macht. Grundsätzlich sind die allgemeinen Zivilkammern nur dann zuständig, wenn (so § 27 Abs. 1 UWG) ein letzter Verbraucher einen Anspruch aus § 13 a UWG geltend macht, der kein beiderseitiges Handelsgeschäft gemäß § 95 Abs. 1 Nr. 1 GVG betrifft.

Bei größeren Landgerichten gibt es aufgrund der Geschäftsverteilung auch Sonder- 684
zuständigkeiten allgemeiner Zivilkammern für Wettbewerbs-, Marken- und Urhebersachen.

> **Praxistipp: Vorsicht vor der „Verweisungsfalle"**
> Entscheidet sich der Anspruchsteller, einen auf UWG und BGB gestützten Anspruch vor der allgemeinen Zivilkammer geltend zu machen, kann der Anspruchsgegner gemäß § 98 GVG die Verweisung des Rechtsstreits – wenn die Voraussetzungen von § 98 GVG vorliegen – an die Handelskammer fordern. Die Voraussetzungen von § 98 GVG liegen jedenfalls dann vor, wenn beide Parteien Kaufleute sind. Dies gilt vor allem für juristische Personen. Der Anspruchsteller hat dann das Risiko, dass im Widerspruchsverfahren die Handelskammer anders als die Zivilkammer entscheidet.

685

3. Zuständigkeitskonzentration durch Landesverordnungen, § 27 Abs. 2 UWG

> § 27 Abs. 2, 3, 4 UWG:
> ¹¹Die Landesregierungen werden ermächtigt, durch Rechtsverordnung für die Bezirke
> mehrerer Landgerichte eines von ihnen als Gericht für Wettbewerbsstreitsachen zu bestimmen, wenn dies der Rechtspflege in Wettbewerbsstreitsachen, insbesondere der Sicherung
> einer einheitlichen Rechtsprechung, dienlich ist. Die Landesregierungen können diese Ermächtigung auf die Landesjustizverwaltungen übertragen.

686

167

III Wird gegen eine Entscheidung des Gerichts für Wettbewerbsstreitsachen Berufung eingelegt, so können sich die Parteien vor dem Berufungsgericht auch von Rechtsanwälten vertreten lassen, die bei dem Oberlandesgericht zugelassen sind, vor das die Berufung ohne eine Regelung nach Absatz 2 gehören würde.
IV Die Mehrkosten, die einer Partei dadurch erwachsen, dass sie sich nach Absatz 3 durch einen nicht beim Prozessgericht zugelassenen Rechtsanwalt vertreten lässt, sind nicht zu erstatten.

687 Durch Rechtsverordnung ist oftmals für die Bezirke mehrerer Landgerichte eines von ihnen bestimmt, über Wettbewerbssachen zu entscheiden.[815] Es empfiehlt sich deshalb, vor Einreichung der Klage oder des Verfügungsantrages zur Vermeidung einer Verweisung die Zuständigkeit anhand der jeweiligen Landesverordnung genau zu überprüfen.

688 Zu den in § 27 Abs. 2 UWG genannten Wettbewerbsstreitsachen gehören nicht nur Ansprüche des UWG, sondern alle Ansprüche mit Wettbewerbsbezug, also auch zum Beispiel Ansprüche aus HWG.[816] Bei Klageverbindung genügt es, wenn ein wettbewerbsrechtlicher Anspruch enthalten ist.

689 Im Falle der Zuständigkeitskonzentration können auch Rechtsanwälte vor dem Berufungsgericht auftreten, die bei dem Oberlandesgericht zugelassen sind, vor das die Berufung ohne eine Regelung nach § 27 Abs. 2 UWG gehören würde (§ 27 Abs. 3 UWG).

4. Gericht der Hauptsache gemäß §§ 937 Abs. 1, 943 ZPO
§ 937 Abs. 1 ZPO:

690 Für den Erlass einstweiliger Verfügungen ist das Gericht der Hauptsache zuständig.

691 a) *Bedeutung für das Verfügungsverfahren.* § 937 ZPO besagt, dass für die Entscheidung über einen Verfügungsantrag das Gericht der Hauptsache zuständig ist. Das Gericht der Hauptsache ist gemäß § 943 Abs. 1 ZPO „das Gericht des ersten Rechtszuges und wenn die Hauptsache in der Berufungsinstanz anhängig ist, das Berufungsgericht". Die Regelung in §§ 937, 943 ZPO kann vor allem für die Geltendmachung von Unterlassungsansprüchen Bedeutung haben. Meist gibt es zwischen dem Gericht, das über einen Verfügungsantrag zu entscheiden hat und dem Gericht der Hauptsache keine Kollisionen: Denn in der Regel führt der Anspruchsteller zunächst wegen des Unterlassungsanspruchs ein Verfügungsverfahren durch und leitet erst dann – etwa, wenn die Abschlusserklärung nicht abgegeben wird – ein Hauptsacheverfahren ein.

692 b) *Negative Feststellungsklage zur Begründung der Zuständigkeit des „Gerichts der Hauptsache".* Der Anspruchsgegner kann jedoch das Gericht der Hauptsache bestimmen, wenn er eine negative Feststellungsklage (Hauptsacheklage) bei Gericht einreicht, *bevor* der Anspruchsteller seinen Verfügungsantrag zu Gericht bringt. Reicht der Anspruchsgegner etwa vor Ablauf der vom Anspruchsteller gesetzten Äußerungsfrist eine negative Feststellungsklage auf Nichtbestehen der behaupteten Unterlassungsansprüche beim Landgericht Hamburg ein, bevor der Anspruchsteller seinen Verfügungsantrag beim Landgericht Köln einreicht, ist das Gericht der Hauptsache das Landgericht Hamburg. Der beim Landgericht Köln eingereichte Verfü-

---

[815] Vgl. zum Beispiel für Bayern § 16 Gerichtliche Zuständigkeitsverordnung Justiz (GZVJu) vom 2.2.1988, BayGVBl. 1988, S. 6, ber. S. 97.
[816] Vgl. *Baumbach/Hefermehl* § 27 UWG Rn. 5.

gungsantrag ist als unzulässig abzuweisen oder an das wegen § 937 Abs. 1 ZPO zuständige Landgericht Hamburg zu verweisen. Dadurch kann für den Anspruchsteller ein ganz erheblicher Zeitverlust entstehen. Bei unterschiedlicher Rechtsprechungspraxis der angerufenen Gerichte kann der Anspruchsgegner womöglich eine für ihn eher günstige Entscheidung herbeiführen.

Zum Gericht der Hauptsache gemäß § 937 Abs. 1 ZPO wird durch die Einreichung **693** eines Klageantrags auch ein an sich unzuständiges Gericht. Ist etwa der fliegende Gerichtsstand nach § 24 Abs. 2 UWG nicht gegeben und hat der Anspruchsgegner seinen Sitz in Köln, ist in dem vorbeschriebenen Fall trotzdem das LG Hamburg für die Entscheidung über den Verfügungsantrag zuständig.[817] Denn § 937 Abs. 1 ZPO knüpft lediglich an das *formelle* Moment der Anhängigkeit an.[818] Zu prüfen sind nur die Rechtswegszuständigkeit und die internationale Zuständigkeit.

c) Auswirkungen auf die Hauptsacheklage. Das Feststellungsinteresse für die nega- **694** tive Feststellungsklage entfällt, wenn der Anspruchsteller positive Leistungsklage erhebt.[819] Da § 937 Abs. 1 ZPO hier nicht anwendbar ist, kann der Anspruchsteller für die Leistungsklage ein gemäß § 24 UWG zuständiges Gericht wählen, das nicht das vom Anspruchsgegner angerufene Gericht sein muss. Reicht zum Beispiel der (mutmaßliche) Anspruchsgegner negative Feststellungsklage beim LG Hamburg ein, ist zwar ein danach beim LG Köln eingereichter Antrag auf Erlass einer einstweiligen Verfügung unzulässig.[820] Reicht dann jedoch der Anspruchsteller bei dem wegen § 24 UWG ebenfalls zuständigen LG München I Hauptsache-(Leistungs-)Klage ein, verliert die negative Feststellungsklage ihre Wirkung.[821] Sie ist für erledigt zu erklären. Das Verfahren wird dann in München weitergeführt.

> **Praxistipp: Gericht der Hauptsache**
> § 937 Abs. 1 ZPO ermöglicht es, dem Anspruchsteller die Bestimmung des örtlich **695**
> zuständigen Gerichts zu entziehen. Die sofortige Einreichung einer negativen Feststellungsklage wird zumeist nur dann sinnvoll sein, wenn
>
> - sie bei einem Gericht eingereicht wird, das der Anspruchsteller vermutlich *nicht* anrufen wird und
> - der Anspruchsgegner einen Zeitvorsprung benötigt.
>
> Anderenfalls kann die negative Feststellungsklage auch (nur) dazu führen, dass sich die Verfahrenskosten und damit die Prozesskostenrisiken beider Parteien mindestens verdoppeln.

---

[817] Vgl. *Zöller/Vollkommer* § 937 ZPO Rn. 1.
[818] Vgl. *Zöller/Vollkommer* § 919 ZPO Rn. 8 (§ 919 ZPO enthält die Regelung für das Gericht der Hauptsache für Arreste).
[819] Vgl. *Thomas/Putzo* § 256 ZPO Rn. 19.
[820] Wird der Antrag *vor* Einreichung der negativen Feststellungsklage bei Gericht eingereicht, wird dadurch allerdings das im Verfügungsverfahren angerufene Gericht wegen § 261 Abs. 3 Nr. 2 ZPO nicht unzuständig. Das OLG Hamburg AfP 2001, 228 = GRUR 2001, 361 = ZUM-RD 2001, 174 ist offenbar entgegen § 937 Abs. 1 ZPO sogar der Auffassung, dass ein nach § 32 ZPO im Verfügungsverfahren angerufenes Gericht trotz einer zuvor bei einem anderen Gericht eingereichten negativen Feststellungsklage örtlich zuständig ist.
[821] Dieses Verhalten ist nicht rechtsmissbräuchlich; der Anspruchsteller muss nicht im Wege einer Widerklage auf die negative Feststellungsklage kontern. Vgl. BGH GRUR 1994, 846 = NJW 1994, 3107 = WRP 1994, 810 – Parallelverfahren II.

E. Formulierung des Unterlassungsantrags

696 Die Formulierung des Unterlassungsantrags gehört zu den größten Fallstricken, die der Wettbewerbsprozess bietet.[822] Gerade bei komplizierten Sachverhalten muss der Anspruchsteller darauf achten, dass der Tenor möglichst[823] aus sich heraus verständlich und damit vollstreckbar ist. Solange sich der Anspruchsteller auf die konkrete Verletzungshandlung beschränkt – zum Beispiel das Verbot, eine ganz bestimmte Werbeanzeige künftig nicht mehr zu veröffentlichen –, bleibt die Formulierung des Antrags noch recht einfach. Sobald der Anspruchsteller aber nicht nur die konkret begangene Verletzungshandlung angreifen möchte, sondern mit einem Verbot auch ähnliche Handlungen untersagen lassen möchte – zum Beispiel ganz allgemein, Anzeigen zu veröffentlichen, in denen für Produkte geworben wird, „die zum Zeitpunkt der Bewerbung nicht vorrätig sind" –, wird die Formulierung des Antrags schon schwieriger.

697 Möchte der Anspruchsteller gar ein möglichst umfassendes Verbot erreichen – zum Beispiel das Verbot, für Produkte zu werben, die zum Zeitpunkt der Bewerbung in „nicht ausreichender Anzahl" vorrätig sind –, riskiert der Anspruchsteller, einen unzulässigen oder unbegründeten Antrag zu stellen: Ist ein Antrag zu allgemein formuliert, kann er zu unbestimmt und damit wegen § 253 Abs. 2 Nr. 2 ZPO unzulässig sein. Geht der Antrag zu weit und besteht der weite Unterlassungsanspruch nicht, ist der Antrag – zumindest teilweise – unbegründet.

698 Unabhängig von der konkreten Antragsformulierung empfiehlt es sich, dem Antrag die in der Rechtsprechung übliche Verbotsformel voranzusetzen, die sich aus § 890 Abs. 1 und 2 ZPO ergibt.[824] Das Gericht entscheidet zwar im Verfügungsverfahren gemäß § 938 Abs. 1 ZPO „nach freiem Ermessen, welche Anordnung zur Erreichung des Zweckes erforderlich ist". Das betrifft jedoch den Inhalt des Verbotes und nicht die Frage, ob das Verbot auch strafbewehrt ist. Insoweit ist das Gericht an den Antrag des Anspruchstellers wegen § 308 ZPO gebunden. Unterbleibt die Androhung, kann sie der Anspruchsteller zwar gemäß § 890 Abs. 2 ZPO auch nachträglich beantragen. Das bedeutet jedoch einen vermeidbaren Zeitverlust.

I. Eng gefasster Antrag

1. Konkrete Verletzungshandlung

699 In der Regel unproblematisch ist die Formulierung des Antrags, wenn er ausschließlich die konkrete Verletzungshandlung verbieten soll. Vertreibt zum Beispiel ein Wettbewerber Messer mit der Aufschrift „Made in Germany", obwohl die Messer ausschließlich im Ausland hergestellt sind, bietet sich als Antrag an:

---

[822] Es gibt einige sehr hilfreiche Veröffentlichungen zur Formulierung des Antrags, so zum Beispiel *Teplitzky*, Wettbewerbsrecht, 51. Kapitel, *Borck*, Unterlassungsantrag S. 824 und Hilfsantrag S. 248 oder *Pastor/Ahrens* Kapitel 27. Siehe auch *Baumbach/Hefermehl* Einl. UWG Rn. 457 a ff. und Rn. 478 ff. und *Gloy/Spätgens* § 68 Rn. 1 f. und § 82 Rn. 15 ff.

[823] „Möglichst" deshalb, weil gemäß § 890 Abs. 1 ZPO die Vollstreckung zwar durch das Prozessgericht erfolgt, das ggf. auch die Akten hinzuziehen kann. Allerdings dürfen nach ständiger BGH-Rechtsprechung Probleme bei der Auslegung des Tenors nicht in das Vollstreckungsverfahren verlagert werden.

[824] Vgl. im Anhang das Muster „Verfügungsantrag".

§ 13 Allgemeine Prozessvoraussetzungen, Antragsformulierung

„Dem Antragsgegner/Beklagten wird bei Meidung (es folgt: Androhung der Ordnungsmittel)... verboten, im geschäftlichen Verkehr zu Wettbewerbszwecken die im Katalog vom ... abgebildeten Messer mit den Artikel-Nummern ... mit der Bezeichnung ‚Made in Germany' zu vertreiben." 700

2. Kerntheorie

Selbst wenn es nicht gelingen sollte, ein weit gefasstes – und im Verfahren möglichst risikoloses – Verbot zu formulieren, gilt das gerichtliche Verbot der konkreten Verletzungshandlung in der Regel auch für ganz ähnliche Verletzungshandlungen. Das besagt die so genannte „Kerntheorie" des BGH.[825] Es kommt demnach auch nicht mehr darauf an, dass der Anspruchsteller glaubhaft macht, es bestehe für ähnliche Verletzungen (zumindest) eine Erstbegehungsgefahr. Ob eine im Kern ähnliche Verletzungshandlung gegeben ist, die von dem Verbot bereits umfasst ist, hat dann letztlich das Vollstreckungsgericht zu entscheiden. 701

II. Verallgemeinerungen

Fall „Filialleiterfehler":[826]

Die Beklagte betreibt Verbrauchermärkte für Geräte der Unterhaltungselektronik und der Telekommunikation. Für eine Filiale bewarb die Beklagte in einer Werbebeilage u.a. die Videokamera Sony CCD TR-V 70 und den Fernseher Royal TV 5199. Auf Nachfrage erklärte ein Verkäufer der Filiale, dass diese Geräte nicht vorrätig seien. Außerdem bewarb die Beklagte den Funkrufempfänger Quix Basic und *Handys*, wobei die Preisangaben im Prospekt mit den Preisauszeichnungen im Geschäft nicht übereinstimmten. Die Klägerin, die ebenfalls einen Endverbrauchermarkt für Geräte der Unterhaltungselektronik und der Telekommunikation betreibt, forderte von der Beklagten eine Unterlassungserklärung, die nicht auf die konkrete Verletzungshandlung beschränkt war. 702
Die Beklagte gab daraufhin eine örtlich auf die Filiale und inhaltlich auf die konkrete Verletzungshandlung beschränkte Unterlassungs-/Verpflichtungserklärung ab. Die Klägerin erhob Klage und beantragte
1. die Beklagte unter Androhung von Ordnungsmitteln zu verurteilen, es zu unterlassen, im geschäftlichen Verkehr zu Wettbewerbszwecken
   a. für Geräte der Unterhaltungselektronik mit Ausnahme der Videokamera Sony CCD TR-V 70 und des Fernsehers Royal TV 5199[827] zu werben, sofern diese nicht am ersten Werktag nach dem Tag des Erscheinens der Werbung vorrätig sind und/oder
   b. Geräte der Telekommunikation mit Ausnahme des Funkempfängers Quix Basic 2 und der Handies AEG 9050, Panasonic G 400 und Siemens S 3 Com[828] im Laden mit anderen Preisen auszuzeichnen als mit dem Preis, mit dem sie beworben werden;
(...)

1. Einbeziehung gleichartiger Handlungen

Ein Verbot nur der konkreten Verletzungshandlung hilft allerdings häufig kaum weiter, da der Verletzer die Verletzungshandlung abwandeln und so das Verbot umgehen kann. Ob die neue Verletzungshandlung dann wegen der Kerntheorie bereits verboten war, entscheidet das Vollstreckungsgericht. Der Anspruchsteller wird daher ver- 703

---

[825] BGH GRUR 1996, 290 = NJW 1996, 723 = WRP 1996, 199 – Wegfall der Wiederholungsgefahr I und BGH GRUR 1997, 379 = NJW-RR 1996, 554 = WRP 1996, 284 – Wegfall der Wiederholungsgefahr II; vgl. auch *Baumbach/Hefermehl* Einl. UWG Rn. 480, 485.
[826] BGH GRUR 2000, 907 (siehe auch Fn. 598).
[827] Da die Beklagte insoweit eine – wenn auch nur regional begrenzte – Unterlassungserklärung abgegeben hatte.
[828] Dito.

suchen, die konkrete Verletzungshandlung in die Zukunft zu projezieren und bereits im Tenor ein Verbot gleichartiger Handlungen – das ist die konkrete Verletzungsform – zu erreichen[829]. Verallgemeinerungen sind durchaus zulässig, sofern – so der BGH[830] – das Charakteristische, der Kern der konkreten Verletzungshandlung zum Ausdruck kommt. Denn eine Verletzungshandlung begründet auch die Vermutung der Begehungsgefahr für alle im Kern gleichen Verletzungshandlungen. Der Antrag könnte deshalb lauten:

704 „Dem Antragsgegner/Beklagten wird bei Meidung (*Androhung der Ordnungsmittel*) ... verboten, im geschäftlichen Verkehr zu Wettbewerbszwecken Messer mit der Bezeichnung ‚Made in Germany' zu vertreiben."

705 Die Verletzungsform ist – als allgemeinerer Begriff – der Vertrieb der Messer. In diesem Verbot ist auch die konkrete Verletzungshandlung – die im Katalog vorgestellten, konkret benannten Messer – enthalten.

2. Ausklammerung zulässiger Handlungen

706 Verallgemeinerungen dürfen jedoch keinen Interpretationsspielraum dahingehend enthalten, dass sie auch zulässiges Handeln des Anspruchsgegners einschließen.[831] Vertreibt etwa der Wettbewerber unter der Bezeichnung „Made in Germany" auch Messer, die in Deutschland hergestellt werden, wäre der vorherige Antrag zu weitgehend. Denn ein solches Verbot würde auch diejenigen Waren umfassen, die *zulässigerweise* den Aufdruck „Made in Germany" tragen. Der Antrag könnte jedoch lauten:

707 „Dem Antragsgegner/Beklagten wird bei Meidung (Androhung der Ordnungsmittel) ... verboten im geschäftlichen Verkehr zu Wettbewerbszwecken, Messer mit der Bezeichnung ‚Made in Germany' zu vertreiben, wenn diese nicht in Deutschland hergestellt werden."

3. Konkretisierung durch „insbesondere"-Zusatz

708 Konkretisieren ließe sich der Antrag noch durch den „insbesondere"-Zusatz:

„Dem Antragsgegner wird bei Meidung (Androhung der Ordnungsmittel) ... verboten im geschäftlichen Verkehr zu Wettbewerbszwecken, Messer mit der Bezeichnung ‚Made in Germany' zu vertreiben, wenn diese nicht in Deutschland hergestellt werden, insbesondere, wenn dies wie folgt geschieht: (es folgt ein Auszug aus dem aktuellen Katalog mit den dort einzeln bezeichneten Messern) ..."

709 Der „insbesondere"-Zusatz hilft auch bei einem möglicherweise zu weit gefassten Antrag. Denn er macht deutlich, dass zumindest das konkret beanstandete Verhalten untersagt werden soll.[832]

4. Bundesweites Verbot trotz regional begrenzter Verletzungshandlung

710 Ist die Verletzungshandlung nur regional begrenzt erfolgt – etwa lediglich in *einer* Filiale eines bundesweit tätigen Unternehmens –, ist der Unterlassungsanspruch

---
[829] Vgl. auch *Borck*, Unterlassungsantrag S. 824, m.w.H.
[830] St. Rspr., vgl. BGH GRUR 2000, 907, 909 – Filialleiterfehler (siehe auch Fn. 598) und *BGH* GRUR 2000, 337, 338 = NJW-RR 2000, 704 = WRP 2000, 386 – Preisknaller, m.w.N.
[831] Vgl. *Baumbach/Hefermehl* Einl. UWG Rn. 457 a ff.
[832] Wobei im Falle eines Verbotes nur des konkret beanstandeten Verhaltens der Antrag im Übrigen zurückzuweisen ist. Vgl. zu den „insbesondere"-Anträgen etwa BGH GRUR 1991, 772 = NJW 1991, 3029 – Anzeigenrubrik I; *BGH* GRUR 1996, 793, 795 = NJW 1996, 3078 = WRP 1996, 1027 – Fertiglesebrillen und BGH GRUR 1997, 672, 673 = NJW-RR 1997, 1131 = WRP 1997, 727 – Sonderpostenhändler.

trotzdem *bundesweit* durchsetzbar.[833] Dies hat, so der BGH, seinen entscheidenden Grund darin, dass der Anspruch dem Wettbewerber nicht nur zum Schutz seiner Individualinteressen, sondern auch im Interesse der anderen Marktbeteiligten und der Allgemeinheit zuerkannt wird. Der Antrag muss also nicht regional eingeschränkt werden. Außerdem richtet sich der Unterlassungsanspruch aufgrund § 13 Abs. 4 UWG wegen aller in einem Unternehmen von Angestellten begangenen wettbewerbswidrigen Handlungen ohne Entlastungsmöglichkeit auch gegen den Inhaber des Unternehmens.[834]

Zum Fall „Filialleiterfehler":
Der BGH sah die verallgemeinernden Unterlassungsanträge als zulässig und begründet an. Die Frage der Verallgemeinerung berühre nicht die Zulässigkeit, da es Sache des Klägers sei, den Umfang seines Unterlassungsbegehrens mit seinem Klageantrag zu konkretisieren und abzugrenzen. Begründet war der Antrag, da der beanstandete Wettbewerbsverstoß – auch hinsichtlich der Unterschiede zwischen Preisangaben im Werbeprospekt und Preisauszeichnung im Laden – gerade nicht dadurch konkretisiert war, dass dabei bestimmte Geräte beworben worden sind.[835]

711

Praxistipp: Genaue Antragsbegründung
Je weitreichender ein Antrag formuliert ist, um so klarer sollte die Begründung sein. Denn für die Auslegung der Reichweite eines Antrages ist nicht nur die Antragsformulierung bedeutsam, sondern auch die Antragsbegründung.

712

5. Gesetzeswiederholende Unterlassungsanträge

Fall „Gesetzeswiederholende Unterlassungsanträge":[836]

Auf Antrag der Klägerin hat das Landgericht die Beklagte unter Androhung gesetzlicher Ordnungsmittel u.a. verurteilt, es zu unterlassen im geschäftlichen Verkehr
...
4. außerhalb der Fachkreise für Heilbehandlungen mit der bildlichen Darstellung von Personen in Berufskleidung zu werben,
5. außerhalb der Fachkreise für Arzneimittel und/oder Heilbehandlungen mit Äußerungen Dritter oder Hinweisen darauf und/oder mit der Wiedergabe von Krankengeschichten sowie mit Hinweisen darauf zu werben, insbesondere zu werben ...

713

Verletzt ein Wettbewerber konsequent wettbewerbsrechtliche Vorschriften, wird der Anspruchsteller bemüht sein, ein möglichst umfassendes Verbot zu erreichen. Das bietet sich vor allem dann an, wenn die Verletzungshandlungen durchweg ähnlich, wenn auch in der jeweils konkret vorliegenden Begehungsweise unterschiedlich sind. Das Verbot einer konkreten Werbung mag zwar im Kern gleichartige Verstöße einschließen. Wenn jedoch in einer Werbung etwa für Arzneimittel einmal entgegen § 11 Abs. 1 Nr. 2 HWG damit geworben wird, dass es ärztlich empfohlen ist und ein ande-

714

---

[833] BGH GRUR 1999, 509, 510 = NJW 1999, 1332 = WRP 1999, 421 – Vorratslücken und BGH GRUR 2000, 907, 909 – Filialleiterfehler (siehe auch Fn. 598).
[834] Vgl. *Baumbach/Hefermehl* § 13 Rn. 60.
[835] Das hätte vielleicht der Fall sein können, wenn es um die Neueinführung eines ganz bestimmten Produktes gegangen wäre. Dann hätte die Beklagte möglicherweise argumentieren können, es sei ein einmaliger, gerade auf das konkrete Gerät bezogener Verstoß.
[836] BGH GRUR 2000, 438 = NJW 2000, 1792 = WRP 2000, 389; vgl. kritisch hierzu *Brandner/Bergmann* S. 842 ff.

3. Teil. Gerichtliches Verfahren

res Mal, dass es ärztlich geprüft ist, liegen unterschiedliche Verstöße vor. Hier könnte es sich dann anbieten – entsprechend dem Wortlaut von § 11 Abs. 1 Nr. 2 HWG – eine Werbung verbieten zu lassen „mit Angaben, dass das Arzneimittel ... ärztlich ... oder anderweitig fachlich empfohlen oder geprüft ist oder angewendet wird".

Zum Fall „Gesetzeswiederholende Unterlassungsanträge":

715 Derartige Anträge sieht der BGH jedoch als nicht hinreichend bestimmt und damit gemäß § 253 Abs. 2 Nr. 2 ZPO als unzulässig an. Ein Unterlassungsantrag – und nach § 313 Abs. 1 Nr. 4 ZPO eine darauf beruhende Entscheidung – dürfe nicht derart undeutlich gefasst sein, dass

- der Streitgegenstand und der
- Umfang der Prüfungs- und Entscheidungsbefugnis des Gerichts nicht mehr klar umrissen seien,
- sich der Beklagte deshalb nicht erschöpfend verteidigen könne und
- im Ergebnis dem Vollstreckungsgericht die Entscheidung darüber überlassen bleibe, was dem Beklagten verboten sei.[837]

716 Ein auf die Verurteilung zur Unterlassung gerichteter Klageantrag, der sich darauf beschränke, die Tatbestandsmerkmale des Gesetzes, auf das er sich stützt, wiederzugeben, sei grundsätzlich unbestimmt.[838] Der Antrag Nr. 4 zur Verurteilung der Beklagten, „außerhalb der Fachkreise für Heilbehandlungen mit der bildlichen Darstellung von Personen in Berufskleidern zu werben", schließe sich im wesentlichen dem Wortlaut des § 11 Nr. 4 HWG an und sei deshalb zu unbestimmt. Außerdem wäre ein gemäß diesem Antrag ausgesprochenes Verbot aus der Sicht der Beklagten und im Vollstreckungsverfahren aus der Sicht des Gerichts ebenso auslegungsbedürftig wie das Gesetz selbst, bei dessen Anwendung sich „nicht einfach zu beurteilende Fragen stellen können".[839] Gleiches entschied das Gericht für den Klageantrag Nr. 5, der weitgehend die abstrakte Regelung des § 11 Nr. 3 und Nr. 1 HWG wiederhole, ohne die Handlungen, die vom Verbot umfasst werden sollten, selbst näher zu konkretisieren.

717 Selbst wenn es gelingen sollte, eine noch zulässige und insgesamt begründete Verallgemeinerung zu formulieren, muss dem Antrag noch kein Erfolg beschieden sein. Denn nicht selten stoßen umfassende Verbotsanträge auf den Unwillen der Gerichte, da sie eben nicht so problemlos zu handhaben sind wie einfache, an der jeweiligen konkreten Verletzungshandlung orientierte Unterlassungsanträge.[840]

---

[837] St. Rspr., vgl. auch BGH GRUR 1999, 1017 = NJW 1999, 3638 = WRP 1999, 1035 – Kontrollnummernbeseitigung.

[838] Vgl. auch BGH GRUR 1995, 832, 833 = NJW 1999, 3638 = WRP 1995, 1026 – Verbraucherservice; *Zöller/Greger* § 253 ZPO Rn. 13 b; *Baumbach/Hefermehl* Einl. UWG Rn. 457 b.

[839] Diese sehr enge Auffassung des BGH ist im hier entschiedenen Fall kaum mehr nachvollziehbar. „Außerhalb der Fachkreise", „bildliche Darstellung" und „Personen in Berufskleidung" sind durchaus bestimmte Begriffe – zumal sich aus dem klägerischen Vortrag ergibt, dass er gerade Werbung außerhalb *ärztlicher* Fachkreise, also an den Endverbraucher gerichtete Werbung, und *ärztliche* Berufskleidung meint.

[840] Siehe hierzu auch *Teplitzky*, Klageantrag S. 75.

§ 13 Allgemeine Prozessvoraussetzungen, Antragsformulierung

Praxistipp: Hilfsanträge stellen
Bei Zweifelsfällen empfiehlt sich zumindest eine gestufte Antragstellung, die – hilfsweise – in der letzten Stufe dann die konkrete Verletzungshandlung beinhalten kann.[841] Der Anspruchsteller sollte bedenken, dass das Risiko negativer Entscheidungen zunimmt, je weiter ein Antrag gefasst ist.

718

III. Geltendmachung mehrerer Unterlassungspflichten

In einem Antrag lassen sich auch mehrere Unterlassungsanträge verbinden. Das geschieht durch die Formulierung „und/oder". Denkbar ist zum Beispiel bei einer wettbewerbswidrigen Werbeaktion für ein Handy der Antrag,[842]

719

bei Meidung (Androhung der Ordnungsmittel) zu verbieten, im geschäftlichen Verkehr zu Wettbewerbszwecken für den Verkauf von Handys zu werben, die zu dem beworbenen Preis nur bei Freischaltung eines Netzkartenvertrages abgegeben werde, wenn für das Handy ein Preis von weniger als 1 DM gefordert wird, wenn dies geschieht wie in der ... Zeitung vom ...

720

und/oder

einen so beworbenen Artikel der Ankündigung gemäß zu veräußern.

Da der Anspruchsgegner häufig die beanstandete Handlung nicht selbst vornimmt, sondern durch andere vornehmen lässt – zum Beispiel die Veröffentlichung einer Anzeige, kann der Antrag auch das Verbot enthalten, die beanstandete Handlung durchführen zu *lassen*:

721

„Dem Antragsgegner/Beklagten wird bei Meidung (Androhung der Ordnungsmittel) ... verboten im geschäftlichen Verkehr zu Wettbewerbszwecken, Messer mit der Bezeichnung ‚Made in Germany' zu vertreiben und/oder vertreiben zu lassen, wenn diese nicht in Deutschland hergestellt werden."

722

IV. Formulierung des Antrags bei Unterlassungsansprüchen mit Auslandsbezug

1. Antrag gegen Störer außerhalb der EG

Macht der Anspruchsteller Unterlassungsansprüche gegen einen Anspruchsgegner im Ausland geltend, soll der Antrag nach überwiegender Auffassung in der Literatur keine Strafandrohung gemäß § 890 Abs. 2 ZPO enthalten. Denn ein Unterlassungstitel mit Strafandrohung könne im Ausland möglicherweise nicht zugestellt werden, da dies einen Eingriff in die Hoheitsrechte des Drittstaates bedeute.[843] Eine Zustellung

723

---

[841] Damit begegnet man dem Risiko, dass das Gericht aus einem umfassenden Antrag nicht wenigstens noch die konkrete Verletzungsform herausschält, vgl. hierzu auch BGH GRUR 1999, 509, 510 – Vorratslücken (Fn. 545); BGH GRUR 1999, 760 = NJW 1999, 2193 = WRP 1999, 842 – Auslaufmodelle II. Allerdings besteht dann auch das Risiko, dass das Gericht den einfachsten Weg wählt und nur dem Antrag in der konkreten Verletzungsform stattgibt. Sollte ein Hilfsantrag in Teilen weiter gefasst sein als der Hauptantrag und dem Hilfsantrag stattgegeben werden, ist der Anspruchsteller trotzdem beschwert und kann die Entscheidung angreifen, vgl. BGH GRUR 2000, 907, 908 – Filialleiterfehler (siehe auch Fn. 598). Gibt das Rechtsmittelgericht dann dem Hauptantrag statt, ist die Entscheidung über die Hilfsanträge wieder aufzuheben, vgl. BGH, a.a.O., S. 909.
[842] Vgl. BGH WRP 1999, 512, 513 – Aktivierungskosten. Der BGH hat in diesem Fall allerdings nur die konkrete Verletzungsform, nicht die Werbemaßnahme als solches, verboten.
[843] Vgl. *Gloy/Schütze* § 97 Rn. 11 m.w.H.

3. Teil. Gerichtliches Verfahren

muss im Ausland erfolgen, wenn keine mündliche Verhandlung stattgefunden und sich kein Vertreter im Inland bestellt hat. Im Hauptsacheverfahren ist das der Fall, wenn gegen den im Inland nicht vertretenen Anspruchsgegner ein Versäumnisurteil ergeht. Dann wird das Versäumnisurteil im Ausland zugestellt. Im Verfügungsverfahren ist eine Zustellung im Inland nicht möglich, wenn eine Beschlussverfügung ergeht und sich ebenfalls kein inländischer Vertreter – auch nicht durch eine Schutzschrift – bestellt hat. Die Zustellung bzw. Vollziehung gemäß §§ 936, 929 ZPO[844] erfolgt dann im Ausland.

724 Die Bedenken gegen eine Aufnahme der Androhung von Ordnungsmitteln ergeben sich aus der Ordre-Public-Klausel in Art. 13 HZÜ:[845] Danach kann der ersuchte Statt die Erledigung eines Zustellungsantrages ablehnen, wenn die Erledigung seine Hoheitsrechte gefährden kann. Überzeugend ist diese Auffassung allerdings nicht. Denn sie übersieht, dass die Zustellung einer Verfügung noch nichts über deren Vollstreckbarkeit sagt. Die Frage der Vollstreckung ist jedoch erst im Anerkenntnisverfahren von Bedeutung.[846]

Praxistipp: Ordnungsmittelandrohung gegen Ausländer

725 Kommt es nicht zu einer mündlichen Verhandlung und möchte der Anspruchsteller Zustellungsprobleme nach Möglichkeit vermeiden, kann er gemäß § 890 Abs. 2 ZPO die Ordnungsmittel nachträglich androhen lassen. Außerdem besteht die Möglichkeit der Zwangsvollstreckung nach dem Recht des jeweiligen Drittstaates. Bestellt sich ein Vertreter des Anspruchsgegners, erfolgen die Zustellungen an den Vertreter und damit im Inland (§§ 172 Abs. 2 Satz 1, 195 ZPO n.F. [§§ 176, 198 ZPO a.F.]). Der Anspruchsteller kann dann noch in der mündlichen Verhandlung den Antrag auf Androhung der Ordnungsmittel gemäß § 890 ZPO stellen.

2. Antrag gegen Störer mit Sitz innerhalb der EG

726 Für Störer mit Sitz innerhalb der EG gilt die EG-Zustellungsverordnung.[847] Diese enthält *keine* Ordre-Public-Klausel mehr. Deshalb kann die Androhung von Ordnungsmitteln kein Argument mehr sein, dass die deutschen Prüfungsstellen das Versenden des Zustellungsauftrages ablehnen[848] oder ein EG-Drittstaat die Zustellung der Verfügung verweigert.

V. Hinweispflicht des Gerichts

727 Das Gericht ist im Verfügungsverfahren zwar in der Formulierung des Tenors wegen § 938 Abs. 1 ZPO frei, solange es dem Anspruchssteller nicht mehr zuspricht als beantragt (§ 308 Abs. 1 Satz 1 ZPO). Es hat aber auch gemäß § 139 Abs. 1 bis 3 ZPO das Gericht (§ 139 Abs. 1 und Abs. 2 Satz 1 ZPO a.F.: der Vorsitzende) darauf hinzu-

---

[844] Zum Verfügungsverfahren mit Auslandsbezug siehe außerdem Rn. 886 ff.
[845] Siehe Fn. 1017.
[846] Vgl. hierzu auch *Geimer* Rn. 2163 ff. So auch das KG NJWE-WettbR 1999, 161 zur Zustellung einer mit Androhung versehenen Beschlussverfügung in den Niederlanden.
[847] Siehe Fn. 1009.
[848] Gegen die Ablehnung ist Rechtsmittel gemäß §§ 23 ff. EGGVG möglich.

§ 13 Allgemeine Prozessvoraussetzungen, Antragsformulierung

wirken, dass die Parteien die sachdienlichen Anträge stellen.[849] Das Gericht muss allerdings nicht die Formulierung des Antrags für den Anspruchsteller übernehmen[850] – erst recht dann nicht, wenn die Antragsänderung einen neuen Streitgegenstand betrifft.[851]

> **Praxistipp: Bitte um Mitteilung durch das Gericht**
> Aufgrund der oftmals bestehenden Schwierigkeiten bei der Antragsformulierung kann es ausnahmsweise im Verfügungsverfahren zweckmäßig sein, im Verfügungsantrag um eine – ggf. auch telefonische – Mitteilung des Gerichts zu bitten, wenn Bedenken gegen die Antragsformulierung bestehen. Auch wenn die Gerichte weder verpflichtet[852] noch häufig dazu bereit sind (und auch nicht sein müssen), die Antragsformulierung zu übernehmen, kann ein Hinweis dazu führen, dass der Antrag mit recht geringen Kosten zurückgenommen wird.

728

Es kann sich dann schon im Hinblick auf eine mögliche Kostenfolge empfehlen, einen nach Auffassung des Gerichts unzureichend formulierten Antrag nachzubessern – oder unter Berücksichtigung der Rechtsauffassung des Gerichts zumindest einen Hilfsantrag zu stellen. Wesentlichen Änderungen des Antrags können allerdings eine (sachdienliche) Klageänderung sein und damit die Kostenfolge aus § 269 Abs. 3 Satz 2 ZPO auslösen.

729

F. Relevanter Zeitpunkt für die Begründetheit der Ansprüche

Die Voraussetzungen für die Begründetheit des gerichtlich geltend gemachten Anspruchs müssen zum Schluß der letzten mündlichen Verhandlung gegeben sein. Gibt der Anspruchsgegner etwa während des Verfahrens seinen Geschäftsbetrieb auf, kann es in der letzten mündlichen Verhandlung an einem Wettbewerbsverhältnis zwischen den Parteien fehlen.[853]

730

---

[849] Diese nimmt der BGH ausgesprochen ernst, vgl. BGH GRUR 1999, 507 = NJW-RR 1999, 982 = WRP 1999, 657 – Teppichpreiswerbung; BGHZ 140, 183 = GRUR 1999, 325 = NJW 1999, 1964 = WRP 1999, 417 – Elektronische Pressearchive; BGH GRUR 1998, 489, 492 = WRP 1998, 42, 46 f. – Unbestimmter Unterlassungsantrag III m.w.N. Der BGH geht sogar so weit, die Gerichte zu verpflichten, bei einem offenbar von der – auch anwaltlich vertretenen – Partei missverstandenen Hinweis den Hinweis zu präzisieren und erneut Gelegenheit zur Stellungnahme zu geben, BGH NJW 1999, 1264 (vgl. auch § 139 Abs. 2 ZPO). Aber Vorsicht: Im Verfügungsverfahren gibt es keine Schriftsatzfristen. Was in der mündlichen Verhandlung nicht vorgetragen und glaubhaft gemacht ist, kann keine Berücksichtigung finden; siehe auch Rn. 753 ff.
[850] BGH GRUR 1991, 254 = NJW 1991, 1114 = WRP 1991, 216 – Unbestimmter Unterlassungsantrag I; BGH GRUR 1996, 796 = NJW-RR 1996, 1194 = WRP 1996, 734, 736 – Setpreis; BGH GRUR 1997, 767 = NJW-RR 1997, 1133 = WRP 1997, 735 – Brillenpreise II; *BGH* GRUR 1998, 489, 492 = WRP 1998, 42, 46 f. – Unbestimmter Unterlassungsantrag III m.w.N.
[851] Hält das Gericht etwa den Antrag, an den Endverbraucher Waren zusammen mit einem wettbewerbswidrigen Gewinnspiel zu versenden, für unbegründet, muss das Gericht nicht darauf hinweisen, dass ein Antrag auf Unterlassung bei der Mitwirkung in der Vertragsabwicklung Erfolg haben könnte, vgl. BGH WRP 2001, 1073, 1076 – Gewinn-Zertifikat.
[852] Nach h.M. sind „allgemeine", „formularmäßige" Bitten um rechtliche Hinweise unbeachtlich; vgl. zum Beispiel *Grunsky*, Taktik im Zivilprozeß, Rn. 180. Etwas anders soll für sog. „spezielle" Bitten gelten, *Grunsky* Rn. 180. Allerdings: Es gehört zu den Aufgaben eines Rechtsanwalts, unklare Situationen gar nicht erst entstehen zu lassen.
[853] Vgl. BGH GRUR 1995, 697 = NJW-RR 1995, 1379 = WRP 1995, 815 – Funny Paper; *Baumbach/Hefermehl* § 13 UWG Rn. 12.

G. Anträge des Anspruchsgegners

731 Der Anspruchsgegner wird – sofern er nicht (teilweise) anerkennt – Zurückweisung des Verfügungsantrages (§§ 936, 922 Abs. 3 ZPO) bzw. Abweisung der Klage beantragen. Zugleich kann der Anspruchsgegner – ggf. hilfsweise – zur Abwendung erheblicher Nachteile im Falle einer für ihn ungünstigen Entscheidung

- die Gestattung von Aufbrauchfristen und
- Vollstreckungsschutz

beantragen.

I. Aufbrauchfrist

732 Aufbrauchfristen kommen vor allem dann in Frage, wenn der Verletzer noch eine Anzahl von Gegenständen in seinem Gewahrsam hat, deren Wert erheblich ist, während die Beeinträchtigung des Verletzten nicht so schwer ins Gewicht fällt. Hat der Verletzer etwa 10.000 Kataloge drucken lassen, die einige besonders herausgestellte, jedoch nicht lieferbare Waren enthalten, muss er deswegen nicht alle Kataloge neu drucken. Hier würde es im übrigen auch genügen, wenn der Verletzer eine Beilage mit einem entsprechenden Hinweis einlegt.

II. Vollstreckungsschutz

733 Die Gewährung von Vollstreckungsschutz richtet sich im Hauptsacheverfahren nach § 709 Satz 1 ZPO. Wenn die Vollstreckung dem Schuldner „einen nicht zu ersetzenden Nachteil bringen" würde, kann das Gericht auf Antrag dem Schuldner gestatten, die Vollstreckung durch Sicherheitsleistung ohne Rücksicht auf eine Sicherheitsleistung des Gläubigers abzuwenden (§ 712 ZPO). Der Schuldner muss die drohenden Nachteile glaubhaft machen und den Antrag vor Schluss der mündlichen Verhandlung stellen (§ 714 ZPO).

734 Im Verfügungsverfahren ist § 921 ZPO anwendbar.[854] Demnach ist die Vollziehung der Verfügung von einer Sicherheitsleistung abhängig zu machen, wenn sie zu „schwersten Eingriffen in den Gewerbebetrieb des Schuldners"[855] führt. Wenn der Anspruchsgegner die Anordnung einer Vollziehungssicherheit wünscht, sollte er diese – auch wenn sie ohne Antrag angeordnet werden kann – beantragen und den Antrag nachvollziehbar begründen.

---

[854] *Zöller/Vollkommer* § 921 ZPO Rn. 7.
[855] Ebenda.

§ 14 Besonderheiten des Verfügungsverfahrens

A. Vorüberlegungen

1. Die wichtigste Frage ist zunächst, ob zum Zeitpunkt der Einleitung des Verfügungsverfahrens noch der Verfügungsgrund (Dringlichkeit)[856] gegeben ist. Hier kommt es darauf an, wann der Verletzte von der Verletzungshandlung und von dem Verletzer Kenntnis erlangt hat. Die Rechtsprechung zur Dringlichkeit ist regional sehr unterschiedlich: Das OLG München verneint die Dringlichkeit, wenn seit der Kenntnis mehr als ein Monat verstrichen ist. Das OLG Hamburg lässt auch noch einen Zeitraum von sechs Monaten zu. 735

> **Praxistipp: Doppelte Fristenkontrolle**
> Es empfiehlt sich, umgehend zwei Fristen zu notieren, nämlich 736
> - die Frist für die Einreichung des Verfügungsantrages wegen der Dringlichkeit und
> - die Sechs-Monats-Frist für den Eintritt der Verjährung gemäß § 21 UWG.

2. Das Verfügungsverfahren stellt nur eine vorläufige Regelung dar. Gibt der Anspruchsgegner keine Abschlusserklärung ab, die den Anspruch endgültig sichert, muss der Anspruchsteller seinen Anspruch durch eine Hauptsacheklage absichern. Außerdem kann der Anspruchsgegner Antrag auf Anordnung der Klageerhebung stellen (§ 926 ZPO). Der Anspruchsteller sollte also bereits vor Einleitung eines Verfügungsverfahrens die Erfolgsaussichten – und insbesondere die Beweislage – einer Hauptsacheklage berücksichtigen. So kann zwar der Anspruchsteller im Verfügungsverfahren auch als Partei eine eidesstattliche Versicherung zur Glaubhaftmachung abgeben. Im Hauptsacheverfahren muss der Anspruchsteller aber den Beweis führen – etwa durch Zeugen. Die Parteivernehmung ist nur eingeschränkt möglich (§§ 445 ff. ZPO). 737

> **Praxistipp: Hinweis auf Vorläufigkeit**
> Man sollte den Antragsteller darauf hinweisen, dass das Verfügungsverfahren nur eine vorläufige Regelung darstellt und es zur Absicherung der geltend gemachten Ansprüche entweder eines Hauptsacheverfahrens, einer Unterlassungserklärung oder einer Abschlusserklärung bedarf.[857] Der Anspruchsteller muss sich also darüber im klaren sein, dass zusätzlich zu den Kosten des Verfügungsverfahrens weitere Kosten entstehen können. 738

3. Eine von Anfang an ungerechtfertigte einstweilige Verfügung kann gemäß § 945 ZPO eine Schadensersatzpflicht des Anspruchstellers auslösen. Der Anspruchsteller sollte deshalb seine Erfolgsaussichten auch anhand der Einwendungen des Anspruchsgegners – etwa in dessen Antwort auf die Abmahnung – berücksichtigen. Diese Einwendungen wird der Anspruchsgegner auch im Verfügungsverfahren vortragen und ggf. glaubhaft machen (können). 739

4. Eine einstweilige Verfügung ist nur dann wirksam, wenn sie der Anspruchsteller vollzieht,[858] das heißt sie dem Anspruchsgegner zustellt. Wegen der kurzen Vollzie- 740

---

[856] Siehe Rn. 752 ff.
[857] Siehe hierzu Rn. 930 ff.
[858] Siehe Rn. 826 ff.

3. Teil. Gerichtliches Verfahren

hungsfrist von einem Monat ab Zustellung bzw. Verkündung der Verfügung, bleibt in der Regel keine Zeit, bei fehlgeschlagener Zustellung eine aktuelle Anschrift zu recherchieren. Erfolgt die Zustellung nicht fristgemäß, kann das zur Aufhebung der Verfügung gemäß § 927 ZPO mit unangenehmen Kostenfolgen führen. Die notwendigen Angaben für die Zustellung müssen also *vor* Einleitung des Verfügungsverfahrens bekannt sein.

741　5. Schließlich sollte der Anspruchsteller bedenken, dass die Durchsetzung von Ansprüchen im Verfügungsverfahren gegen einen Störer im Ausland reichlich kompliziert sein kann. Er sollte deshalb nach Möglichkeit einen Störer im Inland in Anspruch nehmen.[859]

B. Zulässigkeit, durchsetzbare Ansprüche

I. Zulässigkeit

742　Die prozessualen Voraussetzungen sind für das Verfügungs- und das Hauptsacheverfahren zunächst die gleichen. Die Ausführungen zur Zuständigkeit, zur Formulierung des Antrags etc. gelten damit für das Verfügungsverfahren genau so wie für das Hauptsacheverfahren. Die Zuständigkeit der Gerichte richtet sich nach dem Streitwert bzw. der Regelungen in § 27 UWG. Etwas anderes gilt nur dann, wenn etwa auf einer am Wochenende durchgeführten Messe eine gerichtliche Entscheidung erforderlich ist. Hier haben die Amtsgerichte einen Jour-Dienst eingerichtet, der nach § 942 ZPO zu entscheiden hat.

743　Ein Anwaltszwang besteht für das Verfügungsverfahren nicht, so lange keine mündliche Verhandlung stattfindet (§§ 936, 920 Abs. 3 ZPO). Wenn die Verfügung im Beschlusswege nur teilweise erlassen oder insgesamt zurückgewiesen wurde, wird auch vielfach ein Anwaltszwang für die Beschwerde des Antragstellers verneint (§§ 78, 569 Abs. 3, 571 Abs. 4 Satz 2 ZPO [569 Abs. 2 Satz 2, 573 Abs. 2 Satz 2 ZPO a.F.]).[860]

II. Im Verfügungsverfahren durchsetzbare Ansprüche

744　Die einstweilige Verfügung gemäß § 938 ZPO darf die Entscheidung der Hauptsache zwar nicht vorwegnehmen.[861] Eine Befriedigung des Anspruchstellers kann jedoch durch eine Leistungsverfügung gemäß § 940 ZPO angeordnet werden. Hierzu gehören auch wettbewerbsrechtliche Unterlassungsansprüche.[862]

745　Beseitigungsansprüche wie zum Beispiel der Widerruf können in aller Regel nicht im Verfügungsverfahren geltend gemacht werden.[863] Hier gelten mindestens die strengen Voraussetzungen, die für die Durchsetzung der Bekanntmachungsanordnung gemäß § 23 Abs. 2 UWG gelten.[864] Die Voraussetzungen für den Erlass einer einstweiligen Verfügung auf Widerruf müssen jedoch noch strenger sein. Denn schließlich

---

[859] Siehe auch Rn. 467 und Rn. 723 ff., 886 ff.
[860] Vgl. auch *Thomas/Putzo* § 922 ZPO Rn. 6. Allerdings strittig, siehe auch Rn. 801.
[861] Vgl. *Zöller/Vollkommer* § 938 ZPO Rn. 3.
[862] Ebenda, § 940 ZPO Rn. 8 „Wettbewerbsrecht".
[863] Vgl. *Gloy/Spätgens* § 79 Rn. 6.
[864] Siehe Rn. 475 ff.

stellt der Widerruf eine eigene Erklärung des Widerrufenden und nicht lediglich die Mitteilung der Rechtsauffassung des Gerichts – wie bei einer Bekanntmachung nach § 23 Abs. 2 UWG – dar. Die Anordnung eines Widerrufs durch eine Beschlussverfügung scheidet von vornerein aus.[865]

Ein Herausgabeanspruch – zum Beispiel bei Produktpiraterie – kann auch im Verfügungsverfahren geltend gemacht werden. Ggf. ist Sequestration anzuordnen (§ 938 Abs. 2 ZPO). 746

Schadensersatz in Geld kann der Anspruchsteller allenfalls im Arrestverfahren fordern. 747

Auskunftsansprüche können in der Regel nicht im Verfügungsverfahren geltend gemacht werden. Eine Ausnahme gilt nur in Fällen des ergänzenden Leistungsschutzes (zum Beispiel bei Urheberrechtsverletzungen gemäß § 101 a UrhG).[866] 748

Ebenfalls ausgeschlossen ist im Verfügungsverfahren die Geltendmachung von Gegenansprüchen im Wege der Widerklage. Denn beim Verfügungsverfahren handelt es sich nicht um ein Klageverfahren. Eine „Widerklage" wäre auch mit dem Charakter des Eilverfahrens unvereinbar.[867] 749

III. Gleichzeitige Durchführung von Verfügungs- und Hauptsacheverfahren

Verfügungsverfahren und Hauptsacheverfahren können parallel durchgeführt werden.[868] Hierdurch kommt es nicht zu einer doppelten Rechtshängigkeit. Allerdings erhöht sich das Kostenrisiko erheblich – etwa auch im Hinblick auf ein mögliches sofortiges Anerkenntnis gemäß § 93 ZPO. Zudem könnte die sofortige Erhebung der Hauptsacheklage auch rechtsmissbräuchlich sein.[869] Es ist deshalb häufig zweckmäßig, zunächst das Verfügungsverfahren durchzuführen und nach dessen Abschluss – letzte Instanz sind hier die Oberlandesgerichte (§ 542 Abs. 2 Satz 1 ZPO [§ 545 Abs. 2 Satz 1 ZPO a.F.]) –, über die Erhebung einer Hauptsacheklage zu entscheiden. 750

IV. Begründetheit

Voraussetzung für die Begründetheit eines Verfügungsverfahrens sind (§§ 936, 920 ZPO) 751
- das Bestehen eines Verfügungsgrundes – das ist die Dringlichkeit bzw. Eilbedürftigkeit des Verfahrens – und
- das Vorliegen eines Verfügungsanspruchs, etwa eines Unterlassungsanspruchs aus § 1 UWG.

---

[865] Vgl. *Gloy/Spätgens* § 79 Rn. 6 m.w.N.
[866] Vgl. auch BGHZ 125, 322 = GRUR 1994, 630 = NJW 1994, 1958 = WRP 1994, 519 – Cartier-Armreif.
[867] Zu § 922 ZPO (Arrestverfahren), der gemäß § 936 ZPO auch im Verfügungsverfahren Anwendung findet: *Zöller/Vollkommer* § 922 ZPO Rn. 15.
[868] Vgl. *Gloy/Spätgens* § 96 Rn. 8.
[869] Siehe S. 145; BGH WRP 2000, 1263, 1264 f. – Neu in Bielefeld I (siehe auch Fn. 575) und BGH WRP 2000, 1266, 1268 f. – Neu in Bielefeld II (siehe auch Fn. 663).

C. Dringlichkeitsvermutung gemäß § 25 UWG

§ 25 UWG:

752 Zur Sicherung der in diesem Gesetz bezeichneten Ansprüche auf Unterlassung können einstweilige Verfügungen erlassen werden, auch wenn die in den §§ 935, 940 der Zivilprozessordnung bezeichneten Voraussetzungen nicht zutreffen.

I. Anwendungsbereich von § 25 UWG

753 § 25 UWG ist anwendbar auf alle wettbewerbsrechtlichen Unterlassungsansprüche, also nicht nur auf diejenigen des UWG.[870] § 25 UWG greift demnach nicht für Ersatz-, Neben- oder Feststellungsansprüche ein.[871] Dort verbleibt es bei den Anforderungen der §§ 935, 940 ZPO. Auch auf vertragliche Unterlassungsansprüche ist § 25 UWG nicht anwendbar. Für einen Beseitigungs- oder Widerrufsanspruch gilt § 25 UWG nur dann, wenn nicht die Hauptsache vorweggenommen wird.

II. Dringlichkeitsvermutung entgegen § 935 ZPO

754 Gemäß § 25 UWG muss der Antragsteller die Eilbedürftigkeit nicht – wie im Verfügungsverfahren sonst (§§ 936, 920 Abs. 2 ZPO) – glaubhaft machen. Vielmehr wird die Dringlichkeit gemäß § 25 UWG in Wettbewerbssachen gesetzlich vermutet. Die Vermutung der Dringlichkeit kann allerdings widerlegt werden, insbesondere bei längerem Zuwarten.[872] Welcher Zeitraum dringlichkeitsschädlich ist, beurteilen die Oberlandesgerichte ganz unterschiedlich:[873] Während etwa in Hamburg auch nach mehreren Monaten die Vermutung der Dringlichkeit noch nicht entfallen ist,[874] urteilen die Münchner Gerichte hier strikt formalistisch. Demnach ist nach Auffassung der Münchner Gerichte die Dringlichkeit dann entfallen, wenn der Anspruchsteller seinen Verfügungsantrag erst nach mehr als einem Monat ab Kenntnis der Verletzungshandlung und des Verletzers zu Gericht bringt.[875]

> **Praxistipp: OLG-typische Dringlichkeitsfristen**
>
> 755 Wer keine einschlägige Literatur zum Verfügungsverfahren griffbereit hat, der sich die jeweiligen gerichtlichen Gepflogenheiten entnehmen lassen, sollte sich bei der jeweils zuständigen LG-Kammer oder beim entsprechenden OLG-Senat über die Rechtsprechung informieren. Meistens gibt es nach der Geschäftsverteilung Sonderzuständigkeiten. Diese geben unter Umständen – schon im Hinblick auf die Prozessökonomie – telefonisch Auskunft. Ist der fliegende Gerichtsstand gemäß § 24 Abs. 2 UWG gegeben, dürfte die längste Erstreckung der Dringlichkeit die Rechtsprechung der Hamburger Gerichte bieten.

---

[870] Vgl. *Baumbach/Hefermehl* § 25 UWG Rn. 5. Dies waren etwa bis zur Abschaffung von ZugabeVO und RabattG auch die dort geregelten Unterlassungsansprüche.
[871] Denkbar ist jedoch eine Anwendung auf den wettbewerbsrechtlichen Auskunftsanspruch entsprechend der Regelung im ProduktpiraterieG, vgl. *Baumbach/Hefermehl* § 25 UWG Rn. 5 a.E.
[872] Vgl. *Baumbach/Hefermehl* § 25 UWG Rn. 11.
[873] Siehe hierzu *Baumbach/Hefermehl* § 25 UWG Rn. 15 und *Köhler/Piper* § 25 UWG Rn. 15. Eine Übersicht über die jeweilige Rechtsprechung enthält auch *Berneke*, Einstweilige Verfügung, Rn. 77.
[874] OLG Hamburg WRP 1987, 480.
[875] OLG München NJW-RR 1993, 227 = WRP 1993, 49; ebenso: OLG Hamm GRUR 1993, 855; OLG *Jena*, Beschluss vom 23.10.1996; OLG Köln GRUR 1982, 504.

§ 14 Besonderheiten des Verfügungsverfahrens

1. Beginn der Frist

Die Frist errechnet sich nach den BGB-Regelungen. Erfolgt also ein Verstoß am 23.10. und fällt der 23.11. auf einen Sonntag, wäre Fristablauf der 24.11. die Frist beginnt jedoch nach einhelliger Auffassung erst zu laufen, wenn der Anspruchsteller 756

- sowohl die Person des Verletzers einschließlich einer zustellungsfähigen Anschrift[876]
- als auch die konkrete (drohende) Verletzungshandlung

positiv kennt.

Die nur fahrlässige Unkenntnis des Wettbewerbsverstoßes führt in der Regel nicht zu einem Wegfall des Verfügungsgrundes.[877] Informiert also etwa ein Wettbewerber einen anderen Wettbewerber darüber, dass ein Dritter wettbewerbswidrig handelt und überprüft dies der Verletzte erst mehrere Wochen oder Monate nach der Information durch den Wettbewerber, beginnt erst mit positiver Kenntnis die Frist zu laufen.[878] 757

Welche Person Kenntnis erlangt haben muss – etwa der Geschäftsführer, der Leiter der Rechtsabteilung oder ein Mitarbeiter aus dem Marketingbereich – bestimmt sich nach der betrieblichen Struktur und Organisation: Ist aufgrund einer internen Aufgabenverteilung ein Mitarbeiter zuständig, Wettbewerbsverstöße von Konkurrenten zu verfolgen, kommt es auf dessen Kenntnis an.[879] 758

2. Erstreckung der strengen Dringlichkeits-Fristen

Eine Erstreckung der strengen Dringlichkeits-Fristen ist nur dann denkbar, wenn ernsthafte Vergleichsverhandlungen geführt werden. Allerdings bleibt es in diesem Fall dann der Auffassung der Gerichte überlassen, ob es sich im konkreten Fall um ernsthafte Verhandlungen handelt. Es besteht deshalb das Risiko, dass das Gericht trotz Vergleichsbemühungen die Dringlichkeit verneint. 759

> **Praxistipp: Dringlichkeit und Vergleichsverhandlungen**
> Um das Problem der fehlenden Dringlichkeit zu umgehen, empfiehlt es sich – wenn man nicht wegen des fliegenden Gerichtsstandes auf ein Gericht mit großzügiger Rechtsprechung ausweichen kann –, noch während der Vergleichsverhandlungen vorsorglich die Ansprüche im Wege eines Verfügungsverfahrens geltend zu machen. Für die Dauer der Vergleichsverhandlungen kann dann der Antragsteller auf die Geltendmachung der sich aus der (zugesprochenen) einstweiligen Verfügung ergebenden Rechte zeitlich beschränkt verzichten. Das ist allerdings nur dann sinnvoll, wenn für die Durchsetzung des Verfügungsanspruchs eine erhebliche Wahrscheinlichkeit besteht.
> Ist die Verletzungshandlung möglicherweise nicht wettbewerbswidrig, könnte man schon vor der Aufnahme oder gleich zu Beginn von Vergleichsverhandlungen einen 760

---

[876] Vgl. BGH NJW 1998, 988.
[877] Vgl. *Baumbach/Hefermehl* § 25 UWG Rn. 13 a.
[878] Allerdings wird man bei grob fahrlässiger Unkenntnis annehmen müssen, dass die Sache dem Anspruchsteller offenbar nicht eilbedürftig ist – etwa wenn ein Hinweis von einem zuverlässigen Informanten stammt und der Anspruchsteller ohne weiteres überprüfen kann, ob ein Wettbewerbsverstoß vorliegt; vgl. hierzu *Palandt/Heinrichs* § 277 BGB Rn. 2.
[879] Vgl. OLG Köln NJW-RR 1999, 694 = WRP 1999, 222 sowie BGHZ 134, 34 = BB 1997, 2188 und BGHZ 133, 129 = NJW 1996, 2508.

Verfügungsantrag einreichen. Sollten dann erhebliche Bedenken des Gerichts bestehen – wobei das Gericht grundsätzlich die Möglichkeit der Antragsrücknahme einräumt –, können gleichwohl die Verhandlungen mit dem Gegner geführt werden – vorausgesetzt, dieser ist über die Einreichung und Rücknahme des Antrags etwa aufgrund einer vorher eingereichten Schutzschrift nicht informiert. Ob eine Schutzschrift eingereicht ist, erfährt der Antragsteller wiederum in der Regel telefonisch über die Registratur des Gerichts.

3. Aufrechterhaltung und Wiederaufleben der Dringlichkeitsvermutung

761 Die Dringlichkeit entfällt nicht, wenn der Anspruchsteller zur Glaubhaftmachung eines Verfügungsantrages die Vorlage von Glaubhaftmachungsmitteln – etwa eidesstattliche Versicherungen – benötigt und diese nicht innerhalb der von den Oberlandesgerichten ausgeurteilten Fristen trotz ernsthafter Bemühungen beschaffen kann.[880] Auch hier ist es jedoch besonders wichtig, am Ball zu bleiben, damit sich die Zeitverzögerung in engen Grenzen hält.

762 Wer nicht innerhalb der von den Gerichten jeweils geforderten Fristen handelt, kann sich auch bei einem neuen, gleichartigen Verstoß nicht auf eine erneute Dringlichkeit berufen: Wer schon einmal die Sache als nicht eilbedürftig angesehen hat, hat damit gezeigt, dass die Sache eben überhaupt nicht eilbedürftig ist. Ein Wiederaufleben der Dringlichkeit gibt es daher nur in ganz engen Grenzen – etwa wenn der Verletzer sein bisheriges Verhalten nach Art oder Umfang intensiviert, zum Beispiel durch eine räumliche Ausdehnung einer bislang lokal beschränkten Werbemaßnahme.[881]

4. Widerlegung der Dringlichkeitsvermutung

763 Die Vermutung der Dringlichkeit widerlegt der Antragsteller möglicherweise, wenn er

- Rechtsmittelfristen voll ausschöpft – insbesondere dann, wenn er im Berufungsverfahren die Frist zur Berufungsbegründung verlängern lässt[882] oder
- Vertagung beantragt, etwa wegen Urlaubsabwesenheiten des sachbearbeitenden Rechtsanwalts – es sei denn, die Parteien führen ernsthafte Vergleichsgespräche[883] oder
- zunächst ein Hauptsacheverfahren einleitet und dann erst den Erlass einer einstweiligen Verfügung beantragt.

764 Die Vermutung der Dringlichkeit kann auch dann widerlegt sein, wenn der Wettbewerbsverstoß erst nach geraumer Zeit wiederholbar ist – zum Beispiel als „Jahresend-Verkauf".[884]

765 Eine schematische Betrachtung, wann die Dringlichkeitsvermutung noch gegeben und wann sie bereits entfallen ist, ist nicht möglich. Da der Anspruchsteller jedoch auch vom Gericht eine rasche Entscheidung – manchmal innerhalb von Stunden – er-

---

[880] Vgl. *Baumbach/Hefermehl* § 25 UWG Rn. 14; OLG München GRUR 1980, 1017.
[881] Vgl. *Gloy/Spätgens* § 81 Rn. 50.
[882] Vgl. *Baumbach/Hefermehl* § 25 UWG Rn. 16 f.
[883] Ebenda.
[884] Vgl. *Baumbach/Hefermehl* § 25 UWG Rn. 18.

wartet, sollte er zeigen, dass auch er in kurzer Zeit alles unternommen hat, um seine Ansprüche durchzusetzen.

Praxistipp: Wahrung der Dringlichkeit
Zwischen jedem Schritt des Anspruchstellers – Kenntnis der Verletzungshandlung und des Verletzers, Beschaffung von Glaubhaftmachungsmitteln, Abmahnung, Einreichung des Verfügungsantrages, Einlegen und Begründung von Rechtsmitteln – sollten nicht mehr als ein bis zwei Wochen liegen. Die Berufung sollte mit ihrer Einlegung gleich begründet werden. Eine Akte, die ggf. Gegenstand eines Verfügungsverfahrens wird, sollte am besten immer in Reichweite und unter ständiger Kontrolle des Bearbeiters sein. 766

5. „Flucht" in das Hauptsacheverfahren

Da die Frage der Dringlichkeit nur für das Verfügungsverfahren von Bedeutung ist, bleibt die Möglichkeit, ein Hauptsacheverfahren durchzuführen, weiterhin bestehen. Allerdings nimmt ein Hauptsacheverfahren in der Regel mehrere Monate in Anspruch. Kurze Verfahren und rasche Entscheidungen hingegen sorgen meist innerhalb kürzester Zeit für klare rechtliche Verhältnisse. Man sollte deshalb unbedingt die jeweils regionale Rechtsprechung zur Widerlegung der Dringlichkeitsvermutung berücksichtigen. 767

D. Glaubhaftmachung

I. Glaubhaftmachung des Verfügungsanspruchs

Im Verfügungsverfahren muss der Anspruchsteller den Verfügungsanspruch glaubhaft machen (§§ 936, 920 Abs. 2, 294 ZPO) und ggf. – falls die Vermutung der Dringlichkeit u.U. widerlegt sein kann – auch den Verfügungsgrund. Die Frage, welche der Parteien zur Glaubhaftmachung verpflichtet ist, richtet sich nach den allgemeinen Beweislastregeln. Allerdings sollte im Verfügungsverfahren beachtet werden, dass es sich für eine rasche Entscheidung des Gerichts empfiehlt, diejenigen Glaubhaftmachungsmittel vorzulegen, die erforderlich sind, um den Anspruch plausibel zu machen – selbst wenn eine rechtliche Verpflichtung hierzu nicht besteht. 768

Die Glaubhaftmachung erfolgt gemäß § 294 Abs. 1 ZPO durch die in der ZPO vorgesehenen Beweismittel (§§ 371 ff. ZPO) sowie durch die Abgabe eidesstattlicher Versicherungen (§§ 259 Abs. 2, 260 Abs. 2 BGB, § 294 ZPO). Nicht ausreichend ist eine „Globalversicherung", also eine eidesstattliche Versicherung, die pauschal den Vortrag für richtig erklärt, ohne erkennen zu lassen, auf welche Sachverhaltsdarstellung sie sich im Einzelnen bezieht.[885] Unbehelflich sind in eidesstattlichen Versicherungen auch Wertungen. Es können nur Tatsachen eidesstattlich versichert werden. 769

Praxistipp: eidesstattliche Versicherung
In der Regel wird der Anwalt gemeinsam mit dem Anspruchsteller besprechen, welcher Anspruch geltend gemacht wird und welche Mittel zur Glaubhaftmachung dieses Anspruchs erforderlich sind. Nachdem dies geklärt ist, wird in der Regel der an- 770

---

[885] Vgl. *Zöller/Greger* § 294 ZPO Rn. 4 mit Hinweis auf BGH NJW 1988, 2045 = MDR 1988, 479.

waltliche Vertreter auf der Grundlage des Verfügungsantrages die eidesstattliche Versicherung nach den Angaben des Anspruchsstellers vorbereiten. Hier sollte der Anwalt in jedem Fall auf mögliche strafrechtliche Konsequenzen einer falschen eidesstattlichen Versicherung hinweisen. Auch sollte derjenige, der eine eidesstattliche Versicherung abgibt, angehalten werden, die ggf. vorformulierte eidesstattliche Versicherung *genau* durchzusehen und Änderungswünsche konkret mitzuteilen.

771 Schließlich ist auch zu berücksichtigen, dass die Abgabe einer (auch nur fahrlässig) falschen oder irreführenden eidesstattlichen Versicherung strafbar sein kann (§ 156 StGB). Voraussetzung für eine Strafbarkeit ist jedoch die Vorlage des Originals der eidesstattlichen Erklärung an das mit der Sache befasste Gericht. Es genügt zwar auch die Absendung per Telefax, jedoch nur vom Gerät des Unterzeichners unmittelbar an das Telefaxgerät des Gerichts.[886] Das wird zumeist nicht der Fall sein, da der Anwalt die Versicherung übermitteln wird. Trotzdem kann das Gericht eine demnach nicht von § 156 StGB erfasste „eidesstattliche" Versicherung als Entscheidungsgrundlage heranziehen.[887]

Praxistipp: Vorlage des Originals
772 Um die Rechtsfolgen des § 156 StGB herbeizuführen, sollte man immer darauf bestehen, dass der Gegner das Original der Versicherung vorlegt. Aus dieser sollte sich auch der *Zweck* der Vorlage – also die Vorlage im anhängigen Verfügungsverfahren – ergeben. Legt der Gegner das Original nicht vor, sollte man auf den geringeren Wert einer einfachen Erklärung zur Glaubhaftmachung hinweisen.

II. Keine Schriftsatzfristen, kein Verspätungseinwand, keine Beweisangebote, keine Vertagung

773 Im Verfügungsverfahren gibt es keine Schriftsatzfristen, weil diese mit dem Zweck des Verfahrens – eine rasche Entscheidung herbeizuführen – nicht vereinbar sind.[888] Es gibt deshalb auch nicht die dreiwöchige Einlassungsfrist des § 274 Abs. 3 ZPO.[889] Es kann also jede Partei noch in der mündlichen Verhandlung neu vortragen. Wer in der mündlichen Verhandlung durch neuen Sachvortrag zu seinem Nachteil überrascht wird, kann das Verfahren nicht dadurch retten, dass er eine Schriftsatzfrist beantragt. Das Gericht entscheidet auf der Grundlage des Sachvortrags der mündlichen Verhandlung. § 296 ZPO ist nicht anwendbar.[890] Neue Angriffs- und Verteidigungsmittel sind demnach bis zum Schluss der mündlichen Verhandlung zulässig, sofern dies nicht (in sehr engen Grenzen) rechtsmissbräuchlich geschieht.[891]

774 Es gibt keine Beweisangebote – wie etwa Sachverständigengutachten oder Zeugen –, die das Gericht berücksichtigen müsste. Der Antragsteller sollte ohnehin das Verfah-

---

[886] Vgl. hierzu BayObLG NJW 1996, 406.
[887] Ebenda, S. 408.
[888] Vgl. *Thomas/Putzo* § 132 ZPO Rn. 2. Allerdings kann es auch vorkommen, dass das Gericht trotzdem eine Schriftsatzfrist zulässt.
[889] Vgl. *Zöller/Vollkommer* § 922 ZPO Rn. 15.
[890] Ebenda. Ähnlich auch *Thomas/Putzo* § 922 ZPO Rn. 1, wonach „allenfalls" § 296 ZPO in seinem Abs. 2 anwendbar sein soll.
[891] So *Zöller/Vollkommer* § 922 ZPO Rn. 15.

ren so vorbereiten, dass er dem Gericht alle Glaubhaftmachungsmittel vollständig vorlegt. Wer etwa zum „Beweis: Meinungsumfrage" anbietet, zeigt, dass die Sache offenbar noch nicht entscheidungsreif ist. Solcher Vortrag wird kaum geeignet sein, eine Beschlussverfügung zu erwirken.

> **Praxistipp: Präsenter Zeuge**
> Gerade bei komplizierten Sachverhalten empfiehlt es sich, ausreichend informierte Mitarbeiter des Anspruchstellers als präsente Zeugen zum Termin mitzubringen. Denn deren Aussagen können dann protokolliert werden und sind auch vom Gericht bei der Entscheidungsfindung zu berücksichtigen. Werden solche Erklärungen zu Protokoll gegeben, entsteht hierdurch im Verfügungsverfahren im übrigen eine Beweisgebühr.

775

Gemäß § 294 Abs. 2 ZPO ist eine Beweisaufnahme, die nicht sofort erfolgen kann, unstatthaft. Es gibt deshalb keine Ladung von Zeugen, Beiziehung von Urkunden oder Einholung von Auskünften[892] – mit einer Ausnahme: Die Möglichkeiten des Vorsitzenden, Maßnahmen gemäß § 273 ZPO zu treffen, bleiben bestehen. Allerdings sollen wegen § 273 Abs. 3 ZPO Zeugen und Sachverständige nur geladen werden, wenn der Gegner dem Klageanspruch bereits widersprochen hat. Da der Antragsgegner häufig schon aus taktischen Gründen erst kurz vor dem Termin vorträgt, bleibt für eine Ladung von Zeugen oder Sachverständige kaum ausreichend Zeit. Wenn ein geladener Zeuge oder Sachverständige nicht erscheint, bleibt das für das Verfahren in der Regel ohne Folgen. Denn im Eilverfahren gibt es grundsätzlich auch keine Vertagung.[893]

776

> **Praxistipp: Dritte als Glaubhaftmachungsmittel**
> Da das Verfügungsverfahren keine Zeugenladungen kennt, kann niemand gezwungen werden, eine Partei durch seine Zeugenaussage zu unterstützen. Oft sind Dritte, die mit dem Anspruchsteller oder Anspruchsgegner nicht sonderlich verbunden sind, nicht bereit, an dem Verfahren als präsenter Zeuge oder durch die Abgabe einer eidesstattlichen Versicherung mitzuwirken. Das sollte man vor Einleitung des Verfügungsverfahrens klären. Kommt es auf den Dritten zur Glaubhaftmachung an und verweigert dieser seine Mitwirkung, kann das Verfahren schon aus diesem Grund verloren gehen. Dann kann es besser sein, auf das Verfügungsverfahren zu verzichten, sofort das Hauptsacheverfahren einzuleiten und den Dritten als Zeugen zu benennen. Er muss dann als Zeuge aussagen, wenn er geladen wird (und kein Zeugnisverweigerungsrecht besteht).

777

E. Erlass der einstweiligen Verfügung in erster Instanz

Das Gericht kann die Verfügung gemäß § 937 Abs. 2 ZPO entweder durch Beschluss – also ohne mündliche Verhandlung – erlassen oder nach mündlicher Verhandlung entscheiden.[894]

778

---

[892] *Thomas/Putzo* § 294 ZPO Rn. 2.
[893] Vgl. *Zöller/Vollkommer* § 922 ZPO Rn. 15.
[894] Vgl. *Baumbach/Hefermehl* § 25 UWG Rn. 34 ff.

I. Erlass ohne mündliche Verhandlung (Beschlussverfügung), Widerspruchsverfahren

1. Beschlussverfügung

779 Das Gericht kann ohne mündliche Verhandlung durch Beschluss entscheiden.

Praxistipp: Vollziehungsfrist notieren
780 Sobald der Beschluss dem Antragsteller vorliegt, sollte er umgehend die Vollziehungsfrist des § 929 ZPO (der wegen § 936 ZPO Anwendung findet) notieren und die Vollziehung umgehend veranlassen.[895] Die Frist endet einen Monat nach *Zustellung* der Beschlussverfügung beim Antragsteller (§ 929 Abs. 2 ZPO).

2. Widerspruchsverfahren

Praxistipp: Erste Reaktion des Antragsgegners
781 Der Antragsgegner sollte umgehend nach Kenntnis von der Verfügung – ein Anwaltszwang besteht insoweit nicht – eine Abschrift der Antragsunterlagen anfordern, um sich über den Sachverhalt, der dem Antrag und der Verfügung zugrunde liegt, zu informieren. Das empfiehlt sich gerade, um ggf. weitere Kosten zu vermeiden: Denn fordert der Antragsteller den Anspruchsgegner ordnungsgemäß zur Abgabe einer Abschlusserklärung auf, trägt der Anspruchsgegner die Kosten der Aufforderung, wenn er die Erklärung letztlich abgibt.[896] Die Gerichte übermitteln auf Wunsch des Antragsgegners die Antragsschrift samt Anlagen in der Regel auch umgehend vorab per Telefax.

782 Der Antragsgegner kann gegen die Beschlussverfügung Widerspruch gemäß §§ 936, 924 ZPO einlegen, für den Anwaltszwang besteht.

Praxistipp: Ankündigung einer Entscheidung über Widerspruch oder Abschlussschreiben
783 Um zu vermeiden, dass der Antragsteller den Antragsgegner kostenpflichtig zur Abgabe einer Abschlusserklärung auffordert, sollte der Antragsgegner dem Antragsteller mitteilen, dass er innerhalb einer angemessenen Frist (etwa zwei Wochen) mitteilt, ob er Widerspruch einlegt oder eine Abschlusserklärung abgibt. Diese Frist sollte der Antragsgegner notieren.

784 a) **Anträge.** Legt der Antragsgegner Widerspruch ein, lautet sein Antrag (§§ 936, 925 Abs. 2 ZPO):

„Die einstweilige Verfügung des LG ... vom ... wird aufgehoben und der auf ihren Erlass gerichtete Verfügungsantrag wird zurückgewiesen."

785 Der Antragsteller beantragt, die einstweilige Verfügung zu bestätigen (nicht, den Widerspruch zurückzuweisen!).

786 b) **Frist.** Der Widerspruch ist nicht fristgebunden. Allerdings kann das Recht zur Einlegung des Widerspruchs verwirkt sein. Hier gelten die allgemeinen zivilrechtlichen Regeln von § 242 BGB.

---

[895] Siehe Rn. 826 ff.
[896] Siehe Rn. 945.

§ 14 Besonderheiten des Verfügungsverfahrens

c) **Inhalt.** Mit dem Widerspruch rügt der Antragsgegner die Verfügung als unzulässig oder/und unbegründet. Er kann auch die funktionale Zuständigkeit der Kammer rügen.[897]

d) **Kostenwiderspruch.** Sofern der Antragsgegner die Entscheidung zwar inhaltlich anerkennt, jedoch die Kosten des Verfahrens nicht tragen möchte, kann er einen lediglich auf die Kosten bezogenen Widerspruch einlegen. Der „Kostenwiderspruch" eröffnet allerdings nur den Einwand des § 93 ZPO – zum Beispiel wenn der Antragsteller gar nicht oder mit einer unverhältnismäßig kurzen Frist abgemahnt hat.

Nur gegen die Kostenentscheidung des Gerichts ist ein isolierter „Kostenwiderspruch" jedoch nicht möglich. Wird etwa im Beschlusswege ein Teil der geltend gemachten Ansprüche zurückgewiesen und führt dies zu einer für den Antragsgegner vermeintlich unbilligen Kostenquotelung, bleibt nur der unbeschränkte Widerspruch. Wer lediglich gegen die Streitwertfestsetzung vorgehen will, muss Streitwertbeschwerde[898] einlegen.

e) **Wirkung des Widerspruchs.** Der Widerspruch leitet das Widerspruchsverfahren ein, das allerdings keine aufschiebende Wirkung hat. Die einstweilige Verfügung besteht – sofern nicht vorläufige Einstellung der Zwangsvollstreckung beantragt wird[899] – fort.

Praxistipp: Widerspruch und Einstellung der Zwangsvollstreckung
Der Antragsgegner hat ein Interesse daran, die Wirkungen der Verfügung rasch zu beseitigen. Es kann deshalb sinnvoll sein, einen Antrag auf vorläufige Einstellung der Zwangsvollstreckung zu stellen. Der Antrag auf Einstellung der Zwangsvollstreckung sollte nach Möglichkeit mit der Widerspruchsbegründung verbunden sein, um dem Gericht doppelte Lesearbeit und dem Antragsgegner doppelte Schreibarbeit zu ersparen. Die Begründung sollte ausführlich sein – denn die Zurückweisung des Antrags auf vorläufige Einstellung der Zwangsvollstreckung hat für das Widerspruchsverfahren durchaus präjudizielle Wirkung.

Auf den Widerspruch hin kommt es dann vor dem erstinstanzlichen Gericht zur mündlichen Verhandlung (§§ 936, 924 Abs. 2 Satz 2 ZPO). Das Gericht entscheidet dann durch Endurteil (§§ 936, 925 Abs. 1 ZPO), das berufungsfähig ist.

II. Erlass nach mündlicher Verhandlung, Rechtsmittel

Erlässt das Gericht die Verfügung nicht durch Beschluss, sondern nach einer mündlichen Verhandlung, geschieht dies durch Endurteil. Hiergegen findet die Berufung statt.

Praxistipp (Antragsteller): Vollziehungsfrist notieren
Der Antragsteller sollte umgehend die Vollziehungsfrist des § 929 Abs. 2 ZPO notieren und die Vollziehung veranlassen.[900] Hier beginnt die Monatsfrist bereits mit der *Verkündung* des Urteils zu laufen.

---

[897] Siehe hierzu den „Praxistipp: Vorsicht vor der ,Verweisungsfalle' ", Rn. 685.
[898] Siehe Rn. 681.
[899] Siehe Rn. 1017.
[900] Siehe Rn. 826 ff.

> **Praxistipp (Antragsgegner): Ankündigung einer Entscheidung über Berufung oder Abschlussschreiben**
> 795 Um zu vermeiden, dass der Antragsteller den Antragsgegner kostenpflichtig zur Abgabe einer Abschlusserklärung auffordert, sollte der Antragsgegner dem Antragsteller mitteilen, dass er innerhalb einer angemessenen Frist (etwa zwei Wochen) mitteilt, ob er Berufung einlegt oder eine Abschlusserklärung abgibt. Diese Frist sollte der Antragsgegner notieren.

F. Zurückweisung des Verfügungsantrages in erster Instanz

796 Auch die Zurückweisung des Verfügungsantrages kann ohne oder nach mündlicher Verhandlung erfolgen.

I. Zurückweisung ohne mündliche Verhandlung (Beschlussverfügung)

797 Weist das Gericht einen Antrag ohne mündliche Verhandlung zurück (§ 937 Abs. 2 ZPO), erfolgt dies ebenfalls durch Beschluss, der jedoch zu begründen ist.[901] Hat der Gegner bei Gericht keine Schutzschrift hinterlegt[902] und hat ihn das Gericht auch nicht zuvor schriftlich angehört,[903] erfährt er wegen §§ 936, 922 Abs. 3 ZPO von der zurückweisenden Beschlussverfügung in der Regel nichts. Weist das Gericht in erster Instanz ohne mündliche Verhandlung teilweise zurück und erlässt es die beantragte Verfügung teilweise, haben Antragsteller und Antragsgegner unterschiedliche Rechtsmittel: Der Antragsteller kann Beschwerde einlegen, während der Antragsgegner Widerspruch einlegen kann. In der Regel wird das Erstgericht die Beschwerdeentscheidung des OLG abwarten, bevor es über den Widerspruch entscheidet.

> **Praxistipp: Teil-Erlass und Teil-Zurückweisung**
> 798 Bei einem nur teilweisen Erlass der Verfügung kann es sich für den Antragsteller empfehlen, die erlassene Verfügung noch nicht zu vollziehen und zunächst Beschwerde einzulegen. Weiß der Antragsgegner von dem Verfügungsverfahren nichts – weil er keine Schutzschrift eingereicht hat –, erhält er durch die Zustellung der teilweise erlassenen Verfügung einen Informationsvorsprung. Allerdings sollte der Antragsteller die Vollziehungsfrist für die erlassene Verfügung im Auge behalten!

1. Beschwerde gegen zurückweisende Beschlussverfügung

799 a) *Regelung bis 31.12.2001.* Gegen den Beschluss konnte der Antragsteller bislang gemäß § 567 Abs. 1 ZPO einfache Beschwerde einlegen. Bestand nach Auffassung des angerufenen OLG Anwaltszwang, konnte der Antragsteller nur durch einen beim OLG zugelassenen Anwalt vertreten werden (§ 78 Abs. 1 ZPO). Einer Beschwer ähnlich der Regelung in § 511a ZPO bedurfte es *nicht*. Auch war die einfache Beschwerde nicht fristgebunden. Allerdings war der Einwand der Verwirkung und vor allem der

---
[901] Vgl. *Thomas/Putzo* § 922 ZPO Rn. 2.
[902] Siehe Rn. 917 ff.
[903] Diese Möglichkeit besteht trotz §§ 936, 922 Abs. 3 ZPO und wird durchaus von den Gerichten wahrgenommen, vgl. *Zöller/Vollkommer* § 922 ZPO Rn. 1.

§ 14 Besonderheiten des Verfügungsverfahrens

Gesichtspunkt der Dringlichkeit zu beachten: Wer sich mit der Beschwerde mehrere Wochen Zeit ließ, zeigte, dass die Sache nicht (mehr) eilbedürftig war.

b) Regelung seit 1.1.2002 gemäß ZPO-RG. Mit Inkrafttreten des ZPO-RG fiel die einfache, unbefristete Beschwerde weg. Rechtsmittel ist nun die sofortige Beschwerde (§ 567 Abs. 1 Nr. 2 ZPO). Die Beschwerdefrist beträgt gemäß § 569 Abs. 1 Satz 1 ZPO zwei Wochen. Die Frist ist eine Notfrist und beginnt mit der Zustellung der anzufechtenden Entscheidung. Wegen § 571 Abs. 4 Satz 1 ZPO kann vor dem OLG als Beschwerdegericht jeder bei einem Amts- oder Landgericht zugelassene Rechtsanwalt tätig werden, solange das OLG keine mündliche Verhandlung anberaumt. Es bedarf einer Beschwer von über 50 Euro. 800

c) Allgemeine Verfahrensregeln. Ob im Beschwerdeverfahren wegen §§ 78 Abs. 3, 569 Abs. 23 Nr. 1 ZPO ebenfalls kein Anwaltszwang besteht, ist strittig.[904] Die Rechtsprechung ist uneinheitlich.[905] Im Zweifel sollte man versuchen, die aktuelle Auffassung des Beschwerdegerichts vorab telefonisch bei dem Vorsitzenden Richter/der Vorsitzenden Richterin des für Wettbewerbssachen zuständigen Senats zu erfragen. 801

Adressat der Beschwerde kann wegen der in § 572 Abs. 1 ZPO (§ 571 ZPO a.F.) vorgesehenen Abhilfeentscheidung das Erstgericht, aber auch das Beschwerdegericht sein (§ 569 Abs. 1 Satz 1 ZPO). Eine Einlegung beim Beschwerdegericht verzögert jedoch häufig das Verfahren eher, als es zu beschleunigen: Denn das Beschwerdegericht fordert nach Eingang der Beschwerde die Akten beim Ausgangsgericht an und fordert dieses dann auf, im Abhilfeverfahren zu entscheiden. Erst dann nimmt sich das Beschwerdegericht die Sache vor. 802

Im Beschwerdeverfahren ist das Beschwerdegericht nicht verpflichtet, ebenfalls durch Beschluss zu entscheiden. Das Beschwerdegericht kann auch mündliche Verhandlung anberaumen: Die erste mündliche Verhandlung findet dann vor dem Beschwerdegericht statt, selbst wenn dem Antragsgegner dadurch der Rechtsbehelf des Widerspruchs genommen wird und eine Instanz verloren geht.[906] 803

2. Beschwerdeentscheidung

a) Zurückweisung der Beschwerde. Bleibt die Beschwerde erfolglos, gibt es kein weiteres Rechtsmittel des Antragstellers mehr (§ 567 Abs. 1 ZPO). Denkbar ist ledig- 804

---

[904] *Thomas/Putzo* § 569 ZPO Rn. 10, verneint einen Anwaltszwang. *Zöller/Vollkommer* § 569 ZPO Rn. 13 bejahte noch bis zur 19. Auflage einen Anwaltszwang entsprechend der Regelung in § 78 ZPO: Demnach müsse ein beim Landgericht zugelassener Anwalt die Beschwerde dort einlegen und an einen beim OLG zugelassener Anwalt dort. In der 20. und 21. Auflage vertrat *Zöller/Vollkommer* § 922 ZPO Rn. 13 die Auffassung, dass jedenfalls der beim Beschwerdegericht nicht zugelassene, jedoch erstinstanzlich tätige Rechtsanwalt für die Beschwerde postulationsfähig sein soll. In der 22. Auflage stellt *Zöller/Vollkommer* § 922 ZPO Rn. 13 nun fest, dass *kein* Anwaltszwang besteht und bezeichnet dies auch als herrschende Meinung.

[905] Siehe *Zöller/Vollkommer* § 922 ZPO Rn. 13. Demnach kein Anwaltszwang: KG, OLG Karlsruhe, OLG Köln, OLG München; a.A.: OLG Düsseldorf, OLG Frankfurt a.M., OLG Saarbrücken; OLG Hamm mit unterschiedlicher Auffassung.

[906] Vgl. *Gloy/Samwer* § 77 Rn. 7. Das Beschwerdegericht kann diese für den Antragsgegner nicht ganz billige Konsequenz durch eine Anordnung gemäß § 575 ZPO an das Erstgericht, eine mündliche Verhandlung durchzuführen, abwenden.

lich eine Verfassungsbeschwerde, die auch im einstweiligen Rechtsschutz zulässig sein kann.[907]

b) Erlass der Verfügung durch Beschluss, Rechtsmittel

Praxistipp: Vollziehungsfrist notieren

805 Sobald der Beschluss dem Antragsteller vorliegt, sollte er umgehend die Vollziehungsfrist des § 929 ZPO notieren und die Vollziehung veranlassen.[908] Die Frist endet einen Monat nach Zustellung der Beschlussverfügung des OLG bei Antragsteller (§ 929 Abs. 2 ZPO).

806 Erlässt das Beschwerdegericht die Verfügung unter Aufhebung der zurückweisenden erstinstanzlichen Entscheidung, kann der Antragsgegner gegen diese Entscheidung Widerspruch (§§ 936, 924 ZPO) einlegen – und zwar beim Erstgericht.[909] Es ist nun wieder das erstinstanzliche Gericht zuständig. Dort findet dann die mündliche Verhandlung statt.

Praxistipp: Ankündigung einer Entscheidung über Widerspruch oder Abschlussschreiben

807 Um zu vermeiden, dass der Antragsteller den Antragsgegner kostenpflichtig zur Abgabe einer Abschlusserklärung auffordert, sollte der Antragsgegner dem Antragsteller mitteilen, dass er innerhalb einer angemessenen Frist (etwa zwei Wochen) mitteilt, ob er Widerspruch einlegt oder eine Abschlusserklärung abgibt. Diese Frist sollte der Antragsgegner notieren.

808 Da das Beschwerdegericht im Verfügungsverfahren die letzte Instanz ist, wird das Erstgericht in aller Regel dessen Entscheidung berücksichtigen. Zwar ist das Endurteil des Erstgerichts berufungsfähig. Allerdings entscheidet über die Berufung erneut das Beschwerdegericht, das jetzt Berufungsgericht und im Verfügungsverfahren letzte Instanz ist.

Praxistipp: Rechtsmittel des Antragsgegners gegen Beschwerdeentscheidung

809 Bevor der Antragsgegner Widerspruch gegen eine vom Beschwerdegericht erlassene Verfügung einlegt, sollte er genau überlegen, ob er die Entscheidung des Beschwerdegerichts noch ändern kann. Rechtliche Argumente werden dem Antragsgegner kaum helfen. Kann er keinen neuen und für ihn günstigen Sachvortrag bieten, der das (ehemalige Beschwerdegericht und jetzige) Berufungsgericht überzeugt, von seiner Beschwerdeentscheidung abzurücken, ist ein Widerspruch vermutlich zwecklos und verursacht nur hohe Verfahrenskosten.

II. Zurückweisung des Antrags nach mündlicher Verhandlung

810 Weist das Gericht in erster Instanz den Verfügungsantrag nach mündlicher Verhandlung zurück, geschieht das durch berufungsfähiges Endurteil.

---

[907] Vgl. BVerfGE 75, 318 = NJW 1987, 2500.
[908] Siehe Rn. 826 ff.
[909] Vgl. *Thomas/Putzo* § 924 ZPO Rn. 2.

G. Schriftliches Verfahren

Auch im Verfügungsverfahren sind die Vorschriften über das schriftliche Verfahren (§ 128 ZPO) anwendbar. Das schriftliche Verfahren ersetzt dann die mündliche Verhandlung. Das schriftliche Verfahren bietet sich zum Beispiel an, wenn der Antragsteller die Hauptsache für erledigt erklärt hat und sich der Antragsgegner der Erklärung nicht anschließt. Da in Wettbewerbssachen der Sachverhalt häufig unstreitig ist und es auf die rechtliche Bewertung der Verletzungshandlung ankommt, kann eine mündliche Verhandlung durchaus entbehrlich sein.

811

H. Rücknahme des Antrags

Im Verfügungsverfahren kommt es nicht selten vor, dass das Gericht – vor allem dann, wenn es der Antragsteller in seinem Antrag erbittet –, mitteilt, ob es Bedenken gegen den Erlass der Verfügung überhaupt oder zumindest im Beschlusswege hat. Der Antragsteller kann so bereits im Vorfeld einer gerichtlichen Entscheidung erfahren, ob sein Antrag Aussicht auf Erfolg hat oder nicht.

812

Teilt das erstinstanzliche Gericht mit, dass es die Verfügung nicht oder nicht ohne mündliche Verhandlung erlassen wird, kommt für den Antragsteller aus rechtlichen oder taktischen Überlegungen eine Antragsrücknahme in Betracht. Ein taktischer Gesichtspunkt kann etwa sein, dass der Antragsteller im Falle einer mündlichen Verhandlung den Überraschungseffekt einer Beschlussverfügung nicht einsetzen kann und ggf. – wenn die prozessualen Voraussetzungen, vor allem Zuständigkeit und Dringlichkeit, gegeben sind – den Antrag bei einem anderen Gericht einreicht, um einen neuen Versuch zu starten.

813

Der Antragsteller kann den Antrag jederzeit bis zum rechtskräftigen Abschluss des Verfahrens zurücknehmen – selbst dann, wenn bereits eine Entscheidung ergangen ist.[910] Der Zustimmung des Gegners bedarf es nicht, § 269 Abs. 1, Abs. 2 Satz 1 ZPO findet aufgrund des nur vorläufigen Charakters der einstweiligen Verfügung keine Anwendung.

814

Die Antragsrücknahme muss schriftlich gegenüber dem Gericht oder zu Protokoll in der mündlichen Verhandlung erklärt werden. Anwaltszwang besteht jedenfalls, wenn eine mündliche Verhandlung stattgefunden hat.[911] Strittig ist allerdings, ob Anwaltszwang auch *vor* Durchführung einer mündlichen Verhandlung besteht,[912] da es in § 920 Abs. 3 ZPO lediglich heißt, das *Gesuch* könne vor der Geschäftsstelle zu Protokoll erklärt werden. Zutreffend ist wohl, dass Anwaltszwang besteht, sobald der Gegner Widerspruch gegen eine Beschlussverfügung eingelegt hat, da auch insoweit Anwaltszwang für den Antragsgegner besteht.[913]

815

Hat der Antragsgegner keine Schutzschrift eingereicht und ist eine mündliche Verhandlung noch nicht anberaumt, erfährt er in der Regel nichts von der Einreichung und Rücknahme des Antrags. Es kann allerdings sein, dass bei einer Beschwerde gegen einen zurückweisenden Beschluss des Erstgerichts das Beschwerdegericht den Antrag

816

---

[910] Vgl. *Gloy/Samwer* § 82 Rn. 91 und *Baumbach/Hefermehl* § 25 UWG Rn. 51 f.
[911] Vgl. *Thomas/Putzo* § 920 ZPO Rn. 2.
[912] *Gloy/Samwer* § 82 Rn. 92, bejaht offenbar grundsätzlich Anwaltszwang für die Antragsrücknahme.
[913] Vgl. *Zöller/Vollkommer* § 920 ZPO Rn. 13, § 924 ZPO Rn. 7.

3. Teil. Gerichtliches Verfahren

samt Beschwerdeschrift an den Gegner zustellt und diesen zur Stellungnahme auffordert. Das lässt sich möglicherweise verhindern, wenn der Antragsteller in seiner Beschwerdeschrift das Gericht ausdrücklich bittet, vor Einbeziehung des Antragsgegners noch einmal Rücksprache zu halten.[914]

Praxistipp: Berühmungs-Falle

817 Nimmt der Antragsteller den Verfügungsantrag zurück, ist damit die Auseinandersetzung zwischen den Parteien noch nicht beendet: Denn die Rücknahme alleine bedeutet nicht, dass der Antragsteller auf alle seine Rechte verzichtet.[915] Nach wie vor steht die Rechteberühmung des Antragstellers im Raum, die nun der Antragsgegner zum Gegenstand einer seinerseits kostenpflichtigen Gegen-Abmahnung machen kann.[916] Es besteht auch das Risiko, dass der Antragsgegner ohne vorherige Abmahnung negative Feststellungsklage erhebt. Es empfiehlt sich deshalb für den Antragsteller in diesem Fall, auf die geltend gemachten Rechte ausdrücklich zu verzichten.

I. Kosten des Verfügungsverfahrens

I. Beschlussverfügung, Entscheidung durch Urteil

1. Kosten des Gerichts

818 Erlässt das Gericht die Verfügung durch Beschluss, ist in erster Instanz eine Gerichtsgebühr zu bezahlen (KV[917] Ziff. 1310). Findet eine mündliche Verhandlung statt, fallen drei Gebühren an (KV Ziff. 1311).

819 Die unterlegene Partei kann in der Berufungsinstanz allerdings Kosten sparen, wenn dort *beide* Parteien auf schriftliche Gründe verzichten. Dann fällt neben einer 0,75-Gebühr für das Verfahren als solches (KV Ziff. 1320) statt einer weiteren 1,5-fachen Gebühr (KV Ziff. 1321) lediglich eine weitere 0,75-Gebühr (KV Ziff. 1322) an. Da die zweitinstanzlichen Entscheidungen ohnedies nicht revisibel sind, wird sich immer dann ein Verzicht auf die Urteilsgründe anbieten, wenn die Sache keine grundsätzliche Bedeutung für eine der Parteien hat.

2. Kosten des Anwalts

820 Erlässt das Gericht die einstweilige Verfügung durch Beschluss oder nach mündlicher Verhandlung, gelten die allgemeinen prozessualen Kostenregelungen: Ohne mündliche Verhandlung fällt außergerichtlich eine Prozessgebühr gemäß § 31 Abs. 1 Nr. 1 BRAGO an, mit mündlicher Verhandlung eine Verhandlungs- oder Erörterungsgebühr gemäß § 31 Abs. 1 Nr. 2 oder 4 BRAGO.

II. Beschwerdeverfahren

821 Im Beschwerdeverfahren fällt eine Gerichtsgebühr an (KV Ziff. 1951). Wegen § 61 BRAGO ist es hinsichtlich der außergerichtlichen Kosten für den Antragsteller recht

---

[914] Vgl. hierzu auch *Gloy/Samwer* § 82 Rn. 93 f.
[915] Vgl. *Baumbach/Hefermehl* § 25 UWG Rn. 51.
[916] Vgl. auch *Baumbach/Hefermehl* Einl. UWG Rn. 561.
[917] Kostenverzeichnis, Anlage 1 zu § 11 Abs. 1 GKG.

§ 14 Besonderheiten des Verfügungsverfahrens

günstig: Fallen in der Berufung (gegen ein Endurteil nach mündlicher Verhandlung) wegen §§ 31, 11 Abs. 1 Satz 4 BRAGO je Partei mindestens zwei 13/10-Gebühren an, handelt es sich bei der Gebühr für das Beschwerdeverfahren nur um eine 5/10-Gebühr.

III. Rücknahme des Antrags

Nimmt der Antragsteller den Antrag zurück ist in erster Instanz eine Gerichtsgebühr zu bezahlen (KV Ziff. 1310). Im Berufungsverfahren fällt vor der Bestimmung einer mündlichen Verhandlung eine halbe Gebühr an (KV Ziff. 1221). Anderenfalls entstehen 1,5 Gebühren (KV Ziff. 1220). 822

Bei Antragsrücknahme hat der Antragsteller die Kosten des Verfahrens in entsprechender Anwendung von § 269 Abs. 3 Satz 2 ZPO zu tragen. Der Umfang des Kostenerstattungsanspruchs richtet sich nach den allgemeinen Regelungen. Zwei Besonderheiten gibt es allerdings: 823

- die Erstattung von Kosten für eine eingereichte Schutzschrift[918] und
- die Erstattung von Kosten des Antragsgegners, wenn er an dem Verfahren gar nicht beteiligt war.

Es ist durchaus anerkannt, dass der Antragsgegner einen Kostenerstattungsanspruch auch dann hat, wenn er an dem gerichtlichen Verfahren nicht beteiligt war.[919] Denn ein Prozessrechtsverhältnis, das zur Kostenerstattung verpflichtet, wird nicht erst mit Zustellung des Antrags beim Gegner begründet, sondern bereits durch dessen Einreichung bei Gericht.[920] Allerdings setzt die Geltendmachung des Erstattungsanspruchs voraus, 824

- dass der Antragsgegner von dem Verfügungsverfahren Kenntnis erlangt und
- der Kostenerstattungsanspruch bereits bei Einreichung des Antrags und nicht erst *nach seiner Rücknahme* entstanden ist.[921]

Nach *Gloy* soll das Gericht wegen des Erstattungsanspruchs trotz der Regelung in § 922 Abs. 3 ZPO – wonach ein zurückweisender Beschluss dem Gegner nicht mitzuteilen ist – den Gegner informieren. Andere[922] lassen es genügen, wenn der Antragsgegner auf irgend eine Weise Kenntnis erlangt. Wiederum andere verneinen einen Erstattungsanspruch ausnahmslos. Hierzu gehören das OLG München und das OLG Düsseldorf. Die Diskussion, welcher Weg zu befürworten ist, spielt in der Praxis häufig keine Rolle, da die Gerichte den Gegner eben in der Regel nicht von einer Antragsrücknahme in Kenntnis setzen. Besteht nach der örtlichen Rechtsprechung ein Erstattungsanspruch, richtet er sich nach den allgemeinen gesetzlichen Kostenregelungen. 825

---

[918] Siehe Rn. 923 ff.
[919] Vgl. Vgl. *Baumbach/Hefermehl* § 25 UWG Rn. 52 und *Gloy/Samwer* § 78 Rn. 30 ff.
[920] Vgl. *Baumbach/Hefermehl* § 25 UWG Rn. 52.
[921] Zum Beispiel wenn der Antragsgegner einen Rechtsanwalt erst nach Antragsrücknahme beauftragt, vgl. *Baumbach/Hefermehl* § 25 UWG Rn. 53.
[922] Siehe die Nachweise bei *Baumbach/Hefermehl* § 25 UWG Rn. 52.

J. Vollziehung

§ 929 Abs. 2 ZPO:

826 Die Vollziehung des Arrestbefehls ist unstatthaft, wenn seit dem Tage, an dem der Befehl verkündet oder der Partei, auf deren Gesuch er erging, zugestellt ist, ein Monat verstrichen ist.

827 § 929 ZPO findet wegen § 936 ZPO auch im Verfügungsverfahren Anwendung. „Vollziehung" ist die Androhung der Zwangsvollstreckung aus der einstweiligen Verfügung.[923] Durch die Vollziehung droht der Antragsteller (Gläubiger) dem Antragsgegner (Schuldner) an, von der einstweiligen Verfügung Gebrauch zu machen. Die Vollziehung einer Verfügung geschieht, indem der Antragsteller

- die Verfügung förmlich an den Schuldner zustellt und
- Zwangsvollstreckungsmaßnahmen einleitet – etwa durch einen Antrag gemäß § 890 Abs. 2 ZPO oder nach § 888 ZPO.

828 Damit warnt der Verfügungsgläubiger (Antragsteller) den Schuldner (Antragsgegner), dass er im Falle eines Verstoßes gegen die Verfügung die Zwangsvollstreckung betreiben werde. Die Vollziehung ist daher die Vorstufe zur Zwangsvollstreckung. Eine Zwangsvollstreckung aus der Verfügung – zum Beispiel aus § 890 ZPO – ist, wenn sie nicht vollzogen ist, nicht möglich. Die Vollziehung ist vor allem auch für den Bestand der einstweiligen Verfügung Voraussetzung. Denn: Erfolgt eine Vollziehung innerhalb der gesetzlichen Frist nicht, kann der Antragsgegner selbst dann, wenn ein Verfügungsanspruch bestand, eine Aufhebung der einstweiligen Verfügung – mit den sich hieraus ergebenden Kostenfolgen zu Lasten des Antragstellers – gemäß § 927 ZPO verlangen.[924] Der Antragsteller muss deshalb bei der Vollziehung besonders sorgfältig vorgehen.

I. Erforderlichkeit der Vollziehung

829 Jede einstweilige Verfügung ist zu vollziehen. Entbehrlich ist eine Vollziehung nur, wenn

- die Verfügung nach Widerspruch ohne Änderung voll bestätigt wird,[925]
- eine Berufung gegen eine zusprechende Entscheidung ohne Abänderung des erstinstanzlichen Verfügungsurteils zurückgewiesen wird oder
- das Gericht lediglich eine Fehlerberichtigung vornimmt.[926]

830 Eine Vollziehung ist auch dann erforderlich, wenn eine einstweilige Verfügung – etwa im Berufungsverfahren – abgeändert wird.

Praxistipp: „Sicherheits"-Vollziehung

831 Da die Vollziehung von so erheblicher Bedeutung ist, empfiehlt es sich – auch wegen regionaler Unterschiede in der Rechtsprechung – bei geringsten Zweifeln eine Ent-

---

[923] Vgl. auch § 928 ZPO, der die Vorschriften der Zwangsvollstreckung auf die Vollziehung für entsprechend anwendbar erklärt. Vgl. grundlegend zur Vollziehung BGHZ 120, 78 = NJW 1993, 1076 und BGHZ 131, 141 = NJW 1996, 198 = WRP 1996, 104 – Einstweilige Verfügung ohne Strafandrohung (anders noch die Vorinstanz: OLG München OLGZ 1994, 189 = MDR 1995, 1167).
[924] Vgl. *Baumbach/Hefermehl* § 25 UWG, Rn. 55; *Ulrich* S. 84.
[925] Vgl. *Baumbach/Hefermehl* § 25 UWG Rn. 61.
[926] OLG Celle WRP 1998, 19.

scheidung im Verfügungsverfahren immer zu vollziehen. Eine Vollziehung, die nicht notwendig gewesen wäre, ist unschädlich.

II. Frist

Praxistipp: Vollziehungsfrist notieren
Um zu vermeiden, dass die Vollziehungsfrist übersehen wird, sollte diese umgehend nach Erlass einer einstweiligen Verfügung notiert werden. Das gilt auch dann, wenn dem Verfügungsanspruch erst in zweiter Instanz stattgegeben wird. Hier wird – aufgrund des nunmehr günstigen Ergebnisses – oftmals die Vollziehungsfrist übersehen. 832

1. Beschlussverfügung

Im Falle einer Beschlussverfügung beginnt die Frist mit Zustellung der Beschlussverfügung an den Antragsteller bzw. dessen Vertreter zu laufen. Zur Fristberechnung gelten die allgemeinen BGB-Grundsätze. 833

2. Urteilsverfügung

Im Falle einer Urteilsverkündung beginnt die Frist mit *Verkündung* der Entscheidung zu laufen. Diese erfolgt in Verfügungsverfahren in der Regel im Anschluss an die mündliche Verhandlung oder jedenfalls noch vor Ende des Sitzungstages. Es empfiehlt sich deshalb, auch hier vorsorglich eine Vollziehungsfrist von einem Monat gerechnet ab dem Tag der mündlichen Verhandlung zu notieren, damit dies später nicht übersehen wird. Denn auch wenn die Gerichte in der Regel Urteile – selbst in abgekürzter Form – in Verfügungsverfahren recht schnell versenden, kann dies im Einzelfall mit einer Einhaltung der Vollziehungsfrist kollidieren. 834

Praxistipp: Vollziehung einer Urteilsverfügung
Wird ein Verfügungsurteil erwirkt, sollte eine Frist von längstens zwei Wochen notiert werden, um den Eingang des – auch abgekürzten – Verfügungsurteils zu kontrollieren. Sollte das Urteil bis zu diesem Zeitpunkt nicht vorliegen, sollte das Gericht schriftlich und fernmündlich gebeten werden, eine Ausfertigung des Urteils zum Zwecke der Vollziehung zu übermitteln.[927] 835

III. Form der Zustellung

Die Zustellung hat förmlich im Parteibetrieb zu erfolgen. Eine einfache Zusendung der Verfügung an den Antragsgegner genügt den Voraussetzungen von § 929 ZPO nicht. 836

1. Zustellung durch Gerichtsvollzieher

Hat sich für den Antragsgegner kein Anwalt bestellt, muss die Zustellung durch den örtlich zuständigen Gerichtsvollzieher erfolgen (§ 166 Abs. 1 ZPO [§ 192 Abs. 1 ZPO n.F.]). Die Zustellungskosten sind Kosten des Verfahrens und im Kostenfestsetzungs- 837

---

[927] Das OLG Stuttgart ist allerdings der Auffassung, dass eine Urteilsverfügung nicht mehr förmlich vollzogen werden muss und es deshalb auch nicht auf eine Zustellung des Urteils von Amts wegen ankommt, WRP 1997, 350, 353.

2. Zustellung von Anwalt zu Anwalt

838 Sofern sich für den Antragsgegner ein Rechtsvertreter auch für ein etwaiges Gerichtsverfahren bestellt hat *und* dieser im Rubrum der einstweiligen Verfügung ausgewiesen ist, kann eine Zustellung der einstweiligen Verfügung gemäß § 198 ZPO (§ 195 ZPO n.F.) erfolgen. Häufig wird jedoch bei Beschlussverfügungen ein vorgerichtlich tätiger Rechtsvertreter nicht in das Rubrum aufgenommen, so dass dann auch eine Zustellung an den gegnerischen Rechtsanwalt nicht erfolgen kann. Auch empfiehlt es sich, im Verfügungsantrag einen gegnerischen Rechtsanwalt nur dann in das Rubrum mit aufzunehmen, wenn durch den außergerichtlich gewechselten Schriftverkehr hinreichend klar ist, dass der gegnerische Rechtsanwalt auch zum Empfang einer Beschlussverfügung zum Zwecke der Vollziehung berechtigt ist. Andernfalls könnte sich der Antragsgegner darauf berufen, dass eine entsprechende Bevollmächtigung seines Rechtsvertreters nicht vorgelegen habe und damit die Vollziehung an einen vollmachtlosen Vertreter erfolgt und somit unwirksam ist.

Praxistipp: Doppelte Zustellung

839 Im Verfügungsverfahren sollte man deshalb in der Regel einen gegnerischen Rechtsanwalt nicht in das Rubrum des Antrags aufnehmen, um eine spätere möglicherweise fehlerhafte Vollziehung dorthin zu vermeiden. Bestehen Zweifel, ob von Anwalt zu Anwalt oder per Gerichtsvollzieher an die Gegenpartei zugestellt werden soll, sollten vorsorglich *beide* Zustellungen erfolgen.

3. Inhalt der Zustellung

840 Zuzustellen ist eine

- Ausfertigung[928] der einstweiligen Verfügung im Original oder
- eine beglaubigte Abschrift der Ausfertigung der einstweiligen Verfügung.[929]

841 Bei einer Zustellung durch Gerichtsvollzieher erhält der Gerichtsvollzieher entweder eine Original-Ausfertigung und eine beglaubte Abschrift hiervon oder *zwei* beglaubigte Abschriften der Ausfertigung.

842 Verfügt das Gericht in seinem Tenor auch, dass der Antragsteller die Antragsschrift samt Anlagen zustellen muss, sind auch diese Urkunden zuzustellen. Übersieht der Antragsteller diese Anordnung, sind die Rechtsfolgen umstritten. Unschädlich ist die unterbliebene Zustellung demnach, wenn die Verfügung auch ohne die Antragsunterlagen aus sich heraus verständlich ist.[930]

843 Ist die Vollziehung von einer Sicherheitsleistung abhängig, muss auch der Nachweis der Sicherheitsleistung innerhalb der Monatsfrist im Parteibetrieb erfolgen.

---

[928] Wegen §§ 936, 929 Abs. 1 ZPO gibt es hier keine vollstreckbare Ausfertigung.
[929] Vgl. auch OLG Hamburg WRP 1995, 854, zur Zustellung von Beschlussverfügungen.
[930] *Zöller/Vollkommer* § 929 ZPO Rn. 13 mit Hinweis auf OLG Frankfurt a.M. OLGZ 1993, 70 m.w.N.

Praxistipp: Textbausteine für die Vollziehung
Eine einfache Abschrift der Ausfertigung genügt ebenso wenig wie eine beglaubigte 844
Abschrift der einstweiligen Verfügung, die eben nicht mit „Ausfertigung" gestempelt
ist. Es empfiehlt sich deshalb, für die Zustellung zum Zwecke der Vollziehung Textbausteine bereitzuhalten, die eindeutig klären, in welcher Form eine Vollziehung zu
erfolgen hat. Zudem sollte der unterzeichnende (beglaubigende) Anwalt jede Vollziehung auf ihre Ordnungsmäßigkeit überprüfen.

IV. Keine Heilungsmöglichkeit, Rechtsfolgen bei Versäumnis der Vollziehungsfrist

Eine ordnungsgemäße Vollziehung ist vor allem deshalb erforderlich, da eine fehlerhafte Vollziehung grundsätzlich nicht geheilt werden kann. Es gibt auch nicht die Möglichkeit der Fristverlängerung oder der Wiedereinsetzung.[931] Eine nicht ordnungsgemäße Vollziehung führt auf Antrag des Antragsgegners zur Aufhebung gemäß § 927 ZPO. Ist die Verfügung noch nicht rechtskräftig, kann der Antragsgegner die mangelhafte Vollziehung auch im Rechtsmittelverfahren geltend machen.[932] Ist die Vollziehungsfrist demnach unwiederbringlich versäumt, bleibt dem Antragsteller nur, den Antrag zurückzunehmen und erneut den Erlass einer Verfügung zu beantragen – vorausgesetzt, die Vermutung der Dringlichkeit ist noch nicht durch Zeitablauf widerlegt. 845

1. Ausnahme: Kenntniserlangung

Allerdings gibt es durchaus die Auffassung in der Literatur und Rechtsprechung, 846
die eine Heilung der Fristversäumnis gemäß § 187 Satz 1 ZPO (§ 189 ZPO n.F.) zulässt, wenn der Antragsgegner von dem Inhalt der Verfügung hinreichend sicher Kenntnis erlangt hat.[933] Demnach soll es genügen, wenn der Antragsgegner oder dessen Prozessbevollmächtigter (§ 176 ZPO [§ 172 Abs. 1 Satz 1 ZPO n.F.]) die Verfügung ohne förmliche Zustellung noch innerhalb der Vollziehungsfrist erhält.[934]

2. Ausnahme: Amtszustellung

Einige Oberlandesgerichte sehen eine Ersetzung der Vollziehung gemäß § 929 ZPO 847
darin, dass eine *Urteils*verfügung innerhalb der Monatsfrist des § 929 Abs. 2 ZPO dem Antragsgegner von Amts wegen zugestellt wird, da es dann einer Vollziehung nicht mehr bedürfe.[935]

---

[931] Vgl. *Ahrens* S. 1; vgl. auch *Baumbach/Hefermehl* § 25 UWG Rn. 63.
[932] Vgl. OLG Hamburg NJWE-WettbR 1997, 91 = GRUR 1997, 147 mit Hinweis auf *Stein/Jonas/Grunsky* § 927 ZPO Rn. 4.
[933] Vgl. *Zöller/Vollkommer* § 929 ZPO Rn. 14 m.w.H. und *Thomas/Putzo* § 187 ZPO Rn. 2.
[934] So OLG Brandenburg NJW-RR 2000, 325.
[935] Vgl. *Baumbach/Hefermehl* § 25 UWG Rn. 60 d; ausdrücklich ablehnend jedoch OLG Köln, GRUR 1999, 89. Dagegen etwa: OLG Hamburg OLGZ 1994, 472 = WRP 1994, 408 und NJWE-WettbR 1997, 92 = WRP 1997, 53, wonach Amtszustellung innerhalb der Vollziehungsfrist genügt. Vgl. auch BGH NJW 1990, 122 und BGH MDR 1993, 268 m.w.H. Die Amtszustellung einer verwaltungsgerichtlichen Beschlussverfügung stellt allerdings keine ausreichende Vollziehung dar, BGHZ 120, 78 = NJW 1993, 1077.

V. Wirksame Vollziehung als Voraussetzung der Zwangsvollstreckung

848 § 929 ZPO fordert die Zustellung der Verfügung *und* die Einleitung von Maßnahmen zur Vollstreckung. Bei Verbotsverfügungen genügt die Zustellung des Titels, wenn dieser bereits die Androhung gemäß § 890 Abs. 2 ZPO von Zwangsmaßnahmen enthält. Enthält die Verfügung keine Strafandrohung, muss der Gläubiger (Antragsteller) den Antrag nach § 890 Abs. 2 ZPO innerhalb der Vollziehungsfrist stellen. Gleiches gilt auch bei einer Gebotsverfügung: Hier bedarf es ebenfalls der Einleitung von Vollstreckungsmaßnahmen.[936] Der Antragsteller muss deshalb innerhalb der Vollziehungsfrist des § 929 Abs. 2 ZPO die Vollstreckung nach § 888 ZPO beginnen.

K. Wirkungen der einstweiligen Verfügung

I. Rechtskraft

849 Eine Beschlussverfügung wird mit Zustellung an den Antragsgegner gemäß §§ 936, 922 Abs. 2 ZPO wirksam. Urteilsverfügungen werden mit Verkündung des Urteils wirksam, wobei jedoch erst durch die Zustellung von Amts wegen gemäß § 317 Abs. 1 Satz 1 ZPO die Vollstreckungsvoraussetzungen nach § 750 Abs. 1 ZPO für die Festsetzung eines Ordnungsgeldes erfüllt sind.[937]

II. Hemmung der Verjährung

850 Der Verfügungsantrag und der Erlass einer einstweiligen Verfügung hemmen nunmehr seit 1.1.2002 die kurze Verjährung gemäß § 21 UWG wegen § 204 Abs. 1 Nr. 9 BGB.[938] Das gilt allerdings nur für Ansprüche, die nach dem 31. Dezember 2001 entstanden sind.[939]

III. Schadensersatzpflicht, § 945 ZPO

§ 945 ZPO:
851 Erweist sich die Anordnung eines Arrestes oder einer einstweiligen Verfügung als von Anfang an ungerechtfertigt oder wird die angeordnete Maßregel auf Grund des § 926 Abs. 2 oder des § 942 Abs. 3 aufgehoben, so ist die Partei, welche die Anordnung erwirkt hat, verpflichtet, dem Gegner den Schaden zu ersetzen, der ihm aus der Vollziehung der angeordneten Maßregel oder dadurch entsteht, dass er Sicherheit leistet, um die Vollziehung abzuwenden oder die Aufhebung der Maßregel zu erwirken.

1. Androhung von Ordnungsmitteln

852 Eine einstweilige Verfügung birgt für den Antragsteller das Risiko einer Schadensersatzpflicht gegenüber dem Antragsgegner. Damit ein Schadensersatzanspruch nach § 945 ZPO entstehen kann, muss die Verfügung jedoch eine Strafandrohung gemäß § 890 Abs. 2 ZPO enthalten[940] und an den Antragsgegner gemäß §§ 936, 929 Abs. 2

---

[936] Vgl. OLG Hamburg GRUR 1997, 147 = NJWE-WettbR 1997, 91.
[937] Vgl. *Baumbach/Hefermehl* § 25 UWG Rn. 34 ff.
[938] Zur Verjährung siehe Rn. 529 ff.
[939] Art. 229 § 6 Abs. 3 EGBGB.
[940] Vgl. BGH WRP 1996, 104 – Einstweilige Verfügung ohne Strafandrohung (siehe auch Fn. 927).

ZPO zugestellt sein. Hält sich der Antragsgegner dann an die Verfügung bereits vor der Vollziehung durch den Antragsteller, trägt der Antragsteller das Haftungsrisiko des § 945 ZPO. Auf ein Verschulden des Antragstellers kommt es nicht an.[941]

2. Schadensersatzpflicht

Die Pflicht zum Schadensersatz besteht, wenn die Verfügung von Anfang an ungerechtfertigt war. Das ist der Fall, wenn der geltend gemachte Anspruch nicht bestand. Für den Schadensersatzprozess ist die Entscheidung des Gerichts im Hauptsacheverfahren bindend.[942] Ebenfalls bindend ist die Aufhebungsentscheidung gemäß § 926 Abs. 2 ZPO.[943] Ein Schadensersatzanspruch besteht jedoch nicht, wenn zwar die Frist zur Erhebung der Hauptsacheklage versäumt ist, der geltend gemachte Anspruch jedoch bestand. Nicht bindend ist eine Beschlussverfügung.[944] 853

3. Schadensumfang

Zu ersetzen ist jeder Schaden gemäß §§ 249 ff. BGB, der dem Antragsgegner durch die Vollziehung oder die Befolgung der mit Strafandrohung versehenen Verfügung entstanden ist. Die in dem Verfügungsverfahren dem Antragsgegner entstandenen eigenen Kosten gehören nicht zum Schaden gemäß § 945 ZPO. Deren Festsetzung kann der Anspruchsgegner im Aufhebungsverfahren gemäß § 927 ZPO beantragen.[945] Die Kosten, die der Antragsgegner dem Antragsteller erstattet hat, gehören jedoch zum Schaden gemäß § 945 ZPO.[946] Vom Antragsgegner bezahlte Ordnungsgelder sind allerdings kein Schaden gem. § 945 ZPO.[947] 854

4. Verjährung

Der Schadensersatzanspruch verjährt gemäß §§ 195, 199 BGB.[948] 855

5. Gegenansprüche des Antragstellers

Berühmt sich der Antragsgegner eines Schadensersatzanspruches aus § 945 ZPO, kann der Antragsteller negative Feststellungsklage erheben, dass der Anspruch nicht besteht.[949] Für eine positive Feststellungsklage, dass der Verfügungsanspruch schon bestand, fehlt in der Regel das Feststellungsinteresse. Denn es kommt auch darauf an, ob dem Antragsgegner ein Schaden entstanden ist. Hierüber wird das Gericht im Rahmen einer positiven Feststellungsklage über den Verfügungsanspruch grundsätzlich nicht entscheiden.[950] 856

---

[941] *Baumbach/Hefermehl* § 25 UWG Rn. 106.
[942] Vgl. *Köhler/Piper* § 25 UWG Rn. 80.
[943] Siehe Rn. 867.
[944] *BGH* GRUR 1992, 203 = NJW-RR 1992, 998 – Roter mit Genever.
[945] Vgl. *Thomas/Putzo* § 945 ZPO Rn. 15; BGHZ 122, 172 = NJW 1993, 2685 – Verfügungskosten.
[946] Vgl. *Thomas/Putzo* § 945 ZPO Rn. 15.
[947] KG GRUR 1987, 571. Siehe auch Rn. 1026 f.
[948] Noch zum alten Recht (§ 852 BGB a.F.): BGH NJW 1992, 2297.
[949] Vgl. *Köhler/Piper* § 25 UWG Rn. 84.
[950] BGH GRUR 1994, 849 = NJW 1994, 2765 = WRP 1994, 733 – Fortsetzungsverbot.

6. Ausschluss eines Schadensersatzanspruches

857 Ein Schadensersatzanspruch besteht nicht, wenn die einstweilige Verfügung endgültig ist – etwa weil der Antragsgegner eine Abschlusserklärung abgegeben hat oder in der Hauptsache rechtskräftig über den Anspruch entschieden ist.[951] Verzichtet der Antragsteller auf die Rechte aus der Verfügung ist § 945 ZPO ebenso wenig anwendbar wie bei einer Aufhebung wegen Versäumung der Vollziehungsfrist gemäß § 929 Abs. 2 ZPO.

L. Hauptsacheerzwingung gemäß §§ 936, 926 ZPO

§ 926 ZPO:

858 I Ist die Hauptsache nicht anhängig, so hat das Arrestgericht auf Antrag ohne mündliche Verhandlung anzuordnen, dass die Partei, die den Arrestbefehl erwirkt hat, binnen einer zu bestimmenden Frist Klage zu erheben habe.

II Wird dieser Anordnung nicht Folge geleistet, so ist auf Antrag die Aufhebung des Arrestes durch Endurteil auszusprechen.

I. Vorüberlegung

859 Der Vorteil der Klageerzwingung besteht für den Antragsgegner darin, dass der Antragsteller erneut tätig werden muss. Der Antragsgegner braucht keine negative Feststellungsklage führen und vorzufinanzieren. Denn mit Klageerhebung muss der Anspruchsteller den Gerichtskostenvorschuss leisten.

860 Der Erzwingungsantrag ist für den Antragsgegner vor allem dann sinnvoll, wenn er sich aus der Durchführung einer Hauptsacheklage eine bessere Prozesslage erwartet. Das kann der Fall sein, wenn der Antragsteller beweisbelastet ist und den Beweis nur selbst – also als Partei – führen kann. Hat der Antragsteller im Verfügungsverfahren die Möglichkeit, eine eidesstattliche Versicherung abzugeben, ist er im Hauptsacheverfahren „nur" Partei und nicht Zeuge. Eine völlig andere Entscheidung wird der Antragsgegner dann nicht erwarten können, wenn neuer, entlastender Sachvortrag nicht möglich ist. Aufgrund der Geschäftsverteilungspläne der Landgerichte wird die Hauptsache von dem Spruchkörper entschieden, der bereits über den Verfügungsantrag zu entscheiden hatte.

861 Zweckmäßig kann ein Antrag nach § 926 ZPO auch sein, wenn es dem Antragsgegner nicht möglich ist, innerhalb kurzer Zeit die für die Verteidigung gegen die einstweilige Verfügung erforderlichen Mittel zur Glaubhaftmachung zu beschaffen. Allerdings muss der Antragsgegner berücksichtigen, dass er eine ordnungsgemäß vollzogene Verfügung bis zu ihrer Aufhebung beachten muss. Lediglich als „Retourkutsche" ist der Erzwingungsantrag selten geeignet, da die Hauptsacheklage erneut erhebliche Kosten verursachen kann. Prüft der Antragsgegner seine Erfolgsaussichten in einem Hauptsacheverfahren nicht genau, kann sich die Kostenbelastung mehr als verdoppeln.

---

[951] Vgl. *Baumbach/Hefermehl* § 25 UWG Rn. 99.

II. Erzwingungsantrag

1. Zeitpunkt der Antragstellung und Zuständigkeit

Wird die einstweilige Verfügung – sei es durch Beschluss oder durch Urteil – erlassen, kann der Antragsgegner in jeder Lage des Verfahrens gemäß §§ 936, 926 ZPO beantragen, „dem Antragsteller aufzugeben, innerhalb einer festzusetzenden Frist Hauptsacheklage zu erheben". Örtlich zuständig ist das Gericht, das die Verfügung erlassen hat. Sachlich zuständig ist das Gericht des ersten Rechtszuges, auch wenn das Beschwerde- oder Berufungsgericht die Verfügung erlassen hat.[952] Hat gemäß § 942 Abs. 2 ZPO das Amtsgericht die Verfügung erlassen, ist das sachlich zuständige Landgericht anzurufen. Zuständig für die Festsetzung der Frist ist – auch wenn der Antrag an das „Arrestgericht" gestellt wird – der Rechtspfleger des Arrestgerichts (§ 20 Nr. 14 RPflG, § 926 ZPO). Es besteht Anwaltszwang.[953]

862

2. Rechtsschutzbedürfnis

Ist die einstweilige Verfügung „endgültig" – entweder durch Abgabe einer Abschlusserklärung oder einer Unterlassungserklärung –, fehlt das Rechtsschutzbedürfnis für den Antrag nach § 926 ZPO. Gleiches gilt, wenn der Antragsteller auf die Rechte aus der Verfügung (einschließlich Kostenausspruch)[954] verzichtet und den Titel ausgehändigt hat oder Hauptsacheklage bereits erhoben ist.[955] Hat sich die Hauptsache nach Erlass der Verfügung erledigt, verneint die h.M. ebenfalls ein Rechtsschutzbedürfnis. Der Eintritt der Verjährung[956] beseitigt das Rechtsschutzbedürfnis nicht. Der Antragsteller ist dann gezwungen, eine von Anfang an unbegründete Klage zu erheben. Er kann jedoch auf die Rechte aus der Verfügung verzichten und den Titel an den Antragsgegner aushändigen. Oder er lässt die Frist zur Klageerhebung verstreichen mit der Folge, dass die Verfügung dann gemäß § 926 Abs. 2 ZPO aufgehoben wird.

863

3. Frist

Auf Antrag des Antragsgegners setzt das Gericht eine Frist – in der Regel zwei bis drei Wochen –, innerhalb derer die Hauptsacheklage bei Gericht eingereicht werden muss. Eine Verlängerung der Frist ist möglich.[957] Erhebt der Antragsteller die Klage nicht innerhalb der Frist,[958] hebt das Gericht, das die Verfügung erlassen hat, die Verfügung wieder auf.

864

> **Praxistipp: Verlängerung der Frist**
> Hält der Antragsteller die Frist nicht ein, verliert er seine Verfügung. Der Antragsteller sollte deshalb nicht, wenn er eine Fristverlängerung benötigt, auf einen „Verlängerungs-Automatismus" vertrauen. Es empfiehlt sich – schon wegen der regional unterschiedlichen Rechtsprechung in Wettbewerbssachen – eine Fristverlängerung rechtzeitig vor ihrem Ablauf persönlich mit dem Gericht abzuklären.

865

---

[952] Vgl. *Zöller/Vollkommer* § 926 ZPO Rn. 6.
[953] *Zöller/Vollkommer* § 926 ZPO Rn. 22.
[954] Vgl. OLG Köln WRP 1985, 362, 363.
[955] Vgl. auch *Gloy/Spätgens* § 88 Rn. 1 und *Thomas/Putzo* § 926 ZPO Rn. 3.
[956] Vgl. *Gloy/Spätgens* § 88 Rn. 17. Dies dürfte mit Inkrafttreten des Schuldrechtsmodernisierungsgesetzes kaum mehr der Fall sein, siehe S. 136.
[957] *Zöller/Vollkommer* § 926 ZPO Rn. 18.
[958] Siehe auch Rn. 949.

866 Eine Heilung der Fristversäumnis ist möglich, wenn die Hauptsacheklage bis zum Schluss der mündlichen Verhandlung über den Aufhebungsantrag in erster Instanz zugestellt ist (§ 231 Abs. 2 ZPO).[959]

III. Folgen der Aufhebung

867 Das Gericht hebt bei Versäumung der Frist die Verfügung auf. Die Aufhebung ist rückwirkend[960] und wirkt mit Erlass des Urteils.[961]

IV. Rechtsmittel

868 Gegen das Endurteil findet Berufung statt (§ 511 Abs. 1 ZPO).[962]

V. Kosten des Verfügungs- und des Aufhebungsverfahrens

869 Gerichtskosten entstehen durch das Aufhebungsverfahren nicht. Die Anwaltsgebühren richten sich nach § 40 BRAGO. Gemäß § 40 Abs. 2 BRAGO ist das Aufhebungsverfahren keine eigene Angelegenheit. Die Kostenentscheidung des Gerichts erfolgt nach §§ 91 ff. ZPO und umfasst bei einer Aufhebung der Verfügung die Kosten des gesamten Verfahrens. Hierzu gehören auch die Kosten einer Berufung.[963] Der Antragsteller trägt bei einer Aufhebung die gesamten Kosten auch dann, wenn die Verfügung ursprünglich begründet war. Kommt es nicht zur Aufhebung – wegen Rücknahme des Antrags, Erledigterklärung oder Zurückweisung des Antrags – entscheidet das Gericht gesondert über die Kosten des Aufhebungsverfahrens.

870 Kommt es nicht zu einer Aufhebungsentscheidung des Gerichts, weil der Antragsteller auf die Rechte aus der Verfügung verzichtet und sie dem Antragsgegner ausgehändigt hat, und ist das Verfügungsverfahren bereits rechtskräftig beendet, bleibt noch die Frage der Erstattung der durch die Verfügung entstandenen Kosten. Diese kann der Antragsgegner nicht als Schadensersatz gemäß §§ 945, 936, 926 Abs. 2 ZPO geltend machen, da es zu keiner Aufhebung gekommen ist und § 945 ZPO einer erweiterten Auslegung nicht zugänglich ist.[964] Eine Kostenerstattung ermöglicht aber folgender Weg: Verzichtet der Antragsteller nach Anordnung der Klageerhebung auf die Rechte aus der Verfügung, werden beide Parteien die Hauptsache für erledigt erklären. Das Gericht entscheidet dann gemäß § 91 a ZPO über die Kosten des gesamten Verfahrens.

---

[959] Vgl. *Thomas/Putzo* § 926 ZPO Rn. 8 und *Gloy/Spätgens* § 88 Rn. 12 f.
[960] *Thomas/Putzo* § 926 ZPO Rn. 15.
[961] *Zöller/Vollkommer* § 926 ZPO Rn. 27.
[962] *Thomas/Putzo* § 926 ZPO Rn. 19.
[963] *Thomas/Putzo* § 926 ZPO Rn. 16.
[964] *Zöller/Vollkommer* § 945 ZPO Rn. 12.

M. Aufhebung der einstweiligen Verfügung wegen veränderter Umstände gemäß §§ 936, 927 ZPO

§ 927 ZPO:
¹Auch nach der Bestätigung des Arrestes kann wegen veränderter Umstände, insbesondere wegen Erledigung des Arrestgrundes oder aufgrund des Erbietens zur Sicherheitsleistung die Aufhebung des Arrestes beantragt werden.
871

²Die Entscheidung ist durch Endurteil zu erlassen; sie ergeht durch das Gericht, das den Arrest angeordnet hat, und wenn die Hauptsache anhängig ist, durch das Gericht der Hauptsache.

Neben der Aufhebung wegen Versäumung der gemäß § 926 Abs. 1 ZPO gesetzten Klagefrist kann es auch zu einer Aufhebung der einstweiligen Verfügung kommen, wenn veränderte Umstände eingetreten sind, § 927 ZPO.[965]
872

I. Veränderte Umstände gemäß § 927 Abs. 1 ZPO

Veränderte Umstände sind zum Beispiel eine rechtskräftig abgewiesene Hauptsacheklage oder ein rechtskräftiges Feststellungsurteil auf das Nichtbestehen des geltend gemachten Anspruchs.[966] Veränderte Umstände liegen auch dann vor, wenn der Anspruch gemäß § 21 UWG verjährt ist, ohne dass er durch die Erhebung einer Hauptsacheklage[967] oder durch die Abgabe einer Unterlassungs- oder Abschlusserklärung gesichert worden wäre. Vollzieht der Antragsteller die von ihm erwirkte Verfügung nicht rechtzeitig, kann der Antragsgegner ebenfalls eine Aufhebung beantragen.[968] Schließlich kann auch eine Gesetzesänderung ein Grund für einen Aufhebungsantrag nach § 927 Abs. 1 ZPO sein. Die Gesetzesänderung alleine führt nicht dazu, dass die Verfügung gegenstandslos wird oder eine Festsetzung von Ordnungsmitteln nicht mehr möglich ist.[969]
873

Der in § 927 Abs. 1 ZPO erwähnte Wegfall des Arrestgrundes – im Verfügungsverfahren also des *Verfügungs*grundes (Dringlichkeit) – erlangt im Wettbewerbsprozess dann Bedeutung, wenn die Hauptsache die Verfügungsentscheidung rechtskräftig bestätigt. Dann besteht für eine dringliche, vorläufige Regelung keine Veranlassung mehr. Außerdem ist der Antragsteller dann durch zwei gleichlautende Titel geschützt. Ein Rechtsschutzinteresse am formalen Fortbestand des Verfügungstitels besteht dann nicht mehr. Es kann deshalb der Antragsgegner die Aufhebung beantragen, die jedoch nur mit Wirkung ab Rechtskraft des Hauptsacheurteils ausgesprochen werden kann.[970]
874

---

[965] Vgl. *Baumbach/Hefermehl* § 25 UWG Rn. 77 ff.
[966] Vgl. *Baumbach/Hefermehl* § 25 UWG Rn. 90.
[967] Zwar hemmt die Durchführung des Verfügungsverfahrens aufgrund der seit 1.1.2002 geltenden Verjährungsregelungen den Eintritt der Verjährung. Trotzdem gilt es, die Besonderheiten des Verfügungsverfahrens zu beachten, vgl. Rn. 529 ff.
[968] Vgl. *Thomas/Putzo* § 929 ZPO Rn. 5.
[969] Vgl. KG GRUR 1995, 149 = NJW 1995, 1036 = WRP 1995, 199 – Ohne Rahmen, Auflage und Deko.
[970] *Gloy/Spätgens* § 89 Rn. 11 a.E. (m.w.H.).

II. Zuständigkeit

875 Im Unterschied zur Aufhebung nach §§ 936, 926 ZPO ist für die Aufhebung wegen veränderter Zustände bei anhängiger Hauptsacheklage ausschließlich das Gericht der Hauptsache zuständig. Befindet sich das Hauptsacheverfahren in der Rechtsmittelinstanz, entscheidet diese über die Aufhebung.[971] Ist die Hauptsache nicht anhängig, entscheidet das Verfügungsgericht der ersten Instanz (§ 943 ZPO), wenn im Verfügungsverfahren keine Berufung anhängig ist. Das erstinstanzliche Gericht ist dann auch für die Aufhebung zuständig, wenn die Verfügung erst vom Beschwerde-/Berufungsgericht erlassen wurde. Für den Antrag nach § 927 Abs. 1 ZPO besteht Anwaltszwang.[972]

III. Rechtsschutzbedürfnis

876 Ein Rechtsschutzbedürfnis für ein selbständiges Aufhebungsverfahren fehlt, wenn der Antragsgegner Rechtsmittel gegen die Verfügung eingelegt hat. Der Antragsgegner kann sich dann im Rechtsmittelverfahren auf die veränderten Umstände berufen. Hat der Antragsteller auf die Rechte aus der Verfügung einschließlich Kostenausspruch verzichtet und sie dem Antragsgegner ausgehändigt,[973] fehlt das Rechtsschutzbedürfnis ebenfalls. Erklärt der Antragsteller sofort den Verzicht auf die Verfügung, nachdem der Antragsgegner Aufhebungsantrag gestellt hat, und bietet sie ihm der Antragsteller an, trägt der Antragsgegner nach § 93 ZPO die Kosten des Verfahrens. Es empfiehlt sich deshalb für den Antragsgegner, vor Antragstellung den Antragsteller zum Verzicht und zur Herausgabe des Titels aufzufordern.[974]

IV. Folgen der Aufhebung

877 Kann der Antragsgegner die veränderten Umstände glaubhaft machen, hebt das Gericht die Verfügung durch Endurteil auf (§§ 936, 927 Abs. 2 ZPO). Sind nur für einen Teil der Verfügung veränderte Umstände eingetreten, kann die Verfügung auch nur teilweise aufgehoben werden. Die Aufhebung wirkt nur in die Zukunft.[975] Mit Erlass des Urteils wird die weitere Vollstreckung aus dem aufgehobenen Verfügungstitel unzulässig. Die Aufhebung von Vollstreckungsmaßnahmen ist allerdings erst nach Rechtskraft des Urteils möglich.[976]

---

[971] Vgl. *Gloy/Spätgens* § 89 Rn. 6 m.w.H.
[972] Vgl. *Zöller/Vollkommer* § 927 ZPO Rn. 9.
[973] Der Herausgabeanspruch entspricht der Rechtsprechung zum Rechtsschutzbedürfnis des Schuldners für eine Vollstreckungsabwehrklage: Solange der Antragsteller (Gläubiger) den Titel nicht an den Antragsgegner (Schuldner) ausgehändigt hat, besteht das Rechtsschutzbedürfnis für eine Vollstreckungsabwehrklage gemäß § 767 ZPO, vgl. *Zöller/Herget* § 767 ZPO Rn. 8. Der Verzicht des Antragstellers auf die Rechte aus der Verfügung ohne Herausgabe des Titels genügt nicht, vgl. *Zöller/Herget*, ebenda, und BGH NJW 1984, 2826. Dementsprechend besteht ein Rechtsschutzbedürfnis für einen Aufhebungsantrag, solange der Anspruchsteller die Ausfertigung der Verfügung nicht an den Anspruchsgegner herausgibt.
[974] Vgl. *Zöller/Vollkommer* § 927 ZPO Rn. 12 und *Gloy/Spätgens* § 89 Rn. 7.
[975] Vgl. *Gloy/Spätgens* § 89 Rn. 13 m.w.N.; OLG München NJW-RR 1986, 998, 999.
[976] Vgl. *Zöller/Vollkommer* § 927 ZPO Rn. 14.

§ 14 Besonderheiten des Verfügungsverfahrens

V. Rechtsmittel

Gegen das Endurteil findet Berufung statt. 878

VI. Kosten des Verfügungs- und des Aufhebungsverfahrens

Das Gericht entscheidet in dem Aufhebungsurteil grundsätzlich nur über die Kos- 879
ten des Aufhebungsverfahrens. Das Gericht kann allerdings auch über die Kosten des
Verfügungsverfahrens entscheiden, wenn[977]
- die Aufhebungsgründe von Anfang an bestanden,
- die Hauptsacheklage rechtskräftig als von Anfang an unbegründet abgewiesen wurde,
- die Aufhebung in der Rechtsmittelinstanz des Verfügungsverfahrens beantragt wird,
- die Vollziehungsfrist oder die Frist zur Erhebung der Hauptsacheklage unwiderbringlich versäumt sind.

Verzichtet der Antragsteller nach Androhung des Aufhebungsantrages auf die 880
Rechte aus der Verfügung, trägt er die Kosten für die Androhung. Hier gelten die
gleichen Grundsätze wie bei der außergerichtlichen Abmahnung. Demnach trägt der
Antragsteller die Kosten für die Androhung, wenn sie ein selbstständiges Aufhebungsverfahren ankündigt. Erfolgt die Aufhebung in der Rechtsmittelinstanz des
Verfügungsverfahrens, gibt es kein gesondertes Aufhebungsverfahren und damit auch
keinen gesonderten Kostenerstattungsanspruch des Antragsgegners.

Kommt es nicht zu einem Aufhebungsverfahren, weil der Antragsteller auf die 881
Rechte aus der Verfügung verzichtet und sie dem Antragsgegner ausgehändigt hat, und
ist das Verfügungsverfahren bereits rechtskräftig beendet, bleibt auch hier die Frage
der Erstattung der durch die Verfügung entstandenen Kosten. Diese kann der Antragsgegner nicht als Schadensersatz gemäß § 945 ZPO geltend machen, da es zu keiner
Aufhebung gekommen ist und § 945 ZPO einer erweiterten Auslegung nicht zugänglich ist.[978] 927 ZPO ist zudem ohnedies nicht in § 945 ZPO erwähnt. Der Antragsgegner kann die Kosten dann nur nach den allgemeinen deliktsrechtlichen Regeln geltend
machen.[979]

Erfolgt eine Aufhebung – zum Beispiel wegen Versäumung der Vollziehungsfrist – 882
und obsiegt der Antragsteller im Hauptsacheverfahren, bleibt es bei der ihn belastenden Kostenentscheidung des Aufhebungsverfahrens. Der Antragsteller kann diese
Kosten nicht als Schadensersatz geltend machen. Denn die Kostenentscheidung im
Aufhebungsverfahren ist gemäß § 269 Abs. 3 ZPO abschließend.[980]

---

[977] Vgl. *Thomas/Putzo* § 927 ZPO Rn. 8 und *Gloy/Spätgens* § 89 Rn. 14.
[978] *Zöller/Vollkommer* § 945 ZPO Rn. 12.
[979] *Gloy/Spätgens* § 90 Rn. 5 vertritt die durchaus auch diskutable Auffassung, dass zu einem wirksamen Verzicht des Antragstellers auch eine Erklärung zur Übernahme der Kosten des Verfügungsverfahrens gehört. Vertritt man diese Auffassung, wird man eine Erklärung zur Kostenübernahme nur fordern können, wenn das Gericht im Aufhebungsverfahren auch über die Kosten des Verfügungsverfahrens entschieden hätte.
[980] BGH GRUR 1995, 169 = NJW-RR 1995, 495 = WRP 1995, 290 – Kosten des Verfügungsverfahrens bei Antragsrücknahme.

N. Aufhebung gegen Sicherheitsleistung, § 939 ZPO

883 § 939 ZPO:
Nur unter besonderen Umständen kann die Aufhebung einer einstweiligen Verfügung gegen Sicherheitsleistung gestattet werden.

884 Die Regelung in § 939 ZPO hat im Wettbewerbsrecht so gut wie keine Bedeutung. Denkbar ist eine Aufhebung gemäß § 939 ZPO ohnedies nur bei einer Sicherungsverfügung. Im Wettbewerbsrecht könnte eine Sicherungsverfügung zum Beispiel die Sicherstellung von gefälschten Produkten betreffen. Wäre die Sicherstellung jedoch durch Sicherheitsleistung abwendbar – und die Ware dann wieder freigegeben –, unterläuft dies gerade den Sicherungszweck.[981] Würde das Gericht bei Sicherheitsleistung eine Unterlassungsverfügung aufheben, könnte der Verletzer die Handlung ohne das Risiko von Ordnungsmitteln fortsetzen. *Gloy/Spätgens* hält § 939 ZPO deshalb bei Unterlassungsverfügungen für grundsätzlich nicht anwendbar.[982]

885 Liegt ein seltener Ausnahmefall für die Gestattung einer Sicherheit vor, entscheidet das Gericht nach mündlicher Verhandlung durch Endurteil. Eine Entscheidung ist auch in der Rechtsmittelinstanz möglich. Für eine stattgebende Entscheidung muss die Sicherheit nicht bereits geleistet sein. Leistet der Antragsgegner nach einer Aufhebung gemäß § 939 ZPO die Sicherheit, wird die Verfügung wirkungslos, ohne dass es einer weiteren gerichtlichen Entscheidung bedarf.[983]

---

[981] *Gloy/Spätgens* § 87 Rn. 2.
[982] Ebenda, § 87 Rn. 4.
[983] Das ist allerdings streitig, vgl. *Gloy/Spätgens* § 87 Rn. 5 mit Hinweis auf OLG Köln NJW 1975, 454 und OLG München BayJustMinBl. 1953, 303. Anders u.a. *Zöller/Vollkommer* § 939 ZPO Rn. 2: Einstellung der Zwangsvollstreckung bzw. Aufhebung der Vollstreckungsmaßnahmen erfolgt nach gestellter Sicherheitsleistung gemäß §§ 775 Nr. 1 und 3, 776 ZPO.

§ 15 Verfügungsverfahren gegen Störer im Ausland

Hat der Anspruchsgegner keinen Sitz im Inland,[984] muss der Antragsteller – neben der Antragsformulierung[985] – einige Besonderheiten beachten. Nachstehend werden vor allem die Anforderungen des bis 28.2.2002 geltenden EuGVÜ bzw. des LugÜ sowie der seit 1.3.2002 geltenden EuGVVO[986] dargestellt. 886

A. Erfordernis der Verteidigungsmöglichkeit

I. Rechtslage nach dem EuGVÜ/LugÜ

Im Bereich des EuGVÜ/LugÜ erkannten die Mitgliedsstaaten bislang Beschlussverfügungen in aller Regel nicht an.[987] Der EuGH hat hierzu entschieden:[988] Gerichtliche Entscheidungen, durch die einstweilige oder auf eine Sicherung gerichtete Maßnahmen angeordnet werden und die ohne Ladung der Gegenpartei ergangen sind oder ohne vorherige Zustellung vollstreckt werden sollen, sind keine gemäß Art. 25 EuGVÜ/LugÜ anerkennungsfähige und vollstreckbare Entscheidungen. 887

Kaum nachvollziehbar ist die Entscheidung des EuGH jedenfalls dann, wenn es um Unterlassungsverfügungen geht: Denn zum einen kann der Antragsgegner umgehend Widerspruch gegen die Verfügung einlegen und vorläufige Einstellung der Zwangsvollstreckung beantragen. Zum anderen ist der Antragsgegner anzuhören, wenn gemäß § 890 Abs. 1 ZPO ein Ordnungsmittel festgesetzt werden soll. Der Antragsgegner wird also nicht von einer gerichtlich festgesetzten Sanktion überrascht. 888

Beachtet man die EuGH-Rechtsprechung, gilt jedoch: Wenn das Gericht keine mündliche Verhandlung durchführt, bedarf es jedenfalls der vorherigen Zustellung. Das ist nicht die Zustellung der bereits erlassenen Verfügung, sondern die Zustellung des verfahrenseinleitenden Schriftstücks (Verfügungsantrag) vor Erlass der Verfügung, damit sich der Antragsgegner verteidigen kann. Aus Art. 27 Nr. 2 EuGVÜ/LugÜ ergibt sich, dass dem Antragsgegner 889

- das dieses Verfahren einleitende Schriftstück oder ein gleichwertiges Schriftstück
- so rechtzeitig zuzustellen ist, dass er sich verteidigen kann.[989]

Ein Zeitraum von drei Wochen „zwischen Zustellung und Verhandlungstermin" ist laut *Zöller/Geimer*[990] ausreichend. Dieser Zeitraum ist im Verfügungsverfahren – vor allem wenn sich zwei geschäftserfahrene Wettbewerber gegenüber stehen – ausgespro- 890

---

[984] Interessante Länderberichte zu vielen europäischen Staaten – einschließlich einer Übersicht über den Beitritt zu internationalen Abkommen – bietet im Internet übrigens http://www.simons-law.com/d/index_d.htm.
[985] Siehe S. 185.
[986] EG-Verordnung 44/2001 über die gerichtliche Zuständigkeit und die Anerkennung und Vollstreckung von Entscheidungen in Zivil- und Handelssachen vom 22.12.2000 (EuGVVO); siehe hierzu auch *Finger* S. 1395 ff.
[987] Zum Beschlussarrest: *Zöller/Vollkommer* § 921 ZPO Rn. 1. Gleiches gilt für die Beschlussverfügung, vgl. Art. 25 ff. EuGVÜ/LugÜ (Art. 32 ff. EuGVVO) und EuGH NJW 1980, 2016.
[988] EuGH NJW 1980, 2016.
[989] Entsprechendes verlangt auch Art. 46 Nr. 2 EuGVÜ/LugÜ, wenn es um die Anerkennung oder Zwangsvollstreckung aus einem Versäumnisurteil geht.
[990] A.a.O., Art. 27 EuGVÜ Rn. 21.

chen lang. Wegen der Eilbedürftigkeit lassen sich auch kürzere Fristen rechtfertigen. Der Antragsteller trägt allerdings das Risiko, dass ein dem Antragsgegner ordnungsgemäß zugestelltes Schriftstück diesen auch tatsächlich erreicht hat.[991]

Praxistipp: „Antrag" auf Zuleitung an Antragsgegner
891 Findet (noch) das EuGVÜ/LugÜ Anwendung[992], gilt: Soll eine Verfügung im Ausland eine Chance auf Anerkennung haben, muss der Antragsteller das Gericht bitten, den Verfügungsantrag dem Antragsgegner zur Erwiderung vor einer Entscheidung zuzuleiten.

II. Rechtslage nach der EuGVVO

892 Die EuGVVO sieht hier eine wesentliche Verbesserung zugunsten des Antragstellers vor. Denn Art. 34 Nr. 2 EuGVVO regelt zwar auch, dass dem Gegner das verfahrenseinleitende Schriftstück zur Verteidigung zugestellt werden muss. Die Anerkennung erfolgt jedoch, wenn der Beklagte gegen die Entscheidung keinen Rechtsbehelf eingelegt hat, obwohl er die Möglichkeit dazu hatte. Damit dürfte die Entscheidung des EuGH zu Art. 25 EuGVÜ/LugÜ[993] überholt sein.

893 Für das Verfügungsverfahren nach deutschem Recht bedeutet das: Erlässt das Gericht eine Beschlussverfügung, ohne dem Antragsgegner die Möglichkeit zur Stellungnahme zu geben, kann der Antragsgegner gegen den Beschluss Widerspruch einlegen. Macht der Antragsgegner hiervon keinen Gebrauch, wird auch die Beschlussverfügung anerkannt.[994]

B. Begründung der Entscheidung gemäß § 922 Abs. 1 Satz 2 ZPO

894 Gemäß §§ 936, 922 Abs. 1 Satz 2 ZPO muss das Gericht seine Entscheidung begründen, wenn sie der Antragsteller im Ausland „geltend machen" wird. „Geltend machen" ist noch nicht die Zustellung zum Zwecke der Vollziehung. Die Vollziehung ist lediglich die *Ankündigung der Absicht*, von dem titulierten Anspruch Gebrauch machen zu wollen.[995] Enthält die Verfügung keine Androhung gemäß § 890 Abs. 2 ZPO,[996] droht eine Vollstreckung ohnehin noch nicht. Aber auch wenn die Verfügung eine Androhung enthält, gehört zum „Geltend machen" die Einleitung der Zwangsvollstreckung – etwa durch die Stellung eines Ordnungsmittelantrags nach § 890 Abs. 1 ZPO.[997]

Praxistipp: „Antrag" auf Begründung der Verfügung
895 Der Antragsteller sollte das Gericht wegen § 922 Abs. 1 Satz 2 ZPO vorsorglich um eine Begründung der Entscheidung – auch einer etwaigen Beschlussverfügung – bitten.

---

[991] Ebenda, Rn. 22.
[992] Die EuGVVO gilt nur für Verfahren, die ab dem 1.3.2002 anhängig gemacht wurden, vgl. Art. 66 Abs. 1 EuGVVO.
[993] Siehe Fn. 992.
[994] Vgl. hierzu auch *Geimer* Rn. 2922 ff.
[995] Vgl. OLG Köln NJWE-WettbR 1999, 232 = GRUR 1999, 66.
[996] Siehe S. 185.
[997] Vgl. auch KG NJWE-WettbR 1999, 161 = IPRax 2001, 236.

§ 15 Verfügungsverfahren gegen Störer im Ausland

C. Vollziehung durch förmliche Zustellung

Die förmliche Zustellung der Verfügung ist nach deutschem Recht Voraussetzung 896
für die Vollstreckung aus der Verfügung. Zugleich erfordert eine wirksame Vollziehung als Vorstufe der Zwangsvollstreckung, dass die Zwangsvollstreckung innerhalb der Vollziehungsfrist bereits begonnen hat. Das geschieht zum Beispiel durch die Androhung von Ordnungsmitteln gemäß § 890 Abs. 2 ZPO. Die Zustellung und die Einleitung der Zwangsvollstreckung[998] aus der Verfügung sind also unterschiedliche Elemente der Vollziehung eines Verfügungsanspruchs.[999] Der Anspruchsteller muss sich daher zunächst um die förmliche Zustellung der Verfügung bemühen.

Hat das Gericht mündliche Verhandlung anberaumt und hat sich ein inländischer 897
Vertreter für den Anspruchsgegner bestellt, erfolgt die Zustellung zum Zwecke der Vollziehung gemäß § 198 ZPO (§ 195 ZPO n.F.) von Anwalt zu Anwalt. Hat das Gericht eine Beschlussverfügung erlassen und hat sich für den Antragsgegner kein anwaltlicher Vertreter bestellt, muss die Verfügung im Ausland förmlich zugestellt werden. Auch hier gilt die Monatsfrist des § 929 Abs. 2 ZPO. Art. 38 EuGVVO bzw. Art. 31 EuGVÜ/LugÜ verweisen ausdrücklich auf das Recht des Erststaates.[1000] Eine Zustellung im Inland ist nur möglich, wenn sich der Anspruchsgegner oder dessen vertretungsberechtigtes Organ – wenn auch nur vorübergehend – in Deutschland aufhält oder eine Zweigniederlassung in Deutschland unterhält (§ 21 ZPO).[1001]

I. Wahrung der Monatsfrist gemäß §§ 936, 929 Abs. 2 ZPO

1. Regelung bis 30.6.2002

Da eine Auslandszustellung in der Regel weitaus langwieriger als eine Zustellung 898
innerhalb Deutschlands ist, genügt es hier nach einhelliger Auffassung, wenn das erforderliche Zustellungsgesuch innerhalb der laufenden Frist gemäß §§ 199, 202 ZPO angebracht wurde. Es greift dann die Rückwirkungsfiktion des § 207 Abs. 1 ZPO.[1002]

2. Regelung ab 1.7.2002

Mit der Neufassung der Zustellungsregelungen nach dem ZustRG[1003] fallen §§ 199, 899
202 ZPO zum 1.7.2002 weg. Die Auslandszustellung erfolgt dann durch das Gericht nach § 183 ZPO n.F. Die Rückwirkungsfiktion entsprechend der bisherigen Fassung von § 207 Abs. 1 ZPO enthält dann § 167 ZPO n.F.

II. Durchführung der förmlichen Zustellung

Praxistipp: Notwendigkeit der Übersetzung
Der Antragsteller muss berücksichtigen, dass nicht nur durch die Zustellung, son- 900
dern auch für eine Übersetzung Kosten anfallen und Zeit beansprucht wird. So sieht

---

[998] Zur Zwangsvollstreckung aus einer einstweiligen Verfügung im Ausland siehe Rn. 906.
[999] Vgl. auch KG NJWE-WettbR 1999, 161.
[1000] Vgl. Zöller/Geimer Art. 31 EuGVÜ Rn. 7.
[1001] Vgl. Geimer Rn. 2109 ff.
[1002] Siehe auch OLG Köln GRUR 1999, 66; KG NJWE-WettbR 1999, 161 und OLG Hamm GRUR 1991, 944.
[1003] Zustellungsreformgesetz (ZustRG), BGBl. I 2001, S. 1206.

etwa Art. 5 Abs. 1 ZustVO ausdrücklich vor, dass der Empfänger (Antragsgegner) die Annahme des Schriftstückes verweigern kann, wenn es nicht in einer Sprache abgefasst ist, die er versteht. Daran kann auch eine wirksame Vollziehung scheitern.[1004]

1. Zustellung innerhalb der EG

901 Im EG-Ausland – mit Ausnahme Dänemarks[1005] – erfolgt die Zustellung nach den Vorschriften der EG-Verordnung „über die Zustellung gerichtlicher und außergerichtlicher Schriftstücke in Zivil- oder Handelssachen in den Mitgliedsstaaten".[1006] Demnach sind gerichtliche und außergerichtliche Schriftstücke über so genannte Übermittlungsstellen den ausländischen Empfangsstellen zu übermitteln (Art. 2 ZustVO).[1007] „Gerichtliches Schriftstück" ist ein Schriftstück, das aus einem bereits eingeleiteten gerichtlichen Verfahren herrührt oder für die Einleitung eines solchen Verfahrens bestimmt ist.[1008] Demgegenüber sind „außergerichtliche Schriftstücke" Schriftstücke, die mit einem gerichtlichen Verfahren nicht oder noch nicht in Zusammenhang stehen.[1009]

902 Bei einer einstweiligen Verfügung handelt es sich daher um ein „gerichtliches Schriftstück". Nach der EG-Verordnung bedürfen die Schriftstücke zwar keiner besonderen Formalität wie etwa einer Beglaubigung (Art. 4 Abs. 4 ZustVO). Nach Art. 14 ZustVO kann die Zustellung auch nur per Post erfolgen. § 183 Abs. 1 Nr. 1 ZPO n.F. ermöglicht diese Zustellungsform ab 1.7.2002. Die Postversendung geschieht dann per Einschreiben/Rückschein.

903 Trotzdem muss der Antragsteller die Formvorschriften des deutschen Rechts gemäß §§ 936, 929 ZPO beachten[1010] und eine förmliche Parteizustellung[1011] bewirken. Die Postzustellung ist eine förmliche Zustellung. Es müsste deshalb künftig auch eine Postzustellung genügen, zumal die bis 30.6.2002 geltende Fassung von § 199 ZPO diese Zustellungsart nicht vorsieht und der Gesetzgeber die Auslands-Zustellung vereinfachen wollte. Ausdrücklich geregelt hat das der Gesetzgeber aber bislang nicht. Deshalb dürfte derzeit noch die Meinung vorherrschen, dass die Postzustellung nicht den

---

[1004] Vgl. Art. 8 ZustVO. Für förmliche Zustellungen sehen das Art. 5 Abs. 3 HZÜ und Art. 3 Abs. 2 HZPÜ zwingend vor. Vgl. auch *Zöller/Geimer* § 199 ZPO Rn. 38 a.

[1005] Vgl. Erwägung Nr. 18 der VO.

[1006] Verordnung (EG) Nr. 1348/2000 des Rates vom 29.5.2000 (nachfolgend abgekürzt: ZustVO), im Internet auffindbar zum Beispiel unter http://europa.eu.int/eur-lex/de/index.html; auch veröffentlicht als Beilage zu NJW Heft 1/2001.

[1007] Über Einzelheiten der Zustellung in EG-Staaten informiert das EG-Amtsblatt Nr. C 151 vom 22.5.2001, S. 4 ff. Das EG-Amtsblatt L 298 vom 15.11.2001 enthält die Entscheidung der Kommission vom 25.9.2001 über ein Handbuch der Empfangsstellen und ein Glossar über die Schriftstücke, die gemäß der Verordnung zugestellt werden können. Gem. Art. 2 Abs. 1 der Entscheidung sind Handbuch und Glossar im Internet zu veröffentlichen. EG-Rechtsakte sind über http://europa.eu.int/eur-lex/de auffindbar.

[1008] Vgl. *Bülow/Böckstiegel/Geimer/Schütze* Band 1, Fn. 7 zu Ordnungsziffer 101, S. 2 (HZPÜ), m.w.N.

[1009] Ebenda, Fn. 8.

[1010] Siehe Rn. 836 ff.

[1011] Allerdings kommt nur eine formlose Zustellung in Betracht, wenn mit dem Drittstaat kein Vertrag über die Zustellung (außer-)gerichtlicher Schriftstücke besteht, vgl. *Geimer* Rn. 2134. Soll wegen §§ 936, 929 ZPO förmlich zugestellt werden, muss dies dann gemäß § 199 ZPO (§ 183 Abs. 1 Nr. 2 ZPO n.F.) durch die ausländischen Rechtshilfeinstanzen geschehen, vgl. auch *Geimer* Rn. 2121.

§ 15 Verfügungsverfahren gegen Störer im Ausland

Anforderungen gemäß §§ 936, 929 ZPO genügt. Denn: Die Zustellung bedarf nach deutschem Recht einer besonderen Form – nämlich der Parteizustellung durch Gerichtsvollzieher (§ 166 Abs. 1 ZPO [§ 192 Abs. 1 ZPO n.F.]). Demnach wird der Antragsteller – wenn er jedes Risiko vermeiden will – auch die Auslandszustellung durch einen Gerichtsvollzieher oder eine vergleichbare Zustellung bewirken. Die Zustellung erfolgt dann gemäß Art. 7 Abs. 1 ZustVO in der von der Übermittlungsstelle gewünschten besonderen Form, „sofern dieses Verfahren mit dem Recht des Empfangsstaates vereinbar ist". Übermittlungsstelle ist für gerichtliche Schriftstücke in Deutschland das „die Zustellung betreibende Gericht" (§ 4 Abs. 1 Nr. 1 ZustDG).[1012] § 199 ZPO (ab 1.7.2002: § 183 Abs. 1 Nr. 2 ZPO n.F.) regelt, dass der Vorsitzende des Prozessgerichts das Zustellungsersuchen zu veranlassen hat. Deshalb ist – auch wenn das ZustDG hierzu schweigt – Übermittlungsstelle das Gericht, das die Verfügung erlassen und auch sonst in diesem Verfahren alle Zustellungen (von Amts wegen) zu veranlassen hat.

Praxistipp: Antrag auf besondere Zustellung
Wegen der in Deutschland geforderten Förmlichkeiten der Vollziehungs-Zustellung sollte der Antragsteller ausdrücklich beantragen, dass das Gericht eine besondere Zustellung wünscht, die der förmlichen Zustellung in Deutschland durch Gerichtsvollzieher entspricht und auf den jeweils zwischen Deutschland und dem Drittstaat bestehenden Vertrag über die Zustellung gerichtlicher Schriftstücke verweisen. Der Antrag kann bereits in den Verfügungsantrag aufgenommen werden.

904

2. Zustellung außerhalb der EG

Für die Zustellung in Länder außerhalb des Geltungsbereichs der EG-Zustellungsverordnung finden das Haager Zivilprozessübereinkommen (HZPÜ) vom 1.3.1954,[1013] das Haager Übereinkommen über die Zustellung gerichtlicher und außergerichtlicher Schriftstücke im Ausland in Zivil- oder Handelssachen (HZÜ) vom 15.11.1965[1014] oder einzelvertragliche Regelungen zwischen Deutschland und dem Drittstaat Anwendung.[1015] Soweit sich HZPÜ-Vertragsstaaten dem HZÜ angeschlossen haben, gelten die Bestimmungen des HZÜ.[1016] Auch nach diesen Bestimmungen muss der Antragsteller trotz der vereinfachten Zustellungsmöglichkeiten in § 183 Abs. 1 ZPO n.F. eine förmliche Zustellung durch den Gerichtsvollzieher oder in der von dem jeweiligen Recht des Drittstaates für die Zustellung gerichtlicher (Eil-)Entscheidungen im Parteibetrieb vorgeschriebenen Form beantragen.

905

[1012] In Deutschland gibt es für Zustellungen im EU-Ausland und aus dem EU-Ausland in Deutschland nunmehr das EG-Zustellungsdurchführungsgesetz (ZustDG) vom 9.7.2001; BGBl. I 2001, S. 1536.
[1013] BGBl. 1958 II, S. 576; im Internet auffindbar unter http://www.gesetze.ch/inh/inhsub0.274.12.htm. Eine Beitrittschronologie und eine jeweils aktuelle Übersicht über die Mitglieder (allerdings kein Text des HZPÜ) sind unter http://transpatent.com/archiv/huezp113.html veröffentlicht.
[1014] BGBl. 1977 II, S. 1452; im Internet auffindbar unter http://www.gesetze.ch/inh/inhsub0.274.131.htm. Eine Beitrittschronologie und eine jeweils aktuelle Übersicht über die Mitglieder (allerdings kein Text des HZÜ) sind unter http://transpatent.com/archiv/huezu114.html veröffentlicht. Die Haager Konventionen sind auch in englisch unter http://www.hcch.net/e/conventions/abrufbar.
[1015] Veröffentlicht in *Bülow/Böckstiegel/Geimer/Schütze*; Übersicht auch in *Zöller/Geimer* (23. Auflage), § 183 ZPO n.F. Rn. 71.
[1016] Vgl. *Zöller/Geimer* § 199 ZPO Rn. 45.

D. Zwangsvollstreckung aus einer einstweiligen Verfügung

906 Die Zwangsvollstreckung aus einer Unterlassungsverfügung geschieht nach deutschem Recht in der Regel erst durch die Festsetzung eines Ordnungsmittels gemäß § 890 Abs. 1 ZPO. Enthält der Verfügungstenor keine Androhung von Ordnungsmitteln, um die Zustellung der Verfügung im Ausland nicht zu gefährden,[1017] kann der Antragsteller die Androhung nach Erlass der Verfügung nachholen[1018] und leitet dadurch die Zwangsvollstreckung ein.[1019] Der Antragsteller kann jedoch auch die Zwangsvollstreckung sogleich im Drittstaat nach dem Recht des Drittstaates betreiben. Das nimmt dem Antragsteller das Risiko, dass der Drittstaat die nach deutschem Recht vorgesehenen Zwangsvollstreckungsmaßnahmen nicht anerkennt.

I. Zwangsvollstreckung im Inland

907 Besteht die Möglichkeit der Zwangsvollstreckung im Inland, erspart sich der Antragsteller die Vollstreckbarkeitserklärung durch das ausländische Gericht. Es kommt dann zum Beispiel auch nicht mehr darauf an, ob der Antragsgegner vor Erlass der Verfügung eine Gelegenheit zur Stellungnahme hatte und die Verfügung deshalb gemäß Art. 34 Nr. 2 EuGVVO bzw. Art. 27 Nr. 2 EuGVÜ/LugÜ anerkennungsfähig ist oder nicht. Eine Zwangsvollstreckung im Inland ist möglich, wenn der Antragsgegner im Inland angetroffen werden kann – etwa weil er seinen Wohnsitz in Deutschland hat.[1020]

II. Zwangsvollstreckung im Ausland

908 Eine Zwangsvollstreckung einstweiliger Verfügungen im Ausland setzt voraus, dass die Verfügung im Ausland anerkannt und für vollstreckbar erklärt wird.

1. Zwangsvollstreckung innerhalb der EG

909 **a) Anerkennung der Verfügung.** Die Anerkennung ausländischer Verfügungen ist keineswegs eine Selbstverständlichkeit.[1021] Das EuGVÜ/LugÜ enthält jedoch für die EuGVÜ/LugÜ-Vertragsstaaten Regelungen über die Anerkennung und Vollstreckung gerichtlicher Entscheidungen. Gemäß Art. 25 EuGVÜ/LugÜ ist unter „Entschei-

---

[1017] Siehe Rn. 723 ff.
[1018] Zur Zwangsvollstreckung im Ausland vgl. etwa *Weiman/Riedel*, Handbuch der internationalen Zwangsvollstreckung; *Gärtner*, Probleme der Auslandsvollstreckung von Nichtgeldleistungsentscheidungen; *Remien*, Rechtsverwirklichung durch Zwangsgeld.
[1019] Vgl. *Gloy/Spätgens* § 93 Rn. 36 f.
[1020] Vgl. KG NJWE-WettbR 1999, 161. Bei Unterlassungsverfügungen findet deshalb auch nicht die Entscheidung des OLG Stuttgart ZZP 97 (1984), 488 Anwendung. Dort ging es um einen Streit zwischen zwei Deutschen wegen benachbarter Grundstücke in Spanien. Das OLG Stuttgart vertrat die Auffassung, dass wegen einer in Spanien vorzunehmenden Handlung in Deutschland keine Zwangsvollstreckung gemäß § 887 ZPO betrieben werden dürfe. Hier geht es jedoch um Unterlassungsverfügungen wegen Handlungen in Deutschland nach deutschem Recht.
[1021] So regelt auch § 328 Abs. 1 ZPO nur die Anerkennung ausländischer Urteile. Eine Anerkennung ausländischer einstweiliger Verfügungen ist über § 328 ZPO damit nicht möglich. Vgl. *Thomas/Putzo* § 328 ZPO Rn. 2. Eine Ausnahme besteht nur, wenn eine einstweilige Maßnahme die sofortige Befriedigung und nicht lediglich die vorläufige Sicherung anordnet, vgl. *Hausmann* S. 80 m.w.N.

§ 15 Verfügungsverfahren gegen Störer im Ausland

dung" jede von einem Gericht eines Vertragsstaates erlassene Entscheidung zu verstehen. Hierzu gehören grundsätzlich auch einstweilige Verfügungen.[1022] Die Anerkennung erfolgt „automatisch", da sie unmittelbar kraft Gesetzes ohne Durchführung eines Anerkennungsverfahrens erfolgt.[1023]

Eine Entscheidung wird gemäß Art. 27 Nr. 2 EuGVÜ/LugÜ nicht anerkannt, „wenn dem Beklagten, der sich auf das Verfahren nicht eingelassen hat, das dieses Verfahren einleitende Schriftstück oder ein gleichwertiges Schriftstück nicht ordnungsgemäß und nicht so rechtzeitig zugestellt worden ist, dass er sich verteidigen konnte". Der EuGH hat hierzu entschieden,[1024] dass die verhältnismäßig großzügige Regelung der Anerkennung und Vollstreckung im EuGVÜ/LugÜ auf der Prämisse beruhe, dass dem Beklagten bereits in dem erststaatlichen Verfahren hinreichend Gelegenheit zur Verteidigung seiner Rechte eingeräumt worden ist. Demnach habe das Interesse des Schuldners, nicht durch die Vollstreckung von Maßnahmen eines ausländischen Gerichts im Inland überrascht zu werden, die ohne seine Kenntnis getroffen worden sind, Vorrang vor dem Interesse des Gläubigers an einer möglichst umfassenden Sicherung seiner Ansprüche. Es sei deshalb nicht auf die im EuGVÜ/LugÜ enthaltenen Formvorschriften ausnahmsweise zu verzichten. Vielmehr sei eine Vollstreckung solcher Maßnahmen in den übrigen Vertragsstaaten unter den erleichterten Voraussetzungen des Übereinkommens *gänzlich* abzulehnen. 910

Nach der seit 1.3.2002 geltenden EuGVVO genügt es jedoch, wenn der Antragsgegner die Möglichkeit eines Rechtsbehelfs hat (Art. 34 Nr. 2 EuGVVO).[1025] Außerdem kann nach Art. 26 Abs. 2 EuGVÜ/LugÜ (Art. 33 Abs. 2 EuGVVO) jede Partei die Feststellung beantragen, dass die Entscheidung anzuerkennen ist. 911

b) Vollstreckung aus der Verfügung. Voraussetzung für die Vollstreckung aus Urteilen ist grundsätzlich zunächst die Vollstreckbarkeitserklärung gemäß Art. 38 ff. EuGVVO bzw. Art. 31 ff. EuGVÜ/LugÜ. Es handelt sich hierbei um einen Gestaltungsakt, für den jedoch wegen Art. 34 Abs. 2 EuGVÜ/LugÜ die selben Voraussetzungen wie für die Anerkennung gelten. Gemäß Art. 41 EuGVVO müssen nach neuem Recht lediglich die Förmlichkeiten (Art. 53 ff. EuGVVO) beachtet werden. Etwaige Versagungs-Gründe sind erst im Rechtsbehelfsverfahren relevant. 912

Einstweilige Verfügungen werden jedoch nicht für vollstreckbar erklärt – das Gericht erteilt eine einfache und keine vollstreckbare Ausfertigung (vgl. § 929 Abs. 1 ZPO). Zudem müssen Unterlassungsurteile ohnedies nicht für vollstreckbar erklärt werden.[1026] Die Zwangsvollstreckung folgt dann dem jeweiligen Verfahren des Vollstreckungslandes.[1027] 913

[1022] Auch wenn der Begriff der „Entscheidung" vermeintlich weit gefasst ist, sind nur die *Wirkungen* einer Entscheidung – und zwar diejenigen Wirkungen, die das Urteil nach dem Recht des Urteilsstaates hat – anerkennungsfähig, *Zöller/Geimer* Art. 25 EuGVÜ Rn. 2. Vgl. auch *Zöller/Geimer* § 328 ZPO Rn. 18 zur Anerkennung ausländischer Urteile in Deutschland: Die „Erstreckung der einem ausländischen Urteil nach dem Recht des Erststaates zukommenden Wirkungen auf das Inland durch das deutsche Recht und die darauf basierende Beachtlichkeit der ausländischen Entscheidung nennt man Anerkennung".
[1023] Vgl. *Zöller/Geimer* Art. 26 EuGVÜ Rn. 4 und § 328 Rn. 186 ZPO.
[1024] EuGH IPRax 1981, 95, 96.
[1025] Siehe Rn. 892.
[1026] Vgl. *Grabinski* S. 212.
[1027] Das ist in Deutschland eben das Verfahren gemäß § 890 ZPO.

914 An welche Stelle des Drittstaates der Antrag zu richten ist, bestimmen Art. 39 Abs. 1 i.V.m. Anhang II EuGVVO bzw. Art. 32 EuGVÜ/LugÜ. Die Zwangsvollstreckung erfolgt nach dem Recht des Vollstreckungsstaates.[1028]

2. Zwangsvollstreckung außerhalb der EG

915 Außerhalb der EG besteht nur dann die Pflicht eines Staates, eine deutsche Entscheidung anzuerkennen, wenn ein Staatsvertrag oder nationales Recht die Anerkennung und Vollstreckung vorsieht. Ein Völkergewohnheitsrecht, ausländische Entscheidungen anzuerkennen, gibt es nicht.[1029] Nach deutschem Recht ist etwa die Anerkennung ausländischer Urteile nach § 328 Abs. 1 Nr. 5 ZPO ausgeschlossen, wenn die Gegenseitigkeit nicht verbürgt ist – also sich auch der Drittstaat verpflichtet hat, deutsche Urteile anzuerkennen. Es gibt nicht nur viele Staaten, bei denen Gegenseitigkeit nicht verbürgt ist: Vielfach ist auch unklar ob und inwieweit die Gegenseitigkeit verbürgt ist.[1030]

E. Konsequenzen für den in Deutschland ansässigen Antragsteller

916 Der Antragsteller, der gegen einen Störer mit Sitz im Ausland vorgehen möchte, muss folgende Besonderheiten berücksichtigen:[1031]

- Erlässt das Gericht eine Beschlussverfügung, riskiert der Antragsteller, dass eine solche Verfügung nicht vollstreckt werden kann. Außerdem besteht noch das zusätzliche Problem, die Verfahrenskosten beim Gegner zu realisieren.
- Möchte der Antragsteller weitgehend sicher gehen, dass die von ihm beantragte Verfügung im Ausland anerkannt und vollstreckt werden kann, sollte er die Durchführung einer mündlichen Verhandlung beantragen. Dadurch gehen allerdings Zeit und vor allem der Überraschungseffekt verloren. Die Vermutung der Dringlichkeit wird hierdurch jedoch nicht beseitigt, da die Bitte um Durchführung einer Verhandlung alleine auf Rechtsgründen beruht. Auch beansprucht die Zustellung der Ladung schon deshalb Zeit, da der Verfügungsantrag in aller Regel zu übersetzen ist. Im Anwendungsbereich der EuGVVO ist wegen der vom EuGVÜ/LugÜ abweichenden Fassung in Art. 34 Nr. 2 EuGVVO eine mündliche Verhandlung für die Anerkennung jedoch nicht mehr erforderlich.
- Auch wenn der Antragsteller alle Besonderheiten des Verfahrens beachtet, hat er noch keine Garantie, dass eine Zwangsvollstreckung erfolgreich sein wird. So kennt etwa Italien keine Zwangsvollstreckung unvertretbarer Handlungen. Auch gibt es in Italien keine indirekte Schuldnerbeugung oder vorbeugende Androhung eines Zwangsmittels.[1032] Der Antragsteller muss also darauf achten, dass er einen auch im Ausland vollstreckbaren Titel erwirkt.

[1028] Vgl. hierzu auch BGH WRP 1996, 104 – Einstweilige Verfügung ohne Strafandrohung.
[1029] Vgl. *Zöller/Vollkommer* § 328 ZPO Rn. 1.
[1030] Vgl. *Nagel/Gottwald* § 11 Rn. 75 und § 14 Rn. 1 ff.
[1031] Vgl. auch *Hausmann* S. 82.
[1032] Vgl. *Weißmann/Riedel/Strauss*, Band 2, Länderbericht Italien, Kap. VI 9, S. 2 f und den Vorlagenbeschluss des BGH WM 2000, 635 = NJW 2000, 1440.

§ 15 Verfügungsverfahren gegen Störer im Ausland

- Will der Anspruchsteller den Überraschungseffekt nutzen, kann er den Verfügungsantrag in demjenigen Staat stellen, in dem die Verfügung auch vollzogen werden soll. In anderen Staaten ist eine Vollstreckung dann ausgeschlossen. Allerdings kann der Anspruchsteller wegen der lediglich formellen Rechtskraft einer Verfügung gleichzeitig bei Gerichten mehrerer Staaten den Erlass einer Verfügung beantragen.[1033] Voraussetzung ist hier, dass das im Ausland angerufene Gericht nach dem jeweiligen Landesrecht auch örtlich zuständig ist. Bevor der Antragsteller einen Gerichtsstand im Ausland wählt, sollte er sich jedoch über das dortige Verfahren – zum Beispiel die Verfahrenskosten und die Verfahrensdauer – informieren.

[1033] Das ergibt sich auch aus dem EuGVÜ/LugÜ: Gemäß Art. 21 EuGVÜ/LugÜ (Art. 27 EuGVVO) ist bei doppelter Rechtshängigkeit das Verfahren durch das später angerufene Gericht auszusetzen. Allerdings kann Art. 21 EuGVÜ/LugÜ – nimmt man überhaupt des Anwendbarkeit auf einstweilige Maßnahmen gemäß Art. 24 EuGVÜ/LugÜ an – nur die gleichzeitige Rechtshängigkeit von Verfahren meinen, die mit einer gemäß Art. 25 ff. EuGVÜ/LugÜ anerkennungsfähigen Entscheidung abgeschlossen werden. Probleme kann es dann bestenfalls noch geben, wenn in mehreren Vertragsstaaten Verfahren anhängig gemacht werden und mehrfach mündliche Verhandlung anberaumt wird. Das führt aber eben nur zur Aussetzung des Verfahrens. Außerdem kann der Anspruchsteller seinen Antrag jederzeit wieder zurücknehmen, wenn er andere Verfahren dadurch behindert. Vgl. auch *Kropholler* (6. Auflage) Art. 25 EuGVÜ Rn. 24 und (7. Auflage) Art. 31 EuGVVO Rn. 19 (auch bei mehrfacher Rechtshängigkeit bleibt die Zuständigkeit für einstweilige Maßnahmen erhalten).

§ 16 Schutzschrift und Abschlusserklärung

A. Schutzschrift

I. Zweck

917 Der Zweck der Schutzschrift besteht darin, dem mit der Angelegenheit möglicherweise befassten Gericht am besten noch vor Einreichung des Verfügungsantrages durch den Anspruchsteller seine Argumente darzulegen und dadurch

- entweder die Zurückweisung des Antrags im Beschlusswege oder
- die Durchführung einer mündlichen Verhandlung, die weiteren Sachvortrag ermöglicht,

zu erreichen.

918 Aufgrund des fliegenden Gerichtsstands gemäß § 24 Abs. 2 UWG stellt sich vielfach die Frage, bei welchem Landgericht bzw. welchen Landgerichten eine Schutzschrift eingereicht werden soll. In der Regel wird es sich empfehlen, eine Schutzschrift bei den für den Anspruchsteller und den Anspruchsgegner örtlich zuständigen Landgerichten einzureichen sowie an weitere „große" Landgerichte zu versenden – wie etwa Berlin, Düsseldorf, Hamburg, Köln und München I.

> **Praxistipp: Schutzschrift bei fliegendem Gerichtsstand**
> 919 Der Anspruchsgegner sollte den fliegenden Gerichtsstand gemäß § 24 Abs. 2 UWG berücksichtigen. Wenn eine Schutzschrift bei jedem zuständigen Gericht hinterlegt werden soll, bleibt nur der – in der Regel unverhältnismäßig hohe Aufwand –, die Schutzschrift bei *allen* Landgerichten zu hinterlegen. Allerdings ist die Einreichung einer Schutzschrift keineswegs eine Garantie dafür, dass zumindest eine mündliche Verhandlung durchgeführt wird.

920 Bei der Einreichung einer Schutzschrift sollte der Anspruchsgegner berücksichtigen, dass viele Landgerichte unterschiedliche Einlaufstellen für Kammern für Handelssachen und allgemeine Zivilkammern haben. Eine Schutzschrift etwa, die beim Landgericht Hamburg eingereicht wird, wird in der Regel der Kammer für Handelssachen nur vorgelegt, wenn dies auf der Schutzschrift ausdrücklich vermerkt ist.

II. Kenntnisnahme des Gegners von der Schutzschrift

921 Eine Aushändigung der Schutzschrift in erster Instanz erfolgt an den Antragsteller in der Regel nur, wenn der Antragsteller die Übermittlung erbittet. Eine Verpflichtung des Gerichts, die Schutzschrift dem Antragsteller auszuhändigen, besteht nicht.

> **Praxistipp: Schutzschrift-Anfrage**
> 922 Bevor ein Verfügungsantrag in einer Angelegenheit mit eher geringen Erfolgsaussichten eingereicht wird, kann der Anspruchsteller aufgrund des Kostenrisikos *vor Einreichung* des Verfügungsantrages bei Gericht nachfragen, ob dort eine Schutzschrift hinterlegt wurde. Eine Auskunftspflicht des Gerichts besteht allerdings nicht. Andernfalls empfiehlt es sich möglicherweise, wenn die Voraussetzungen von § 24 Abs. 2 UWG erfüllt sind, den Verfügungsantrag bei einem anderen Gericht einzureichen.

III. Kosten

Gibt das Gericht einem Verfügungsantrag im Beschlusswege oder nach mündlicher Verhandlung durch Endurteil statt, gelten die allgemeinen Kostenerstattungsgrundsätze. Demnach hat der Antragsgegner ohnehin bei vollem Unterliegen keinen Kostenerstattungsanspruch. 923

Die Frage der Kostenerstattung wegen einer bei Gericht eingereichten Schutzschrift stellt sich nur dann, wenn 924

- der Antrag gemäß § 269 Abs. 3 ZPO zurückgenommen oder
- im Beschlusswege zurückgewiesen wird.[1034]

Reicht der Antragsgegner die Schutzschrift ein, wenn der Antrag bereits zurückgenommen ist, kann ein Erstattungsanspruch ebenfalls entstehen.[1035] 925

Tritt einer dieser Fälle ein, ist die Höhe der Kostenerstattungspflicht ausgesprochen streitig:[1036] Die Gerichte sehen einen Erstattungsanspruch entweder in Höhe einer 5/10-[1037] oder in Höhe einer 10/10-Prozessgebühr.[1038] Voraussetzung für eine Erstattungsfähigkeit ist jedoch immer, dass die Schutzschrift einen Sachantrag – also etwa auf Zurückweisung des Verfügungsantrages – enthält. 926

> **Praxistipp: Antrag auf Erstattung der Schutzschrift-Kosten**
> Ist dem *Antragsgegner* die örtliche Rechtsprechung nicht bekannt, ist es unschädlich, zunächst die Erstattung der vollen Prozessgebühr zu fordern. Kennt der *Antragsteller* die örtliche Rechtsprechung nicht, sollte er im Kostenfestsetzungsverfahren den Erstattungsanspruch des Antragsgegners bestreiten und darauf hinweisen, dass – wenn überhaupt – ein Erstattungsanspruch nur in Höhe einer halben Prozessgebühr besteht. 927

Auch wenn der Antragsgegner nur Anspruch auf Erstattung einer halben Prozessgebühr haben sollte, erhält der anwaltliche Vertreter des Antragsgegners vom Antragsgegner für seine Tätigkeit trotzdem eine 10/10-Prozeßgebühr (§§ 31 Abs. 1, 37 Nr. 1, 40 Abs. 1 BRAGO). Der Antragsgegner hat dann die Differenz zu tragen. Etwas anderes gilt nur dann, wenn – was selten der Fall sein wird – der Auftrag des Antragsgegners ausschließlich auf die Einreichung einer Schutzschrift gerichtet war. Dann berechnen sich die Gebühren nach § 118 Abs. 1 ZPO.[1039] 928

> **Praxistipp: Hinweis auf Kostentragungspflicht des Antragsgegners**
> Der Antragsgegner sollte auf die möglicherweise entstehende (teilweise) Kostentragungspflicht bereits vor Einreichung einer Schutzschrift hingewiesen werden. 929

[1034] Wobei das OLG Frankfurt a.M. NJW-RR 1987, 254 = WRP 1987, 114, einen Erstattungsanspruch nur annimmt, wenn Antrags- oder Beschwerdeschrift dem Antragsgegner zugestellt sind. Ablehnend *Gloy/Spätgens* § 78 Rn. 31.
[1035] Vgl. *Gloy/Spätgens* § 78 Rn. 31; a.A. OLG Köln JurBüro 1981, 1827, 1830.
[1036] Vgl. *Baumbach/Hefermehl* § 25 UWG Rn. 26 b, 44, 52 und *Zöller/Herget* § 91 ZPO Rn. 13 „Schutzschrift".
[1037] So zum Beispiel die Rechtsprechung der Oberlandesgerichte Bremen, Hamburg, Hamm, Köln und München.
[1038] So zum Beispiel das OLG Koblenz GRUR 1995, 171 = WRP 1995, 246.
[1039] Vgl. *Gloy/Spätgens* § 78 Rn. 32 a.

B. Abschlusserklärung

I. Bedeutung

930 Hat der Antragsteller eine einstweilige Verfügung erstritten, ist sein Anspruch nur vorläufig gesichert. Zur endgültigen Sicherung des geltend gemachten Anspruchs benötigt der Antragsteller deshalb entweder
- eine rechtskräftige Hauptsacheentscheidung,
- eine Unterlassungsverpflichtung oder
- eine verbindliche Erklärung des Antragsgegners, dass er die einstweilige Verfügung als endgültige Regelung akzeptiert[1040] (Abschlusserklärung).

931 Bevor der Antragsteller ein Hauptsacheverfahren einleitet, sollte er schon aus Kostengründen den Antragsgegner zur Abgabe einer Abschlusserklärung auffordern. Denn durch die Aufforderung des Anspruchsgegners, zur Vermeidung der Erhebung einer Hauptsacheklage eine Abschlusserklärung abzugeben, kann der Anspruchsteller ein sofortiges Anerkenntnis des Anspruchsgegners und damit die Kostenfolge des § 93 ZPO vermeiden. Die Aufforderung zur Abgabe der Abschlusserklärung leitet das Hauptsacheverfahren ein. Sie hat die Wirkung einer weiteren „Abmahnung". Die außergerichtliche (erste) Abmahnung im Vorfeld eines Verfügungsverfahrens reicht hierfür nicht aus.

932 Allerdings erübrigt sich die Aufforderung, wenn der Antragsgegner Widerspruch gegen eine Beschlussverfügung eingelegt hat. Trotzdem kann der Antragsteller den Antragsgegner zur Abgabe der Abschlusserklärung auffordern.[1041]

II. Aufforderung zur Abgabe einer Abschlusserklärung

1. Inhalt der Erklärung

933 In der Regel fordert der Anspruchsteller den Anspruchsgegner zur Erklärung auf, dass er die einstweilige Verfügung als endgültige Regelung anerkennt und – sofern noch möglich – auf Einlegung eines Rechtsmittels sowie auf die Rechte aus §§ 926 und 927 ZPO verzichtet.[1042]

934 Gibt der Antragsgegner eine entsprechende Abschlusserklärung ab, bedeutet dies zugleich, dass das Rechtsschutzbedürfnis für eine negative Feststellungsklage gemäß § 256 ZPO entfallen ist und auch eine Schadensersatzklage des Antragsgegners nach § 945 ZPO ausgeschlossen ist.[1043] Möchte der Antragsteller jeden Zweifel hierüber vermeiden, kann er dies auch ausdrücklich in seine Aufforderung zur Abgabe der Abschlusserklärung aufnehmen. Nimmt der Antragsgegner eine entsprechende Erklärung ausdrücklich aus, besteht ein Rechtsschutzbedürfnis des Antragstellers auf Feststellung, dass auch diese Ansprüche erledigt sind.

935 Ob eine Androhung der Erhebung der Hauptsacheklage erforderlich ist, ist umstritten.[1044] Die Aufforderung sollte die Androhung vorsorglich enthalten, um die

---

[1040] Vgl. *Baumbach/Hefermehl* § 25 UWG Rn. 102 ff.
[1041] Vgl. *Baumbach/Hefermehl* § 25 UWG Rn. 103.
[1042] Siehe auch im Anhang das Muster „Abschlusserklärung (Aufforderung)".
[1043] Vgl. *Gloy/Spätgens* § 92 Rn. 10.
[1044] Vgl. *Gloy/Spätgens* § 92 Rn. 2.

§ 16 Schutzschrift und Abschlusserklärung

Warnfunktion deutlich zu machen. Einen Hinweis auf die Pflicht zur Kostenerstattung[1045] muss die Abmahnung nicht enthalten.[1046]

2. Zeitpunkt der Absendung

Der Antragsteller kann zwar die Aufforderung zur Abgabe der Abschlusserklärung 936 sofort nach Vollziehung der Verfügung oder Verkündung eines Verfügungsurteils absenden. Will der Antragsteller jedoch seinen Kostenerstattungsanspruch aus der Aufforderung durchsetzen, sollte er dem Antragsgegner eine angemessene Bedenkzeit gewähren.[1047] Diese beträgt in der Regel – je nach Lage des Einzelfalls – zwischen zwei und vier Wochen nach Vollziehung bzw. Zustellung des vollständigen Urteils.[1048]

3. Fristsetzung

Die Aufforderung muss – schon wegen § 93 ZPO – eine angemessene Frist zur Ab- 937 gabe der Abschlusserklärung enthalten. Angemessen ist auch hier ein Zeitraum von zwei bis vier Wochen.[1049] Die Rechtsprechung ist allerdings uneinheitlich: Das OLG Karlsruhe etwa räumt dem Anspruchsgegner für die Beantwortung des Aufforderungsschreibens eine Frist von mindestens einem Monat ein.[1050] Das OLG Karlsruhe begründet seine Entscheidung damit, dass die Entscheidung, eine Abschlusserklärung abzugeben, mit der Entscheidung über die Einlegung einer Berufung (§ 516 517 ZPO) vergleichbar sei. Allerdings: Wenn der Antragsteller den Antragsgegner zwei Wochen nach Zustellung des vollständigen Urteils zur Abgabe der Abschlusserklärung mit einer Frist von zwei Wochen auffordert, entspricht die dem Antragsgegner gewährte Bedenkzeit etwa der Frist für die Einlegung einer Berufung. Diese Bedenkzeit ist grundsätzlich ausreichend.[1051] Droht der Eintritt der Verjährung, ist auch eine kürzere Fristsetzung angemessen.[1052]

4. Wiederholte Aufforderung zur Abgabe der Abschlusserklärung

Wenn der Antragsteller den Antragsgegner nach Zustellung einer *Beschluss-* 938 verfügung zur Abgabe der Erklärung aufgefordert hat und der Gegner Widerspruch einlegt, ist ein erneutes Aufforderungsschreiben auch bei einer Bestätigung der Verfügung erforderlich.[1053] Gleiches wird man verlangen können, wenn über die Berufung rechtskräftig entschieden ist. Hier ist eine Überlegensfrist von maximal zwei Wochen für den Antragsgegner ausreichend. Denn der Antragsgegner hatte während des

---

[1045] Siehe Rn. 945 ff.
[1046] Vgl. *Gloy/Spätgens* § 92 Rn. 2 mit Hinweis auf BGH GRUR 1973, 384 = NJW 1973, 901 = WRP 1973, 263 – Goldene Armbänder; a.A. OLG Karlsruhe WRP 1977, 117, 119.
[1047] Der BGH gestattet die Übersendung der Aufforderung – mit den sich hieraus zulasten des Anspruchsgegners ergebenden Kostenfolgen – unmittelbar nach Vollziehung der Verfügung, BGH GRUR 1991, 76 = NJW-RR 1991, 297 = WRP 1991, 97 – Abschlusserklärung. Diese Auffassung stößt allerdings vor allem wegen der Kostenfolgen auf erhebliche Kritik; vgl. *Gloy/Spätgens* § 92, Rn. 5 mit Fn. 22. Vgl. auch *Baumbach/Hefermehl* § 25 UWG Rn. 105.
[1048] Vgl. *Gloy/Spätgens* § 92 Rn. 5.
[1049] Vgl. KG WRP 1989, 661.
[1050] OLG Karlsruhe WRP 1977, 117, 119.
[1051] Vgl. *Baumbach/Hefermehl* § 25 UWG Rn. 104.
[1052] Vgl. *Baumbach/Hefermehl* § 25 UWG Rn. 104.
[1053] Vgl. *Baumbach/Hefermehl* § 25 UWG Rn. 103.

Verfahrens ausreichend Zeit, sich mit der Zulässigkeit oder Unzulässigkeit der beanstandeten Wettbewerbshandlung auseinander zu setzen. Er wird dann auch innerhalb von zwei Wochen entscheiden können, ob er ein Hauptsacheverfahren riskieren möchte.

III. Abgabe und Verweigerung der Abschlusserklärung

1. Abgabe der Erklärung

939 Die Abschlusserklärung hat die Bedeutung eines Verzichts – und zwar auf das Recht, Rechtsmittel (Widerspruch oder Berufung) einzulegen und die Aufhebung der Verfügung gemäß §§ 926, 927 ZPO zu beantragen.[1054]

> **Praxistipp: Formulierung der Abschlusserklärung**
> 940 Gibt der Antragsgegner eine Abschlusserklärung ab, sollte er sie ausdrücklich ohne Anerkenntnis einer Rechtspflicht – vor allem im Hinblick auf etwaige Schadensersatzansprüche des Antragstellers – abgeben.[1055]

2. Verweigerung der Erklärung

941 Verweigert der Antragsgegner die Abschlussklärung, kann der Antragsteller Hauptsacheklage ohne das Kostenrisiko des § 93 ZPO erheben. Allerdings obliegt dem Antragsteller der Nachweis, dass die Aufforderung zur Abgabe der Abschlusserklärung dem Antragsgegner auch zugegangen ist.

> **Praxistipp: Chancen des Hauptsacheverfahrens**
> 942 Der Antragsgegner sollte überlegen, ob für ihn ein Hauptsacheverfahren überhaupt zweckmäßig ist.[1056] Für das Hauptsacheverfahren ist in der Regel der gleiche Spruchkörper zuständig. Kann der Antragsgegner keinen wesentlich neuen Sachvortrag leisten (und beweisen), dürfte das Ergebnis des Hauptsacheverfahrens der Verfügungsentscheidung entsprechen. Das wird erst recht der Fall sein, wenn das OLG bereits im Verfügungsverfahren entschieden hat und der Streit nicht revisibel ist. Ein Hauptsacheverfahren dürfte aus der Sicht des Anspruchsgegners deshalb nur dann zweckmäßig sein, wenn
> - in der Hauptsache neuer, maßgeblicher Sachvortrag möglich ist oder
> - die Beweissituation günstiger ist als im Verfügungsverfahren – etwa, weil er sich auf Zeugen berufen kann, die zu einer Mitwirkung im Verfügungsverfahren nicht bereit waren oder
> - eine Revisionsentscheidung durch den BGH herbeigeführt werden soll.

3. Abgabe einer Unterlassungserklärung

943 Gibt der Antragsgegner statt einer Abschlusserklärung eine Unterlassungsverpflichtungserklärung ab, muss sie der Antragsteller nicht anstelle einer Abschlusserklärung annehmen. Denn der Antragsteller hat dann nach wie vor das Risiko, dass der

---

[1054] Vgl. *Zöller/Herget* § 924 ZPO Rn. 9, § 926 ZPO Rn. 4.
[1055] Siehe auch im Anhang das Muster „Abschlusserklärung (Abgabe)".
[1056] Siehe auch Rn. 859 ff.

Antragsgegner eine Aufhebung der Verfügung anstrebt.[1057] Für den Antragsteller empfiehlt es sich, die Unterlassungserklärung anzunehmen und trotzdem auf der Abgabe einer Abschlusserklärung zu bestehen. Für den Antragsgegner ist die Abgabe einer Unterlassungserklärung statt einer Abschlusserklärung deshalb wenig hilfreich, da der Antragsteller dann doppelt – durch die Verfügung und die Unterlassungsverpflichtung – abgesichert ist.

Verknüpft der Antragsgegner die Bereitschaft zur Abgabe einer Unterlassungserklärung – statt einer Abschlusserklärung – mit der Bedingung, dass erstere nur wirksam sein soll, wenn der Antragsteller keine Abschlusserklärung mehr fordere, wird der Antragsteller die Erklärung nicht annehmen und Hauptsacheklage einreichen. Dem Antragsgegner ist damit ebenso wenig geholfen. 944

IV. Kosten

Die Aufforderung zur Abgabe einer Abschlusserklärung ist für den Anspruchsgegner kostenpflichtig, wenn das Abschlussschreiben des Anspruchstellers veranlasst war und der Anspruchsgegner die Abschlusserklärung abgibt.[1058] „Veranlasst" war die Aufforderung nur dann, wenn der Anspruchsgegner eine ausreichende Überlegensfrist hatte.[1059] Die Aufforderung zur Abgabe der Abschlusserklärung stellt eine eigene Angelegenheit dar (§ 13 BRAGO), da sie das Hauptsacheverfahren einleitet und löst aus dem gerichtlich festgesetzten Streitwert eine 8/10-Geschäftsgebühr aus. Fordert der Antragsteller den Antragsgegner mehrfach zur Abgabe einer Abschlusserklärung auf – etwa nach Vollziehung der Verfügung, nach Erlass eines Urteils im Widerspruchsverfahren und nach Entscheidung der Berufungsinstanz – fällt die Gebühr trotzdem nur einmal an. Denn die Aufforderungen betreffen immer das gleiche Hauptsacheverfahren. 945

Der Kostenerstattungsanspruch verjährte bislang – wie auch der Anspruch auf Ersatz der Abmahnkosten – gemäß § 21 UWG nach sechs Monaten. Nach neuem Recht gilt: Das Verfügungsverfahren hemmt die Verjährung des Anspruchs. Der Antragsteller muss nicht innerhalb der Frist des § 21 UWG Hauptsacheklage erheben. Da die Aufforderung zur Abgabe der Abschlusserklärung auch bereits zum Hauptsacheverfahren gehört, bleibt die Verjährung des Anspruchs auf Erstattung der Kosten wegen der Aufforderung so lange gehemmt wie der Anspruch selbst.[1060] 946

> **Praxistipp: Vermeidung der Kostenfolge**
> Der Antragsgegner übersieht häufig, dass eine ordnungsgemäße Aufforderung zur Abgabe der Abschlusserklärung kostenpflichtig ist. Die Kosten kann der Anspruchsgegner vor allem dann vermeiden, wenn er unmittelbar nach Vollziehung der einstweiligen Verfügung entscheidet, ob er sie als endgültige Regelung anerkennt. Denn eine Abschlusserklärung kann auch ohne vorherige Aufforderung durch den Anspruchsteller erfolgen. Zur Vermeidung der Kosten empfiehlt es sich dann, sofort nach Zustellung der Verfügung bzw. sobald die begründete Entscheidung des Ge- 947

[1057] Vgl. *Gloy/Spätgens* § 92 Rn. 11.
[1058] Vgl. *Zöller/Herget* § 91 ZPO Rn. 13 („Abschlussschreiben").
[1059] Siehe Rn. 936 f.
[1060] Siehe Rn. 529 ff.

richts vorliegt, den Anspruchsteller zu informieren, dass innerhalb von *längstens* einem Monat[1061] – besser: innerhalb von zwei Wochen – die Mitteilung erfolgt, ob eine Abschlusserklärung abgegeben wird. Entsprechend sollte der Anspruchsgegner sofort nach Vollziehung eine Zwei-Wochen-Frist notieren!
Sollte es dem Antragsgegner nicht möglich sein, innerhalb dieser Frist eine Entscheidung zu treffen, sollte er die möglichen Kostenfolgen berücksichtigen.

[1061] Bei besonders gravierenden und offensichtlichen Wettbewerbsverstößen ist eine Frist von einem Monat sicher zu lange.

§ 17 Hauptsacheverfahren

A. Hauptsacheklage und einstweilige Verfügung

Hauptsache- und Verfügungsverfahren bestehen vollkommen eigenständig nebeneinander: Das Verfügungsverfahren ist nicht Zulässigkeitsvoraussetzung für das Hauptsacheverfahren. Wenn bereits eine Verfügung besteht, die nicht durch eine Unterlassungs- oder Abschlusserklärung gesichert ist, besteht auch ein Rechtsschutzbedürfnis für die Hauptsacheklage.[1062]

948

I. Klageerzwingung gemäß §§ 936, 926 ZPO

Der Antragsgegner kann den Antragsteller gemäß §§ 936, 926 ZPO zwingen, ein Hauptsacheverfahren durchzuführen. Auf Antrag des Antragsgegners setzt das Gericht dem Antragsteller eine Frist zur Klageerhebung. Versäumt der Antragsteller die Frist unwiderbringlich, ist die einstweilige Verfügung aufzuheben.[1063] Die Frist ist nur dann gewahrt, wenn der Antragsteller den Antrag aus dem Verfügungsverfahren vollständig zum Gegenstand des Hauptsacheverfahrens macht. Darüber hinaus kann der Antragsteller weitere Ansprüche geltend machen, die er ohnehin nur im Hauptsacheverfahren durchsetzen kann – zum Beispiel Auskunfts- und Schadensersatzansprüche.

949

Die Klage muss der Antragsteller nicht bei dem Gericht anhängig machen, bei dem bereits das Verfügungsverfahren anhängig ist. Es besteht das Wahlrecht nach § 35 ZPO. Ruft der Antragsteller in seiner Hauptsacheklage ein unzuständiges Gericht an, ist die Frist trotzdem gewahrt, sofern die Prozessvoraussetzungen im übrigen erfüllt sind.[1064]

950

II. Hauptsacheklage zur Unterbrechung der kurzen Verjährung

Nach der bisherigen Rechtslage unterbrach ein Verfügungsverfahren die kurze Verjährung nach § 21 UWG nicht. Der Antragsteller war deshalb gezwungen – wenn er sich mit dem Antragsgegner nicht auf einen Verzicht auf die Einrede der Verjährung einigen konnte – zur Unterbrechung der Verjährung Hauptsacheklage zu erheben. Gemäß § 204 Abs. 1 Nr. 9 BGB ist die Verjährung nun auch mit Einreichung eines Verfügungsantrages gehemmt.[1065]

951

III. Rechtskraft der einstweiligen Verfügung

Die (formelle) Rechtskraft einer einstweiligen Verfügung hat keine Auswirkungen auf das Hauptsacheverfahren. Insbesondere ist das Hauptsacheverfahren dadurch nicht erledigt. Das gilt zunächst auch dann, wenn die Parteien die einstweilige Verfü-

952

[1062] Zur rechtsmissbräuchlichen Durchführung des Hauptsacheverfahrens *neben* dem Verfügungsverfahren siehe Rn. 548.
[1063] Siehe im übrigen Rn. 864 ff.
[1064] Vgl. *Zöller/Vollkommer* § 35 ZPO Rn. 32.
[1065] Siehe hierzu und zur neuen Regelung nach dem SchuldrechtsmodernisierungsG, S. Rn. 529 ff.

gung in der Hauptsache für erledigt erklärt haben. Ist allerdings nicht nur das Verfahren erledigt, sondern der Anspruch – zum Beispiel durch Abgabe einer Unterlassungserklärung –, wäre auch die Hauptsache nicht mehr begründet.

IV. Rechtskraft der Hauptsacheentscheidung

953   Eine rechtskräftige Hauptsachentscheidung wirkt sich ebenso wenig unmittelbar auf eine rechtskräftige einstweilige Verfügung aus. Obsiegt der Anspruchsteller, bestehen zu seinen Gunsten zwei Titel. Unterliegt er, besteht zu seinen Gunsten ein Verfügungstitel, der nicht gerechtfertigt ist. In beiden Fällen muss der Anspruchsgegner aktiv werden und Aufhebung nach §§ 936, 927 ZPO beantragen,[1066] wenn er die Wirkungen der einstweiligen Verfügung beseitigen will. Der Anspruchsteller kann ein Aufhebungsverfahren dadurch vermeiden, dass er außergerichtlich vorbehaltslos auf die Rechte aus der einstweiligen Verfügung verzichtet und dem Anspruchsgegner den Titel zur Verfügung stellt.[1067] Ist der Anspruchsteller in der Hauptsache unterlegen, stellt sich außerdem noch die Frage der Erstattung der dem Anspruchsgegner durch das Verfügungsverfahren entstandenen Kosten. Erklärt der Anspruchsgegner unter Übergabe des Verfügungstitels einen Verzicht, bleibt für ein Aufhebungsverfahren – in dem dann auch über die Kosten der Verfügung zu entscheiden wäre[1068] –, kein Raum. War die Verfügung von Anfang an ungerechtfertigt, kann der Anspruchsgegner die Kosten als Schaden gemäß § 945 ZPO geltend machen. Anderenfalls verbleibt es bei der Kostenentscheidung des Verfügungsverfahrens.

B. Negative Feststellungsklage und positive Leistungsklage

I. Negative Feststellungsklage zur Begründung des Gerichts der Hauptsache

954   Der Anspruchsgegner kann negative Feststellungsklage mit dem Ziel begehren, dass das Gericht das Nichtbestehen des vom Anspruchsteller geltend gemachten Anspruchs feststellt.[1069] Reicht der Anspruchsgegner die negative Feststellungsklage ein, bevor der Anspruchsteller den Erlass einer einstweiligen Verfügung beantragt, bestimmt der Anspruchsgegner die örtliche Zuständigkeit für den Verfügungsantrag: Denn mit Anhängigkeit (Einreichung der Klageschrift) der Feststellungsklage ist das vom Anspruchsgegner angerufene Gericht das Gericht der Hauptsache gemäß §§ 937 Abs. 1, 943 Abs. 1 ZPO.[1070] Das Verfügungsverfahren ist dann auch vor diesem Gericht zu führen.[1071]

[1066] Siehe hierzu Rn. 871 ff.
[1067] Vgl. *Gloy/Spätgens* § 90 Rn. 3.
[1068] Siehe Rn. 869 f.
[1069] Siehe hierzu auch Rn. 613.
[1070] Vgl. *Zöller/Vollkommer* § 937 ZPO Rn. 1 mit Hinweis auf die strittige Rechtsprechung, zum Beispiel OLG Frankfurt a.M. WRP 1996, 27.
[1071] Siehe Rn. 692 f.

§ 17 Hauptsacheverfahren

II. Wegfall des Feststellungsinteresses

Ein Rechtsschutzbedürfnis für die negative Feststellungsklage entfällt allerdings 955
wieder, wenn der Anspruchsteller positive Leistungsklage (Hauptsacheklage) erhebt.[1072] Die Feststellungsklage ist dann erledigt. Es gibt allerdings eine Ausnahme: Ist die Feststellungsklage im Gegensatz zur Leistungsklage entscheidungsreif, besteht das Feststellungsinteresse fort.[1073] Ist die Feststellungsklage erledigt, ist das Gericht der Hauptsache dann für das Verfügungsverfahren (wieder) das vom Anspruchsteller gewählte Gericht.[1074]

III. Verfahrensfragen

Bei der Erhebung der negativen Feststellungsklage ist der Anspruchsteller nicht an 956
die Regelung in § 943 Abs. 1 ZPO gebunden. Er kann gemäß § 35 ZPO jedes örtlich zuständige Gericht anrufen. Erhebt der Anspruchsteller Leistungsklage, muss dies nicht im Wege einer Widerklage geschehen. Er kann jeden Gerichtsstand wählen, den § 24 UWG zulässt.[1075]

C. Sprungrevision

Wenn bereits das OLG als letztinstanzliches Gericht im Verfügungsverfahren ent- 957
schieden hat, wird die Entscheidung des OLG im Hauptsacheverfahren selten von der Verfügungsentscheidung abweichen. Es sei denn, den Parteien ist neuer Sachvortrag möglich, der entscheidungserheblich ist. Aus Zeit- und Kostengründen bietet sich deshalb an, mit der anderen Partei die Durchführung einer Sprungrevision zu vereinbaren (§ 566 Abs. 1 Nr. 1 ZPO), wenn im Übrigen die Voraussetzungen von § 566 ZPO vorliegen. Demnach muss die Berufung statthaft sein (§ 511 ZPO). Bis 31.12.2001 galt: Unerheblich ist, ob die der Wert der Beschwer 60.000 Mark (§ 546 ZPO a.F.) übersteigt. Zum 1.1.2002 ist die Wertrevision ohnehin weggefallen (§ 542 ZPO). Ob eine Zulassung durch das OLG erforderlich wäre, ist unerheblich. Bis 31.12.2001 konnte das Revisionsgericht die Annahme der Revision ablehnen, wenn die Sache keine grundsätzliche Bedeutung hatte (§ 566 a Abs. 3 ZPO a.F.). Seit 1.1.2002 muss das Revisionsgericht die Revision zulassen (§ 566 Abs. 1 Nr. 2 ZPO). Die Sprungrevision ist nunmehr nur dann zuzulassen (§ 566 Abs. 4 ZPO), wenn die Rechtssache grundsätzliche Bedeutung hat (Nr. 1) oder die Fortbildung des Rechts oder die Sicherung einer einheitlichen Rechtsprechung eine Entscheidung des Revisionsgerichts erfordert (Nr. 2).

[1072] Vgl. *Thomas/Putzo* § 256 ZPO Rn. 19.
[1073] BGHZ 99, 340 = GRUR 1987, 402 = NJW 1987, 2680 = WRP 1987, 459 – Parallelverfahren I.
[1074] Meist wird allerdings bereits über den Verfügungsantrag – zumindest erstinstanzlich – entschieden sein, bevor Leistungsklage erhoben und geklärt ist, ob dadurch die negative Feststellungsklage erledigt ist.
[1075] BGH GRUR 1994, 846 = NJW 1994, 3107 = WRP 1994, 810 – Parallelverfahren II.

§ 18 Unterlassungsansprüche – Anerkenntnis, Erledigung der Hauptsache und Prozessvergleich

958 Gerade im Verfügungsverfahren kann es sich für den Antragsgegner anbieten, das Verfahren rasch und kostengünstig zu beenden, wenn er vom Erlass einer Beschlussverfügung Kenntnis erhält. „Rasch" sollte der Antragsgegner deshalb über das weitere Vorgehen entscheiden, um eine (kostenpflichtige) Aufforderung zur Abgabe der Abschlusserklärung durch den Antragsteller zu vermeiden. „Kostengünstig" ist das Verfahren beendet, wenn der Antragsgegner entscheidet, keinen Widerspruch in der Sache einzulegen, um weitere Kosten durch eine mündliche Verhandlung und ein Verfügungsurteil zu vermeiden.[1076]

Praxistipp: Vorüberlegungen des Antragsgegners
959 Sofort nach Zustellung einer Beschlussverfügung sollte der Antragsgegner überlegen: Besteht aus rechtlichen Gründen überhaupt eine Chance, die Folgen der Beschlussverfügung zu beseitigen? Birgt der Sachverhalt zumindest ein erhebliches prozessuales Risiko und ist beabsichtigt, die beanstandete Wettbewerbshandlung zu wiederholen? Bei einem hohen Prozessrisiko und ohnedies nicht beabsichtigter Wiederholung bietet sich eine sofortige Verfahrensbeendigung an.

960 Auch im Hauptsacheverfahren kann es aus Kostengründen zweckmäßig sein, das Verfahren nicht fortzusetzen. Man sollte allerdings den Vorschlag von *Baumbach/Hefermehl*, eine Verurteilung durch die Abgabe einer strafgesicherten Unterlassungserklärung zu vermeiden,[1077] aus den nachstehend benannten Gründen nicht kritiklos übernehmen.

A. Verfahrensbeendigung durch Anerkenntnis

I. Anerkenntnis in Verfahren mit mündlicher Verhandlung

961 Eine Möglichkeit, das Verfahren zu beenden, besteht darin, den geltend gemachten Anspruch anzuerkennen. Im Hauptsacheverfahren oder im Verfügungsverfahren, wenn eine mündliche Verhandlung anberaumt ist, ergeht dann Anerkenntnisurteil gemäß § 93 ZPO.

II. Anerkenntnis nach Beschlussverfügung

962 Erkennt der Antragsgegner den Anspruch nach Erlass und (wirksamer) Vollziehung einer Beschlussverfügung an, geschieht dies entweder
- durch Abgabe einer Abschlusserklärung oder
- durch Einlegung eines lediglich auf die Kosten beschränkten Widerspruchs.

[1076] Hierdurch fällt nämlich eine Erörterungs- oder Verhandlungsgebühr nach § 31 BRAGO an. Außerdem verbraucht eine Beschlussverfügung in erster Instanz nur eine Gebühr, ein Verfügungsurteil hingegen drei Gebühren, siehe Rn. 818. Bei den in Wettbewerbssachen üblicherweise recht hohen Streitwerten lassen sich daher durchaus erhebliche Kosten sparen.
[1077] *Baumbach/Hefermehl* Einl. UWG Rn. 528.

§ 18 Unterlassungsansprüche – Verfahrensbeendigung

Wenn der Antragsgegner eine Abschlusserklärung abgibt, ist damit nicht nur das Verfügungsverfahren abgeschlossen. Auch ein Hauptsacheverfahren ist damit ausgeschlossen.[1078] Sofern der Anspruchsteller bereits parallel zum Verfügungsverfahren ein Hauptsacheverfahren betreibt, ist aufgrund einer ordnungsgemäßen Abschlusserklärung[1079] dort die Hauptsache erledigt. 963

Legt der Antragsgegner einen auf den Kostenpunkt beschränkten Kostenwiderspruch ein, gibt er damit zugleich zu erkennen, dass er auf das Recht zur Einlegung eines Vollwiderspruchs nach §§ 936, 924 ZPO verzichtet.[1080] Damit ist aber noch nicht das Rechtsschutzbedürfnis des Antragstellers entfallen, Hauptsacheklage zu erheben. Denn die Einlegung des Kostenwiderspruchs bedeutet noch nicht, dass der Verletzer damit auch auf die Rechte aus §§ 926, 927 ZPO (Erzwingung des Hauptsacheverfahrens und Aufhebung der Verfügung) verzichtet.[1081] 964

Praxistipp:
Wer auch das Hauptsacheverfahren vermeiden möchte, sollte in seinem Kostenwiderspruch – „ohne Anerkenntnis einer Rechtspflicht" – ausdrücklich darauf hinweisen, dass auf die Rechte aus §§ 926, 927 verzichtet wird und die einstweilige Verfügung als endgültige Regelung angesehen wird. Diese Erklärung entspricht dann einer außergerichtlich abgegeben Abschlusserklärung. 965

Ein schriftsätzliches Anerkenntnis ohne zugleich Kostenwiderspruch einzulegen, ist unsinnig, da eine wirksame einstweilige Verfügung vorhanden ist. Ebenfalls wenig sinnvoll ist es, Vollwiderspruch gegen die Beschlussverfügung einzulegen und zugleich den Anspruch anzuerkennen.[1082] 966

III. Kosten

Über die Kosten entscheidet das Gericht gemäß § 93 ZPO. Nur bei einem sofortigen Anerkenntnis und nur dann, wenn der Anspruchsgegner keinen Anlass zur Klageerhebung gegeben hat, trifft die Kostenlast den Anspruchsteller. Hat der Anspruchsteller den Anspruchsgegner vor Einreichung der Klage oder des Verfügungsantrages ordnungsgemäß abgemahnt, trägt der Anspruchsgegner die Kosten.[1083] 967

[1078] Siehe Rn. 930.
[1079] Siehe Rn. 939.
[1080] *Baumbach/Hefermehl* § 25 UWG Rn. 73 m.w.H.
[1081] Zwar wird vereinzelt angenommen, dass die Einlegung (nur) eines Kostenwiderspruchs auch einen Verzicht auf das Recht aus § 926 Abs. 1 ZPO bedeutet. Einheitlich ist die Rechtsprechung hierzu nicht.
[1082] Vgl. auch *Baumbach/Hefermehl* § 25 UWG Rn. 71.
[1083] Siehe im übrigen zum Kostenwiderspruch Rn. 788.

B. Verfahrensbeendigung durch Abgabe der geforderten Unterlassungserklärung

I. Unterlassungserklärung in Verfahren mit mündlicher Verhandlung

968 Gibt der Anspruchsgegner vor oder in der mündlichen Verhandlung die geforderte Unterlassungserklärung ab, ist die Hauptsache erledigt[1084] und ein Verfügungstitel wirkungslos.[1085] Denkbar ist auch, dass der Anspruchsgegner eine Unterlassungserklärung nur für das Verfügungsverfahren – also „bis zur Entscheidung in der Hauptsache" – abgibt. Das ist durchaus möglich, erledigt aber nur das Verfügungsverfahren.[1086]

II. Unterlassungserklärung im Widerspruchsverfahren

969 Der Antragsgegner kann eine Unterlassungserklärung auch nach Erlass und wirksamer Vollziehung einer Beschlussverfügung abgeben. Das ist entweder außergerichtlich gegenüber dem Anspruchsteller oder schriftsätzlich gegenüber dem Gericht möglich. Die Abgabe einer Unterlassungserklärung ist hier aber nur dann sinnvoll, wenn der Antragsgegner zugleich Widerspruch gegen die Beschlussverfügung einlegt. Anderenfalls bestehen die Verfügung und die Unterlassungserklärung nebeneinander und sichern den Anspruchsteller doppelt ab. Denn die Abgabe der Unterlassungserklärung führt ohne Widerspruch nicht zur Beseitigung der Verfügung. Mit Einlegung eines Widerspruchs wird nach Erledigterklärung der Verfügungstitel allerdings samt Androhung der Ordnungsmittel hinfällig.[1087] Die Parteien können dann – wenn die Erklärung den Anforderungen des Antragstellers genügt – die Hauptsache für erledigt erklären.

970 Es kann für den Antragsgegner auch zweckmäßig sein, Vollwiderspruch einzulegen, um zunächst – nach Sachvortrag – die Auffassung des Gerichts in der mündlichen Verhandlung zu erfahren. Dann kann der Antragsgegner immer noch – nun allerdings belastet mit jeweils zwei Prozess- und Verhandlungs-/Erörterungsgebühren und drei Gerichtsgebühren[1088] – eine Unterlassungserklärung abgeben.

971 Bei übereinstimmender Erledigterklärung bedarf es der zusätzlichen Abgabe einer Abschlusserklärung nicht mehr. Denn durch die Unterlassungserklärung ist der Antragsteller endgültig gesichert und wegen der Erledigterklärung besteht keine Verfügung mehr, die nach §§ 936, 926, 927 ZPO aufzuheben wäre.

III. Kosten

972 Ist die Hauptsache erledigt, entscheidet das Gericht über die Kosten gemäß § 91 a ZPO, wobei der Rechtsgedanke des § 93 ZPO zu berücksichtigen ist.[1089] Die Entscheidung kann – kostensparend – ohne mündliche Verhandlung ergehen und ist gemäß

[1084] Siehe zur Erledigung der Hauptsache auch *Baumbach/Hefermehl* Einl. UWG Rn. 506 ff.
[1085] *Gloy/Spätgens* § 93 Rn. 33 mit Hinweis auf § 269 Abs. 3 Satz 1 ZPO.
[1086] Vgl. *Baumbach/Hefermehl* § 25 UWG Rn. 47 b.
[1087] Vgl. *Baumbach/Hefermehl* § 25 UWG Rn. 71.
[1088] Siehe Rn. 818 ff.
[1089] Vgl. *Baumbach/Hefermehl* § 25 UWG Rn. 47 a.

§ 91 a Abs. 2 ZPO beschwerdefähig, sofern nicht das Oberlandesgericht über die Kosten zu entscheiden hat (§ 567 Abs. 1 ZPO). Bei Abgabe einer Unterlassungserklärung im Verfügungsverfahren ist auch ein parallel anhängiges Hauptsacheverfahren erledigt. Auch hier ist über die Kosten gemäß §§ 91 a, 93 ZPO zu entscheiden.[1090]

Gibt der Anspruchsgegner die Erklärung im Rahmen eines Widerspruchsverfahrens ab, fallen die Kosten aus dem vollen Streitwert an, da die Abgabe einer Unterlassungserklärung nur nach Einlegung eines Vollwiderspruchs sinnvoll ist.

973

Praxistipp: Kostenwiderspruch oder Vollwiderspruch?
Vor Einlegung eines Widerspruchs sollte der Antragsgegner entscheiden, ob er (lediglich) Kostenwiderspruch oder Vollwiderspruch einlegen will. Wer Kostenwiderspruch einlegt und zugleich eine Unterlassungserklärung abgibt, ist durch die Verfügung *und* den Unterlassungsvertrag belastet. Ein Verstoß kann damit zu einem Ordnungsmittel *und* einer Vertragsstrafe führen. Wer Vollwiderspruch einlegt und den Widerspruch erst dann auf die Kosten beschränkt, nimmt den Widerspruch teilweise zurück und muss zudem damit rechnen, dass er die gesamten Kosten des Verfahrens trägt. Denn in diesem Fall ist § 93 ZPO grundsätzlich nicht anwendbar.[1091]

974

C. Unterlassungserklärung oder Anerkenntnis?

Man sollte vor Anerkenntnis eines gerichtlichen Verbots oder der Abgabe einer Unterlassungserklärung die unterschiedlichen Rechtsfolgen, die sich jeweils ergeben, bedenken. Das sind nicht nur die Kosten.

975

I. Haftung

Wer eine Unterlassungserklärung abgibt, schließt damit einen Unterlassungsvertrag mit dem Anspruchsteller. Für die Einhaltung der vertraglichen Unterlassungsverpflichtung haftet der Verpflichtete auch gemäß § 278 BGB. Das kann auch ein selbstständiges Unternehmen sein – etwa das Vertriebsunternehmen, dessen sich ein Verlag zur Verbreitung seiner Bücher bedient.[1092]

976

Im Rahmen des § 890 ZPO haftet der Schuldner hingegen nur für eigenes Verschulden bzw. bei juristischen Personen für das seiner Organe.[1093] Hier kann sich also der Schuldner damit verteidigen, dass er alle Maßnahmen getroffen hat, um einen Verstoß gegen die Unterlassungsverpflichtung zu vermeiden.[1094]

977

II. Beweislast

Geht es um die Verpflichtung zur Zahlung einer Vertragsstrafe, muss der Gläubiger lediglich beweisen, dass objektiv ein Verstoß vorliegt. Das Vertretenmüssen des

978

[1090] Siehe zur rechtsmissbräuchlichen Durchführung eines Hauptsacheverfahrens Rn. 548.
[1091] Vgl. auch *Baumbach/Hefermehl* § 25 UWG Rn. 76.
[1092] Vgl. BGH GRUR 1988, 561, 562 – Verlagsverschulden I (siehe auch Fn. 753).
[1093] BGH GRUR 1991, 929, 931 – Fachliche Empfehlungen II; *Baumbach/Hefermehl* Einl. UWG Rn. 583.
[1094] Siehe hierzu etwa OLG Düsseldorf WRP 1985, 30, 31.

Schuldners wird vermutet (§ 282 BGB). Der Schuldner muss dann beweisen, dass weder ihn bzw. noch seine Erfüllungsgehilfen ein Verschulden trifft.[1095]

979 § 890 ZPO hingegen verlangt vom Gläubiger nicht nur den Beweis, dass eine Zuwiderhandlung gegen das Verbot objektiv vorliegt. Hier muss der Gläubiger auch das Verschulden des Schuldners beweisen.[1096]

III. Folgen eines Verstoßes

980 Verstößt der Schuldner gegen die vertragliche Unterlassungsverpflichtung, begründet dies erneut die Wiederholungsgefahr.[1097] Es besteht damit auch erneut ein gesetzlicher Unterlassungsanspruch mit einem wesentlich höherem Vertragsstrafenversprechen[1098] oder – wenn eine Erklärung nach „Hamburger Brauch" abgegeben wurde[1099] – einer Untergrenze in Höhe der aufgrund des Verstoßes verwirkten Vertragsstrafe.[1100]

981 Besteht ein gerichtliches Verbot, kann der Verletzte Ordnungsmittel nach § 890 ZPO beantragen. Bei mehreren Verstößen erhöht sich auch das Ordnungsgeld.

IV. Verjährung

982 Der Anspruch auf Zahlung einer Vertragsstrafe verjährte nach dem bisherigen Recht unabhängig von der kurzen Verjährung gemäß § 21 UWG erst nach 30 Jahren.[1101] Mit Inkrafttreten der Schuldrechtsreform gilt nun eine Verjährungsfrist von drei Jahren ab Kenntnis (§ 195 BGB) bzw. eine Verjährungsfrist von zehn Jahren ohne Kenntnis (§ 199 Abs. 4 BGB). Ein Ordnungsmittel gemäß § 890 ZPO kann man jedoch nur längstens zwei Jahre nach Beendigung des Verstoßes beantragen (Art. 9 Abs. 1 Satz 2 und 3 EGStGB). Auf die Kenntnis des Verstoßes kommt es nicht an. Die Verjährung ist nur dann gehemmt, wenn das Verfahren nicht begonnen oder fortgesetzt werden kann (Art. 9 Abs. 1 Satz 4 EGStGB).

V. Ergebnis

983 Der wesentliche Nachteil bei einem Anerkenntnis liegt darin, dass der Titel (sofort) vollstreckbar ist, wenn die zivilprozessualen Voraussetzungen vorliegen.[1102] Der Nachteil des Vertragsstrafenversprechens liegt vor allem in der für den Schuldner ungünstigen Haftungs- und Beweissituation. Befürchtet der Schuldner keinen Verstoß durch Erfüllungsgehilfen, empfiehlt sich wohl die Abgabe einer strafbewehrten Unterlassungserklärung nach „Hamburger Brauch". Denn dann muss der Gläubiger entscheiden, welche Vertragsstrafe er ansetzt. Ist der Schuldner – wie häufig –

[1095] Vgl. *Köhler/Piper* Vor § 13 UWG Rn. 227.
[1096] Vgl. *Köhler/Piper* Vor § 13 UWG Rn. 382.
[1097] BGH GRUR 1980, 241 = NJW 1980, 1843 = WRP 1980, 253 – Rechtsschutzbedürfnis.
[1098] *Baumbach/Hefermehl* Einl. UWG Rn. 293 a.
[1099] Siehe Rn. 573.
[1100] *Baumbach/Hefermehl* Einl. UWG Rn. 293 a.
[1101] Vgl. BGHZ 130, 288 = GRUR 1995, 678 = NJW 1995, 2788 = WRP 1995, 820 – Kurze Verjährungsfrist und BGH GRUR 1998, 471 = NJW 1998, 1144 = WRP 1998, 164 – Modenschau im Salvator-Keller.
[1102] Entgegen § 750 Abs. 1 ZPO genügt Amtszustellung: BGH NJW 1990, 122 (bestr.).

außergerichtlich nicht bereit, die geforderte Vertragsstrafe zu zahlen, trägt der Verletzte ein nicht unerhebliches prozessuales Risiko: Denn wird nur ein Teil der geforderten Kosten zugesprochen, hat der Verletzte die übrigen Verfahrenskosten zu tragen.[1103]

D. Anforderungen an einen Prozessvergleich – Formulierung

Sofern eine Verfahrensbeendigung außerhalb einer mündlichen Verhandlung nicht möglich oder nicht zweckmäßig ist – etwa weil die Parteien zunächst eine Einschätzung des Gerichts hören möchten –, bietet sich möglicherweise in der Verhandlung der Abschluss eines Prozessvergleichs[1104] an. Hier sind vor allem die Fragen zu klären: Kann ein Prozessvergleich auch die Androhung von Ordnungsmitteln gemäß § 890 ZPO enthalten? Muss eine Unterlassungserklärung auch eine Vertragsstrafe enthalten? Worauf müssen die Parteien bei der Formulierung des Vergleichs achten? Für einen außergerichtlichen Vergleich gilt im Wettbewerbsrecht nichts anderes als in sonstigen zivilrechtlichen Streitigkeiten: Die Parteien werden dann die Hauptsache für erledigt erklären, so dass es nur noch der Kostenentscheidung nach §§ 91 a, 93 ZPO bedarf, sofern die Parteien nicht auch die Kostenfrage vergleichsweise geregelt haben. 984

I. Ordnungsmittel gemäß § 890 ZPO

Ein gerichtlicher Vergleich enthält keine Androhung von Ordnungsmitteln, da er kein Hoheitsakt ist.[1105] Der Gläubiger kann jedoch einen Androhungsbeschluss nach § 890 Abs. 2 ZPO beantragen – und zwar auch ohne Zuwiderhandlung gegen den Vergleich. Sobald der Androhungsbeschluss förmlich durch das Gericht zugestellt ist (§ 329 Abs. 3 ZPO), ist der Prozessvergleich wie ein Urteil sanktionsbewehrt. Gegen den Androhungsbeschluss ist sofortige Beschwerde gemäß §§ 793, 891 ZPO gegeben.[1106] 985

Praxistipp:
Um den nachträglichen Antrag auf Erlass eines Androhungsbeschlusses zu vermeiden, kann der Antrag schon in der mündlichen Verhandlung nach Abschluss des Vergleichs erfolgen. Das Gericht kann den Beschluss dann mit der Protokollierung des Vergleichs verbinden. 986

II. Vereinbarung einer Vertragsstrafe

Der Prozessvergleich hat damit die gleiche Wirkung wie ein gerichtlich ausgesprochenes und mit Androhung gemäß § 890 Abs. 2 ZPO versehenes Verbot. Der *zusätzlichen* Vereinbarung einer Vertragsstrafe bedarf es daher nicht, auch nicht zur Beseitigung der Wiederholungsgefahr.[1107] Vereinbaren die Parteien trotzdem eine Vertrags- 987

[1103] Siehe auch Rn. 630.
[1104] Vgl. *Baumbach/Hefermehl* Einl. UWG Rn. 502 ff. Siehe auch *Nieder* S. 117.
[1105] Vgl. *Baumbach/Hefermehl* Einl. UWG Rn. 504.
[1106] Diese dürfte allerdings in der Regel erfolglos bleiben, wenn sich der Beschluss im Rahmen des § 890 Abs. 1 ZPO hält.
[1107] Vgl. *Nieder* S. 117.

3. Teil. Gerichtliches Verfahren

strafe, ist der Verletzte doppelt abgesichert. Er kann dann nämlich Ordnungsmittel beantragen und zugleich die Zahlung einer Vertragsstrafe fordern.[1108]

Praxistipp: Verzicht auf Ordnungsmittel
988 Soll eine Vertragsstrafe Gegenstand eines Prozessvergleichs sein, sollte der Anspruchsgegner darauf bestehen, dass der Anspruchsteller ausdrücklich einen Verzicht auf das Antragsrecht gemäß § 890 ZPO zu Protokoll erklärt.

III. Inhalt eines Unterlassungsvergleichs

989 Der Anspruchsgegner sollte sich entscheiden, ob er eine Vertragsstrafe vereinbaren *oder* dem Anspruchsteller ein Antragsrecht gemäß § 890 ZPO gewähren möchte. Schließlich ist auch zu berücksichtigen, dass eine vergleichsweise vereinbarte Unterwerfung vertraglicher Natur ist. Bei einem Verstoß gegen die Unterlassungsverpflichtung sind für eine Auslegung der Willenserklärungen die zur Vertragsauslegung maßgeblichen Bestimmungen (§§ 133, 157 BGB) heranzuziehen. Bei einem gerichtlichen Verbot findet die vom BGH entwickelte Kerntheorie Anwendung.[1109] Damit ist nicht nur die konkrete Verletzungshandlung untersagt. Umfasst von dem Verbot sind auch im Kern gleiche Verletzungshandlungen. Für einen Unterwerfungsvertrag muss das nicht ohne Weiteres gelten. Geht etwa der Antrag des Verletzten weiter als der Unterwerfungsvergleich, könnte dieser möglicherweise nur identische, nicht aber auch gleichartige Handlungen betreffen.

Praxistipp: Unterlassung für gleichartige Handlungen
990 Für den Anspruchsteller bietet sich an, in den Unterlassungsvergleich aufzunehmen, dass auch im Kern gleichartige Handlungen umfasst sind.

IV. Vollziehung eines Prozessvergleichs

991 Da nur einstweilige Verfügungen zu vollziehen sind, bedarf ein gerichtlich protokollierter Prozessvergleich nicht der Vollziehung gemäß §§ 936, 929 Abs. 2 ZPO.

[1108] Vgl. etwa BGHZ 138, 67 = GRUR 1998, 1053 = NJW 1998, 1138 = WRP 1998, 507, 508 – Behinderung der Jagdausübung; a.A. allerdings OLG Hamm GRUR 1985, 82 und weitere Oberlandesgerichte wegen des Grundsatzes „ne bis in idem".

[1109] Vgl. *Baumbach/Hefermehl* Einl. UWG Rn. 485 und vorne Rn. 701.

§ 19 Zwangsvollstreckung

A. Vorbemerkung, Rechtsgrundlagen

Die Zwangsvollstreckung wettbewerbsrechtlicher Entscheidungen folgt im Hauptsache- und Verfügungsverfahren den gleichen Regeln. Bestehen Verfügungs- und Hauptsache nebeneinander, kann der Gläubiger auch aus beiden Titeln vollstrecken.[1110] Wenn die Parteien einen gerichtlichen Vergleich geschlossen haben, ist dieser ebenfalls ein vollstreckungsfähiger Titel. Für Unterlassungsverpflichtungen ist § 890 ZPO anwendbar. Für Handlungen bzw. Willenserklärungen gelten §§ 887, 888, 894 ZPO. Wegen der besonderen Bedeutung der Unterlassungsvollstreckung konzentrieren sich die nachfolgenden Ausführungen hierauf. Die Zwangsvollstreckung von Leistungsurteilen erfolgt im Wettbewerbsrecht nach den üblichen Regeln. Von einer gesonderten Darstellung der Zwangsvollstreckung aus zum Beispiel Auskunfts- und Schadensersatztiteln wird hier deshalb abgesehen.[1111]

992

B. Sicherheitsleistung

Praxistipp: Vollstreckungsschutz für den Anspruchsgegner
Im Verfügungsverfahren sollte der Anspruchsgegner bereits in der Schutzschrift – sonst spätestens in der mündlichen Verhandlung – Vollstreckungsschutz beantragen. Sofern er eine Abwendungsbefugnis beantragt, entfällt seit 1.1.2002 wegen der Neuregelung von § 108 Abs. 2 Satz 2 ZPO die Notwendigkeit, die Zulassung einer (unbefristeten, unbedingten und selbstschuldnerischen) Bürgschaft zu beantragen.[1112] Diese ist nunmehr kraft Gesetzes die übliche Form der Sicherheitsleistung.

993

I. Art der Sicherheitsleistung

Gestattet das Gericht die Erbringung einer Sicherheitsleistung, setzt es auch fest, auf welche Art die Sicherheit zu leisten ist. Ohne ausdrückliche Bestimmung ist die Sicherheit durch eine Bürgschaft, die Hinterlegung von Geld oder Wertpapieren zu leisten (§ 108 Abs. 1 ZPO).[1113] Allerdings kann das Gericht die Bestimmung der Art der Sicherheitsleistung auch nachträglich abändern.[1114] Die Abänderung kann durch Beschluss ohne mündliche Verhandlung erfolgen.[1115] Auch die Parteien können eine Abänderung beantragen.[1116] Die Sicherheitsleistung durch Bürgschaft geschieht durch Übergabe der Bürgschaftserklärung an den Sicherungsberechtigten. Der Sicherungsberechtigte muss die Bürgschaftserklärung annehmen.

994

[1110] Allerdings kann der Schuldner Aufhebung der Verfügung verlangen, siehe Rn. 953.
[1111] Zur Zwangsvollstreckung von Entscheidungen nach § 23 Abs. 1 UWG siehe S. 91.
[1112] Es muss allerdings die Bürgschaft eines im Geltungsbereich der ZPO zum Geschäftsbetrieb befugten Kreditinstituts sein.
[1113] Vgl. *Zöller/Herget* § 108 ZPO Rn. 5.
[1114] Vgl. *Baumbach/Lauterbach* § 108 ZPO Rn. 21.
[1115] Vgl. *Zöller/Herget* § 108 ZPO Rn. 14.
[1116] BGH NJW 1994, 1351.

995   Die nachträgliche Entscheidung des Gerichts ist unanfechtbar, wenn sie nicht aufgrund eines Antrags einer Partei erfolgt.[1117] Lehnt das Gericht den Abänderungsantrag einer Partei ab, kann der Antragsteller sofortige Beschwerde erheben. Der Antragsgegner wiederum kann Abänderungsantrag stellen und bei dessen Zurückweisung sofortige Beschwerde erheben.[1118]

II. Abwendungsbefugnis des Schuldners

996   Der Schuldner kann die Zwangsvollstreckung nur durch eine eigene Sicherheitsleistung abwenden, wenn das Gericht die Abwendungsbefugnis ausgesprochen hat. Der Antrag auf Abwendung gemäß § 712 ZPO ist allerdings wegen § 714 ZPO nur bis zum Schluss der (letzten) mündlichen Verhandlung möglich. Es müssen folgende Voraussetzungen vorliegen:

- ein Rechtsmittel gegen die gerichtliche Entscheidung muss statthaft sein,
- dem Schuldner müssen durch die Vollstreckung nicht wieder zu ersetzende Schäden entstehen,
- eine Interessenabwägung muss zugunsten des Schuldners ausfallen, das heißt, die Interessen des Schuldners an der Aussetzung der Zwangsvollstreckung müssen die Interessen des Gläubigers an der Zwangsvollstreckung überwiegen.

997   In wettbewerbsrechtlichen Verfahren wird in der Regel die zweite Voraussetzung nicht erfüllt sein, wenn nicht Ansprüche aus §§ 7, 8 UWG (Durchführung von Sonderveranstaltungen, die bereits begonnen haben) betroffen sind.

III. Relevanter Zeitpunkt bei einem Verstoß gegen den Titel

998   Ist die Vollstreckung für den Gläubiger im Hauptsacheverfahren nur gegen Sicherheitsleistung möglich, muss der Verstoß, an den die Verhängung des Ordnungsmittels anknüpft, zeitlich nach der Androhung und der Vollstreckbarkeit des Titels liegen. Hierzu gehört, dass dem Schuldner – entweder durch die Leistung der Sicherheit oder auf sonstiger Weise – erkennbar ist, dass der Gläubiger den Titel vollstrecken will[1119]. Bei einer Vollstreckung nur gegen Sicherheitsleistung im Hauptsacheverfahren, muss der Gläubiger die Sicherheit vor Beginn oder Fortsetzung der Zwangsvollstreckung geleistet haben (§ 751 Abs. 2 ZPO).

999   Ist die Vollziehung einer einstweiligen Verfügung – wenn auch in seltenen Fällen – von der Stellung einer Sicherheit abhängig (§§ 936, 929 Abs. 2 ZPO), muss der Gläubiger die Sicherheit innerhalb der Vollziehungsfrist (§§ 936, 929 Abs. 2 ZPO) leisten[1120].

1000 Die Zwangsvollstreckung ist außerdem nicht möglich, wenn der Schuldner seinerseits Sicherheit leisten darf und diese auch erbringt. Im Verfügungsverfahren gelten §§ 708 Nr. 6, 711 Satz 1, 712 Abs. 1 Satz 1 ZPO. Im übrigen sind §§ 709, 712 ZPO anwendbar.

[1117] Vgl. *Thomas/Putzo* § 108 ZPO Rn. 17 ff.
[1118] Vgl. *Zöller/Herget* § 108 ZPO Rn. 16.
[1119] Vgl. *Zöller/Stöber* § 890 ZPO Rn. 4.
[1120] Vgl. *Gloy/Samwer* § 74 Rn. 2.

> **Praxistipp: Verstoß nach Sicherheitsleistung**
> Ist dem Schuldner die Abwendung der Zwangsvollstreckung durch Sicherheitsleistung gestattet, stellt das keinen Freibrief zur Gestattung von Verstößen gegen ein Unterlassungsgebot dar. Der Schuldner kann sich schadensersatzpflichtig machen (vgl. § 893 ZPO).

1001

C. Verstoß gegen eine Unterlassungsverpflichtung

I. Wirksamkeit der Unterlassungsverpflichtung, Strafandrohung

Ein Verstoß kann nur dann vorliegen, wenn das Unterlassungsgebot wirksam ist. Hierfür ist Voraussetzung, dass eine Strafandrohung gemäß § 890 Abs. 2 ZPO bereits erfolgt ist. In der Regel geschieht dies – allerdings nur auf Antrag des Anspruchstellers – bereits im Tenor. Der Anspruchsteller kann den Antrag jedoch jederzeit nachholen. Erfolgt die gerichtliche Androhung des Ordnungsmittels nicht vor der Zuwiderhandlung, ist die Festsetzung eines Ordnungsmittels gegen *diese* Zuwiderhandlung nicht möglich.

1002

> **Praxistipp: Gerichtlicher Vergleich**
> Die Androhung von Ordnungsmitteln gemäß § 890 Abs. 2 ZPO kann nicht Bestandteil eines Vergleiches sein.[1121] Der Gläubiger kann die Androhung jedoch jederzeit nachholen – auch noch in der mündlichen Verhandlung nach Abschluss des Vergleichs. Das sollte auch geschehen, damit er sofort gegen Zuwiderhandlungen vorgehen kann.

1003

II. Verbotene Handlung

Ein Ordnungsmittel setzt einen schuldhaften[1122] Verstoß gegen die Entscheidung, die vollstreckt werden soll, voraus. Ist dem Schuldner eine konkrete Handlung verboten und wiederholt er gerade diese Handlung – zum Beispiel die identische Veröffentlichung einer bereits verbotenen Anzeige – ist ein Verstoß gegen die Entscheidung offensichtlich. Problematischer ist eine Handlung, die der verbotenen Handlung nur ähnlich ist. Ist es einem Wettbewerber zum Beispiel verboten, mit der Aussage zu werben, er sei „die Nr. 1 im Motorsport", könnte die Aussage, er sei „das erfolgreichste Unternehmen im Motorsport" hiervon nicht umfasst sein.

1004

Es obliegt dann dem Gericht, im Zwangsvollstreckungsverfahren zu überprüfen, ob die neue Handlung im Kern von dem Verbot erfasst ist.[1123] Das geschieht durch Auslegung des Tenors. Hierfür sind auch die Entscheidungsgründe heranzuziehen und dasjenige, was der Anspruchsteller verboten haben wollte. Es kommt deshalb auch auf den Vortrag des Anspruchstellers im Verfahren an. Besonders problematisch kann es sein, wenn der Verbotstenor dem Anspruchsgegner lediglich eine Handlung verbietet,

1005

[1121] Siehe Rn. 985.
[1122] Ganz einhellige Rechtsprechung, vgl. zum Beispiel BVerfG NJW 1991, 3139; BGH GRUR 1985, 1065 = NJW 1986, 127 = WRP 1986, 141 – Erfüllungsgehilfe.
[1123] Zur Kerntheorie siehe auch Rn. 701.

3. Teil. Gerichtliches Verfahren

ohne ihm zugleich – ausdrücklich – eine Handlungspflicht aufzuerlegen. So vertritt etwa das OLG München in einer Entscheidung die Auffassung, ein Unterlassungsgebot beinhalte auch die Verpflichtung zum Rückruf bereits ausgelieferter und vom Verbot erfasster Zeitschriften.[1124] Erkennt der Anspruchsgegner mangels Hinweisen im Tenor, den Gründen oder auch dem Vortrag des Anspruchstellers nicht, dass ihn neben der Unterlassungs- auch eine Handlungspflicht trifft, lässt sich dies entweder darüber lösen, dass der Verstoß nicht verschuldet war.[1125] Oder das Gericht nimmt ein geringes Verschulden an und setzt das Ordnungsgeld entsprechend niedriger fest.

Praxistipp: Ordnungsgeld-Deal

1006 Hat der Schuldner gegen das Unterlassungsgebot verschuldet verstoßen und besteht deshalb ein erhebliches Risiko, dass ein Ordnungsgeld festgesetzt wird, bietet sich ein außergerichtlicher „Deal" an: Der Schuldner kann dem Gläubiger anbieten, eine angemessene „Strafe" zu zahlen, die unterhalb eines Ordnungsgeldes liegt, das das Gericht festsetzen würde. Das ist für beide Parteien vorteilhaft: Der Schuldner erspart sich Verfahrenskosten und eine ggf. höhere Zahlung. Da das Ordnungsgeld an den Staat verfällt,[1126] hat der Gläubiger einen eigenen wirtschaftlichen Vorteil, wenn er die Zahlung vom Schuldner vereinnahmt.

D. Verfahren

I. Allgemeine Vollstreckungsvoraussetzungen

1. Titel, Klausel, Zustellung

1007 Der Gläubiger muss über einen vollstreckbaren Unterlassungstitel verfügen und es muss Vollstreckungsklausel (§ 724 ZPO) erteilt sein. Einer Vollstreckungsklausel für Verfügungstitel bedarf es nach §§ 936, 929 Abs. 1 ZPO jedoch nicht, wenn die Vollstreckung für den im Titel bezeichneten Gläubiger und gegen den dort genannten Schuldner erfolgt. Außerdem muss der Titel zugestellt sein (§ 750 Abs. 1, 2 ZPO). Die Amtszustellung genügt für Verfügungstitel nicht. Diese müssen innerhalb der Monatsfrist des § 929 Abs. 2 ZPO im Parteibetrieb zugestellt sein.[1127]

2. Heilung von Vollstreckungsmängeln

1008 Der Gläubiger kann – mit Ausnahme einer endgültig versäumten Vollziehungsfrist im Verfügungsverfahren – Mängel bei den allgemeinen Voraussetzungen der Zwangsvollstreckung bis zur rechtskräftigen Entscheidung in zweiter Instanz heilen.

II. Fristen

1009 Der Titel kann 30 Jahre vollstreckt werden (§ 197 Abs. 1 Nr. 3 BGB). Verstöße gegen Unterlassungsgebote verjähren allerdings nach zwei Jahren (Art. 9 Abs. 1 Satz 2, 3 EG-

---

[1124] Siehe Fn. 712. Vgl. auch OLG Frankfurt a.M. WRP 1989, 724.
[1125] Ein Rechtsirrtum schließt allerdings Verschulden nicht aus!
[1126] Mit Ausnahme einer vom Gericht gemäß § 890 Abs. 3 ZPO festgesetzten Sicherheit, die im Wettbewerbsrecht allerdings kaum von Bedeutung ist.
[1127] Siehe zur Vollziehung Rn. 826 ff.

StGB).[1128] Ist ein Ordnungsmittel gemäß § 890 ZPO festgesetzt, tritt die Vollstreckungsverjährung ebenfalls innerhalb von zwei Jahren ein (Art. 9 Abs. 2 Satz 2, 3 EGStGB). Die Frist beginnt zu laufen, sobald der Beschluss vollstreckbar ist.

III. Zuständigkeit

Zuständig ist ausschließlich das Gericht erster Instanz unabhängig davon, ob der Titel von ihm oder einer höheren Instanz erlassen wurde (§§ 890 Abs. 1 Satz 1, Abs. 2, 802 ZPO). 1010

IV. Antrag

Der Gläubiger muss einen Antrag auf Festsetzung eines Ordnungsmittels stellen. Es besteht Anwaltszwang.[1129] Der Antrag muss den konkreten Verstoß bezeichnen und Beweismittel für den Sachvortrag anbieten. Hierzu gehört auch, dass der Gläubiger vorträgt, weshalb der Schuldner den Verstoß verschuldet hat. 1011

Praxistipp: Ordnungsmittelverfahren ist Beweisverfahren
Da das Ordnungsmittelverfahren ein Erkenntnisverfahren ist, genügt hier eine Glaubhaftmachung nicht. Die Parteien müssen – auch bei einer Vollstreckung aus einer Verfügung – Beweis führen und das Gericht muss ggf. Beweis erheben.[1130] Das kann vor allem bei der Verschuldensfrage von Bedeutung sein. 1012

Eine Bezifferung, welches Ordnungsgeld festzusetzen ist, muss der Ordnungsmittelantrag nicht enthalten.[1131] Die Festsetzung des Ordnungsgeldes steht allein im Ermessen des Gerichts. 1013

V. Stellungnahme des Schuldners

Der Schuldner muss eine Gelegenheit zur Stellungnahme zum Ordnungsmittelantrag erhalten (§ 891 Satz 2 ZPO). Hier kann der Schuldner insbesondere einwenden, dass ein Verstoß gegen das Unterlassungsgebot nicht schuldhaft erfolgt ist. Es genügt jedoch leichte Fahrlässigkeit.[1132] §§ 278, 831 BGB finden keine Anwendung. Allerdings muss der Schuldner seine Erfüllungsgehilfen nicht nur anweisen, keinen Verstoß herbeizuführen. Er muss auch Vorkehrungen treffen, damit seine Anweisungen beachtet werden. 1014

VI. Entscheidung des Gerichts, Rechtsmittel

Das Gericht entscheidet in der Regel ohne mündliche Verhandlung über den Ordnungsmittelantrag. Die Entscheidung ergeht immer – auch nach mündlicher Verhandlung – durch Beschluss: Das stellt die seit 1.1.2002 geltende Fassung von § 891 ZPO 1015

[1128] Vgl. *Thomas/Putzo* § 890 ZPO Rn. 320.
[1129] Vgl. *Zöller/Stöber* § 890 ZPO Rn. 13.
[1130] Vgl. *Gloy/Spätgens* § 93 Rn. 10 und *Baumbach/Hefermehl* Einl. UWG Rn. 586.
[1131] Vgl. *Zöller/Stöber* § 890 ZPO Rn. 13.
[1132] Vgl. *Gloy/Samwer* § 74 Rn. 12 und *Baumbach/Hefermehl* Einl. UWG Rn. 582.

3. Teil. Gerichtliches Verfahren

nun auch ausdrücklich fest.[1133] Die Festsetzung eines Ordnungsmittels ist nicht dadurch gehemmt, dass über die Sache noch nicht rechtskräftig entschieden ist. Aber: Erlässt das Erstgericht im Beschlusswege die Verfügung, hebt es die Verfügung dann nach Widerspruch auf und erlässt dann das Berufungsgericht die Verfügung erneut, sind Verstöße in der Zeit zwischen Aufhebung und Neuerlass nicht sanktionierbar. Gegen die Entscheidung findet sofortige Beschwerde statt (§ 793 ZPO).

VII. Realisierung der festgesetzten Ordnungsmittel

1016   Die Zwangsvollstreckung eines Verbots erfolgt nach § 890 Abs. 1 ZPO durch den Rechtspfleger des Prozessgerichts.[1134] Das Gericht kann unter den Voraussetzungen von Art. 7 EGStGB Zahlungsfristen bewilligen und Teilzahlungen gewähren.

E. Vorläufige Einstellung der Zwangsvollstreckung

1017   Auf Antrag kann das Gericht die vorläufige Einstellung der Zwangsvollstreckung anordnen (§ 719 ZPO). Das ist vor allem im Verfügungsverfahren von Bedeutung, da die formelle Rechtskraft einer Beschlussverfügung die Zwangsvollstreckung bis zu ihrer Aufhebung im Widerspruchs-, Berufungs- oder Aufhebungsverfahren (etwa wegen einer rechtskräftig abweisenden Hauptsacheentscheidung) gestattet. Hier findet § 719 Abs. 1 ZPO ebenfalls Anwendung. Wegen § 719 Abs. 1 ZPO muss der Antragsgegner Rechtsmittel gegen die Verfügung einlegen, wenn er die vorläufige Einstellung der Zwangsvollstreckung erreichen will. Die vorläufige Einstellung der Zwangsvollstreckung einer Beschlussverfügung gestattet §§ 924 Abs. 3 Satz 2, 719 Abs. 1 ZPO. Auch im Aufhebungsverfahren ist die vorläufige Einstellung der Zwangsvollstreckung möglich.[1135] Mit einer vorläufigen Einstellung ist im Verfügungsverfahren allerdings nur zu rechnen, wenn der Widerspruch, die Berufung oder der Aufhebungsantrag voraussichtlich Aussicht auf Erfolg haben oder ganz erhebliche Nachteile für den Schuldner drohen (wie meist nicht bei Unterlassungsverfügungen, vgl. auch § 765 a ZPO).

F. Höhe des Ordnungsgeldes

I. Gesetzliche Höchstgrenzen

1018   Gemäß § 890 Abs. 1 ZPO kann das Ordnungsgeld von fünf Euro (Art. 6 EGStGB)[1136] bis höchstens 250.000 Euro betragen oder Ordnungshaft zwischen einem Tag und sechs Monaten verhängt werden. Eine Kombination aus Ordnungshaft und Ordnungsgeld ist nicht möglich. Allerdings ordnet das Gericht Ersatzordnungshaft für den Fall an, dass das Ordnungsgeld nicht beizutreiben ist. Bei mehreren Verstößen kann der Höchstbetrag mehrfach verwirkt sein. Die Ordnungshaft darf allerdings die Dauer von zwei Jahren nicht übersteigen (§ 890 Abs. 1 Satz 2 ZPO). Die Höhe des

---

[1133] Vgl. auch *Zöller/Stöber* § 891 ZPO Rn. 1.
[1134] Die Beitreibung von gemäß § 888 ZPO festgesetzten *Zwangs*mitteln erfolgt hingegen durch den Gläubiger.
[1135] Vgl. *Zöller/Vollkommer* § 926 ZPO Rn. 28.
[1136] BT-Drs. 14/6371, S. 9.

§ 19 Zwangsvollstreckung

Ordnungsgeldes ist durch die Höhe des angedrohten Ordnungsgeldes begrenzt. Häufig drohen die Gerichte in Wettbewerbsverfahren ohnehin das höchste Ordnungsgeld an.

II. Entscheidung im Einzelfall

1019 Eine rein schematische Berechnungsweise – zum Beispiel die Festsetzung eines Ordnungsgeldes grundsätzlich in Höhe von 1/20 des Streitwertes des Unterlassungsverfahrens – wird den Anforderungen an eine Einzelfallentscheidung nicht gerecht.[1137] Maßgeblich für die Höhe des Ordnungsgeldes sind u.a.

- der Unwertgehalt der Verletzungshandlung,
- der Grad des Verschuldens des Schuldners,
- die mit der Festsetzung des Ordnungsgeldes bezweckte Präventivwirkung, die sich auch an der wirtschaftlichen Leistungsfähigkeit des Schuldners orientiert.

1020 Kurz: Das Ordnungsgeld ist in einer Höhe festzusetzen, dass sich ein Verstoß für den Schuldner nicht lohnt. Stellen mehrere Handlungen eine natürliche Handlungseinheit dar – zum Beispiel die Verteilung von 1.000 Prospekten –, ist die Tat als Einzeltat zu behandeln. Das gilt auch für fahrlässige Verstöße.[1138] Die Höhe des Ordnungsgeldes richtet sich dann nach der Schwere der Tat.[1139]

1021 Fordert der Gläubiger eine Vertragsstrafe und beantragt er gleichzeitig die Festsetzung eines Ordnungsmittels, ist die Vertragsstrafe bei der Höhe des Ordnungsmittels zu berücksichtigen. Anderseits wirkt sich die Höhe des Ordnungsgeldes durchweg nicht auf die Höhe der verwirkten Vertragsstrafe aus.[1140] Das kann gerade bei der Vereinbarung einer Vertragsstrafe nach „Hamburger Brauch" von Bedeutung sein, wenn die Vertragsstrafe der Höhe nach nicht bestimmt ist.

> **Praxistipp: Vertragsstrafen-Deal**
> 1022 Für den Gläubiger ist es bei einer Vertragsstrafe nach „Hamburger Brauch" zweckmäßig, zunächst das Ordnungsmittelverfahren durchzuführen und erst dann die Zahlung einer Vertragsstrafe zu fordern. Damit vermeidet der Gläubiger eine mögliche Minderung des Ordnungsgeldes, wenn bereits eine (hohe) Vertragsstrafe bezahlt wurde.
> Der Schuldner sollte – wenn ein Verstoß gegen die Unterlassungsverpflichtung offensichtlich ist – nach Möglichkeit versuchen, die Höhe der Vertragsstrafe zu verhandeln und zugleich im Vergleichswege ein Ordnungsmittelverfahren abzuwenden. Dem Schuldner hilft hier, dass eine durch Prozessvergleich vereinbarte Vertragsstrafe nicht selbständig vollstreckbar ist, sondern eigenständig eingeklagt werden muss.[1141] Gerade bei einer Vertragsstrafe nach Hamburger Brauch besteht hier für den Gläubiger ein nicht unerhebliches Prozesskostenrisiko.[1142]

[1137] Vgl. *BGH* GRUR 1994, 146, 147 – Vertragsstrafebemessung (siehe auch Fn. 760).
[1138] BGHZ 33, 162, 168.
[1139] Vgl. *Gloy/Spätgens* § 93 Rn. 52 und 54.
[1140] Vgl. BGH GRUR 1994, 146 – Vertragsstrafebemessung (siehe auch Fn. 760) und BGH GRUR 1984, 72 = WRP 1984, 14 – Vertragsstrafe für versuchte Vertreterabwerbung.
[1141] *Baumbach/Hefermehl* Einl. UWG Rn. 504.
[1142] Siehe Rn. 630.

G. Besonderheiten bei der Unterlassungs-Zwangsvollstreckung

I. Bestand der einstweiligen Verfügung

1023   Ein Verstoß gegen eine einstweilige Verfügung kann nur dann vorliegen, wenn die Verfügung ordnungsgemäß vollzogen ist. Umstritten ist allerdings die Frage, ob das auch für einen Verstoß gegen eine verkündete und noch nicht vollzogene Urteilsverfügung gilt. Denn diese ist durch die Verkündung – jedenfalls nach Zusendung des Verhandlungsprotokolls – auch dem Antragsgegner bekannt geworden. Da manche Gerichte die Amtszustellung des Unterlassungsurteils als ausreichend für die Vollziehung ansehen, wenn diese innerhalb der Monatsfrist des § 929 Abs. 2 ZPO erfolgt,[1143] gilt: Ab Vollziehung einer Urteilsverfügung im Parteibetrieb, jedenfalls jedoch ab dem Zeitpunkt der Amtszustellung – wenn diese innerhalb der Vollziehungsfrist erfolgt –, sind Verstöße gegen die Verfügung sanktionierbar.[1144] Die ordnungsgemäße Vollziehung ist allerdings eine Voraussetzung der Zwangsvollstreckung, die von Amts wegen zu prüfen ist.

II. Beseitigung des Unterlassungstitels

1024   Aus einem Unterlassungstitel kann der Gläubiger vollstrecken, so lange der Titel Bestand hat.

Fall „Branchenanzeiger";[1145]

1025   Die Klägerin gibt ein „Branchenanzeigenbuch" heraus. Wegen irreführender Werbung ist die Klägerin zur Unterlassung verurteilt worden. Da die Klägerin gegen die Unterlassungsverpflichtung verstoßen hat, wurde gegen die Klägerin ein Ordnungsgeld verhängt, das die Klägerin erst teilweise geleistet hat. Zwischenzeitlich erfolgte eine Änderung des UWG. Die Klägerin beruft sich darauf, dass aufgrund der Neuregelung in § 13 Abs. 2 Nr. 1 UWG kein Wettbewerbsverhältnis mehr zwischen ihr und der Beklagten bestehe. Die Parteien seien nicht auf dem selben Markt tätig. Jedenfalls sei die beanstandete Handlung der Klägerin nicht geeignet, den Wettbewerb – wie von § 13 Abs. 2 Nr. 1 UWG gefordert – wesentlich zu beeinträchtigen. Die Klägerin beantragt deshalb im Wege der Vollstreckungsabwehrklage, die Zwangsvollstreckung für unzulässig zu erklären und festzustellen, dass die Beklagte nicht mehr berechtigt ist, die Unterlassung der im Urteil untersagten Handlung zu fordern.

1. Fortfall des Verfügungstitels

1026   Der Verfügungstitel kann wegfallen, wenn die Verfügung nach Widerspruch oder Berufung aufgehoben wird. Denkbar ist auch, dass der Antragsgegner erfolgreich ein Aufhebungsverfahren gemäß §§ 936, 926, 927 ZPO betreibt. Ist beim Fortfall des Verfügungstitels über ein anhängiges Ordnungsmittelverfahren noch nicht entschieden, ist das Verfahren in der Hauptsache erledigt. Denn ohne Titel kann es auch keine Zwangsvollstreckung geben.[1146] Bereits festgesetzte und beigetriebene Ordnungsmittel sind dem Schuldner auf Anordnung des Prozessgerichts erster Instanz zurückzuzahlen,[1147] wenn die Verfügung rückwirkend – etwa mangels eines Verfügungsanspruchs – aufgehoben wird.

[1143] Vgl. Rn. 847.
[1144] Vgl. auch *von der Groeben* S. 674 und *Gloy/Spätgens* § 93 Rn. 45.
[1145] OLG Köln GRUR 1997, 316.
[1146] Vgl. *Gloy/Spätgens* § 93 Rn. 31 ff. und insbesondere Fn. 91 zu Rn. 33 mit zahlreichen Hinweisen.
[1147] Vgl. *Baumbach/Hefermehl* Einl. UWG Rn. 587 a und OLG Hamm WRP 2002, 472.

Erfolgt eine Aufhebung *ex nunc*, ist die Möglichkeit der Zwangsvollstreckung wegen vor dem Fortfall der Verfügung begangenen Zuwiderhandlungen sehr umstritten. Einerseits wird wegen §§ 775 Nr. 1, 776 ZPO gefordert, eine Zwangsvollstreckung nur zuzulassen, solange der Titel besteht. Anderseits sollen etwa bei einer Erledigterklärung des Antragstellers Verstöße in der Vergangenheit noch zu sanktionieren sein.[1148] Vernünftig wird folgende Lösung sein: Sind Ordnungsgelder zum Zeitpunkt der Aufhebung bereits beigetrieben, sind sie verfallen. Sind sie noch nicht beigetrieben, scheitert eine Beitreibung an §§ 775 Nr. 1, 776 ZPO, auch wenn der Verstoß noch in die Zeit fällt, in der ein Titel bestand. Ist ein Ordnungsmittel noch nicht rechtskräftig festgesetzt,[1149] ist das Ordnungsmittel im Rechtsmittelverfahren aufzuheben. 1027

Hat der Antragsgegner eine Abschlusserklärung abgegeben, bleibt der Weg der Vollstreckungsgegenklage. Denkbar ist auch, die Abschlusserklärung aus wichtigem Grund zu kündigen. Beides wird allerdings nur erfolgreich sein, wenn sich der Schuldner auf eine Gesetzesänderung oder eine die Nichtigerklärung einer Norm durch das BVerfGG (§ 79 Abs. 2 Satz 3 BVerfGG) berufen kann. 1028

2. Beseitigung der Vollstreckbarkeit eines rechtskräftigen Hauptsache-Unterlassungstitels

Eine Beseitigung des Unterlassungstitels im Hauptsacheverfahren ist dem Schuldner nicht möglich. Er kann jedoch unter den soeben beschriebenen Voraussetzungen Vollstreckungsabwerklage § 767 ZPO erheben.[1150] Daneben ist die Klage nach § 767 ZPO auch dann denkbar, wenn der Anspruch nachträglich wegen Wegfalls der Irreführung oder Änderung der Verkehrsauffassung erlischt.[1151] 1029

Zum Fall „Branchenanzeiger":
Der BGH hat hier entschieden, dass die Voraussetzungen für eine Zwangsvollstreckung aus dem Unterlassungstitel wegen der Gesetzesänderung nicht weggefallen sind. Denn die Parteien – der Verleger eines Branchenbuchs einerseits und der Verleger eines Anzeigenblattes – würden sich schon auf dem selben Markt begegnen. Voraussetzung sei nicht, dass sich die Parteien als Wettbewerber auf dem örtlichen gemeinsamen Markt im Rahmen eines konkreten Wettbewerbsverhältnisses begegnen müssen. Es genüge ein abstraktes Wettbewerbsverhältnis. Es komme auch nicht darauf an, dass die damalige Entscheidung keine Feststellung zur nun geforderten Wesentlichkeit der Beeinträchtigung enthalte. Denn jedenfalls wären die Voraussetzungen hierfür – hätte die Rechtslage bereits damals bestanden – gegeben gewesen. 1030

H. Kosten

Der Streitwert für das Ordnungsmittelverfahren orientiert sich am Streitwert des Unterlassungsverfahrens. Er beträgt in der Regel 1/3 bis 1/6 des Wertes.[1152] Die Höhe 1031

[1148] Vgl. zum Meinungsstreit *Baumbach/Hefermehl* Einl. UWG Rn. 587 b. *Baumbach/Hefermehl* drücken sich hier recht missverständlich aus und wollen wohl beide Lösungen nebeneinander zulassen.
[1149] Vgl. *Gloy/Spätgens* § 93 Rn. 31.
[1150] Vgl. KG WRP 1995, 199 – Ohne Rahmen, Auflage und Deko (siehe auch Fn. 973).
[1151] Vgl. *Baumbach/Hefermehl* Einl. UWG Rn. 588.
[1152] Vgl. *Gloy/Spätgens* § 93 Rn. 59.

des Streitwertes ist von der Höhe des festgesetzten Ordnungsgeldes unabhängig. So kann der Streitwert 50.000 Euro und das Ordnungsgeld 5.000 Euro betragen. Die Kosten hat der Schuldner trotzdem ganz zu tragen, und zwar aus 50.000 Euro. Das Gerichts erhält keine Gebühren. Die Anwaltskosten berechnen sich nach § 57 BRAGO (3/10-Zwangsvollstreckungsgebühr). Jedes Festsetzungsverfahren ist eine eigene Angelegenheit (§ 58 Abs. 2 Nr. 6 BRAGO). Die Androhung gemäß § 890 Abs. 2 ZPO stellt keine eigene Angelegenheit dar, wenn sie bereits im Urteil enthalten ist. Anderenfalls fällt auch hierfür eine 3/10-Zwangsvollstreckungsgebühr an.

Anhang: Checkliste, Muster, Internet-Fundstellen

- **Checkliste**
- **Muster**
  - Abmahnung samt
    Unterlassungs-/Verpflichtungserklärung
      mit bezifferter Vertragsstrafe bzw.
      mit Vertragsstrafenversprechen nach „Hamburger Brauch"
  - Abschlusserklärung (Abgabe)
      Standardversion bzw.
      umfangreiche Erklärung
  - Abschlusserklärung (Aufforderung)
  - Aufhebungsantrag gemäß §§ 936, 927 ZPO
  - Auslandszustellung
  - Beschwerde gegen Zurückweisung des Verfügungsantrags im Beschlusswege
  - Eidesstattliche Versicherung
  - Klageerzwingungs-Antrag gemäß § 926 ZPO
  - Ordnungsmittel-Antrag gemäß § 890 ZPO
  - Schutzschrift
  - Verfügungsantrag
  - Vollziehung (Zustellung) der einstweiligen Verfügung
  - Widerspruch
- **Internet-Fundstellen**

Anhang

Checkliste des Anspruchstellers

Sache: _____ ./. _____

____. Instanz

1. Aktenanlage verfügen

2. **Fristen** notieren:

   a. Ende der Dringlichkeitsvermutung (____ Monate ab Kenntnis)[1]

   b. Verjährung der Ansprüche (§ 21 UWG: 6 Monate ab Kenntnis)[2]

   c. Verjährung des Erstattungsanspruchs (Abmahnkosten)[3]

3. **Original-Vollmacht** eingegangen?

4. **Verfügungsverfahren:**

   ☐ Verfügungsantrag durch **Beschluss** (teilweise) zurückgewiesen?

   • Beschwerdefrist: 2 Wochen ab Zustellung des Beschlusses[4]

   ☐ Verfügung antragsgemäß erlassen?

   • Ende der Verjährungshemmung (§ 204 Abs. 2 BGB) notieren (6 Monate ab Erlass bzw. Verkündung)

   • Sofort nach Erlass einer Beschlussverfügung:[5] Übersendung der Verfügung per Fax oder Brief   *erledigt?*

   • **Vollziehungsfrist** mit <u>zwei Vorfristen</u> notieren! Urteil: 1 Monat ab Verkündung Beschluss: 1 Monat ab Zustellung

   Vorfristen:
   1.
   2.

   • **1. Vorfrist**: Liegt Ausfertigung der Verfügung vor? Falls nicht: Bei Gericht anfordern!   *erledigt?*

   • **Vollziehung veranlassen**

---

[1] Gemäß der regional relevanten Rechtsprechung, siehe Rn. 754.
[2] Beachte aber: Gemäß SchuldrechtsmodernisierungsG hemmt das Verfügungsverfahren den Eintritt der Verjährung, siehe Rn. 529 ff.
[3] Entspricht der Verjährung gemäß 2 b, siehe Rn. 513.
[4] Seit 1.1.2002 ist gegen den zurückweisenden Beschluss *sofortige* Beschwerde gegeben, siehe Rn. 800.
[5] Sofern aus taktischen Gründen nicht die förmliche Zustellung abgewartet werden soll.

Anhang

- Zustellung der Original-Ausfertigung oder einer beglaubigten Abschrift der Ausfertigung *erledigt?*
- Antrag gemäß § 890 Abs. 2 ZPO in Verfügung enthalten? alls nicht: Androhung beantragen! *erledigt?*
- Gebotsverfügung: Antrag gemäß § 888 ZPO stellen! *erledigt?*

- **2. Vorfrist**: Ist die Zustellung erfolgt und liegen die Zustellungsnachweise vor? *erledigt?*

- **Abschlusserklärung:**
Frist zur Aufforderung notieren[6]

Liegt die geforderte Abschlusserklärung vor?
☐ **Verfahren beendet**
☐ Nein: Erhebung der **Hauptsachklage**[7]

5. Gegebenenfalls **Berufungs- oder Revisionsfrist** notieren

6. **Kostenfestsetzungsverfahren:**

   a. Kostenfestsetzungsantrag
   b. Kostenfestsetzungsbeschluss
   c. Gegebenfalls: Zahlungsaufforderung an Gegner

7. **Hauptsacheverfahren:**

Hauptsacheentscheidung rechtskräftig und einstweilige Verfügung bestätigt?

- Verzicht auf die Rechte aus der Verfügung und Angebot an Anspruchsgegner, den Original-Titel auszuhändigen *erledigt?*

---

[6] Je nach regionaler Rechtsprechung in der Regel zwischen zwei und vier Wochen nach Vollziehung bzw. Zustellung der Verfügung von Amts wegen mit Fristsetzung von ebenfalls zwischen zwei und vier Wochen.
[7] Ggf. das Ergebnis eines bereits vom Gegner angestrengten Rechtsmittelverfahrens (zum Beispiel Widerspruch) abwarten, sofern keine Verjährung der Ansprüche droht.

Abmahnung

[Anschrift des Verletzers]

Vorab per Telefax: ...

[Ort, Datum]

Telekönig GmbH ./. Telekaiser AG

Sehr geehrte Damen und Herren,

wir zeigen an, dass wir die Telekönig GmbH (*ergänze:* Anschrift) vertreten. Ordnungsgemäße Bevollmächtigung weisen wir durch die hier als <u>Anlage</u> beigefügte Original-Vollmacht nach.

Wir müssen uns in folgender Angelegenheit an Sie wenden:

In der Zeitung ... vom ... ist auf Seite ... eine Anzeige der Telekaiser AG veröffentlicht. In der Anzeige behaupten Sie unter anderem:

„Wir sind der größte Anbieter für Internet-Dienstleistungen in Deutschland mit einem weltweiten Umsatz von drei Milliarden Euro (Geschäftsjahr 20..)"

Die Behauptung, die Telekaiser AG sei „der größte Anbieter für Internet-Dienstleistungen in Deutschland", ist unrichtig: Zwar mag die Telekaiser AG womöglich *weltweit* den größten Umsatz für Internet-Dienstleistungen erwirtschaften. Sie erreicht in Deutschland jedoch lediglich einen Marktanteil von höchstens 12 Prozent. Der Marktanteil der Telekönig GmbH beträgt hingegen 18 Prozent. Unsere Mandantschaft ist daher Marktführer – und zwar bereits seit mehreren Jahren. Der „größte Anbieter für Internet-Dienstleistungen in Deutschland" ist damit die Telekönig GmbH.

Wegen Ihrer unrichtigen Werbe-Behauptung haben wir Sie im Auftrag unserer Mandantschaft aufzufordern, die hier beigefügte

Unterlassungs-/Verpflichtungserklärung

abzugeben.

Wir weisen darauf hin, dass nach höchstrichterlicher Rechtsprechung (vgl. *Baumbach/Hefermehl*, Wettbewerbsrecht, Einl. UWG Rn. 263 ff. und BGH GRUR 1996, 290, 291 – Wegfall der Wiederholungsgefahr I) nur eine *strafbewehrte* Erklärung die Wiederholungsgefahr in ausreichender Weise ausschließt.

Anhang: Muster

Die Kosten unserer Einschaltung haben Sie aus dem Gesichtspunkt der Veranlassung zu tragen.[1]

Zur Vermeidung einer gerichtlichen Auseinandersetzung geben wir Ihnen die Gelegenheit, die geforderte Erklärung bis spätestens

(*ergänze:* Frist[2])

abzugeben. Die Vorab-Übersendung per Telefax wahrt die Frist. Gleichwohl weisen wir darauf hin, dass auch die Übersendung des <u>Originals</u> erforderlich ist (vgl. BGH GRUR 1990, 530, 532 – Unterwerfung durch Fernschreiben).

Sollte die geforderte Erklärung nicht bis zu vorgenanntem Zeitpunkt vorliegen, müssen wir unserer Mandantschaft empfehlen, Gerichtshilfe in Anspruch zu nehmen.

Mit freundlichen Grüßen

(Unterschrift)

<u>Anlagen:</u>
- Original-Vollmacht
- Unterlassungs-/Verpflichtungserklärung

---

[1] Hier kann ergänzt werden, dass eine entsprechende Kostennote bereits beigefügt ist. Es empfiehlt sich jedoch häufig – etwa, um den Verletzer nicht „abzuschrecken" oder um buchhalterische Maßnahmen zu vermeiden, wenn der Verletzer nur einen Teil der angefallenen Abmahnkosten erstattet, während der Verletzte die übrigen Kosten trägt – die Kostennote nach Abgabe der geforderten Erklärung nachzureichen.

[2] In der Regel *maximal* zwei Wochen, häufig auch kürzer bis zu wenigen Tagen oder sogar Stunden (zum Beispiel bei Verletzungshandlungen auf Messen).

Anhang: Muster

Unterlassungserklärung
mit bezifferter Vertragsstrafe bzw.
mit Vertragsstrafenversprechen nach „Hamburger Brauch"

Unterlassungs-/Verpflichtungserklärung

Telekaiser AG, gesetzlich vertreten durch ..., ... (*ergänze:* Anschrift)

sowie und unabhängig hiervon[1]

Herr Geschäftsführer ..., ... (*ergänze:* Anschrift)

verpflichten sich gegenüber der

Telekönig GmbH, gesetzlich vertreten durch ..., ... (*ergänze:* Anschrift)

1. es zu u n t e r l a s s e n ,

   im geschäftlichen Verkehr zu Wettbewerbszwecken zu behaupten und/oder zu verbreiten und/oder behaupten und/oder verbreiten zu lassen:

   „Wir sind der größte Anbieter für Internet-Dienstleistungen in Deutschland ...".

   insbesondere, wenn dies geschieht wie in der Anzeige in der ... Zeitung vom ..., Seite ...

2. für jeden Fall der Zuwiderhandlung gegen die vorstehende Unterlassungsverpflichtung gemäß Ziff. 1 unter gleichzeitigem Verzicht auf die Einrede des Fortsetzungszusammenhangs

   eine Vertragsstrafe in Höhe von Euro ... (*ergänze:* Höhe der Vertragsstrafe – *in der Regel mindestens zehn Prozent des Streitwertes*) zu bezahlen,

   oder alternativ (sog. „Hamburger Brauch")

   eine angemessenen Verstragstrafe zu bezahlen, deren Höhe vom ... (*ergänze:* Anspruchsteller) bestimmt und deren Angemessenheit ggf. vom zuständigen Landgericht überprüft werden kann;

---

[1] Ggf. weitere Unterlassungsschuldner aufnehmen, zum Beispiel Geschäftsführer, vgl. Rn. 461.

3. die Kosten der Einschaltung der Rechtsanwälte ... aus Anlass dieser Erklärung aus einem Gegenstandswert von ... (*ergänze:* Gegenstandswert) zu erstatten.

[4. Gegebenenfalls wegen etwaiger Vertragsstrafen-Klage Gerichtsstandsvereinbarung aufnehmen, sofern gemäß § 38 ZPO möglich.]

Für (*ergänze:* ggf. Name des abgemahnten Unternehmens):

_____, den _____

_____
– rechtsverbindliche Unterschrift –

Für (*ergänze:* ggf. weiteren Störer):

_____, den _____

_____
– rechtsverbindliche Unterschrift –

Abschlusserklärung (Abgabe)
Standardversion bzw.
umfangreiche Erklärung

Anschrift des Gegners

Vorab per Telefax: …

Ort, Datum

Telekaiser AG./. Telekönig GmbH
LG (*ergänze:* Ort), Aktenzeichen: …

Sehr geehrte …,

in vorbezeichneter Angelegenheit wurde die einstweilige Verfügung des Landgerichts … (*ergänze:* Gerichtsort) vom … (*ergänze:* Datum) unserer Mandantschaft (*alternativ:* uns) am … (*ergänze:* Datum) zugestellt.

Wir erklären hiermit (*ggf. ergänzen:* namens und im Auftrag unserer Mandantschaft), dass die einstweilige Verfügung als endgültige Regelung der mit Antragsschrift vom … (*ergänze:* Datum) geltend gemachten Unterlassungsansprüche anerkannt wird. Zugleich wird auf die Rechte gemäß §§ 926, 927 ZPO (*ggf. auch:* sowie auf das Recht, Rechtsmittel einzulegen) (*ergänze für die ausführliche Fassung:* und auf die Erhebung einer negativen Feststellungsklage sowie auf die Geltendmachung von Schadensersatzansprüchen) verzichtet.

Wir weisen ausdrücklich darauf hin, dass die vorstehende Abschlusserklärung rechtsverbindlich, jedoch ohne Anerkenntnis einer Rechtspflicht und ohne Präjudiz in der Sach- und Rechtslage im übrigen abgegeben wird.

Mit freundlichen Grüßen

(*Unterschrift*)

Anhang: Muster

Abschlusserklärung (Abgabe)
Standardversion bzw.
umfangreiche Erklärung

Anschrift des Gegners

Vorab per Telefax: …

Ort, Datum

Telekaiser AG./. Telekönig GmbH
LG (*ergänze:* Ort), Aktenzeichen: …

Sehr geehrte …,

in vorbezeichneter Angelegenheit wurde Ihnen (*alternativ:* Ihrer Mandantschaft) die einstweilige Verfügung des Landgerichts … (*ergänze:* Gerichtsort) vom … (*ergänze:* Datum) am … (*ergänze* Datum) zugestellt.

Wir fordern Sie hiermit (*ggf. ergänzen:* namens unserer Mandantschaft) zur Abgabe der Abschlusserklärung auf, das heißt bis spätestens

(*ergänze*: Frist[1])

zu erklären, dass die einstweilige Verfügung als endgültige Regelung anerkannt und auf die Rechte aus §§ 926, 927 ZPO (*ggf. ergänzen, sofern Rechtsmittel noch möglich sind:* sowie auf Einlegung eines Rechtsmittels) (*ergänze für die ausführliche Fassung:* und auf die Erhebung einer negativen Feststellungsklage sowie auf die Geltendmachung von Schadensersatzansprüchen) verzichtet wird.

Sollte die Erklärung nicht innerhalb der gesetzten Frist abgegeben sein, werden wir unserer Mandantschaft empfehlen, zur endgültigen Sicherung ihres Anspruches Hauptsacheklage zu erheben.

Mit freundlichen Grüßen

(*Unterschrift*)

---

[1] Je nach regionaler Rechtsprechung in der Regel zwischen zwei und vier Wochen.

Anhang: Muster

Aufhebungsantrag gemäß §§ 936, 927 ZPO

Anschrift des Gerichts[1]

Ort, Datum

ANTRAG AUF AUFHEBUNG EINER EINSTWEILIGEN VERFÜGUNG GEMÄSS §§ 936, 927 ZPO

Az. (*des mit der Aufhebung befassten Gerichts*): ...

In dem Verfügungsverfahren

Antragsteller ...

– Antragsteller –

g e g e n

Antragsgegner ...

– Antragsgegner –

wird für den Antragsgegner

b e a n t r a g t :

die einstweilige Verfügung des ...gerichts vom ... (*ergänze:* Datum, Aktenzeichen) aufzuheben und die Kosten des Aufhebungsverfahrens (*ggf.*[2]*:* sowie die Kosten des Verfügungsverfahrens) der Antragsgegnerin aufzuerlegen.

---

[1] Zuständig ist das Gericht der Hauptsache, bei dem die Hauptsache anhängig ist. Ist keine Hauptsache anhängig, ist das Berufungsgericht zuständig, wenn eine Berufung im Verfügungsverfahren anhängig ist. Ist auch das nicht der Fall, entscheidet das erstinstanzliche Gericht des Verfügungsverfahrens.

[2] Sofern die Voraussetzungen für eine weitergehende Kostenentscheidung gegeben sind.

Anhang: Muster

BEGRÜNDUNG:

Der Antragsteller hat gegen den Antragsgegner beim Oberlandesgericht ... am ... eine einstweilige Verfügung durch Beschluss erwirkt.

Glaubhaftmachung: Beschlussverfügung vom ... in Kopie, als

– Anlage A 1 –.

Der Antragsteller hat die einstweilige Verfügung bis heute – etwa acht Wochen nach Erlass der Beschlussverfügung – an den Antragsgegner nicht zugestellt.

Der Antragsgegner hat von dem Inhalt der Verfügung erst vor etwa zwei Wochen durch ein Schreiben des Antragstellers Kenntnis erlangt.

Glaubhaftmachung: Schreiben vom ... in Kopie, als

– Anlage A 2 –.

Die einstweilige Verfügung ist daher nicht gemäß §§ 936, 929 Abs. 2 ZPO ordnungsgemäß vollzogen worden. Sie ist deshalb aufzuheben.

Über die Kosten der einstweiligen Verfügung ist im Aufhebungsverfahren zu entscheiden (vgl. OLG Karlsruhe WRP 1996, 121 f.[3])

(Unterschrift)

---

[3] Andere Ansicht aber OLG München WRP 1996, 1052.

Auslandszustellung

Anschrift des Gerichts

Ort, Datum

ZUSTELLUNGSERSUCHEN GEMÄSS § 183 ZPO n.F.
ZUM ZWECKE DER VOLLZIEHUNG GEMÄSS §§ 936, 929 ZPO[4]

Az.: ...

In dem Verfügungsverfahren

Antragsteller, vertreten durch ..., Straße, Ort

– Antragsteller –

Verfahrensbevollmächtigte: ...

gegen

Antragsgegner, vertreten durch ..., Straße, Ort

– Antragsgegner –

wird für die Antragstellerin

beantragt,

die

- **förmliche** Zustellung der einstweiligen Verfügung vom ... an die Antragsgegnerin mit Sitz in ...[5]

und zwar durch

- Gerichtsvollzieher

---

[4] Kann auch bereits im Verfügungsantrag gestellt werden!
[5] Siehe hierzu Rn. 900 ff. Meiner Auffassung nach muss als förmliche Zustellung die Postzustellung gemäß § 183 ZPO n.F. genügen. Trotzdem empfiehlt es sich, vorsorglich die Zustellung durch Gerichtsvollzieher zu beantragen.

Anhang: Muster

oder

- - sofern die Zustellung durch Gerichtsvollzieher mit dem Recht des Empfangsstaates unvereinbar sein sollte – in der von dem Recht des Empfangsstaates für die Zustellung gerichtlicher (Eil-)Entscheidungen im Parteibetrieb vorgeschrieben Form

zu veranlassen.

> Wegen des <u>drohenden Ablaufs der Vollziehungsfrist</u> am ... (*ergänze:* Datum) wird höflich um **eilige** Veranlassung der Zustellung gebeten.

Hierzu sind beigefügt

- **das Original** sowie

- **zwei beglaubigte Abschriften**

der **Ausfertigung** einstweiligen Verfügung.

(*Ggf.:* Eine **Übersetzung** der Schriftstücke ist entbehrlich[6])

Sofern Bedenken gegen die beantragte Zustellung bestehen oder eine sonstige Klärungsbedürftigkeit gesehen wird, wird höflich um

richterlichen Hinweis

– gerne auch auf telefonischem Wege – gebeten.

(Unterschrift)

---

[6] Siehe hierzu zum Beispiel Art. 5 EG-ZustellungsVO sowie bilaterale Abkommen.

Anhang: Muster

Beschwerde gegen Zurückweisung des Verfügungsantrags im Beschlusswege

Anschrift des Erst-Gerichts[1]

Ort, Datum

SOFORTIGE[2] BESCHWERDE

Az.: ...

In dem Verfügungsverfahren

Antragsteller ...

– Antragsteller –

gegen

Antragsgegner ...

– Antragsgegner –

wegen: Unterlassung (Wettbewerbssache)

legen wir für den Antragsteller gegen den Beschluss des Landgerichts ... vom ..., zugestellt am ...,

B e s c h w e r d e

ein.

Die Entscheidung fügen wir als Anlage in beglaubigter Abschrift bei.

Es wird für den Antragsteller

b e a n t r a g t :

den Beschluss des LG ... vom ... (*ergänze:* Datum, Aktenzeichen) wie folgt abzuändern:

---

[1] Wegen der in § 572 Abs. 1 ZPO vorgesehenen Abhilfeentscheidung empfiehlt es sich, die Beschwerde an das Gericht zu richten, das die zurückweisende Entscheidung erlassen hat. Die Beschwerde kann aber auch beim Beschwerdegericht eingelegt werden (§ 569 Abs. 1 Satz 1 ZPO). Eine Beschwerde gegen eine OLG-Entscheidung gibt es nicht, § 567 Abs. 1 ZPO.
[2] Seit 1.1.2002.

Anhang: Muster

I. Dem Antragsgegner wird bei Meidung eines Ordnungsgeldes von € 5,00 bis zu € 250.000,00, an dessen Stelle im Falle der Uneinbringlichkeit eine Ordnungshaft bis zu 6 Monaten tritt, oder einer Ordnungshaft bis zu 6 Monaten, (*ggf.:* zu vollziehen am Geschäftsführer der Antragsgegnerin) für jeden einzelnen Fall der Zuwiderhandlung gem. §§ 935 ff., 890 ZPO verboten,

hier folgt dann die Beschreibung der Verletzungsform, die verboten werden soll:)

im geschäftlichen Verkehr zu Wettbewerbszwecken zu behaupten und/oder zu verbreiten und/oder behaupten und/oder verbreiten zu lassen

„Wir sind der größte Anbieter für Internet-Dienstleistungen in Deutschland …",

insbesondere, wenn dies geschieht wie in der Anzeige in der … Zeitung vom …, Seite …

II. Der Antragsgegner hat die Kosten des Verfahrens zu tragen.

BEGRÜNDUNG:

A.

I.
Zum Sachverhalt

(Kurze Sachverhaltsdarstellung entsprechend der ersten Instanz.)

II.
Zur angegriffenen Entscheidung

Die Kammer hat den Antrag auf Erlass einer einstweiligen Verfügung zurückgewiesen.

Die Zurückweisung des Verfügungsantrages hat die Kammer unter anderem mit den nachstehenden Argumenten zu stützen versucht:

1. …

2. …

Anhang: Muster

B.

Zur Beschwerde im Einzelnen

... (*folgt:* Beschwerdebegründung)

Es ist daher der Beschwerde und dem Verfügungsantrag stattzugeben.

(Unterschrift)

Eidesstattliche Versicherung

EIDESSTATTLICHE VERSICHERUNG

Mir ist bekannt, dass die nachstehende eidesstattliche Versicherung zur Vorlage bei Gericht bestimmt ist. Ich bin darüber informiert, dass eine eidesstattliche Versicherung in allen Einzelheiten der Wahrheit entsprechen muss und weiß, dass eine unrichtige eidesstattliche Versicherung mit Strafe bedroht ist.

Ich erkläre folgendes:

Zur Person:

Ich heiße ..., geboren am ..., und bin ... (*ergänze z.B.:* Beruf, Stellung im Unternehmen) der ... (*ergänze:* Name des Unternehmens) in ... (*ergänze:* Ort, Straße).

Zur Sache:

...

_____, den _____

_____

– Unterschrift –

Anhang: Muster

Klageerzwingungs-Antrag gemäß § 926 ZPO

Anschrift des Erst-Gerichts

Ort, Datum

Antrag auf Erhebung der Hauptsacheklage gemäss §§ 936, 926 ZPO

Az. (*des Erstgerichts*): ...

In dem Verfügungsverfahren

Antragsteller ...

– Antragsteller –

g e g e n

Antragsgegner ...

– Antragsgegner –

wegen: Unterlassung (Wettbewerbssache)

wird für den Antragsgegner

b e a n t r a g t ,

anzuordnen, dass der Antragsteller innerhalb von zwei Wochen nach Zustellung des gerichtlichen Beschlusses gemäß § 926 ZPO Hauptsacheklage zu erheben hat.

(Unterschrift)

Anhang: Muster

Ordnungsmittel-Antrag

> Anschrift des Erst-Gerichts

> Ort, Datum

**ANTRAG AUF FESTSETZUNG EINES ORDNUNGSMITTELS
GEMÄSS § 890 ZPO**

Az. (*des Erstgerichts*): …

In dem Verfügungsverfahren

Antragsteller …

– Antragsteller –

g e g e n

Antragsgegner …

– Antragsgegner –

wegen: Unterlassung (Wettbewerbssache)
hier: Zwangsvollstreckung

wird für den Antragsteller

b e a n t r a g t ,

I. gegen den Antragsgegner gemäß § 890 Abs. 1 ZPO ein Ordnungsgeld festzusetzen und für den Fall, dass dieses nicht beigetrieben werden kann, Ordnungshaft gegen den Geschäftsführer des Antragsgegners anzuordnen sowie

II. die Kosten der Zwangsvollstreckung dem Antragsgegner aufzuerlegen.

BEGRÜNDUNG:

I.
Zum Sachverhalt

1. Das Landgericht …/Oberlandesgericht … hat dem Antragsgegner mit einstweiliger Verfügung vom … unter Androhung eines für jeden Fall der Zuwiderhandlung festzusetzenden Ordnungsgeldes bis zu € 250.000,00, ersatzweise Ordnungshaft bis zu 6 Monaten, oder Ordnungshaft bis zu 6 Monaten verboten,

    … (*ergänze:* Tenor der Verfügung).

    Beweis:
    Ausfertigung der einstweilige Verfügung des Landgerichts München I vom … als
    — Anlage ASt 1 —.

2. Die einstweilige Verfügung wurde dem Antragsgegner am … ordnungsgemäß durch Gerichtsvollzieher zugestellt.

    Beweis:
    Postzustellungsurkunde vom … in Kopie, als
    — Anlage ASt 2 —.

3. Nach Zustellung der einstweiligen Verfügung hat der Antragsgegner gegen das Verbot verstoßen:

    Beweis:
    Werbeanzeige vom … in Kopie, als
    — Anlage ASt 3 —.

4. Der Antragsgegner hatte zwischen der Zustellung der Verfügung und der Veröffentlichung der Anzeige zehn Tage Zeit, den Anzeigenauftrag zu stornieren. Dies ist in der Regel innerhalb weniger Stunden möglich.

II.
Zum Rechtlichen

1. Es liegt ein Verstoß gegen die einstweilige Verfügung des …gerichts vor.

2. Der Antragsgegner hat schuldhaft gehandelt: Es wäre ihm ohne Weiteres möglich gewesen, den Anzeigenauftrag zu stornieren.

3. Da der Antragsgegner durch den Verstoß belegt hat, dass er nicht gewillt ist, das gerichtliche Verbot zu berücksichtigen, erscheint die Festsetzung eines Ordnungsgeldes von wenigstens 15.000 Euro als mindestens angemessen.

(*Unterschrift*)

Anhang: Muster

Schutzschrift

Anschrift des Gerichts (Kammer für Handelssachen)

Ort, Datum

SCHUTZSCHRIFT

IM VERFAHREN AUF ERLASS EINER EINSTWEILIGEN VERFÜGUNG

In dem mutmaßlichen Verfügungsverfahren

Antragsteller, vertreten durch …, Straße, Ort

– Antragsteller –

Verfahrensbevollmächtigte: …

gegen

Antragsgegner, vertreten durch …, Straße, Ort

– Antragsgegner –

Verfahrensbevollmächtigte: …

wegen: Unterlassung (Wettbewerbssache)

zeigen wir an, dass wir den mutmaßlichen Antragsgegner vertreten.

Für diesen wird

beantragt,

I. den Verfügungsantrag kostenpflichtig zurückzuweisen;

II. dem Antragsteller die Verfahrenskosten durch Beschluss gemäß § 269 Abs. 3 ZPO analog aufzuerlegen, wenn er einen Verfügungsantrag vor der Verfügungsverhandlung wieder zurücknehmen sollte.

III. **hilfsweise:**

1. über den Verfügungsantrag nicht ohne mündliche Verhandlung zu entscheiden sowie

2. Vollstreckungsschutz gemäß § 921 ZPO zu gewähren.

Anhang: Muster

Wir sind damit einverstanden, dass

- die vorliegende Schutzschrift dem Antragsteller ausgehändigt wird, wenn dieser einen Verfügungsantrag bei Gericht anhängig macht oder
- vom erkennenden Gericht Termin zur Verfügungsverhandlung unter Abkürzung der Ladungsfrist bestimmt wird.

BEGRÜNDUNG:

I.
Zum Sachverhalt

1. Zu den Parteien: …

2. Zur angeblichen Verletzungshandlung: …

II.
Zum Rechtlichen

1. Zur Zuständigkeit des Gerichts: …

2. Zur Aktivlegitimation des Antragstellers: …

3. Zur Passivlegitimation des Antragsgegners: …

4. Zur Anwendbarkeit des UWG (Wettbewerbshandlung): …

5. Zur Rechtmäßigkeit der beanstandeten Handlung: …

6. Zum Antrag auf Vollstreckungsschutz: …

(Unterschrift)

Anhang: Muster

Verfügungsantrag

Anschrift des Gerichts (Kammer für Handelssachen)

Ort, Datum

DRINGENDER ANTRAG AUF ERLASS EINER
EINSTWEILIGEN VERFÜGUNG

In dem Verfügungsverfahren

Antragsteller, vertreten durch …, Straße, Ort

– Antragsteller –

Verfahrensbevollmächtigte: …

g e g e n

Antragsgegner, vertreten durch …, Straße, Ort

– Antragsgegner –

wegen: Unterlassung (Wettbewerbssache)

zeigen wir an, dass wir den Antragsteller vertreten.

Für diesen

b e a n t r a g e n

wir – wegen der Dringlichkeit der Sache ohne mündliche Verhandlung gem. § 937 Abs. 2 ZPO[1] –

den Erlass einer einstweiligen Verfügung, für die wir folgende Tenorierung unterbreiten (§ 938 Abs. 1 ZPO):

I. Dem Antragsgegner wird bei Meidung eines Ordnungsgeldes von € 5,00 bis zu € 250.000,00, an dessen Stelle im Falle der Uneinbringlichkeit eine Ordnungshaft bis zu 6 Monaten tritt, oder einer Ordnungshaft bis zu 6 Monaten, (*ggf.:* zu vollziehen am Geschäftsführer der Antragsgegnerin) für jeden einzelnen Fall der Zuwiderhandlung gem. §§ 935 ff., 890 ZPO verboten,

---

[1] Zum Verfügungsverfahren, wenn der Gegner seinen Sitz im Ausland hat, siehe Rn. 886 ff.

hier folgt dann die Beschreibung der Verletzungsform, die verboten werden soll:)

im geschäftlichen Verkehr zu Wettbewerbszwecken zu behaupten und/oder zu verbreiten und/oder behaupten und/oder verbreiten zu lassen

„Wir sind der größte Anbieter für Internet-Dienstleistungen in Deutschland ...",

insbesondere, wenn dies geschieht wie in der Anzeige in der ... Zeitung vom ..., Seite ...

II. Der Antragsgegner hat die Kosten des Verfahrens zu tragen.

III. Der Streitwert wird auf € ... *(Streitwert-Vorschlag des Antragstellers ergänzen)* festgesetzt.

BEGRÜNDUNG:

I.
Parteien/Allgemeines

1. Der Antragsteller gehört in Deutschland zu den führenden Anbietern von Telekommunikationsdienstleistungen. Er vertreibt unter anderem die Produkte ...

2. Der Antragsgegner ist auf dem Markt der Telekommunikationsdienstleistungen Mitbewerber des Antragstellers. Er erwirtschaftet mit dem Vertrieb der Produkte ... jährlich weltweit einen Umsatz von ... Millionen Euro.

Glaubhaftmachung:
Auszug aus dem Geschäftsbericht 20.. des Antragsgegners in Kopie, als
– **Anlage ASt 1** –.

3. Die Parteien streiten um die Zulässigkeit einer bundesweit verbreiteten Werbemaßnahme des Antragsgegners.

II.
Verletzungshandlung

1. Der Antragsgegner hat in der Zeitung ... vom ... auf Seite ... eine Anzeige veröffentlichen lassen, die unter anderem den Text enthält:

„Wir sind die größten Anbieter für Internet-Dienstleistungen in Deutschland mit einem weltweiten Umsatz von drei Milliarden Euro (Geschäftsjahr 20..)"

Glaubhaftmachung:
Anzeige in ... vom ... Seite ..., als

– Anlage ASt 2 –.

2. Die Werbeaussage ist unrichtig: ...

Glaubhaftmachung:
...

– Anlage ASt 3 –.

3. Wegen der vorgenannten Werbeaussage ließ der Antragsteller den Antragsgegner mit anwaltlichem Schreiben vom ... auf Unterlassung in Anspruch nehmen.

Glaubhaftmachung:
Unterlassungsaufforderung samt Unterlassungs-/Verpflichtungserklärung in Kopie, als

– Anlage ASt 4 –.

4. Mit Schreiben vom ... hat der Antragsgegner geantwortet und mitgeteilt, dass die Anzeigenschaltung versehentlich erfolgt sei. Eine weitere Veröffentlichung der Anzeige sei – schon wegen der Abmahnung des Antragstellers – nicht beabsichtigt.

Glaubhaftmachung:
Schreiben vom ... in Kopie, als

– Anlage ASt 5 –.

Die geforderte Unterlassungserklärung hat der Antragsgegner jedoch nicht abgegeben. Der Antragsteller muss daher Gerichtshilfe in Anspruch nehmen.

III.
Zum Rechtlichen

Der Verfügungsantrag ist formellrechtlich sowie materiellrechtlich begründet:

1. Das Landgericht ... ist örtlich zuständig wegen § 24 Abs. ... UWG.

Gegebenfalls:

Die Zuständigkeit der **Kammer für Handelssachen** ergibt sich aus der Kaufmannseigenschaft der Parteien (§§ 94, 95, 96 GVG).

2. Der Antragsteller hat einen Anspruch auf Unterlassung gegenüber dem Antragsgegner gemäß § 3 UWG, da der Antragsgegner mit unrichtigen Angaben wirbt.

Die **Wiederholungsgefahr** ist gegeben, da sich der Antragsgegner geweigert hat, die geforderte Unterlassungserklärung abzugeben. Die einfache Erklärung, die beanstandete Werbeaussage werde nicht wiederholt, reicht zur Ausräumung der Wiederholungsgefahr nicht aus.

3. Gegeben ist auch der **Verfügungsgrund,** da der Antragsteller vor weniger als … *(ergänze die regional relevante Dringlichkeitsfrist, zum Beispiel:* einem Monat) von der Verletzungshandlung Kenntnis erlangt hat.

4. Der Streitwert wird mit € … *(Grundstreitwert benennen und mit der Anzahl der Parteien multiplizieren)* angegeben.

5. Sofern das Gericht Bedenken gegen eine zusprechende Entscheidung im Beschlusswege haben sollte oder eine sonstige Klärungsbedürftigkeit vor einer Entscheidung gesehen wird, wird höflich um

richterlichen Hinweis

gem. § 139 ZPO – gerne auch auf telefonischem Wege – gebeten.

(Unterschrift)

Anhang: Muster

Vollziehung (Zustellung) der einstweiligen Verfügung durch Gerichtsvollzieher

Amtsgericht am Sitz des Gegners
– Gerichtsvollzieherverteilerstelle –

Ort, Datum

ZUSTELLUNG EINER EINSTWEILIGEN VERFÜGUNG ZUM ZWECKE DER VOLLZIEHUNG GEMÄSS §§ 936, 929 ABS. 2 ZPO

In dem Verfügungsverfahren

Antragsteller, vertreten durch …, Straße, Ort

– Antragsteller –

Verfahrensbevollmächtigte: …

gegen

Antragsgegner, vertreten durch …, Straße, Ort

– Antragsgegner –

wegen: Unterlassung (Wettbewerbssache)
hier: Vollziehung

übermitteln wir

- das Original der Ausfertigung

- sowie eine beglaubigte Kopie der Ausfertigung

des Beschlusses des …gerichts … vom … (*ergänze:* Datum/Aktenzeichen)

zum Zwecke der eiligen Zustellung

bei dem Antragsgegner.

(*Unterschrift*)

Widerspruch

> Anschrift des Erst-Gerichts

> Ort, Datum

Az.: ...

WIDERSPRUCH

In dem Verfügungsverfahren

Antragsteller, vertreten durch ..., Straße, Ort

– Antragsteller –

Verfahrensbevollmächtigte: ...

g e g e n

Antragsgegner, vertreten durch ..., Straße, Ort

– Antragsteller –

Verfahrensbevollmächtigte: ...

wegen: Unterlassung (Wettbewerbssache)

zeigen wir an, dass wir den Antragsgegner vertreten.

Für diesen legen wir Widerspruch gegen die einstweilige Verfügung des ...gerichts vom ... ein (Az.: ...).

In der mündlichen Verhandlung werden wir

b e a n t r a g e n ,

    I. die einstweilige Verfügung des ...gerichts vom ... (Az.: ...) aufzuheben,

    II. den auf ihren Erlass gerichteten Antrag zurückzuweisen[1] und

    III. die Kosten des Verfahrens dem Antragsteller aufzuerlegen.

---

[1] Der *Antragsteller* beantragt nicht, den Widerspruch zurückzuweisen, sondern die einstweilige Verfügung zu bestätigen.

Anhang: Muster

Hilfsweise:

Vollstreckungsschutz gemäß § 921 ZPO zu gewähren.

BEGRÜNDUNG:

I.
Parteien/Allgemeines

1. (Zum Antragsteller) …

2. (Zum Antragsgegner) …

II.
Zum Sachverhalt

…

III.
Zum Rechtlichen

Der Antrag ist (unzulässig und) unbegründet:

…

(Unterschrift)

Internet-Fundstellen (Auswahl)

Bundesgerichtshof:
www.uni-karlsruhe.de/~BGH; www.bundesgerichtshof.de; http://www.rws-verlag. de/bgh-free/indexfre.htm (BGH-Volltext-Angebot: kostenfreier Zugang zu den meisten seit Anfang 1999 ergangenen Zivilrechtsentscheidungen des Bundesgerichtshofs); http://urteile.kanzlei.de/(sämtliche BGH-Leitsatzentscheidungen seit Mitte 1996); http://www.grur.de/Seiten/Themen/entscheidungen/BGH/BGH_Wett.html (Auswahl von BGH-Entscheidungen).

Bundestagsdrucksachen/Drucksachen der Länderparlamente:
www.bundestag.de (gute Sprungstelle für Bundestags-Drucksachen, Gesetzesentwürfe etc.); www.parlamentsspiegel.de (Drucksachen aus Bundestag ab 1976 und Länderparlamenten).

Bundesverfassungsgericht:
www.bundesverfassungsgericht.de oder http://www.uni-wuerzburg.de/glaw/index.html.

Europa und ausländisches Recht allgemein:
EuGH: http://www.europa.eu.int/cj/de/index.htm; Europäisches Dokumentationszentrum: http://www.uni-mannheim.de/users/ddz/edz/edz.html; Europarecht: http://www.bib.uni-mannheim.de/bib/jura/db-kap9.shtml; EU-Amtsblatt: http://europa.eu.int/eur-lex/de/oj/index.html; ausländisches Recht: http://www.univie.ac.at/fbrecht/Rlausl.htm; http://www.catalaw.com/.

Gesetzestexte, Verordnungen etc.:
http://www.bundesanzeiger.de/ und http://bgbl.makrolog.de/ (Bundesgesetzblatt); http://www.gesetze-xxl.de/; http://dejure.org; http://www.rechtliches.de; http://www.juracafe.de/ressourcen/gesetze/gesetze.htm; http://www.jura-lotse.de/Links/Gesetze/; http://www.jura-xxl.de/(landesrechtliche Gesetze, Verordnungen etc.) http://transpatent.com (Angebot vor allem zum Patent- und Markenrecht); http://europa.eu.int/eur-lex/de/index.html (EG-Rechtsakte); http://www.findlaw.com/; http://lawcrawler.findlaw.com/.

Linksammlung zu Rechtsakten, Urteilen etc.:
www.jura.uni-muenster.de/netlaw/; http://www.jura.uni-duesseldorf.de/call/; http://www.jura.uni-sb.de/internet/Datenbanken.html; http://www.jura-lotse.de/Links/; http://www.rechts-links.com/; http://www.rechtplus.de/urteile/urteile-aktuell.php.

Suchmaschinen:
www.google.de (allgemeine Suchmaschine); http://metalaw.de; http://jurindex.jura.uni-sb.de:9002/cgi-bin/query?mss=de/advanced&pg=aq&what=web; http://www.metajur.de/.

Urteile:
http://www.zurecht.de; www.online-recht.de; www.netlaw.de.

Werbe-/Wettbewerbsrecht:
www.adicor.de/recht.htm; http://www.urteilsticker.de/index.php4.

Sachregister
Die Angaben beziehen sich auf die Randnummern

Abmahnkosten 582
  Gerichtsstand 670
  Verjährung 513
Abmahnung
  Form 561
  Fristsetzung 577
  Gegenstandswert 589
  Kosten, siehe auch Abmahnkosten
  ungerechtfertigte A. 610
  Verbände 581
  Vollmacht 563
Abschlusserklärung 930
  Abgabe 939
  Aufforderung 933
  Fristsetzung 937
  Kosten 945
Abwerbung von Beschäftigten 89
Abwerbung von Kunden 88
Aktivlegitimation 434
Alkoholwerbung 407
Alleinstellungswerbung 171, 228
Anerkenntnis 961
  Kosten 967
Angstwerbung 133
Anlocken 114
Anschwärzung 308
Antragsformulierung
  siehe Unterlassungsantrag
Antragsrücknahme 812
  Kosten 822
Anwaltszwang
  Beschwerde gegen Beschlussverfügung 801
  Ordnungsmittelantrag 1011
  Verfügungsverfahren 743
  Widerspruchsverfahren 782
Arzneimittelwerbung 354
Aufbrauchsfrist 732
Aufhebungsverfahren 871
  Kosten 869, 879

Aufklärungspflicht 209, 612, 622
Auskunftsanspruch 502
Ausländischer Störer 886
Auslandsvollziehung 896
Ausspannen von Kunden, Beschäftigten 87

Begründetheit des Unterlassungsantrags
  relevanter Zeitpunkt 730
Behinderung 45, 58
Bekanntmachungsbefugnis 328, 475
Berufsverbände, Kammern
  Aktivlegitimation 448
Berufung 792, 793, 810
Beschlussverfügung 779, 797
  Rechtsmittel 799
Beschwerde
  Beschlussverfügung 799
  Kosten 821
Beseitigungsanspruch 482
Betroffenheit, unmittelbare 437
Beweisangebot 773
Bonussysteme 119
Boykott 49
Briefkasten-Werbung 142

Double in der Werbung 416
Dringlichkeit 752
  Frist 756
Drittunterwerfung 616

E-Commerce-Richtlinie der EG 425
Eidesstattliche Versicherung 769
Einigungsverfahren 640
  Kosten 654
Einkaufsausweis 266
Einstweilige Verfügung, siehe Verfügungsverfahren
E-Mail-Werbung 145

Erledigterklärung
  Kosten 972
Eröffnungsangebote 291
Erstbegehungsgefahr 471, 555
  Gerichtsstand 669

Fernabsatzgeschäft 378
Fernabsatz-Richtlinie der EG 424
Feststellungsanspruch
  siehe Gegenabmahnung, negative
  Feststellungsklage
Fortsetzungszusammenhang 605, 629

Garantie 119
Gattungsbezeichnung 236
Gegenabmahnung 613, 817
Gegenstandswert
  Abmahnung 589
  Reduzierung 606
Geheimnisverrat 331
Geografische Herkunftsangabe 232
Gerichtsstand 665
Geschäftlicher Verkehr 20
Geschäftsaufgabe 303
Geschäftsführer
  Haftung 461
Geschenk 67
Gesundheitsbezogene Werbung 373
Glaubhaftmachung 768
Gleichartige Handlung 703
Gratisverteilung 69
Großhändlerwerbung 264
Gutschein 119

Haftung 461
  Medien 464
  Unterlassungsvertrag 976
  Verstoß gegen gerichtliches Verbot 977
Hamburger Brauch 573, 604, 628, 1021, 980
  Klage auf Zahlung 630
Handelssache 682
Hauptsache
  Gerichtsstand 690
Hauptsacheentscheidung
  Rechtskraft 953

Hauptsacheerzwingung 858, 949
Headhunter 87
Heilmittelwerbung 354
Herkunftsangabe 81
Herkunftsbezeichnung 232
Herkunftstäuschung 81
Herstellerwerbung 264
Hinweispflicht, gerichtliche 727

Insbesondere-Zusatz 708
Insolvenzwaren-Verkauf 263, 280, 304
Internet
  Bannerwerbung 150
  Marktort 661
  Preisangaben 391
  Sponsoring 151
  Suchmaschineneinträge 157
  Werbeformen 147
Internet-Domains 51
Irreführende Werbung 204
Irreführungs-Richtlinie der EG 422

Jubiläumsverkauf 294
Jugendliche 407

Katalogwerbung 392
Kaufscheinhandel 266
Kerntheorie 701
Kinder 406
Klageänderung 729
Konkretes Wettbewerbsverhältnis 439
Koppelungsgeschäfte 115
Kosten
  Abmahnung 582
  Abschlusserklärung 945
  Anerkenntnis 967
  Aufhebungsverfahren 869, 879
  Beschwerde 821
  Einigungsverfahren 654
  Erledigterklärung 972
  Mehrfachabmahnung 620
  Ordnungsmittelverfahren 1031
  Rücknahme des Antrags 822
  Schutzschrift 823, 923
  Verfügungsverfahren 818, 869, 879
Kostenerstattung
  Verweigerung 606

Sachregister

Kostenwiderspruch 788
Kundenfang 53, 113
Kundenwerbung, progressive 271
Kündigung
    Unterwerfungsvertrag 638

Lagerverkauf 274
Leistungsübernahme 84
Lieferbarkeit 245
Lizenzanalogie 497
Lockangebote 231

Markenverunglimpfung 76
Marktort 659
    Internet 661
Marktstörung 45, 62
Marktverstopfung 48
Medienberichte 30, 130
Mehrfachabmahnung 616
    Kosten 620
Mehrfach-Prozesse 548
Meinung 207, 315

Nachahmung 75, 78
Nachbau 79
Negative Feststellungsklage 692, 856, 859, 954

Ordnungsgeld
    Beweislast 979
    Rückzahlung bei Aufhebung 1026
Ordnungsmittel 1002
    Höhe 1018
    Verjährung 982
Ordnungsmittelverfahren
    Kosten 1031

Passivlegitimation 461
Persönlichkeitsrecht 414
Powershopping 121
Preisangabenverordnung 385
    Internet 391
    Kredite 401
    Schaufensterwerbung 399
Preisausschreiben 99
Preisempfehlung 243
Preiskampf 72

Preisrätsel 99, 429
Preisvergleich 122, 188, 242
    eigene Preise 242
Preisverschleierung 113
Preiswerbung 242
Preiswettbewerb 46, 72
Pressehaftung 464
Product Placement 127
Prozessvergleich 984
    Ordnungsmittel 985
    Vertragsstrafe 987
    Vollziehung 991
Psychischer Zwang 97, 114

Qualitätsaussage 248

Rabatt 106
Räumungsverkauf 298
Rechtskraft
    einstweilige Verfügung 952
    Hauptsache 953
Rechtsmissbrauch 538
Rechtsweg 657
Redaktionelle Werbung 128, 409, 411
Revision 957
Rücknahme des Antrags
    siehe Antragsrücknahme
Rufausbeutung 74

Saisonangebote 291
Schadensersatz 485, 851
    Berechnung 493
    Festellung 489
Schleichwerbung 124
Schmähkritik 315
Schneeballsystem
    siehe Kundenwerbung, progressive
Schockwerbung 133
Schriftliches Verfahren 811
Schriftsatzfrist 773
Schutzschrift 611, 917
    Kosten 823, 923
Sicherheitsleistung 993
    Aufhebung gegen Sicherheitsleistung 993
Sitten, gute 17
Sittenwidrigkeit 41

SMS-Werbung 146
Sommerschlussverkauf 292
Sonderangebot 275, 287
   Preisangaben 395
Sonderpreis 290
Sonderveranstaltung 273
Sortenbezeichnung 236
Sprungrevision 957
Störer 461
Strafbare Werbung 254
Streitwert
   Rechtsmittel 681
Streitwertbegünstigung 679
Streitwertminderung 676
Superlativ 228

Tabakwerbung 376
Tatsachenbehauptung 207
Telefax-Werbung 141
Telefonmarketing 139
Testbericht 199

Übertreibung 226
Umweltbezogene Werbung 251
Unclean hands 546
Ungerechtfertigte Abmahnung
   siehe Abmahnung
Unterlassungsanspruch
   Abmahnung 551
   Aktivlegitimation 434
   Anerkenntnis 553
   Erstbegehungsgefahr 555
   Wiederholungsgefahr 555
Unterlassungsantrag
   Auslandsbezug 723
   Formulierung 696
   Gesetzeswiederholung 713
   insbesondere-Zusatz 708
   Verallgemeinerungen 702
Unterlassungserklärung 569
   gerichtlicher Vergleich 968
Unterlassungstitel
   Beseitigung 1024
   Fortfall 1026
Unternehmensbezeichnungen 208
Unterwerfungsvertrag 556
   Beseitigung 633

Kündigung 638
Unwahrheit 311

Verbände
   Abmahnung 581
   Aktivlegitimation 448
Verbraucherverbände
   Aktivlegitimation 457
Verfügung
   Aufhebung, siehe Aufhebungsverfahren
   Rechtskraft 952
Verfügungsgrund
   siehe Dringlichkeit
Verfügungsverfahren
   Anwaltszwang 743
   Kosten 818, 869, 879
Vergleich
   siehe Prozessvergleich
Vergleichende Werbung 161
   Zulässigkeit 173, 182
Vergleichende Werbung, EG-Richtlinie 423
Verjährung 508
   Abmahnkosten 513, 515
   Beseitigungsanspruch 522
   Ordnungsmittel 982
   Schadensersatz 512, 521, 855
   Unterlassung 511, 520
   Vertragsstrafe 517, 632, 982
Verjährungshemmung 527, 951
Verjährungsunterbrechung 524
Verkehrsauffassung 18, 211
Verletzergewinn 498
Verletzungshandlung 567, 699
Verleumdung 322
Verlosungen 99
Veröffentlichungsanspruch 480
Veröffentlichungsgebot 474
Versandkosten 395
Verschweigen von Angaben 209
Verspätungseinwand 773
Verstoß gegen Unterlassungserklärung,
   siehe Vertragsstrafe
Verstoß gegen Urteil
   siehe Ordnungsmittel
Vertagung 773

Sachregister

Vertragsstrafe 573, 623
   Reduzierung 603
   Beweislast 978
   Gerichtsstand 670
   Höhe 625
   Verjährung 517, 632, 982
Vertriebssysteme 50
Verwirkung 545
Vollstreckungsschutz 733
Vollziehung 826
   Ausland 896
   Form 836
   Frist 832
   Fristversäumnis 845
   Prozessvergleich 991
Vorratsmenge 245
Vorspannangebot 115, 231

Warenprobe 68
Warentest 198
Wegfall der Geschäftsgrundlage 634
Werbegeschenk 67, 98
Werberichtlinien 404
Werbung, redaktionelle
   siehe redaktionelle Werbung
Wertbezogene Normen 352
Wertneutrale Normen 353
Werturteil
   siehe Meinung

Wesentliche Beeinträchtigung 447, 453
Wettbewerbsabsicht 29
Wettbewerbsverhältnis 32
Wettbewerbszweck 25
Widerspruch 781, 806
Wiederholungsgefahr 473, 555
Winterschlussverkauf 292
Wirkungsaussagen 247

Zeitschrift
   Laienwerbung 118
   Probeabonnements 71
Zentralverband der deutschen Werbe-
   wirtschaft 404
Zeuge, präsenter 775
Zugaben 106
Zuständigkeit
   Amtsgericht 742
   funktionale 682, 686
   internationale 671
   Jour-Dienst 742
   örtliche 662
   sachliche 675
   Streitwert 675
Zwangsvollstreckung 992
   Ausland 906
   vorläufige Einstellung 791, 1017

Ihre „Hardware" für „Software-Vertrags-Fragen"

Schröder
Softwareverträge
Von Dr. Georg F. Schröder, Rechtsanwalt in München
2. Auflage 2002. X, 156 Seiten
Kartoniert mit Diskette. € 19,50
ISBN 3-406-48951-6
(Beck'sche Musterverträge, Band 37)

Software

auf den passenden Vertrag kommt es an. Seit der Einsatz von Computer-Software betrieblichen und privaten Alltag gehört, hat die Gestaltung eines in allen Punkten „sattelfesten" Softwarevertrages besondere Bedeutung.

Der neue Band aus der Reihe „Beck'sche Musterverträge"

- bietet einen Grundvertrag
- erläutert jede einzelne Klausel ausführlich, insbesondere die praxisrelevanten Bereiche Gewährleistung, Schadenersatz und Mängelrügepflicht
- behandelt zahlreiche Varianten, die vom Kauf der Standardsoftware über die Kombination von Standard- und angepasster Software bis zur Individualsoftware reichen
- geht auch auf die Modalitäten des Online-Vertriebes ein
- präsentiert den Vertragstext aufgrund des internationalen Bezuges zusätzlich in englischer Sprache
- enthält eine nützliche Checkliste zum Vertragsmanagement.

Aus dem Inhalt

- Einführung und Textabdruck (in deutscher und englischer Sprache)
- Vertragsmuster mit Erläuterungen
- Anlagen mit technischen Spezifikationen und weitergehenden Vereinbarungen
- Checkliste Vertragsmanagement und Erstellung von Leistungsbeschreibungen bei Computersoftware
- Weiterführende Hinweise zu Literatur und Rechtsprechung
- Sachregister.

Das ideale Hilfsmittel

für Rechtsanwälte, Richter, Softwareverkäufer und -käufer.

Der Autor

Dr. Georg F. Schröder hat sich als Mitglied einer bekannten Anwaltssozietät auf Internetrecht und Cyberlaw spezialisiert und bereits zahlreiche Veröffentlichungen zu dieser Thematik vorgelegt.

Mit Vertragsmustern in deutscher und englischer Sprache auf Diskette

In der Reihe Beck'sche Musterverträge
Markenlizenzen korrekt einräumen und übertragen

Fammler
Der Markenlizenzvertrag
Von Dr. Michael Fammler, LL.M., Rechtsanwalt in Frankfurt a.M.
2000. XIII, 163 Seiten.
Kartoniert mit Diskette € 25,–
ISBN 3-406-43090-2
(Beck'sche Musterverträge, Band 34)

Dieser Band garantiert die rechtlich einwandfreie Ausgestaltung moderner Markenlizenzverträge im nationalen wie im internationalen Geschäftsverkehr. Deshalb sind die Vertragsmuster in deutscher und englischer Sprache abgefaßt.

Der Mustervertrag mit Erläuterungen behandelt u.a.:
- Begriffsbestimmungen
- Verfügungen des Lizenznehmers
- Eintragung der Lizenz
- Benutzungsform und Lizenzvermerk
- Qualitätssicherung
- Produkthaftpflicht
- Gewährleistung des Lizenzgebers
- Buchführungspflicht
- Abrechnung und Fälligkeit
- Steuern und Abgaben
- Verteidigung der Lizenzmarken gegen Verletzungen durch Dritte
- Angriffe Dritter gegen Bestand oder Benutzung der Lizenzmarken
- Widersprüche, Löschungsanträge und Löschungsklagen
- Nichtangriffsklausel
- Verletzungen des Lizenzvertrages
- Vertragsdauer
- Vorkaufsrecht
- Rechte und Pflichten bei Vertragsbeendigung
- Streitigkeiten und Streitschlichtung

Optimal für Richter, Rechtsanwälte, Notare und Markeninhaber.

Der Autor

Dr. Michael Fammler, LL.M., ist Partner der internationalen Rechtsanwaltssozietät Döser Amereller Noack/Baker & McKenzie in Frankfurt am Main.

Mit Vertragsmustern in deutscher und englischer Sprache auf Diskette